健 康 心 理 学

（第二版）

主　编　郑希付　王　瑶
副主编　刘学兰　李　燕　孙步宽

华 东 师 范 大 学 出 版 社

·上海·

图书在版编目(CIP)数据

健康心理学/郑希付主编. —上海:华东师范大学出版社,2003.5
ISBN 978 - 7 - 5617 - 3243 - 4

Ⅰ.健…　Ⅱ.郑…　Ⅲ.医学心理学　Ⅳ.R395.1

中国版本图书馆 CIP 数据核字(2003)第 017704 号

健康心理学(第二版)

主　　编　郑希付　王　瑶
责任编辑　朱建宝
审读编辑　李恒平
责任校对　汤　定
封面设计　卢晓红

出版发行　华东师范大学出版社
社　　址　上海市中山北路 3663 号　邮编 200062
网　　址　www.ecnupress.com.cn
电　　话　021 - 60821666　行政传真 021 - 62572105
客服电话　021 - 62865537　门市(邮购)电话 021 - 62869887
地　　址　上海市中山北路 3663 号华东师范大学校内先锋路口
网　　店　http://hdsdcbs.tmall.com

印 刷 者　常熟高专印刷有限公司
开　　本　787 毫米×1092 毫米　1/16
印　　张　18.5
字　　数　422 千字
版　　次　2013 年 7 月第二版
印　　次　2025 年 2 月第十次
书　　号　ISBN 978 - 7 - 5617 - 3243 - 4/B · 174
定　　价　36.00 元

出 版 人　王 焰

目录

目

录

第一章　健康心理学概论

健康心理学是什么？

伴随着人类文明的高速发展、生态环境的恶化以及社会变革的加剧，人类开始面临前所未有的健康困境，越来越多的健康问题不断涌现。吸烟、过量饮酒与熬夜上网会产生哪些不良影响？如何减轻肥胖，增进身心健康？如何利用心理学手段治疗身心疾病？如何应对工作的压力？身体锻炼能带来健康吗？诸如此类，无不涉及一门新兴的学科——健康心理学。

回想你最近一次生病（如感冒、头痛、肚子疼等）的情况，讨论除了生理因素外，其他因素在多大程度上影响了你的病情？

第一节　健康与健康心理学

一、健康的基本含义

（一）大众对健康的解释

对于健康（health）人们有不同的解释，这种差异不仅反映了历史的差异、文化的差异，也反映了个体的差异。改革开放之前，人们将健康主要限定在生理方面，所谓健康就是"非病理"状态。随着人们生活水平的提高，精神状态的改善，"身心健康"的概念开始深入人心，健康是"非身心病理状态"，这样的解释显然有很大的进步，因为涉及了精神方面。但是这样的解释似乎也有很多不足，因为这仍然是一个消极的解释，健康就是对"非病理状态"的追求，是对这个状态的避免。20世纪90年代以后，国际上关于健康的理解又跃上了新的台阶，人们提出了"美好人生"（well-being）和"幸福生活"（wellness）的概念，其健康的含义更加广泛，而且具有积极意义，健康是人们美好生活的目标，是努力方向，而非要避免的东西。

对于健康的解释当然也有明显的文化和地区差异。在偏僻欠发达地区，人们对健康的理解主要限定在生理方面，而发达地区已经考虑到了精神方面。对于孩子的教育，前者认为只要孩子吃饱了，没病没灾，就是健康。发达地区的居民显然已经考虑到了精神因素，他们在选择学校的时候已经将这个学校是否实行素质教育作为一个重要的标准。丰富的知识、良好的学习成绩已经不再是评定优秀学生的唯一条件。家长越来越认识到，自己的孩子能够很好地在这个社会生活就是教育的成功，人们的教育观念正在悄悄地改变着。对于不同文化群体而言，人们对健康的解释有所不同，美国认为苗条女子是健康的，但是北欧人则认为苗条、瘦弱是不健康的，人们总是劝告苗条者应多吃食物。人们对心理健康的理解也是很不同的。比如亚洲很多民族认为女人对自己的家庭和孩子不满意是心理不健康的表现，但是欧洲人则不是这样看的。

(二) 世界卫生组织的解释

最早的关于健康的权威解释是世界卫生组织(World Health Organization，WHO)上个世纪 40 年代的解释，"健康是一种完全的生理、心理和社会完善状态，而非仅仅是疾病和虚弱的缺乏"(WHO, 1947)。世界卫生组织提出了健康的三分法观点，将健康限定在生理、心理和社会三个方面，而非仅仅是疾病的缺乏。这个解释是一个比较全面的解释，很多年来，人们一直用这个解释去评价人们的健康状态。70 年代后期，很多学者对世界卫生组织的解释进行了反思，认为这是一个过于理想化的解释，依据这个解释，没有人会是健康的。它提出的是完全健康，如完全的生理健康。但如果这样，残疾人永远是不健康的。

(三) 汤纳特尔等学者的解释

汤纳特尔(Rebecca J. Donatelle)等人于 20 世纪 80 年代的解释代表了现代人的观点，他们认为健康要符合现代人的实际，健康也是一个变化的过程，因此他们认为，"健康是个体在现实可能状态下获得最佳完善感"(Rebecca J. Donatelle, 1988)，尽管并非人人都可以达到完全健康水平，但是人们可以通过努力获得最佳健康水平。这种健康水平不仅仅是生理方面的，还包括社会关系和人们日常的生活方式。

(四) 格林伯格的解释

格林伯格提出了健康具有 5 个水平的观点(Jerrold Greenber, 1994)。

图 1-1 健康水平示意图

死亡和疾病是消极的健康水平，是人们要避免的，是解释健康的最低水平，在一般生理健康水平以上的情绪和完美是积极的健康水平，是人们健康追求的目标，而且这种积极的健康追求是无止境的。

格林伯格用"健康—疾病连续体"(health-illness continuum)分析健康水平(Jerrold Greenberg, 1994)。

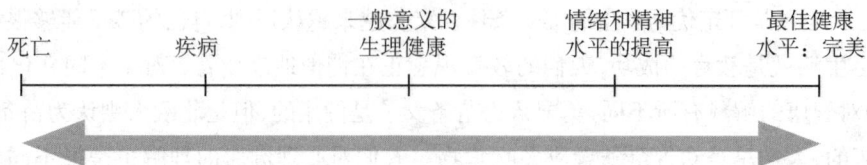

图 1-2 格林伯格健康水平示意图

死亡(death)：是人们要避免的根本目标，这个目标是健康最低水平的要求，世界上的很多组织如世界卫生组织、世界粮食组织、世界红十字协会等，其工作的一个重要内容是避免人们的死亡，并对濒临死亡的人们提供帮助。死亡永远是和健康对立的概念。

疾病(illness)：疾病是仅仅次于死亡的一种不健康状态，这里的"疾病"主要是生理方面的疾病，是人们要避免的状态。很多行为与疾病有关，因此如何通过改善环境和行为避免疾病的产生，是健康心理学的重要内容。

一般意义上的生理健康(average physical health)：这种健康主要是指人们的体质，是人们对疾病的敏感性，主要与人们的免疫系统的功能有关。

情绪和精神水平的提高(emotional and spiritual growth)：这是健康心理层面，是健康高要求，不仅没有心理疾病，而且有正常积极的情绪状态，有良好的精神面貌。这是人们健康的目标。

最佳健康水平——完美(optimal health：wellness)：是身心的完美结合，是人们无法完全满足的需要。

（五）综合的解释

健康是人们在生理、心理和社会三个方面所获得的一种稳定、和谐和完善的状态。因此我们对健康的理解表现在以下两个方面：

健康的组成。健康由三个方面组成，即生理、心理和社会，任何一个方面的欠缺都不能称之为健康。

健康的特点。健康的三个方面必须具备这样的特点：一是稳定，即这种健康不是暂时的，必须保持比较长的时间，而且没有太大的起伏。经常处于疾病状态，经常出现心理冲突，经常表现出人际关系问题等，都不能算是健康。二是和谐，和谐是指三个方面的和谐一致。有的人有健壮的体格，但是自我独立性很差，即表现出生理和社会的不和谐，这也不是我们理解的健康。第三，健康是一种状态，这种状态不是固定不变的，通过努力状态是可以改善的。反之，如果不注意自己的行为方式，这种状态会恶化。

二、健康心理学

1978 年，健康心理学被美国心理协会正式作为心理学的一个分支，这标志着健康心理学的诞生。马塔拉佐(Joe Matarazzo)将健康心理学定义为(简·奥格登，2007)：是对促进和维护健康、治疗疾病以及相关的功能障碍，集合教育、科学和心理学学科专业贡献为一体的结合体。健康心理学关注与躯体疾病有关的心理和行为，它是心理学在健康中的具体应用，向将心理与身体割裂开来的观点提出了挑战，它主张采用心理学的理论来治疗和预防疾病，维护健康。

（一）健康心理学的对象

健康心理学的对象是与人的健康有关的行为，或者是达到健康状态有关的心理因素，如饮食与健康。除了饮食的成分与健康有关外，饮食的方式、饮食的时间、饮食的习惯，以及饮食时的情绪状态等都影响健康；睡眠的时间、睡眠的习惯、睡眠的质量等与健康有关；工作的性质、工作时间、工作压力、工作关系等也影响健康。此外，家庭、学校、婚姻等社会因素都影响健康,这些与健康有关的心理因素都是健康心理学要研究的内容。

(二) 健康心理学的目的

健康心理学的根本目的是研究人的行为与健康的关系,研究二者之间联系的规律,然后利用这些规律使人们达到最佳健康水平。

具体而言,健康心理学目的有两个方面:

消除消极的健康行为(negative health behaviors)。所谓消极的健康行为是指不利于健康状态产生的行为,是那些有害于健康,或容易导致疾病的行为,健康心理学要研究这些行为与健康之间的关系,然后要求人们利用这些规律,避免或消除这些行为。如不良的生活习惯、人际关系问题等。

倡导积极的健康行为(positive health behaviors)。积极的健康行为是与良好的健康状态有关的行为,健康心理学要研究这些行为的种类、性质以及与人的健康之间关系,引导人们表现出这样的行为,从而使人们达到最佳健康状态。

(三) 健康心理学当前的热点问题

健康心理学家的研究领域非常宽泛,当前研究的热点问题主要有:健康行为、健康信念、吸烟与饮酒、饮食行为、运动与锻炼、性行为、压力、疼痛、肥胖等。2010 年美国健康心理学会杰出贡献奖分别授予了 Richard S. Surwit 博士,表彰他在行为糖尿病方面取得的成果;授予了 Sherry L. Grace 博士,表彰她在血管和心脏病方面的成就;授予了 Daniel Bruns 博士,表彰他在推动心理咨询应用方面做出的工作;授予了 Beverly Thorn 博士,表彰她在疼痛方面取得的成果。

三、健康心理学的相关学科或领域

与健康心理学相似或相关的学科或领域,或多或少地在研究与健康或疾病有关的心理或行为问题,但侧重点不一样。

医学心理学(medical psychology):把心理学的理论、方法与技术应用到医疗实践中的产物,是医学与心理学结合的边缘学科。

临床心理学(clinical psychology):最早由美国威特默于 1896 年提出。它是运用心理学的知识和原理,帮助病人纠正自己的精神和行为障碍,通过心理咨询的指导,培养健全的人,以便有效地适应环境和更有创造力。

变态心理学(abnormal psychology):主要研究人的异常心理或行为,属于应用心理学分支。研究行为异常的表现,解释行为异常的表现,解释行为异常的发生、发展、转归的原因和规律,并将研究结果应用于实际。

心身医学(psychosomatic medicine):心身医学一直作为一种概念存在,直到 20 世纪 70 年代在德国出现了心身医学科和心身医学医师。其主要服务对象是进食障碍、神经症性障碍如焦虑和躯体形式障碍。心身医学演变到今天,它提倡健康领域的整体观念和系统思想,关注大脑、心理和躯体的相互作用,研究心理活动与生理功能之间的"心身关系",成为超越精神病学与综合医院各临床学科的医学思想体系。

行为医学(behavioral medicine)：它是关于人的行为的医学，是研究人类行为科学中有关健康和疾病的知识和技术，并将其用于疾病预防、诊断、治疗和康复的学科。

职业健康心理学(Occupational Health Psychology, OHP)：运用心理学的理论原则和研究方法，结合心理学相关分支领域，与公共卫生、职业医学、社会学、管理学、经济学、法律学、人类工效学等学科密切联系，为创造一个安全健康的职业环境和提升工作者的品质而服务。把工作压力和应激、工作边界、工作场所安全、工作场所暴力和不文明、职业健康和幸福作为主要的研究对象。

知识窗

健康心理学专业人员的就业前景

健康心理学是研究生物、社会和心理因素如何影响健康和疾病的应用学科。健康心理学专业学生可以选择不同的职业生涯。许多健康心理学毕业生直接从事临床工作，以帮助人们预防疾病、培养促进健康的行为。不少健康心理学者则从事与健康有关的问题研究及影响公众健康政策制定的相关研究。具体如下：

临床工作：在临床和医疗环境，健康心理学者通常进行行为评估，临床访谈和心理测验。或涉及群体或者个体危机干预。如涉及减轻压力，提供戒烟技巧和教人们如何避免不健康的行为。

研究工作：许多健康心理学者还对各种相关的健康卫生问题进行研究。研究主要集中在：健康问题的原因，有效的预防措施，最佳的健康提升技巧，如何更好地帮助人们应对疾病的痛苦以及如何让病人积极地寻求治疗。

公共政策方面的工作：健康心理学者可以在政府或私人机构工作，主要工作是制定影响公众健康方面的政策。这项工作涉及为政府机构提供研究报告，研讨公共卫生改革问题等。

第二节　健康心理学发展简史

健康心理学是近几十年刚刚兴起的一门交叉学科，我们无法确定哪个时期是健康心理学的开端或者哪个特殊的人是鼻祖。尽管如此我们可以追溯到我国古代、古希腊时期的医师和哲人，他们的思想闪耀着健康心理学的火花。而近代生物医学模式面临的问题以及医学模式向生物心理社会医学模式的转变，是健康心理学出现的重要前提。

一、古代健康心理学思想

春秋战国末年的中医学典籍《黄帝内经》："怒则气上，喜则气缓，悲则气消，恐则气下……惊则气乱，劳则气耗，思则气结。"说的就是人不同的情绪对应着气的不同走向和变化。气本来是人体内的一种正常能量，但它如被扭曲、被压抑了，宣泄不了，结果就会越积越多。"气有余"就成邪火。也就是说，你忧虑、恐惧或愤怒了，就会上火，病也就因火而生。《黄帝内经》用"天人合一"、"天人感应"观点探讨疾病和健康问题,提出"形神合一"的心身一元论,以及"内伤七情"与"外感六淫"的病因说,主张身心兼顾的治疗观点,"辨证施治"和"因时、因地、因人而宜"治疗(钱明,2007)。还有道家的"治未病"思想都与健康心理学相通。(迟欣阳,2011)

古希腊的希波克拉底和古罗马医生盖仑提出"体液学说",认为人体由黏液、血液、黄胆汁、黑胆汁四种体液构成,当液体混合均匀或平衡时,人就处于健康状态;混合不均匀或不平衡时,则产生疾病。主张"治病先知人"和"一是语言,二是药物"的治疗观。

西方中世纪时期,因宗教影响,医学发展停滞不前,面对梅毒、伤寒等瘟疫在欧洲的肆虐束手无策。在文艺复兴开始不久,笛卡尔提出健康是生理躯体的一种状态,在理论上为生物医学模式奠定了基础,推动医学摆脱宗教影响,步入快速发展的轨道。1859年,达尔文在所著《物种起源》中提出进化论,认为我们人类是自然界的一部分,是从自然界进化而来的,进化过程是变异、遗传和选择三种因素综合作用的自然历史过程,自然选择和生存斗争是进化的主要原因。进化论标志着现代生物学的创立,也对健康心理学产生了深远的影响。

二、健康心理学出现的背景

(一)生物医学模式

医学史上的重大发现增进了对疾病的认识,促成了生物医学模式长期占据医学领域。弗拉卡斯托罗(Girolamo Fracastoro 约1478~1553)在证实微生物病原说之前300多年就已提出传染病病原微粒学说,成为流行病学的创始人,哈维发现血液循环,巴斯图尔和科赫的微生物学和免疫学,魏尔肖的细胞病理学等相继出现。X射线(Roentgen W,1895)和显微镜(Leeeuwenhoek AV,1632—1712)技术的应用,1953年,沃森和克里克发现了DNA双螺旋的结构,"生命之谜"被打开,开启了分子生物学时代,使人们对疾病有了更深入的认识和了解,并促进了医学快速发展。

生物医学模式曾用静止不变的观点考察人体,把人体看成一架精密的"机器"。近代医学采用分门别类的研究方法,使近代医学积累了许多新的事实,分化出比较生理学、病理生理学、病理解剖学、微生物学、免疫学等学科,这种研究方法,促进了现代医学科学向更深更广的方向发展。

(二)生物医学模式面临的困境

生物医学模式在医学史上发挥了巨大作用,为人类的健康事业作出了伟大贡献,但是随着社会的发展,科学技术的进步,逐渐发现它存在一定缺陷,给人们的思维活动带来一些消极影响。随着时间的推移,生物医学模式面临着越来越多的困境,主要体现在以下几个方面:

1. 疾病谱的变化

第二次世界大战前,死亡率高的疾病主要是结核,肺炎,肠胃炎等细菌疾病。近年来,这些疾病的死亡率大大下降,取而代之的是中枢神经系统的血管损伤和心脏疾患,癌症和心脑血管疾病成为疾病谱和死亡顺位中排在前列的病种。

生物医学模式不能完全解释多病因疾病,因为其中包括了以人格为主的个人素养、社会压力、生活方式等。因此,疾病治疗、康复、预防和研究都需要健康心理学的全面介入。

表 1-1　2009 年部分市县前十位疾病死亡率及死亡原因构成(男)
——2010 年中国卫生统计提要

Death Rate of 10 Main Diseases in Certain Region in 2009 (Male)

顺位 Rank	市　City			县　County		
	死亡原因 Cause	死亡专率 Death Rate 1/100000	构成（%）	死亡原因 Cause	死亡专率 Death Rate 1/100000	构成（%）
1	恶性肿瘤	204.92	29.60	恶性肿瘤	207.59	27.49
2	脑血管病	135.41	19.56	脑血管病	164.41	21.77
3	心脏病	133.18	19.24	心脏病	118.27	15.66
4	呼吸系病	74.72	10.79	呼吸系病	105.41	13.96
5	损伤及中毒	43.61	6.30	损伤及中毒	72.16	9.56
6	消化系病	19.31	2.79	消化系病	18.52	2.45
7	内分泌营养和代谢疾病	18.24	2.64	传染病	10.19	1.35
8	传染病	8.70	1.26	内分泌营养和代谢疾病	9.80	1.30
9	泌尿生殖系病	7.86	1.14	泌尿生殖系病	8.40	1.11
10	神经系病	7.57	1.09	神经系病	5.47	0.72
	十种死因合计 Total		94.40	十种死因合计 Total		95.38

(资料来源:中华人民共和国卫生部,2010 中国卫生统计年鉴. 中国协和医科大学出版社. 2010)

2. 人们对生活质量要求不断提高

随着人们对维护健康、防治疾病的经验积累,以及对自身认识的深刻变化,大众对人的属性的认识,由生物自然人上升到社会经济人。对疾病的发生和变化,由生物层次深入到心理与社会层次。对健康的思维也日趋全方位、多层次。人们不仅要求没有疾病,同时要求有好的心情。人们对健康的关心迅速增加,不断兴起运动热、太极热和瑜伽热等健身热潮,低热量食品和自然食品深受欢迎。到医院求诊求治的病人,不仅要求得到高质量的治疗,生命安全得到保障,也要求受到更好的照顾和护理,包括心理方面的护理和指导。

3. 医疗政策面临严峻考验

医学发展史证明,医学的发展与社会发展息息相关。人类维护健康和防治疾病,已经不单是个人的需要和行动,而成为整个社会的需要和行动。只有动员全社会力量,才能更好地维护身心健康、防治身心疾病。在这种情况下,心理学得以介入预防保健和健康促进领域。

4. 病人追求自我决定权

伴随着生命伦理学研究的兴起,20 世纪 70 年后提出了病人自我决定权。病人开始挑战曾经属于医生的神圣医学领域,不断对医生的诊断和治疗提出疑问和质询。

此外,在医学界内部,医务工作者也逐渐认识到生物医学模式不能完全解释疾病原因,需要从更广泛的角度认识健康和疾病,将心理和社会因素纳入观察范围。总之,上述挑战的出现,强烈动摇了生物医学模式的统治地位,刺激了生物心理社会医学模式的产生。

(三) 向生物心理社会医学模式的转化

鉴于生物医学模式遇到的挑战,医学界提出生物医学模式要向生物心理社会模式转化。显著的标志是美国学者恩格尔(Engel)1977年在《科学》上发表的一篇文章,提出卫生保健工作中要以生物心理社会模式指导研究、教育等工作。新的医学模式并不排斥生物学的研究,而是要求生物医学以系统论为概念框架,以身心一元论作为基本的指导思想。

同时,医学教育也产生了变化,人文学科,特别是心理学,更多地进入临床教育,心理社会因素的意义开始为人们重视。这些情况使人们看到了生物医学模式的危机,从而采取实际行动向生物心理社会医学模式转变。

医学模式的转变,对心理学提出了更高的要求,需要有专门的应用学科从事健康和疾病方面的研究和临床实践。这是健康心理学的形成和发展的最重要因素。

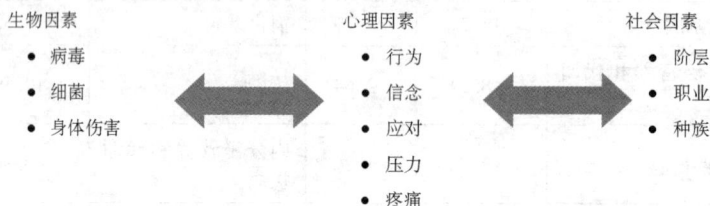

生物因素	心理因素	社会因素
• 病毒	• 行为	• 阶层
• 细菌	• 信念	• 职业
• 身体伤害	• 应对	• 种族
	• 压力	
	• 疼痛	

图 1-3 健康与疾病的生物心理社会模型(Engel,1977,1980)

(简·奥格登.健康心理学(第3版).严建雯、陈传锋、金一波等译.2007.4.)

三、健康心理学的形成和发展

最早关注健康问题的心理学家是美国心理学家詹姆士(James W)和霍尔(Hall S)。随后,还有一些重大发现影响着健康心理学的形成。

早在19世纪90年代,弗洛伊德就采用转换机制解释心身疾病。1911~1915年间,美国生理心理学家坎农(Cannon WB)在其"应急反应"学说中,描述了"或战或逃"(fight or flight)状态所出现的一系列的内脏生理变化。在《疼痛、饥饿、恐惧和愤怒时的身体变化》一书中,坎农提出了"特定的情绪伴随着特定的生理变化"的思想,以及应急反应下发生的系统生理反应。汉斯·塞里(Selye,Hans 1907~1982)通过大量动物实验,首先提出了应激理论,他提出:"生物应激是身体对加于它的任何要求的非特异反应。"弗里得曼(Friedman M)、罗森曼(Roseman RH)从1950年开始,通过八年半的回顾和前瞻性研究,证实A型行为是冠心病的危险因素。杰纳勒尔(General S 1964)首次报告吸烟对健康的危害。莫尔扎特和沃尔(1965)提出疼痛的闸门控制理论。桑德斯(Saunders C 1967)在伦敦发起现代临终关怀运动。但是,与现在的健康心理学形成有直接关联的是斯科费尔德(Schofield,曾译作叔费尔德)在1969年发表关于健康心理学研究的论文,引起众多学者的赞同和支持,从而使健康心理学领域一跃而成为人们关心的重点。美国心理学会最早行动,组成了"健康研究特别工作组",叔费尔德亲自担任负责人,进行多年研究,并向美国心理学会提交了报告书,报告中提议今后美国心理学会应该推进关于健康的心理学研究,并有必要在大学研究生院设置有关课程。这个报告被视为美国心理学会中健康心理学将作为一个独立分支而形成的标志。1978成立了美国心理学会的第38个分会,即健康心理学分会,这是健康心理学学科出现的标志。第一任会长是马塔拉佐。第一部著作是由史特恩(Stone)于1979年完成,取名为《健康心理学》(*Health Psychology*)。1982年,分会的会刊《健康心理学》创刊,成为以健康心理学为主题的第一份学术刊物。随后,欧洲、日本等健康心理学开始发展。我国从1987年陆续创办了《中国心理卫生》《临床心理学》和《健康心理学》等学术杂志。医学、心理学、教育学和社会学界的各类专家开始在我国进行健康心理学领域的研究。

知识窗

美国健康心理学工作者的培养

在美国健康心理学就业机会非常不错,健康心理学家主要在医疗机构工作,包括初级保健项目,住院医疗单位专门的医疗保健项目,如疼痛管理、康复训练、妇女保健、肿瘤治疗、戒烟等。他们也在高等教育院校、政府机构、企业公司工作。主要从事临床实践和心理干预。健康心理学工作者一般拥有哲学博士或心理学博士学位,若要独立从事临床心理实践,需要拥有临床和咨询心理学等资质。健康心理学资质由美国职业心理学委员会授予。

本科生阶段:约有三分之一的北美高校开设有健康心理学的课程,并鼓励学生学习变态心理学和社会心理学、学习过程和行为治疗、心理生理学、解剖学和生理学、精神药理学、社区心理学和公共卫生等课程。

研究生阶段:许多临床、咨询、社会或实验心理学的专业要求学习健康心理学。实力较强的学校还开设有健康心理学的博士课程。这些课程多种多样,大致分为从事理论研究和临床实践两个方向。

博士生实习:临床和咨询心理学家要求完成一年的实习或住院医疗训练,才能获得博士学位,其中包括健康心理学方面的训练。

四、健康心理学的发展前景

在美国、英国、澳大利亚乃至全球范围内,越来越多的人加入到健康心理学中来,并致力于该领域的发展和壮大。这也引发了对健康心理学前景的争论,健康心理学的发展面临着机遇和挑战。

首先,健康心理学已经成为专业或职业,有大量的医学工作者和心理学工作者投身其中。在病人的医院治疗过程中,医学和心理学人员之间的相互依靠,两方面各自发挥着独特的作用,这促进了健康心理学的发展。但是医学和心理学界在对执业、自主性、收费及对病人的主要责任等方面还存在着较大的看法分歧,影响健康心理学的快速发展。

其次,随着健康心理学研究的建立,健康心理学家们提出了一系列的理论假设模型和实证研究来支持身心合一的观点。比如,信念可以影响行为,行为影响健康,压力导致疾病等。

虽然所有的理论和研究都支持身心合一的假设，但是它们还是被分别定义为两部分，心和身。这个问题将会继续困扰着健康心理学研究者。

其三，健康心理学研究者编制出了许多测量工具来评估生活质量、疼痛、信念和行为。这些评估方法可用在临床和其他测量心理状况的各种设备上，有些工具还能处理流行病学和病因学研究中遇到的复杂问题。尽管对于这些测量工具还存在很多争议，如适用性、准确性、道德问题等，我们仍然需要更多新的测量工具，更高的标准和技术，更强的客观性，以及测验的计算机化和网络化。

第三节　健康行为的结构

行为是有机体在各种内外部刺激影响下产生的活动。分为内隐和外显行为，前者是内部的心理活动，如感知觉、记忆、思维，后者是外部可观察到的活动，如握手、打字等。几乎所有的行为都与健康有关。

一、健康行为涉及的领域

健康心理学研究表明，使人们遭受痛苦的许多疾病是由于不健康的行为所致。健康行为这一概念最早由卡斯尔（Kasl）等于1966年提出，认为健康行为是个体为了预防疾病或早期发现疾病而采取的行为。赖斯（Rice）认为，健康行为是个体为了预防疾病、保持自身健康所采取的积极行动，它包括改变危险生活方式，减少或消除健康危险行为（如吸烟、酗酒、不良饮食以及无保护性行为等），采取积极的健康行为（如有规律的体育锻炼、定期体检等），以及遵从医生指导等行为。潘德（Pender）等认为，健康行为是指个体为维持健康或促进健康，达到自我满足、自我实现而采取的包括健康责任、运动和锻炼、人际关系、压力应对、自我实现、营养6个方面的行为。（闫瑞红等，2010）

卡斯尔等将影响健康的行为可分为三类：第一类是健康行为，指能最有效预防疾病的行为，良好的饮食习惯、避免吸烟、定期运动、维持合理体重是早期预防最有效途径。第二类是疾病行为，指寻求治疗的行为。如女性的遵医率高，年轻男性的求医行为低。第三类是疾病角色行为，指按医嘱服药和休息等康复行动(Kasl & Cobb, 1966)。

马塔拉左(Matarazzo, 1984)将影响健康行为简化为两种。损害健康行为，也称行为病因，对健康有消极影响，诸如吸烟、高脂饮食、酗酒等。另一类是健康保护行为，也可称为行为免疫，对维护健康有积极影响。健康行为受到文化、社会地位、经济条件、习俗、工业化和媒体宣传的影响。

美国国家健康研究所(National Health Institute Survey, NHIS)于1990年列举了健康行为所涉及的领域，以及人们在这些方面的表现。

一般健康习惯(general health habits)

有55％的成人吃早餐，66％的人睡眠时间为7～8小时，78％的人有固定健康检查场所。

体重(weight)

认为自己体重比较适合的男女比例为55％和42％，即更多的男士认为自己体重比较适合,三分之一的男性和几乎一半的女性在企图通过饮食限制或体育运动减肥。

女性保护体检(preventive exams for women)

几乎一半女性进行身体检查,检查自己的体重和三围。

汽车安全带(seat belts)

驾驶汽车的时候,人们佩带安全带的比例在逐渐提高,有41%以上的人有这样的习惯。

儿童安全(child safety)

98%的家庭有儿童安全措施。

家庭安全(family safety)

65%的家庭不知道家里热水的温度,很多成年人并不知道什么温度的水对人有伤害性。

高血压(high blood pressure)

74%的人在上一年测试过自己的血压,女性在这个方面的测试习惯好于男性。一半以上的人知道饮食可以导致血压的升高。

心脏病(heart disease)

86%的人知道3种导致心脏病的危险因素,61%的人知道饮食也可以导致心脏病。

紧张(stress)

几乎一半的成人认为自己前一时期经历了中等程度的紧张,只有28%的人认为自己的紧张程度很低。一半以上的成人认为紧张影响自己的身体健康。

锻炼(exercise)

有40%的成年人有固定的锻炼时间,有固定的锻炼习惯,对于成人而言,年轻时候锻炼行为多于年龄大的时候。很多人知道锻炼可以改善人的心脏、肺等器官的功能。

吸烟(cigarette smoking)

30%左右的人抽烟,80%左右的人明确吸烟有害健康。

喝酒(alcohol use)

很多人知道喝酒伤肝,但是大多数人不知道过度饮酒的危害比吸烟更加严重。严重酗酒者的比例为8%,中等酗酒者的比例为19%。

延迟牙齿护理(dental care)

尽管绝大多数人知道,牙齿不洁导致很多疾病,但是进行牙齿护理的比例还是比较低的。

二、哈恩的七维健康观

哈恩(Payne Hahn)认为(1998),健康应该涉及7个方面,因此提出了健康的七维观点。

(一) 健康的生理维度(physical dimension of health)

人的生理功能和结构是人们从事活动的基础,与此有关的行为就是健康行为的生理维度。就生理方面而言,其具体的内容包括下面一些方面:体重;感觉能力;强壮程度;生理协调程度;耐久水平;对疾病的敏感性;恢复正常的速度等。

这些方面是鉴别人们的健康水平的重要指标。我们的身体锻炼、护理、饮食限制等活动,都是为了上述功能的改善,这些健康行为都属于健康行为的生理维度。

(二) 健康的情绪维度(emotional dimension of health)

情绪方面是健康的重要内容,良好的情绪是保持健康的重要条件。情绪不仅影响人们的生理健康,同时也影响人们的心理健康。人们每天都经历情绪的变化,有好的情绪,也有坏的情绪,但是情绪的表现方面,存在很大差异。有的人经历更多的是消极情绪,有的人情绪产生的速度很快,有的人情绪的强度很大等,这些表现都与健康有必然联系。具体而言,情绪维度的基本内容有下面几个方面:情绪的强度;情绪的速度;情绪的平衡程度;人对情绪的调节程度等。对情绪的调节能力,在一定程度上表现出一个人对待紧张、挫折和解决问题的能力。

(三) 健康的社会维度(social dimension of health)

健康的社会维度是指人们的人际能力和人际敏感性。它一方面是指自己洞察他人的人际信息的能力,如他人的表情,细微的行为变化等,另一方面是自己在人际环境中表现出恰当的人际行为的能力。这种能力是自己人际适应的基础,是人际关系形成的基础,因此它影响着人们的社会情感以及与此相联系的心理活动。社会交往是人的需要,社会情感是人的社会活动的基础,这个方面的欠缺也会导致健康问题的出现。

社会维度主要内容如下:人际敏感、人际表现、合作、助人、同情、理解等。

(四) 健康的智力维度(intellectual dimension of health)

智力主要是指人们的认识能力,通过特殊的测验可以检查人的智力水平。人们在智力水平上存在差异,一般将智力分为如下几个水平:智力低下(弱智)、智力偏低、智力中等、智力偏高、智力超常。

正常的智力是健康的标准,也是保持健康的条件。健康的智力主要包括下面一些内容:获取和操作信息的能力;辨别事物价值的能力;做出决定的能力,特别是关于健康方面的问题;信念或观念;解决问题的能力等。

(五) 健康的精神维度(spiritual dimension of health)

哈恩认为精神维度是健康结构的第五个方面,是指人们的宗教信仰和实践;对待生命的态度,以及与有生命的物体的关系;关于人的行为的本质等,这些都是精神健康的重要组成。有的人有奇怪的信仰;有的人对待动物的态度令人担忧;有的人认为人来到这个世界就是受苦的等,这些精神因素必然影响其生活方式。

(六) 健康的职业维度(occupational dimension of health)

职业是人的需要,严格地说,没有职业的人不能算是健康的;经常失业、频繁地更换工作说明了职业的不稳定性。具体而言,健康的职业方面包括下面一些内容:职业的稳定性;职业的压力;职业的紧张程度;职业的收入;职业中的人际关系;职业环境等。

(七) 健康的环境维度(environmental dimension of health)

健康的最后一个维度是与环境有关的因素。周围的世界是我们每天要面对的,这个世界的质量对我们的健康有很大影响。关于这个维度实际上涉及两个方面,一是这个世界本身的质量问题,如空气、水、气温等,一个是我们对待这个世界的态度和行为方式,这些方面都直接影响到我们的健康。

哈恩在指出健康的维度的基础上,又特别提出了与此有关的健康行为的维度,特别是对于青少年,从这些方面形成健康的行为是非常重要的。他认为少年儿童要形成的健康行为有5个方面。

第一,形成最初的成人统一性(establishing initial adult identity)。社会对待孩子和成人的态度和方式是不同的,这在法律上有明文规定。在发展过程中,要逐渐形成成人统一性,用成人的视角去对待他人和自己。

第二,形成独立性(establishing independence)。孩子出生后,由于身心弱小,必须依赖父母或其他成人。但是,随着其社会化水平的提高,孩子逐渐学会了一些生活和社会技能,逐渐产生了独立的行为,到了青年时期,他们的独立性应该使他们能够独立处理自己的问题,如果孩子还对成人有突出的依赖性,或者离开成人,他们无法做出决定,那么说明其行为需要改进。获得职业入门(obtaining entry-level employment)是形成独立性的重要方面。哈恩认为,中学以后,特别在进行大学教育的时候,人们应该获得一种最初的职业入门,即相信自己可以胜任某种职业,不仅有这个方面的技能,同时也具有这个方面的信心。获得一种职业不仅仅是为了挣钱,职业过程也是一个学习的过程,是获得新角色的过程,是获得一种新的社会责任感的过程,没有社会化职业,很难说他是一个社会的人。

第三,拥有责任感(assuming responsibility)。所谓责任感就是对他人和社会的义务感,是自己扮演一定角色的角色行为,这种行为是以后适应社会环境的条件。形成身为父母的技能(developing parental skills)是责任感的重要内容。

第四,形成社会技能(developing social skills)。缺乏社会技能造成人们产生很多心理问题,从儿童时期开始就要教育儿童形成恰当的社会技能——这是很重要的,如交往技能、合作技能、在不同的人际环境扮演不同角色的技能等。

第五,发展亲密关系(developing intimacy)。在儿童时期,人们就已经开始发展亲密的关系,到了少年以后,不仅有亲密的友谊,人们还开始发展与异性之间的亲密关系。

哈恩认为成人要形成的主要行为有以下两个方面,其一是获得成熟性(achieving generativity)。成人要从多角度看待世界,有时他要去做自己事先并没有计划的事情,做一些自己不愿意做的事情,同时自己也要做回报他人或社会的事情,这就是成熟性。其二是重新评价年轻时期制订的计划(reassessing the plan of young adulthood)。年轻的时候人们有很多需要,因此也制订过很多宏伟计划,甚至计划自己的一生。但是这些计划往往是自己没有经过充分考虑,且不知道自己的潜能和社会现实而制订的计划,因此这些计划中有很多过于理想化的成分。成人后,人们能够对自己和现实做出比较客观的评价,这个时候再次审视年轻时候的计划,会发现这些计划有很多需要修改的地方。通过仔细的分析,成年人会制订他们的短期和长期的活动目标,这些目标一般都是更有现实价值的目标。

老年人要形成的行为有哪些呢?哈恩认为主要有3个方面:减缓衰老(accepting the decline of aging)。做出努力减缓衰老,如饮食、睡眠和锻炼等。保持高水平的生理功能(maintaining a high level of physical function)。老年人的生理功能逐渐减退,活动起来感到力不从心,因此很多老年人出现了"惰性",这是一种消极的健康行为。抗争并保持高水平的生理功能状态不仅是减缓衰老的重要条件,同时也是充实自己生活或获得老年生活幸福感的条件。形成统一感

(establishing a sense of integrity)。回首自己的人生历程,自己是完满的,自己目标都已经实现,发现自己的生命是有价值的。老年人经常问自己这样的问题:"我需要从头来过吗?""我满意自己计划做的事情吗?"等,如果老年人能够有积极的方式回答这些问题,说明他们是统一的。

三、格林伯格和高德的五维模式理论

格林伯格和高德(R. Gold)他们认为健康行为的结构应该关注五个根本方面,任何一个方面的欠缺都不是完整的健康,对健康行为的教育也应该从这些方面完成。

(一)生理健康(physical health)

所谓生理健康就是指自己的生理特点以及自己身体的机能状态。没有疾病是生理健康的重要部分,同时生理健康的重要意义还在于,在日常生活中,自己有精力完成作业或其他工作任务。

(二)社会健康(social health)

社会健康的含义是,在社会生活中自己有朋友,有可以讨论问题的人,自己可以和他人有正常的相互作用,可以和周围环境有和谐关系,包括自己的同事,自己上级、长辈,自己的下属、晚辈等。

(三)心理健康(mental health)

格林伯格和高德将心理健康限定在认识现实的能力方面,所谓心理健康是指自己能够用开放性的方式获得新的知识和经验,有一种自我价值感,能容忍事物之间的区别。能够正确对待危机和紧张,因为自己知道这些都是生活的组成部分。

(四)情绪健康(emotional health)

情绪健康的含义是指自己能够合理表达自己的情绪,并能控制和调节自己的情绪。生活中经常有一些消极情绪,但是这些情绪是人们心理生活的重要部分。

(五)精神健康(spiritual health)

包括自己与其他有生命的东西的关系,以及自己的精神。这里人们的看法是有差异的,有的人认为精神健康主要是指宗教方面,而有的人认为主要应该是人的生活目标。所谓精神健康的含义应该是,自己可以充分发挥自己的精神潜能,能够发现生活的意义,并能很平静地对待自己和周围的人。

四、健康行为的三维结构理论

健康行为包括生理、心理和社会三个方面的三维结构模型。

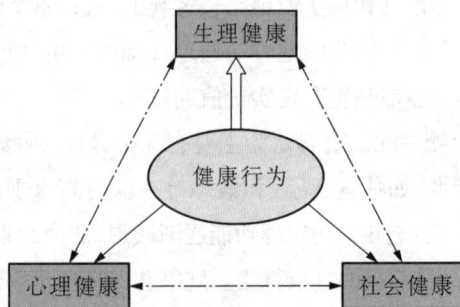

图 1-4　健康行为结构图解

（一）生理健康

是通过特定行为获得的生理健康。生理健康主要有以下两个方面的内容。

其一是生理健康的内容维度，主要是：一般身体特点，包括身高、体重、外貌等；感觉器官特点，包括视觉、听觉、嗅觉、味觉和皮肤感觉等；神经系统特点，神经系统的强度、速度和平衡水平等。

其二是生理机能状态维度，主要是：对疾病的敏感性，敏感性越强，感染疾病的可能性就越大，其生理机能就越差；机能状态的稳定性，各种生理机能的稳定性是人的生理健康的重要指标，要保持这些器官的机能稳定，就必须通过相应行为方式发挥其作用，特别是在成人以后，保持这种稳定性就更加重要。

（二）心理健康

是健康的心理方面，包括智力、情绪和精神健康。随着生活水平的提高，心理健康对于人们更加重要，心理健康的主要内容包括下面一些方面：智力健康，即有正常的认识事物和分析事物的能力，有作出判断解决问题的能力；情绪健康，即有识别他人情绪的能力，有合理表达自己情绪的能力，有情绪的调控能力等；精神健康，即有积极的健康价值观、有乐观的人生观、有自己的信仰等。

（三）社会健康

是健康的社会方面，人是社会的人，生活在人际关系中间，扮演着不同的角色，因此社会健康是健康的重要成分。具体而言，社会健康涉及如下内容：完成社会角色的能力；社会交往能力；合作能力。

（四）生理健康、心理健康和社会健康三者之间的关系

就三者而言，生理健康是基础，是首先要达到的健康目标。在此基础上，心理健康和社会健康是健康的核心成分。同时，三者之间是相互作用的，生理健康水平影响到心理健康和社会健康，如疾病状态影响到人的情绪，也会影响到其人际关系，甚至影响到其社会角色和社会地位等。心理健康也影响到人的生理健康和社会健康，身心疾病的原因之一就是人的情绪和心理状态，这是心理影响生理的典型表现。同时心理健康水平必然影响到其人际关系，影响到其交往的层次。社会健康影响生理健康和心理健康，交往是人的需要，缺少交往或剥夺交往，人们不仅表现出突出的生理异常，也表现出典型的心理异常。现代社会人的孤独和疏离、生活的紧张节奏等是造成现代人出现心血管系统疾病的重要原因，是造成"楼房病"、"情绪障碍"的原因。

五、健康行为与行为转变理论

近年来，随着健康心理学领域对疾病的关注点从治疗和干预转向对疾病的预防，随着全球性和区域性健康促进战略的全面制订和实施，如美国全民健康促进方案(2010)，健康行为以及健康行为改变理论越来越受到心理学、公共卫生学、社会学等多学科研究者的重视。健康行为(health related behavior) 指个体为了预防疾病、保持自身健康所采取的行为，包括改变健康危险行为（如吸烟、酗酒、不良饮食以及无保护性行为等）、采取积极健康行为（如经常锻炼、定期体检等）以及遵医行为。在我国，性病、艾滋病、吸烟、饮酒和肥胖等危害国民健康的问题日

益突出。例如,截至 2003 年底,我国艾滋病感染人数为 84 万人,至 2004 年底艾滋病病人共89067 人。我国现有烟民 3 亿多人,每年有 75 万人死于吸烟导致的各种疾病。同时,我国成人超重和肥胖人数分别为 2 亿和 6000 多万人,儿童肥胖率已经达到 8.1%。(卫生部,中国居民营养与健康状况调查,2002)

国外众多的研究发现,从心理社会角度构建的健康行为改变理论对健康行为的预测、预防和干预起到极其重要的作用,有效的行为预防干预必须建立在相应的理论基础之上。自 20世纪 50 年代研究者建立健康信念理论模式以来,健康行为改变理论经历了蓬勃发展的时期(林丹华等,2005)。关于健康行为与行为转变的理论可以分为两类,一类是连续变化理论,用于健康行为的预测,研究影响行为的调节因素,如健康信念理论、保护动机理论和计划行为理论。另一类是阶段变化理论,探讨行为变化的过程。这些学说主要用于个体健康疾病行为影响因素的预测和行为转变,也可以用于社区健康促进,主要包括跨模式理论、健康行动进程理论和预警采用进程理论。下面介绍两种比较有代表性的健康行为改变理论。

(一) 健康信念理论

健康信念模式是最早运用于个体健康行为解释和预测的理论模型。该模式诞生于 20 世纪 50 年代,由罗森斯托克(Rosenstock)提出并由贝克尔(Becker)和梅曼(Maiman)加以修订。研究者最初运用该模式解释个体不愿意参加各种疾病预防方案的原因,如个体为什么不愿意参加社区组织的肺结核早期检测和治疗等。之后它被广泛地运用于各种短、长期健康危险行为的预测和改变上,如吸烟行为、不良进食行为以及性病、艾滋病的预防和干预等。

该模式从心理社会角度对健康行为的改变做了阐释和说明,强调运用个体的态度和信念来解释和预测各种健康行为,其核心部分包括四种与行为转变紧密相关的信念。(1)感知到的疾病易感性。即个体认为不健康行为给他带来的总体危害,以及该行为导致其自身出现疾病的几率和可能性;(2)感知到的疾病严重性。即个体认为不健康行为所导致的疾病给他带来多大程度的身体、心理和社会危害;(3)感知到的行为转变的好处。即个体对改变不良行为所带来的好处的认识和评价;(4)感知到的行为转变的障碍。即个体感知到的行为改变可能带来的身体、心理和金钱方面的不良影响。当感知到的行为转变的好处大于坏处或障碍时,行为的转变成为可能;否则个体则可能依旧维持原有的不健康行为。

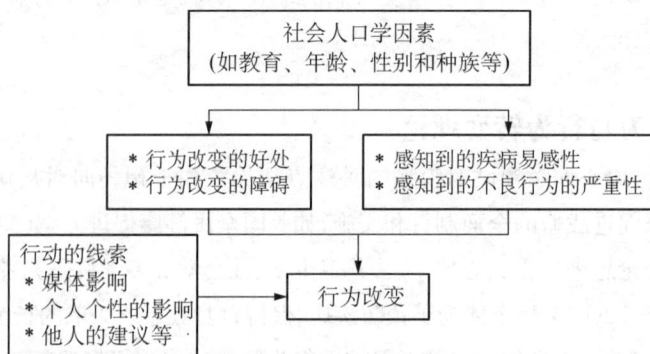

图 1-5 健康信念理论

(二) 跨模式理论

跨模式理论(transtheoretical mode,TTM)或称为转变阶段论(the stages of change model)是查斯卡(Prochaska)1979年在心理学和行为改变理论基础上提出来的,为行为转变过程提供了理论框架。最初查斯卡和克莱门特(Diclimente)1982年用于戒烟者治疗中行为变化过程的研究中,很快就被广泛推广,用于酒精等物质的滥用、饮食失调及脂肪肝、高脂肪饮食、AIDS的预防等。该理论在慢性非传染性疾病的人群干预工作、对烟瘾的戒断、运动、多食用水果蔬菜习惯的养成方面应用广阔。TTM理论认为人的行为改变必须经过几个阶段,处于不同的行为改变阶段,人们有不同的心理需要,健康教育应针对其需要提供不同的干预帮助,以促使教育对象向成功采纳健康行为的下一阶段转变。行为改变分为五个阶段:

前沉思阶段(precontemplation):个体在可预见未来内不打算做任何行为改变。这可能是因为不知道行为的不良后果。比如:"我喜欢网络游戏,我会继续玩下去";

沉思阶段(contemplation)个体打算在可预见期内改变行为。他们注意到改变行为的积极结果,同时,也意识到需要付出代价。比如:"我最近眼睛疼得厉害,也许我该考虑不玩网络游戏了";

准备阶段(preparation):个体打算在接下来的一个月内采取行动。比如:"我不能再去网吧了,我要少上网玩游戏";

行动阶段(action):个体在过去半年内已经采取了新的公开行动,改变旧的生活方式。这些行动接近于行为改变,但不一定都符合科学家或专家认为的足以减少疾病危险的标准。本阶段是防止故态萌发的关键期。比如:"我已经不玩网络游戏了";

保持阶段(maintenance):个体在这个阶段的主要任务是随着时间的推移,维持这种变化。比如:"我已经半年没有玩网络游戏了"。本阶段包括终止(termination)和复发(relapse)。个体在高危情境中,行为改变较行动阶段巩固,更加坚定地坚持新的行为,并能抵御诱惑而不复发。

退化可以发生在任何阶段,表现为个体的行为退回到上一个阶段。复发是退化的一种形式,特指从行动阶段或维持阶段退回到早期阶段。大多数人都会出现复发,在促进戒烟和锻炼项目时,回复到前沉思阶段的比例只占15%,大多数会退到沉思阶段或准备阶段。复发的原因包括:受伤、工作需求、缺乏兴趣、没时间、家庭需求、气候不佳和压力等。预防复发要帮助个体对问题预先做准备、做好计划并有效处理高风险情境。

在跨模式理论看来,每个个体是否能从一个阶段过渡到另一个阶段取决于每个阶段的认知过程,认知过程和五个变化阶段的整合最终解释了个体行为的改变。个体的认知过程共10种,包括知觉因素(如对特定行为后果的知觉、情感体验、对自我和周围环境的再评价、新行为产生后社会准则变化的知觉等)和行为因素(如反条件化、社会支持关系、强化管理、对行

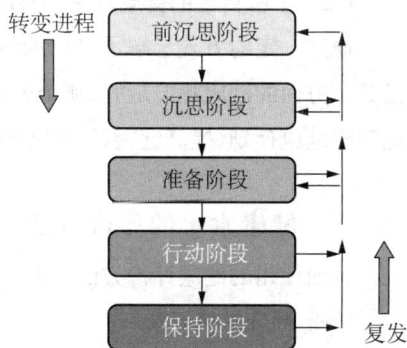

图1-6 跨模式理论结构

为改变的承诺和刺激控制等)两大类。不仅如此,该理论还非常强调自我效能感和行为改变的决定权等因素的重要作用。

第四节　了解自己的健康状况

一、了解自己健康水平的意义

(一)了解自己的健康水平,有助于人们消除对自己健康水平的模糊性

绝大多数人并不知道自己的健康状况,这就是人对自己健康水平的模糊性,具体而言,这种模糊性主要表现在下面几个方面。

将健康局限于生理方面。当别人问到自己的健康状况的时候,他或她总是说"很好",他们说的"很好"实际仅仅是指生理方面的,是由于人们的习惯造成的,特别是那些经济落后地区,这种情况更加突出,健康理解的片面性是这种模糊性的重要表现,这种表现造成人们忽略心理和社会健康。

人们对自身健康的惰性。人们总体上不关心自己的健康的,这就是人们对健康的惰性。具体而言,只要人的健康没有表现出问题,人们就不会考虑自己的健康状况,只有当自己的某一个身体部件出现了问题的时候,才意识到自己应该注意自己的身体;只有到自己衰老的时候,才知道注意自己的生活方式,才知道自己应该进行身体锻炼,但是到这个时候已经出现了很多难以弥补的损失。因此,人们对自身健康的这种惰性造成了人们针对自己健康的被动性,即人总是由自己的身体变化支配自己的行为,而非主动地通过自己行为方式的改变来改良自己的健康状况。

对自己健康水平的不知情性。人们很少全面评估自己的健康,人们做得最多的健康检查仍然是生理方面的,因缺少相应的评价工具,很少有人能够主动地从多个方面综合了解自己的健康状况,特别是在我们国家,这种不知情性导致了人们健康行为的盲目性。

要消除上述各种健康模糊性表现,就要主动地对自己的健康进行全面评估,做到对自己健康的意识性。

(二)了解自己的健康水平,有助于人们有计划地改善自己的健康状况

通过一定的方式了解了自己的健康水平,人们就会明确自己目前的健康状态的好坏,自己哪个方面的健康状况最好,哪个方面最差,有待于改善,这样人们就可以根据自己的实际情况制定健康计划,提高健康行为的针对性和有效性。

二、健康水平的评价方法

目前使用的健康评价方法主要有以下几个方面:

(一)社会常模评价

将一个人健康状况与他所在的文化群体中的绝大多数人进行比较,如果不如这个群体,那么说明其健康水平是比较落后的。

（二）专家评价

以医生、心理学家等专家的评价为标准,如果这些专家认为某个人的健康存在问题,那么他就应该进行相应的对待。

（三）综合测评

使用评价是对人的健康水平做综合评估。实际上这个方法采用的仍然是社会常模。我们主要介绍这个方法。

三、综合测评介绍

1985 年,美国学者马丁(Joan Peterson Matin)提出了综合评估人的健康行为水平的方法,这个方法是通过自评问卷进行的,共 25 个题目,最后通过马丁指数评价自己的健康状况。这个方法的一个典型特点是,其评价的对象是人的行为。(见附表 1)

通过对自己健康状况的评价,有益于人们了解自己的健康状况,并能通过有效的途径改善现实存在的不健康因素,以增进身心健康,体验幸福的人生。

附表 1　马丁关于综合评估人的健康行为水平自评问卷

健康行为指数

指导语:仔细分析下面问题,将最适合自己的健康行为描述在下面的几个横线上画上"√"。答案没有正确和错误之分,最合适自己情况的答案是最好的答案。

1. 每周有多少天吃早餐
　　——a:6—7 天
　　——b:4—5 天
　　——c:2—3 天
　　——d:0—1 天
2. 下面的哪一个描述最符合你的日常饮食方式
　　——a:当自己饿的时候总是吃快餐食品
　　——b:每天有 1 次是固定进餐,其他时间是快餐
　　——c:每天有 2 次是固定进餐,其他时间是快餐
　　——d:每天有 3 次是固定进餐,其他时间是快餐
　　——e:每天有 3 次是固定进餐,没有吃快餐习惯
3. 在固定时间进餐的时候,至少有或都有下面列出的 4 种食物:
　　2 种肉类食物
　　2 种奶、蛋类食物
　　4 种谷物类食物
　　4 种水果、蔬菜类食物
　　这样的情况,每周内有几天?
　　——a:6—7 天
　　——b:4—5 天
　　——c:2—3 天
　　——d:0—1 天
4. 每天有多少次使用含糖类食物? 如苏打水、糖果等。
　　——a:1 次以下
　　——b:1—2 次
　　——c:3—4 次
　　——d:5 次以上
5. 考虑到你的体重和身体结构,根据你的理想标准,自己要减肥多少?
　　——a:10 磅以内
　　——b:20 磅以内

——c:30 磅以内

——d:30 磅以上

6. 下面的哪一个描述最适合你的饮食行为?

　　——a:从没有超重,因此从没有减肥

　　——b:自己体重超重 10 磅,但是没有减肥

　　——c:当超重的时候,疯狂减肥,使体重快速下降

　　——d:当超重的时候,通过练习或减少食物来逐渐减肥

　　——e:当超重的时候,通过练习和减少食物来逐渐减肥

7. 每晚平均睡眠时间是多少?

　　——a:10 个小时以上

　　——b:9—10 小时

　　——c:7—8 小时

　　——d:5—6 小时

　　——e:0—4 小时

8. 驾驶汽车的时候使用安全带的情况如何?

　　——a:经常

　　——b:在市区不用,在高速公路上使用

　　——c:在市区有时使用,在高速公路上有时使用

　　——d:从不使用

9. 酒后驾驶汽车的情况如何?

　　——a:每周 1 次以上

　　——b:每周 1 次

　　——c:1 年有几次

　　——d:从没有

10. 下面的哪一个描述最适合对你的喝酒情况的描述?

　　——a:不喝酒

　　——b:每天喝酒 1 次以下

　　——c:每天喝酒 2 次以下

　　——d:周末每天喝酒 2 次以上,其他时间每天喝酒 2 次以下

　　——e:很多情况下,每天喝酒都是 2 次以上

11. 下面哪一个描述最适合你的药物使用情况?

　　——a:想用就用

　　——b:觉得自己需要的时候才用

　　——c:按照医学要求和指导用药

　　——d:很少吃药

12. 你每天喝多少杯咖啡?

　　——a:没有或偶尔几天才喝 1 杯

　　——b:1—3 杯

　　——c:4—6 杯

　　——d:7 杯以上

13. 下面的哪一个描述最符合你的抽烟行为?

　　——a:不抽烟

　　——b:每天抽烟 1 包以内

　　——c:每天抽烟 1—2 包

　　——d:每天抽烟 2 包以上

14. 每周做多少次野外锻炼,如游泳、骑自行车、慢跑等?

　　——a:少于 1 次

　　——b:1 次

　　——c:2 次

　　——d:3—4 次

　　——e:5 次以上

15. 你每周做其他身体锻炼多少次?

　　——a:少于 1 次

—b:1 次
　　—c:2 次
　　—d:3—4 次
　　—e:5 次以上

16. 你刷牙的情况如何?
　　—a:每次吃完饭都刷牙
　　—b:每天 2 次
　　—c:每天 1 次
　　—d:每天少于 1 次

17. 你看牙医的情况如何?
　　—a:从没有,或当自己的牙齿出现问题的时候才看
　　—b:2—3 年 1 次
　　—c:每年 1 次
　　—d:半年 1 次

18. 你做身体检查的情况如何?
　　—a:从没有,或只有在自己身体出现问题的时候才做
　　—b:仅做 POP 测试或其他检查
　　—c:3—5 年检查一次
　　—d:至少 2 年 1 次

19. 在吃食物或药物之前查看标签、说明的情况如何?
　　—a:总是查看
　　—b:经常查看
　　—c:有时查看
　　—d:很少查看

20. 每周有多少次使用下列手段缓解自己的紧张? 肌肉放松、锻炼、听音乐或其他减缓紧张的技术。
　　—a:6—7 次
　　—b:4—5 次
　　—c:2—3 次
　　—d:0—1 次

21. 下面哪一个描述最符合你的亲密人际关系?
　　—a:没有朋友
　　—b:有一个朋友,但是自己并不能和对方共享真实情感
　　—c:有这样的朋友关系,自己有时可以分享自己的感受
　　—d:有这样的朋友关系,自己一直可以分享自己的感受

22. 你每天吃含脂肪和胆固醇高的食物的次数如何?
　　—a:0 次
　　—b:1—2 次
　　—c:3—4 次
　　—d:5 次以上

23. 限制自己较多使用食盐的情况如何?
　　—a:总是限制
　　—b:经常限制
　　—c:有时限制
　　—d:很少限制

24. 自己做乳房(女性)或睾丸(男性)自我检查的情况如何?
　　—a:每个月 1 次
　　—b:每 2—6 个月 1 次
　　—c:6 个月以上 1 次
　　—d:从不检查

25. 下面的哪一个描述最符合你的避孕物品使用情况?
　　—a:因为性行为方面的不舒适,因此不使用
　　—b:为了怀孕而不使用
　　—c:因为性行为方面的主动性总是使用

——d:因为性行为方面的主动性经常使用
——e:因为性行为方面的主动性偶尔使用
——f:因为性行为方面的主动性很少使用
记分方法:1、3、5、8、12、13、16、19、20、22、23、24:a=3，b=2，c=1，d=0
 2、9、11、18、21:a=0，b=1，c=2，d=3
 6:a=3，b=1，c=0，d=2，e=3
 7:a=1，b=2，c=3，d=2，e=0
 10:a=3，b=3，c=3，d=1，e=0
 14、15:a=0，b=1，c=2，d=3，e=3
 25:a=3，b=3，c=3，d=2，e=1，f=0

总分为0—75分:
 25分以下——健康行为比较差
 25—50分之间——健康行为中等
 50分以上——健康行为优秀

回顾与总结

　　早期人们将健康限定在生理方面,限定在消极的"非病理状态",现在人们对健康的理解比较全面,将健康与"幸福生活"等方面联系,认为健康包括生理、心理和社会多方面。马塔拉佐将健康心理学定义为:是对促进和维护健康、治疗疾病以及相关的功能障碍,集合教育、科学和心理学学科专业贡献为一体的结合体。健康心理学的出现是人们对心身关系认识发展的必然产物,其思想可以追溯到遥远的过去。而近代生物医学模式面临的问题以及医学模式向生物心理社会医学模式的转变,是健康心理学出现的重要前提。健康心理学的任务是探讨影响健康的行为因素,建立健康心理学的理论模型,以解释与健康相关的行为及心理状况,以促进人们对健康的全面认识,以及人们对疾病原因的知觉和控制。健康的检查和评价是十分重要的,可以使人们时常了解自己的健康水平,从而采取积极健康的行为,以增进身心健康。

巩固与练习

　　1. 如何理解健康?

　　2. 什么是健康心理学?

　　3. 与健康心理学相关的学科有哪些?

　　4. 健康心理学的出现背景是什么?

　　5. 如何了解自己的健康状况?

参考文献

　　1. 李丹.学校心理卫生学.广西教育出版社,1999.

　　2. 郑希付.学校心理卫生学.警官教育出版社,1998.

　　3. 钱明.健康心理学.人民卫生出版社,2007.

　　4. 奥格登.健康心理学(第3版).严建雯、陈传锋、金一波等译.人民邮电出版社,2007.

5. 利文森(James L. Levenson).心身医学.吕秋云译.北京大学医学出版社,2010.

6. 姜乾金.医学心理学.人民卫生出版社,2010.

7. 钱铭怡.变态心理学.北京大学出版社,2006.

8. 库恩、米特雷尔(Dennis Coon,John O. Mitterer).心理学导论(第11版).郑钢等译.中国轻工业出版社,2008.

9. 迟欣阳.道家文化中的健康心理学思想初探.赤峰学院学报(自然科学版).2011,(2).

10. 李永鑫、务凯.职业健康心理学的发展和展望(综述).中国心理卫生杂志.2008,(6).

11. 闫瑞红、刘蓉、张澜.健康行为及其影响因素研究进展.护理学杂志.2010,(3).

12. 林丹华.健康行为改变理论述评.心理发展与教育.2005,(4).

第一章 健康心理学概论

第二章　心理健康的标准

　　战国时期,魏将庞涓,战功卓著,堪称将才,但他心胸狭隘,嫉贤妒能,最后为孙膑所败。楚霸王项羽"力拔山兮气盖世",可他骄横轻狂,傲气十足,加之轻信多疑,虽起兵之初雄极一时,但落得个兵困垓下,自刎乌江的下场。勇猛无比的张飞,急躁鲁莽,感情用事,以致死于非命。就连智勇兼备的关羽,也因骄傲自负,大意失荆州,败走麦城。不可否认,不良的个性心理是他们走上失败之路的一个重要原因。

　　现代社会,由于生活节奏的加快,竞争意识的提高以及噪音、拥挤等环境问题的日益加剧,人们的心理负担逐渐加重。物质生活与精神生活的反差,使人们在获得成功的同时亦感到有所失。人际关系的改变、利益关系的紧张,常常使人们感到近在咫尺却犹如远在天涯。理想与现实、个人与社会、能力与要求、欲望与道德的种种矛盾频频袭来。

第一节　心理健康概述

一、心理健康的定义与标准

(一) 心理健康的内涵

　　关于心理健康的概念,心理学界说法不一。1946 年的第三届国际心理卫生大会将心理健康定义为:"在身体、智能及情感上与他人的心理健康不相矛盾的范围内,将个人的心境发展成最佳的状态。"

　　世界心理卫生联合会把心理健康定义为:身体、智力、情绪十分调和;适应环境,人际关系中彼此能谦让:有幸福感;在工作和职业中,能充分发挥自己的能力,过着有效率的生活。

　　英国《简明不列颠百科全书》中译本(1985)将心理健康解释为:"心理健康是指个体心理在本身及环境条件许可范围内所能达到的最佳功能状态,但不是十全十美的绝对状态。"

　　美国健康与人力服务部发表心理健康报告(*Mental Health*:*A Report of the Surgeon*,1999)给心理健康的定义是:心理健康是心理功能的成功性表现,它带来富有成果的活动,完善人际关系,有能力适应环境变化和应对逆境。心理健康对于个人幸福、家庭、人际关系、社区和社会是必不可少的。

　　心理学不同学派对心理健康也有自己的不同看法。人格特质论的代表人物奥尔波特(G. W. Allport)认为,健康人是在理性和意识水平上活动的,他们的视线指向当前和未来,激励他们活动的力量是他们能够意识到的,是可以控制的。"成熟的人"能够把握自己的生活,并且对现在和未来充满理想,生活有目的性。

人本主义心理学罗杰斯(C. Rogers)列举了机能完善者的五个特征:经验开放,时刻保持生活充实,对自身机体高度信任,有较强的自由感,有高度的创造性。

王登峰(1992)认为,心理健康是了解自我,悦纳自我;接受他人,善与人处;正视现实,接受现实;热爱生活,乐于工作;能协调与控制情绪,心境良好;人格完整和谐;智力正常;心理行为符合年龄特征。

叶一舵(2001)认为,心理健康是指个体在与各种环境的相互作用中,在内外条件许可范围内,主体能不断调整自身心理结构,自觉保持心理上、社会上的正常或良好适应的一种持续而积极的心理功能状态。

林崇德、杨治良、黄希庭主编的《心理学大辞典》(2003)将心理健康定义为:"心理健康是指个体的心理状态(如一般适应能力、人格的健全状况等)保持正常或良好水平,且自我内部(如自我意识、自我控制、自我体验等)以及自我与环境之间保持和谐一致的良好状态。"

对于心理健康的概念,虽众说纷纭,其内涵是一致的。

(二) 心理健康的标准

心理健康标准是心理健康概念的具体化和操作化。目前心理健康标准及其制定依据,主要有七种。第一是众数原则,以统计学上的常态分布作为标准。第二是社会规范,符合公认的行为规范为正常,反社会规范视为异常。第三是生活适应,善于生活适应者为正常,生活适应困难者为异常。第四是主观感受,自觉幸福、满足视为健康,反之为不健康。第五是医学标准,有临床症状或病因者视为异常。第六是以心理成熟与发展水平为标准,身心两方面成熟和发展相当者为正常。第七是心理机能,以心理机能充分发挥为健康。由于学者们对心理健康的理解不同,所以,对于心理健康的标准,心理学家们从不同角度提出了各种观点。

黄希庭(1988)提出判断心理是否健康的 5 条标准:个人的心理特点是否符合相应的心理发展的年龄特征;能否坚持正常的学习和工作;有无和谐的人际关系;个人能否与社会协调一致;有没有完整的人格。

景怀斌(1999)以心理意义实在论为理论基础,提出了 5 条心理健康的标准:有健康的人生观;客观、准确地认识客观事物的心理中介机制。也就是说,心理健康的人对客观事物,环境中的事件等环境信息有准确的反应,既不缩小,也不夸大,从而准确地把握现实;适应、和谐、发展的行为习惯;自我感觉良好的身心状况;具有自我调整的能力。

叶一舵(2001)认为心理健康的标准就是个体适应正常或良好,提出心理健康标准的"二维适应论"。从个体横向适应的角度看,心理健康标准分为心理适应(自我适应)标准和社会适应标准;从个体纵向适应的角度看,心理健康标准应分为生存适应标准和发展适应标准,这两个维度共同形成一个心理健康标准的二维结构。

俞国良(2005)认为心理健康的标准有 8 条:智力正常;人际关系和谐;心理与行为符合年龄特征;了解自我,悦纳自我;面对和接受现实;能协调与控制情绪,心境良好;人格完整独立;热爱生活,乐于工作。

邓云龙,戴吉(2010)立足于本民族文化,提出 4 条心理健康的标准:知己知彼,反应适当,真实和谐,悦纳进取。"知己知彼"就是对自我、他人及人我关系有客观清醒的认识;"反应适当"是指在进行正确认知的基础上,表现出适当的情感反应和行为反应;"真实和谐"是心理健康更高层次上的要求,契合了中国文化追求"天人合一"的境界;"悦纳进取"亦为更高层次的心理健康要求,"悦纳"意味着愉快地接受事物本来的面目,"进取"是在悦纳基础上进行的积极改变和超越。

中国心理卫生协会近年组织相关专家,开展了"中国人心理健康标准制定"的课题研究。通过文献调研、专家调查和专家讨论,研究制定符合中国国情和社会文化的心理健康标准,具体可从五个方面来衡量:

1. 自我认识方面:能够客观全面地认识自我并接纳自我,有心理安全感;
2. 独立性方面:具备基本的独立生活和学习能力,能够解决日常遇到的一些问题;
3. 情绪方面:情绪基本稳定,心态比较积极,能够适当控制自己的情绪;
4. 人际交往方面:能够建立和谐的人际关系,在社会交往中获得心理上的满足感;
5. 环境适应方面:能够接受现实、承受挫折,并采取合理措施应对困难。

不管按何种依据制定心理健康标准,各类心理健康标准的内涵仍具有共同性,即主要从心理过程(知、情、意)、人格、社会适应等方面对心理健康的标准进行界定,并不可避免地渗透了本国文化倡导的主流人生观和价值观。心理健康标准是一种理想尺度,指明了提高心理健康水平的努力方向。

二、心理健康与不健康的区分

与心理健康这一概念相对应的是心理不健康,心理不健康是指一种持续的不良状态。心理健康和不健康都属于心理正常的范围。心理正常指的是具备正常功能的心理活动,也就是不包含有精神障碍症状的心理活动。心理异常是指有典型精神障碍症状的心理活动。心理正常与异常之间的界限是相对的,而不是绝对的。从良好的心理健康状态到严重的心理疾病之间有一个广阔的过渡带,完全的心理健康与精神疾病是人类精神活动的两极,大多数人处于中间状态。从临床心理学的角度出发,可以把人的全部心理活动分别用"心理健康"、"心理不健康"、"心理异常"三个概念来表达。

表2-1　心理正常、异常的分类

心理正常		心理异常
心理健康	心理不健康	含变态人格,确诊的神经症,其他各类精神障碍
	一般心理问题,严重心理问题,可疑神经症	

(一)心理正常与心理异常的区分

郭念锋(2005)认为,区分心理正常与心理异常,应该以心理学对人类心理活动的一般性定义为依据。心理是脑对客观事物的主观反映,根据这一定义,提出以下三个原则,作为确定心理正常与异常的依据。

1. 主观世界与客观世界的统一性原则

心理是客观现实的反映,任何正常的心理活动或行为,在内容和形式上必须与客观环境保持一致。如果人的精神或行为与外界环境失去统一性，必然不能被人理解。

2. 心理活动的内在协调性原则

人的心理活动是一个完整的统一体，知、情、意等各种心理过程之间具有协调一致性，保证人能在反映客观世界的过程中高度准确和有效。如果一个人的心理过程失去了协调一致性，往往会出现异常。

3. 人格的相对稳定性原则

每个人在长期的生活道路上，都会形成自己独特的人格特征。人格特征一旦形成，便具有相对的稳定性，一般是不易改变的。如果没有明显的外部原因，一个人的人格相对稳定性出现问题，就可以怀疑这个人的心理活动出现了异常。

（二）心理不健康的分类

1. 一般心理问题

一般心理问题是由现实因素激发的，持续时间较短，情绪反应在理智控制之下，不严重破坏社会功能，情绪反应尚未泛化的心理不健康状态。如青年大学生在社会适应、身心成长、人格发展中产生的学习焦虑、交往障碍、恋爱困扰等心理问题，成年人的婚姻家庭、子女教育、事业、人际关系等方面的问题等。

2. 严重心理问题

严重心理问题是由相对强烈的现实因素激发、初始情绪反应强烈、持续时间较短、内容充分泛化的心理不健康状态。如思想行为固执刻板、过分追求完美等。

3. 神经症性心理问题（可疑神经症）

如果在出现严重心理问题后的一年之内，个体在社会功能方面出现严重缺损，可以作为可疑神经症或其他精神障碍对待。

表 2-2　心理不健康的区分

	一般心理问题	严重心理问题	神经症性心理问题
严重程度	现实问题，冲突，出现不良情绪，程度轻	较强烈现实问题，强烈的道德冲突，痛苦情绪，程度重	非现实，非道德冲突，产生痛苦情绪
持续时间	持续小于 1 个月，间断小于 2 个月	持续大于 2 个月，间断小于 6 个月	持续小于 3 个月，间断以年计
社会功能	社会功能没有明显受损，工作效率下降，不失控	社会功能受损相对严重，偶尔失控	社会功能受损，失控
症状泛化	不泛化	泛化	泛化

（三）心理异常

心理异常是大脑的结构或机能失调或者人对客观现实反映的紊乱和歪曲，既反映了个人自我概念和某些能力的异常，也反映为社会人际关系和个人生活上的适应障碍。当人体受到内外各种致病因素的影响，导致脑功能紊乱或失调，便可出现精神异常，其各种表现称为精神症状。精神症状是精神疾病的外在表现，是判定精神疾病的主要依据。

案例:小王,女,大学生。大二时参加了学校组织的献血,回来后一直担心采血时所使用的针头不干净,怕自己被传染艾滋病。担心了2个星期后,开始对血产生恐惧,不仅见到血会紧张,就是想到血或者看见"血"这个字也会紧张。她不敢去医院,回避所有可能会见到血的场合。如果哪个同学脸上长了青春痘挤破出了血,她就会对这个同学产生恐惧,不敢和他说话,不敢接触他接触过的东西,尽量离他远点。慢慢的小王所恐惧和回避的东西越来越多,她不敢到学校的公共浴室洗澡,不敢使用公共厕所的马桶,对蚊子非常恐惧,因为咬过别人,会携带别人的血等,严重影响了生活和学习。

知识窗

亚 健 康

亚健康状态(subhealth)是指人体在健康与患病之间还存在着一个过渡的中间状态。世界卫生组织将机体无器质性病变,但是有一些功能改变的状态称为"第三状态",我国称为"亚健康状态"。

亚健康比较常见的表现是经常性和持续性的活力、反应能力、适应能力和免疫力降低,如疲劳、头痛、失眠、多梦易惊、困倦、心悸、食欲不振、肌肉酸痛、心律不齐、精神不振、情绪低落、敏感多疑、注意力不集中、偏执、健忘、焦虑、抑郁、人际关系紧张等。疲劳是亚健康的主要特征和典型表现,是万病之源。

(一)导致亚健康的因素

1. 过度疲劳造成的精力、体力透支。由于竞争日趋激烈,人们用心、用脑过度,身体的主要器官长期处于入不敷出的非正常负荷状态;

2. 人体的自老化,表现出体力不足、精力不支、社会适应能力降低;

3. 现代疾病(心脑血管疾病、肿瘤等)的前期。在发病前,人体在相当长的时间内不会出现器质性病变,但在功能上已经发生了障碍,如胸闷气短、头晕目眩、失眠健忘等;

4. 人体生物周期中的低潮时期。即使是健康人,也会在一个特定的时期内处于亚健康状态,例如女性在月经来潮前表现出的烦躁、不安、情绪不稳、易激动等。

5. 长久的不良情绪影响。

(二)预防亚健康的措施

要预防、消除亚健康,需要主动养生与积极保健。

1. 平心,即平衡心理、平静心态、平稳情绪;

2. 减压,即适时缓解过度紧张和压力;

3. 顺钟,即顺应生物钟,调整好休息和睡眠;

4. 增免,即通过有氧代谢运动等增强免疫力;

5. 改良,即改变不良的生活方式和习惯,从源头上预防亚健康的发生。

(资料来源:祝庆华. 亚健康与保健. 保健医学研究与实践. 2011,8(4).)

三、心理健康的评估方法

在对心理健康进行评估时,要依据心理健康标准,综合运用会谈法、观察法、心理测验法、医学检查法进行。

(一) 会谈法

会谈法是指咨询者通过与来访者谈话来了解其心理健康状况,达到评估其心理健康状况的一种方法。因此,这种会谈也叫做诊断性会谈。其基本形式是一种面对面的语言交流,也是心理评估中最常用的一种基本方法。会谈的形式包括自由式会谈和结构式会谈两种。前者的谈话是开放式的,气氛比较轻松,被评估者较少受到约束,可以自由地表现自己。后者根据特定目的预先设定好一定的结构和程序,谈话内容有所限定,效率较高。

(二) 观察法

观察法就是通过有目的、有计划地观察来访者的外部表现,如动作、姿态、表情、言语、态度和睡眠等,来评估和判断其心理健康状况的方法。观察法可分为自然观察法与控制观察法两种形式。前者指在自然情境(如家庭、学校或工作环境)中,被评估者的行为不受观察者干扰,按照其本来方式和目标进行所得到的观察。后者指在经过预先设置的情境中所进行的观察。观察法的优点是材料比较真实和客观,对儿童的心理评估以及对一些精神障碍者的评估而言,观察法显得尤为重要。不足之处是,观察法得到的只是外显行为,不易重复。观察结果的有效性还取决于观察者的洞察能力、分析综合能力等。

(三) 心理测验法

所谓心理测验就是用一些经过选择加以组织的、可以反映出人们一定心理活动特点的刺激(如一些日常生活中的事件),让受试者对此作出反应(如回答问题),并将这些反应情况数量化以确定一个人心理活动状况的心理学技术。心理测验的应用范围很广,种类也十分繁多。在医学领域内所涉及的心理测验内容主要包括器质性和机能性疾病的诊断中与心理学有关的各方面问题,如智力、人格、特殊能力、症状评定等。

(四) 医学诊断法

人的身心是相互作用的,有些心理障碍是大脑器质性改变和躯体障碍的结果,医学检查可以发现有相应的异常变化,根据临床症状、体征和辅助检查结果(如脑电图、脑血流图、头部X线、CT检查等)可判断其心理障碍的原因。

各种精神疾病的诊断标准一般包括4项内容:症状标准、严重性标准、时间标准、排除标准。DSM-Ⅳ对心理障碍的定义是:导致个体痛苦或使得个体在一个或多个重要方面丧失功能的行为或心理类型。进行临床检查时,要根据多个标准进行综合判断。

(五) 作品分析法

作品分析法也称产品分析法。所谓"作品"指被评估者所做的日记、书信、图画、工艺等文化性的创作,也包括他(她)生活和劳动过程中所做的事和东西。通过分析这些作品(产品)可以有效地评估其心理水平和心理状态,并且可以作为一个客观依据留存。

DSM－Ⅳ－TR

在美国,最广为接受的分类模式是美国精神病学会制定的,称为《精神疾病的诊断和统计手册》。2000 年发行的修订版是对第 4 版(DSM－Ⅳ,1994)的一次"正文修订"。这个版本被称为 DSM－Ⅳ－TR,它分类、定义和描述了 200 余种心理障碍。

为了减少因为用不同的方法处理心理障碍而导致的诊断困难,DSM－Ⅳ－TR 强调症状模式以及病理的描述,而不太强调病因理论和治疗策略。为了鼓励临床工作者考虑与心理障碍相关联的心理、社会和躯体因素,DSM－Ⅳ－TR 采用了不同的维度,或称为轴来描述这些因素的相关信息。完整的诊断需要包括对每一个轴的考察。

DSM－Ⅳ－TR 的五个轴

轴类	信息的分类	描 述
轴Ⅰ	临床障碍	这些精神障碍表现为给个体带来痛苦或者导致某一领域功能损害的症状、行为模式或心理问题。包括在婴儿期、儿童期或者青年期出现的障碍。
轴Ⅱ	(a) 人格障碍 (b) 智力迟滞	这些是对现实世界感知或反应机能失调的模式。
轴Ⅲ	一般医学状况	这个轴包括与了解或治疗个体和心理障碍有关的躯体问题。
轴Ⅳ	心理社会学和环境问题	这个轴包括可能影响个体障碍的诊断、治疗或康复的可能性的心理社会和环境应激。
轴Ⅴ	对功能的整体评价	这个轴包括个体现时在心理、社会和职业领域内的整体功能水平。

DSM－Ⅳ－TR 用来标识精神疾病的 7 项标准:

1. 痛苦或功能不良。2. 不适应性。3. 非理性。4. 不可预测性。5. 非惯常性和统计的极端性。6. 令观察者不适。7. 对道德或理想标准的违反。

(资料来源:理查德·格里格、菲利普·津巴多. 心理学与生活. 王垒、王甦等译. 人民邮电出版社,2003.)

第二节 影响心理健康的因素

一、生理因素的影响

(一) 遗传因素的影响

常言说的"种瓜得瓜,种豆得豆",指的就是遗传现象。遗传是指生物性状的逐代传递,它在个体身上体现为遗传素质,如机体的构造、形态和神经系统的特征等。遗传是通过遗传物质的载体——细胞内的染色体来实现的。人体细胞共有 23 对染色体,遗传学上把染色体上的遗传因子叫基因,基因决定着性状的遗传。人的某些心理问题的形成,与某些遗传因素有直接联系。

愈来愈多的证据表明心境障碍的发生与基因有关。双生子研究表明,如果同卵双生子中的一个患上心境障碍,那么另一个患上该病的机会有67%。而对于异卵双生子来说,就只有20%。家族研究、双生子研究和领养研究的结果表明,基因上与精神分裂症患者相联系的人比基因上与精神分裂症患者没有联系的人更容易患精神分裂症。精神分裂症的研究者欧文·格特曼(Irving Gottesman, 1991)研究表明,父母双方都患有精神分裂症,其后代的患病风险是46%,而一般人群当中只有1%。如果只有一方父母有精神分裂症,其后代患病的风险锐减到13%。同卵双生子同时患精神分裂症的概率是异卵双生子的三倍(王垒,王甦,2003)。

遗传对心理健康的影响还受个体神经系统类型的特点的影响。例如,高级神经活动强而不平衡的典型胆汁质的人,容易形成冲动、暴躁、易怒等心理障碍;高级神经活动弱而不平衡的典型抑郁质的人,容易发生孤独、焦虑、自卑等方面的心理障碍。临床观察发现,典型胆汁质和典型抑郁质的人易患精神病(俞国良,2007)。

(二) 胎内环境的影响

胎儿发育过程是极其重要的,这段时间的发展很容易受到许多因素的影响。如果胎儿受到强烈的刺激或发展期发生差错,那么这个差错是很严重的,有些甚至是持久的。一些先天的缺陷往往是由于环境的危害和遗传的某些因素相互作用而引起的。

胎内的环境对胎儿的生长和出生后的发展具有重要意义。孕妇的身体状况、情绪状态、怀孕时的营养、接触烟酒、毒品、放射性物质、噪音及其他药物的情况都有可能直接或间接地影响胎儿的发育,进而影响青少年心理健康。例如,母亲孕期保持平稳的情绪和愉快的心境,对胎儿正常发育是极为有利的。孕期吸烟会引起胎儿宫内发育迟缓、会引起流产、早产等,吸烟孕妇生出先天畸胎如婴儿先天性心脏病的几率就比不吸烟者多两倍,且多为严重心脏病。

(三) 分娩因素

母亲分娩是一个艰难多变的过程,如果出现异常情况会影响到母子(女)的安全和健康,也是影响青少年心理健康的因素。调查表明,有心理问题的学生其母亲在分娩过程中出现早产、难产、窒息的异常情况的百分数均明显高于正常学生。临床实践表明,有些儿童患多动症是由于分娩过程异常而造成的;缺氧会使脑细胞受到伤害,造成婴儿的言语运动机能受损,导致婴儿学习说话比较困难。

(四) 内分泌系统的影响

人体内有两种调节机构:神经系统调节和内分泌系统调节。人体的统一,主要依靠神经系统的调节,但是内分泌系统的活动对人体的作用也是不可忽视的。内分泌系统主要由若干内分泌腺构成,它包括脑垂体、甲状腺、肾上腺和性腺等。内分泌腺分泌的化学物质叫激素,它能直接渗入血管,不仅对机体代谢、生长发育有调节作用,也可对不同的器官选择性地发挥作用,特别是人的情绪活动受刺激的影响最大。

二、心理因素的影响

人的心理是一个有机整体,主要包括心理过程和个性心理两大部分,心理系统内部各个成分之间是相互作用、相互影响的,当各种因素对心理过程的影响不一致时,心理过程就会产生不协调,如自卑会左右能力的发展。另一方面,心理的发展还受到生物因素和外部环境的影响,当心理发展水平与生理成熟的速度不协调时,就会产生心理冲突。如果学生不能很好地调控自己,妥善地解决这些冲突,那么这些心理冲突将会成为影响学生心理健康的重要因素。一般来说,影响学生心理健康的心理因素有情绪、意志、需要、动机与性格等。

(一) 情绪

情绪是人类最复杂的心理活动之一,是人对客观事物是否满足自己的需要而产生的一种体验。良好的情绪有益健康,不良的情绪有损健康。国内外有不少研究发现,癌症患者发病前的生活事件发生率较高,其中以家庭不幸等方面的事件为多,例如丧偶、近亲死亡、疾病、离婚、失业、经济状态的改变、暴力事件等。经调查发现,恶性肿瘤患者在发病前遭受过负面性生活事件的比例(82.1%)明显高于对照组(67.3%)。恶性肿瘤患者发病前的家庭不幸事件发生率明显高于对照组,这说明心理因素对肿瘤患者的影响巨大,所以在临床实践中,对恶性肿瘤患者进行心理干预,不仅能大幅度提高其生活质量,还能调整其心理状态,更好地与医生配合进行治疗(张婷婷,2011)。

(二) 意志

意志是人自觉地确定目的,根据目的的支配和调节行为,克服困难,以实现预定目的的心理过程。意志过程是人类特有的心理现象,它是人类意识能动性的集中表现。人的意志力主要表现在意志品质上,而意志品质在人的行动中具有主导方向、调控行动的作用,它在人行动中的作用好比汽车上的方向盘、制动器一样重要。如果说没有方向盘和制动器的车我们不敢开,那么,没有意志的人也就永远不会有幸福的人生。

学生在学习和生活中并不是一帆风顺、万事如意的,在人生的道路上经受一些磨练也是必要的,它可以让学生积累人生经验,磨练意志。学生如果能把困难与挫折当成锻炼自己的机会,就能从小学会应付困难和挫折的知识和经验,从而做好征服困难、接受挫折的心理准备。但是,当学生缺乏克服困难与承受挫折的锻炼,长期不能有效地应付困难或挫折,不能缓解由此产生的负面影响时,就会导致心理和行为的异常,甚至导致某些心理疾病。

(三) 需要

需要是指个体和社会的客观要求在人脑的反映,它是活动积极性的源泉,也是产生情绪的基础。需要得到满足时会产生肯定性的态度和体验,如喜悦、满意、振奋等积极的情绪。相反,需要得不到满足时,就会产生否定的态度和体验,如失望、悲伤、恐慌、痛苦等消极的情绪。由此可以看出:新需要的不断产生和满足,会使人的心理活动得到丰富和发展,这有利于学生心理健康发展。

(四) 动机

动机是直接推动人们从事活动的内部动力。动机与需要是密切相连的,需要是动机产生的基础,而动机又是需要的表现形式。由于社会生活及人的心理需求具有多样性,导致人的心理经常处于矛盾状态,并由此产生心理冲突,最常见又最难以解决的心理冲突是动机冲突。

学生在学习和生活中会经常遇到各种动机冲突,例如,一名16岁男生,学习成绩不好,因在上课时看小说被老师批评,让他写检查,他负气跳江了。当老师、家长要求不一致时,当教师对学生歧视、无理指责、以分数相恐吓、用体罚相威胁时都会引起动机冲突,如果这些冲突得不到妥善解决,便会使学生处于痛苦、恐惧和不安之中,当学生长期处于消极情绪体验中,就会使学生感到困惑、苦闷和绝望,严重时可导致心理异常。

(五)性格

性格是指人对现实稳定的态度以及与之相适应的习惯化了的行为方式。它是人通过不断的社会生活实践,在外界生活条件和心理活动的相互作用下逐渐形成的。每个人都有自己的性格特点,它能影响着每个人为人处世的精神面貌。人的性格特征一旦形成就比较稳定,有些性格是健康的、积极向上的;也有的是病态的、消极落后的。具有积极向上性格特征的人,表现出诚实、谦虚、热情、乐于助人的特点,体会到人生的价值、生活的乐趣。消极落后性格往往表现为三种类型:(1)自私狭隘型;(2)自大自负型;(3)自卑怯懦型。这些人多有傲慢、懦弱、孤僻、冷漠的特点,他们人际适应状况不佳,体验到的多是苦恼和懊丧,或终日为了个人的得失斤斤计较,把自己禁锢在个人主义小圈子里,长期不能自我解脱,甚至耿耿于怀。可见,积极向上的性格特点,有益于人的心理健康;而消极落后的性格特点,有损于人的正常交往,往往造成学生的人格障碍和身心疾病的产生。

三、环境因素的影响

(一)家庭因素的影响

家庭是人生的第一站,是心理健康教育的第一课堂,父母则是孩子心理健康教育的首任老师。一个人从出生到走向社会,其间大约有三分之二的时间是在家庭里度过的。家庭对孩子的影响具有一定的强制性、导向性和潜移默化性。在家庭环境中,家长的素质、人际关系、父母期望、父母的榜样作用、教养的方式以及家庭中重要的生活事件,如父母离婚、下岗、生病、去世等,都会对孩子产生不同程度的影响,当外界出现不良刺激时,就会构成对孩子心理的压力,并进一步导致心理失调,引起一系列的情绪问题,如烦恼、失望、忧虑、悲伤、恐惧以及绝望等。

1. 父母文化程度

曾美英等人(2008)的研究发现,父亲母亲的文化程度对大学生的心理健康均有显著的影响,并且表现出类似的结果,即父亲母亲的文化程度为初中或以下文化的大学生心理健康水平相比较而言稍差。

而李慧民的研究(2005)则发现,父母为高学历的大学生表现出较高的情绪不稳定性和精神病性人格特征,并且母亲文化程度对学生心理健康的影响表现出两极倾向:母亲为高学历的心理健康水平最低,母亲为低学历的居次,母亲受教育水平为中等程度的心理健康状况最好;父亲的受教育程度影响不显著。

2. 家庭经济状况

李满林、罗海燕(2009)的研究表明,家庭经济特别困难的学生心理异常检出率较高。目前,比较多的研究都认为,特别贫困大学生存在更多的心理问题,表现出更多的心身症状、较低的自尊、更多的人际困扰和抑郁、焦虑情绪(康育文、陈青萍,2006)。

3. 家庭气氛

团结、祥和、温馨的家庭气氛有利于孩子健康成长。家庭和睦团结,孩子才能感到温暖,才能心情舒畅地学习、生活。夫妻关系是家庭中最重要的关系,处理好夫妻关系,是保持家庭和睦的条件。夫妻关系和谐,孩子的安全感就高。亲子关系融洽和谐,利于形成相互尊重、民主平等的家庭心理气氛。

李波等人(2005)认为,如果家庭中缺乏友爱,没有相互的关心和帮助,缺乏自由民主、平等和谐的气氛和文化娱乐活动,会阻碍个体独立性和社交能力的发展,从而产生自卑和羞耻感。

武慧多(2009)研究了家庭环境与心理健康的关系,发现可能存在心理问题的学生与可能没有心理问题的学生相比,在家庭环境上表现出更多的矛盾性、更少的亲密度和情感表达。家庭成员之间亲密度低,易导致情绪问题的出现。矛盾性高的家庭,成员之间通常矛盾冲突较多,更会感到压抑和焦虑。

张进辅等人(2009)的研究表明,和谐型家庭气氛下个体情绪更加稳定,而冲突型和离散型家庭气氛下的个体更容易出现情绪不稳定,形成冷漠、敌意、孤僻的性格特点。总之,有关家庭气氛的研究结论比较一致地认为,矛盾、冲突的家庭会对子女心理健康产生不良的影响。

4. 家庭教养方式

家庭教养方式一般可分为四种类型:专制型、放任型、溺爱型、民主型。很多研究表明,父母不良的教养方式是学生心理不健康的主要原因。符明秋,周喜华(2004)的研究指出,父母教养方式中的父母情感温暖、理解与大学生的抑郁呈显著的负相关,惩罚、严厉与大学生的抑郁呈显著的正相关。刘佰桥等人(2009)的研究表明,父母给予子女情感温暖和理解有利于子女健康心理的形成,父母的过分拒绝和否认,容易使子女形成强迫、人际敏感、抑郁、焦虑、敌对等不健康心理。

家庭教养方式不当是造成儿童品行缺陷的重要因素。因此,要避免家庭教养方式对学生心理健康的负面影响,家长就必须提高自身的素质,营造一个民主、宽松、和谐的氛围,并根据孩子心理发展的特点和规律,采用灵活的教养方式。

5. 父母对孩子的期望

望子成龙、望女成凤是天下父母的共同愿望,也是家长们多年辛苦的精神寄托。父母对孩子的期望,可能成为促进孩子成长的巨大动力,但也可能成为孩子沉重的心理负担。在这种高期望的影响下,父母不考虑儿童身心发展的特点和规律,按自己的意向为孩子设计未来的发展,强行让孩子接受知识和技能。一些父母对"不打不成材","棍棒底下出成绩"深信不疑,效仿古人,让孩子尝试"头悬梁,锥刺股"的做法,企图把孩子造就成"神童"。这样的做法会使孩子心理压力增大,焦虑重重,不仅会抹杀孩子的创造性,使孩子丧失主动探索和创造的愿望,还会使孩子产生报喜不报忧、说谎等不良行为,有时会产生厌学情绪和逆反心理,阻碍父母与孩子的正常沟通。因此,家长的期望应以孩子的接受能力和心理发展水平为基础,在理解、支持的前提下构筑自己对孩子的期望,让他们感受到希望,才能给孩子不断进取的信心和力量,父母的期望才有可能实现。

6. 家庭生活中重大事件的影响

生活在融洽、和谐家庭中的孩子,心理能够得到健康发展。如果家庭生活发生重大变故,如父母离婚、下岗、亲人去世等,这样的冲击与刺激对孩子来说是巨大的,心灵容易受到伤害。

近年来,我国离婚率逐年上升,大量研究都表明,父母离异家庭会在不同程度上给子女的心理健康、人格发展带来不利的影响。曾美英等(2008)研究发现,父母离异比父或母去世对大学生心理健康产生的影响更大。离异家庭的大学生心理健康状况在抑郁、敌对、强迫、躯体化、精神病性等多个因子上都比正常家庭和父或母去世的家庭分数高的大学生差。

(二) 学校因素的影响

当孩子走出家庭,进入学校后,学校就成为孩子最主要的学习、生活的场所,成为孩子接受社会化影响最集中、最丰富的社会生活环境。学生健康的心理需要良好的心理环境。在健康的环境中,学生会保持轻松、愉快的心境,其良好的个性也会逐渐形成,各种潜能才能得到充分发挥。从学校工作的具体情况来看,影响学生心理健康的主要因素有:学校教育的指导思想、教师素质、学校人际关系和学校环境等方面。

1. 学校教育指导思想

目前,许多学校仍存在片面追求升学率的倾向。在这种思想的指导下,学校重智育轻德育,即使在智育中,也偏重于分数,而忽视能力,偏重智力因素,而忽视非智力因素,忽视素质教育,特别是心理素质的教育。教师在教学中加班加点,搞题海战术,随意延长学习时间,甚至采取强制性的方式向学生灌输。这种违反心理健康教育原则的做法,将会挫伤学生的自尊心,使他们在沉重的精神负担和心理压力下产生厌学、焦虑、恐惧的心理,终日处于高度紧张之中,导致记忆减退、精神恍惚。这样不但会造成学生心理失调,导致心理障碍,还可能诱发逃学、欺骗等不良行为。一些学校没有对学生的心理素质培养给予足够的重视,从而导致学生心理脆弱,这对他们当前的学习、生活和今后的社会适应是不利的。

2. 校园人际关系

人际关系和谐是心理健康的一个重要标志,建立良好的校园人际关系是促进学生心理健康发展的重要途径。学生能否在学校里和老师、同学建立起和谐的人际关系,对他们心理的健康发展有着极为深远的影响。学校中的人际关系主要包括师生关系和同伴关系。

师生关系是学校众多人际关系中最基本的一种。师生关系的好坏影响着学生对学校生活和学习的适应,影响学生对自我概念的认知,影响学生个性的社会化。在民主—亲密型师生关系中,师生之间友好相处,感情融洽、心境愉快,学生易产生积极的情绪体验,而不良的师生关系容易导致学生产生消极情绪。在专制—紧张型师生关系下,学生对教师易产生胆怯、逆反、对抗性情绪;在放任—冷漠型师生关系下,学生易产生冷漠、猜疑和敌对情绪(王小凤,2009)。

同伴关系主要是指同龄人间或心理发展水平相当的个体间在交往过程中建立和发展起来的一种人际关系,是个体同伴经历的重要内容。同伴关系为青少年学习基本的社交技能提供了很好的机会,在他们的成长过程中起着非常重要的作用。

3. 学校环境

在个体发展中,学校教育是相当重要的。学校的重要性首先表现在它在较长时间内对学生进行系统教育,而这种系统教育对学生社会行为的塑造是其他机构无法替代的。学校的重要性还在于它有着独特的、完整的机构,是社会的雏形,对学生了解社会、发展自我和人格、培养合乎角色的社会行为模式起着重要的作用。

学校环境包括物理环境和心理环境,两个方面对学生的心理健康都有重要作用。首先,从学校的物理环境来说,宽敞明亮、优美整洁的教学环境对学生的心理具有熏陶作用,使学生心灵得到净化,从而促进学生心理健康发展。校园的一草一木,每个角落都应给人以美的感受,使学生从中得到教育和心灵的净化。其次,良好的校风、班风能够感染学生,促使学生积极向上,团结互助,人际关系和谐。这样的学校心理环境有利于学生心理健康状况的改善和提高。而消极的校风、班风则会使学生情绪低落、压抑,纪律涣散,师生关系紧张,教师的教育态度和水平也必然降低。这对学生心理健康会带来极坏的影响。再次,人际关系和谐是心理健康的一个重要标志,也是对心理健康的一种强有力促进。学生能否在学校里和老师、同学建立起和谐的人际关系,对他们心理的健康发展有着极为深远的影响。研究表明,学生中出现的各种心理问题以至于较为严重的心理障碍,很多都和学校中不良的师生关系、不和谐的同学关系密切相关。所以,建立良好的学校人际关系是促进学生心理健康发展的重要途径。大量的实践和研究表明,一个学生拥有良好的师生关系和同伴关系,通常有很强的归属感和安全感,心理也会健康发展;而一个师生关系紧张,经常遭到同学排斥、否定、冷淡、不平等对待的学生,往往产生更多的敌对、自卑、焦虑、恐惧等负面情绪,这必然影响学生心理的健康发展。

(三) 社会环境因素的影响

学生是在一定的社会环境中成长的,一定社会的文化背景、社会风气、社区环境、学习生活环境以及网络传媒等都会对学生心理产生一定的影响。

1. 文化背景

环境对儿童心理发展的影响,最直接、最根本的是文化因素的影响,其他各种客观因素往往是通过文化这一中间环节去影响学生的。中央电视台经济频道有一期《对话》节目,是由中美两国高中毕业即将进入大学的高中生参与录制的。美国的 12 名高中生都是美国总统奖的获得者,国内的学生也是被北京大学、清华大学、香港大学等著名大学录取的优秀学生。在价值取向的考察中,主持人分别给出了智慧、权力、真理、金钱和美的选项,美国学生几乎惊人一致地选择了真理和智慧。而中国高中生没有一个选择真理和智慧,有的选择了财富,有的选择了权力。在制定对非洲贫困儿童援助计划的环节中,中国学生从中国悠久的历史入手,歌颂丝绸之路、郑和下西洋,通过弹古筝、弹钢琴、吹箫、合唱、背诵等形式表达自己的观点。对非洲的援助计划轻描淡写,一笔带过。只说组织去非洲旅游,组织募捐,建希望小学。美国高中生的方案,则是从非洲社会生活的方方面面,包括食物、教育、饮用水、艾滋病、避孕等一些看起来很细小的实际问题入手,进行详细预算,准确到几元几分,整个计划拿来就可以进入实施阶段(萧淑珍,2006)。通过中美两国高中生的对话,能明显看出教育的差异。文化的价值观念通过教育体现出来,并且塑造出具有这种观念的公民。

2. 社会风气

社会风气是指社会上某一时期流行的思潮和生活方式,人们习惯把它比喻成"大气候"。它对学生的影响有积极的,也有消极的。健康的社会风气可激励儿童奋发向上,有助于培养学生良好的品德和团结协作、自立自强的精神,也有助于学生陶冶情感,完善人格,升华心灵。而不健康的社会风气则会腐蚀人的灵魂,消磨人的意志,甚至会诱使一些学生走向犯罪。例如,社会不正之风会潜移默化地影响学生,诱使他们产生不良的行为(花钱代做作业、买东西要回扣、校园暴力等);暴力影视节目能激起学生的好奇、模仿等心理反应,导致攻击和犯罪行为的产生;而一些带有色情内容的网站、书刊和影视,则易使青少年的心理受到严重摧残,成为他们走向堕落和产生暴力倾向的诱因。因此,防范和抵制各种"精神污染",消除有害社会因素,已成为学校、家庭及社会各方面面临的一个紧迫课题。要鼓励学生参与社会实践活动,净化我们的社会"大气候",为学生健康成长创造良好的生活环境,同时还要加强对学生的正确教育,积极引导,并妥善处理学生的心理问题。

3. 学生学习、生活的周边环境

学生学习生活环境的状况,直接影响到学生的心理健康。许多研究者将乡村环境和城市环境作了对比,结果表明,城市的自然物理环境和人工生态环境明显差于乡村,其中主要以噪音污染、视觉污染、"三废"和拥挤对人心理健康的影响为甚。

噪音对人的危害主要表现为:损伤听力、干扰睡眠、诱发多种疾病,对心理健康也会有一定的影响。噪音会使人情绪烦躁,记忆力衰退,反应迟钝,不能集中精力学习和工作。

视觉污染主要是指城市色彩不和谐,广告招牌杂乱无章,玻璃幕墙反光刺眼。研究表明:浅蓝色、淡黄色和橙色能使学生精神集中,情绪稳定,尤其是橙色,还能影响学生的行为,减少同学之间的对立情绪。在德国,对学校教室色彩的布置要求靠窗子的一侧用亮绿色,黑板一侧是白色,天花板是淡黄色,地面用褐色地毯,课桌用洁白塑料贴面。这些不同色彩的组合,对保护学生的视力、稳定学生情绪、保持课堂安静是非常有益的。如果人们长期处在不和谐的色彩环境中,心情会变得焦躁不安,注意力不集中,自控力差,易产生疲劳,从而影响心理健康。

随着社会经济的发展,"三废"对环境易造成极强的污染。如处理不当,会严重影响人类的生存和健康,使人产生疲劳、焦虑、自制力下降等现象。

拥挤问题与城市人口密集和城市化建设有关。在我国,由于城市化步伐加快,城区人口密度较大,给每个家庭的学习、生活和工作带来了不良影响,长期在拥挤环境下生活的人们,由于高度的紧张、焦虑不安,容易导致心理状态失衡。我们经常看到有人在拥挤的车上火气大,常为一点小事而争吵,甚至动起手脚。其实这正是由于拥挤使人们大脑皮层调节功能紊乱,易产生兴奋感的结果,若有不慎便一触即发。一些研究结果显示,都市里患高血压、心脏病、神经衰弱、精神失常的比例显著高于相对宽松、平静和自然和谐的农村人群。研究结果还显示,青少年犯罪也与城市拥挤有关。

4. 网络媒体

互联网的发展,正在改变着人们的工作、学习和生活方式,它不仅丰富了信息资源,而且提供了无限的空间和时间。伴随着网络成长起来的青少年一代,他们的思维方式、生活方式被深深地打上了时代的烙印。网络对青少年心理健康发展的影响有积极影响也有消极影响。

网络作为一种新兴的信息交流形式与人际交往方式,为青少年提供了一个自我创造、扩大交往、增长知识、心理沟通、排解不良情绪的巨大空间,但也催生了许多心理问题。网络交往导致青少年对现实交往的冷漠化,使青少年道德意识弱化。网络信息的泛滥,容易导致青少年自我迷失,在人格的形成发展上出现障碍。

第三节　增进心理健康的策略

一、对自己的健康负责

在这个经济快速发展的时代,一切都崇尚"快","快餐"一词已成为热词,成为这个时代的代名词了。生活节奏如此之快,为了不被时代所淘汰,人人都在加紧步伐追赶超越,压力问题就不言而喻了,健康问题也就随之出现。这里的健康不只包括生理健康,心理健康更是不容忽视。如何在这个快捷时代保证生活质量同时又保证生理心理健康,应当引起大家关注。

我们既要对自己的生理健康负责,又要对自己的心理健康负责。要经常进行体育锻炼,做适当的户外活动,注意食物营养的搭配,保持身体的舒适度,注重生理安全卫生,使身体整体上向健康的方向发展。同时要保持乐观、积极的心态,对人对己平心静气,不苛求不放任,做到"三个不":对今天不生气,对昨天不后悔,对明天不担心。

二、拥有健康的整体意识

2009 年 12 月 18 日,卫生部公布首次中国居民健康素养调查结果,结果显示,我国居民具备健康素养的总体水平为 6.48%,即每 100 人中不到 7 人具备健康素养。从健康素养的 3 方面内容看,具备基本知识和理念、健康生活方式与行为、基本技能素养的人口比例分别是 14.97%、6.93% 和 20.39%。健康素养就是个人获取和理解健康信息,并运用这些信息维护和促进自身健康的能力,也就是一个人的健康意识。其中,能够正确认识肥胖,知道"四害"会传播疾病、止痛药应该怎么用、骨折以后该怎么处置、成年人每天该喝多少酒,会看药品说明书的人,不到 20%。尤其对于慢性病的预防,只有 4.66% 的人有正确的意识。年龄在 55~69 岁的人中,健康素养水平较低。

上面提到的健康意识只是生理方面的,心理健康意识也必须被包含在"健康"这个大的概念之中,这样才算得上对健康有整体的意识。

三、健康的生活方式

为了健康,我们做了很多,如早睡早起、坚持锻炼、练习瑜伽、学习太极等。但是现实却告诉我们,健康状况不容乐观。名目繁多的疾病,尤其是心理疾病,就像打开了潘多拉的盒子,当有关失眠、郁闷、焦虑、自杀、过劳的报道频频出现时,我们感到震惊、叹惜,我们意识到,其实很多的悲剧和不幸来源于不健康的生活方式和不健康的心理状态。因此,拥有健康的整体意识是非常必要的,提高健康理念,学会健康的生活方式,是保持健康的基础,是工作事业的基础,是家庭幸福的基础。

按时睡眠,让神经系统得到充分休息。合理的饮食直接影响着人体的健康状况。人体在新陈代谢过程中会产生不少废物,而且从不洁空气中也会吸入大量有毒有害气体和微粒。尽管人体具有一定清除自身毒素的能力,但当体内废物积蓄过多或机体解毒排污功能减弱,废物不能及时排出,就会影响健康。

要吃得明智。一要多吃蔬菜,蔬菜可以增加维生素的含量,促进新陈代谢,增强抵抗疾病的能力等;二要合理搭配三餐:早餐注重营养、午餐强调全面、晚餐要求清淡等。

四、加强预防性的心理建设

首先,要关注心理保健,即安排好自己的工作生活方式,避免破坏神经系统和内分泌系统的健康。比如,平时要注意回避充满噪声的环境,因为高分贝噪声会持续激发应激反应,导致植物神经紊乱。对产生高强度声光刺激的活动方式也要有节制。尤其要有节制地看电视和使用电脑。这两样东西是有史以来给予普通人视觉刺激最频繁的发明。当我们盯着电视或者电脑时,会令神经高度兴奋,过后神经系统就会用超量抑制来抵消兴奋,导致抑郁。

其次,一些生理疾病会附带导致心理疾病,形成原发性焦虑。高血压、心脏病几乎是和情绪最有关的生理疾病。甚至我们很难说清一个人是因为情绪不稳导致高血压,还是因高血压产生情绪不稳。缺乏睡眠也是导致心理疾病的一大成因。现代都市里夜生活成为时尚,人们下班后往往呼朋唤友去过夜生活。其代价就是使人的中枢神经高度兴奋,产生心理疲劳。

再次,平时要谨慎用药,避免药品对心理活动的副作用。药品都会有副作用,其中一些更会影响神经系统,如某些感冒药会引发抑郁情绪、嗜睡,有的药物还会导致兴奋。具体哪些药物对何种心理活动有影响,建议细看药品说明书。当然,烟、酒,甚至含咖啡因过量的东西也要少沾,以避免物质依赖。

从情境角度预防心理疾病,最重要的就是学会适可而止。人作为一种生理存在,能力和精力必然有限。然而人们往往知道自己体力上有限度,不知道脑力也有限度,这样往往会导致各种心理问题出现,如压力引起的情绪等问题。

知识窗

10条改善健康的忠告

美国专家提出的10条关于健康问题切实可行的忠告。

1. 每天吃水果:水果含有丰富的抗氧化物,抗氧化物有助于预防癌症、心血管疾病、老年痴呆症(阿尔茨海默氏病)等。

2. 多吃富含纤维的食物:全麦、豆类、水果和蔬菜是很好的纤维来源,有助于减少被称为"坏胆固醇"的低密度脂蛋白。

3. 快步走:快步走有助于改善心血管和骨骼健康。每天至少走30分钟。

4. 养成进行伸展运动和肌肉锻炼的习惯:有规律地进行伸展运动和肌肉锻炼有助于提高运动能力,避免摔倒。

5. 做瑜伽和太极:这一涵盖身心的舒缓运动集中了5种重要的运动形式,包括有氧运动、肌肉锻炼、稳定性、柔韧性和平衡能力的锻炼。研究显示,瑜伽和太极有助于降低血压和缓解紧张情绪,改善心情和睡眠质量。

6. 保持乐观心态:积极看待事物的人更容易感觉良好,寿命也更长。

7. 学会感恩：对生活中的每一次经历，无论好坏，都持感激的心态，将它看作一次学习和个人成长的机会。

8. 充当志愿者：以志愿者的身份参与有意义的事情，有益情绪与心理健康。

9. 养宠物：越来越多的研究成果表明，养宠物对健康有益。在心脏病病发一年之后，养狗的患者生存的几率高于不养狗的患者。养狗的人从每天遛狗的习惯中受益，肥胖的可能性也低于不养狗的人。

10. 改善人际关系：有意识地原谅那些跟你最亲近的人，也原谅自己。原谅有助于改善心情，缓解紧张情绪。

回顾与总结

现代社会，健康问题已引起人们的热切关注，人们在满足了物质需求之后，开始关注自己的精神需求。为了提高自己的精神生活，保持心理健康是基础。想要做到身心健康，首先要了解心理健康的标准是什么，怎样区分心理健康、心理异常和心理问题。其次，还要知道有哪些方法可以评估心理健康，哪些因素可能影响心理健康。再次，经常评估了解自己的状态，及时调节，促进自己的心理健康。最后，掌握健康之道，拥有健康的生活方式，搞好预防性心理建设才可能拥有健康的心理。

巩固与练习

1. 谈谈你对心理健康的理解。

2. 心理不健康就是心理异常吗？谈谈自己的看法。

3. 如何理解心理健康标准的适应性？

4. 结合自己的体验谈谈影响心理健康的因素。

5. 如何增进心理健康？

参考文献

1. 中国大百科全书出版社《简明不列颠百科全书》编辑部译编. 简明不列颠百科全书. 中国大百科全书出版社，1985.

2. U. S. Department of Health and Human Services. *Mental Health：A Report of the Surgeon General*. 1999.

3. 王登峰、张伯源. 大学生心理卫生与咨询. 北京大学出版社，1992.

4. 叶一舵. 心理健康标准及其研究的再认识. 东南学术. 2001，(6).

5. 林崇德、杨治良、黄希庭. 心理学大辞典. 上海教育出版社，2003.

6. 黄希庭、徐凤姝. 大学生心理学. 上海人民出版社，1988.

7. 俞国良. 心理健康教育(教师用书). 高等教育出版社，2005.

8. 邓云龙、戴吉.心理健康标准的中国文化解读尝试.中国临床心理学杂志.2010,18(1).

9. 郭念锋.心理咨询师·基础知识.民族出版社,2005.

10. 祝庆华.亚健康与保健.保健医学研究与实践.2011,8(4).

11. 格里格、津巴多著.心理学与生活.王垒、王甦等译.人民邮电出版社,2003.

12. 俞国良.现代心理健康教育——心理卫生问题对社会的影响及解决对策.人民教育出版社,2007.

13. 张婷婷.浅谈肿瘤患者的心理干预.华章,2011,(19).

14. 曾美英、晏宁、于红军、卢丹蕾.家庭因素对大学生心理健康的影响研究.心理科学.2008,31(3).

15. 阮碧辉.家长文化程度高低与大学生心理健康水平的比较分析.四川文理学院学报(自然科学).2008,18(5).

16. 李慧民、许波.家庭因素对大学生心理健康及人格的影响.中国临床康复.2005,9(4).

17. 李满林、罗海燕.不同经济背景家庭的大学生心理健康状况调查分析.湖南第一师范学报.2009,9(1).

18. 康育文、陈青萍.贫困大学生心身健康与自尊、人际关系、成就动机的关系.中国临床心理学杂志.2006,14(5).

19. 唐咏.贫困大学生心理问题研究综述.重庆科技学院学报(社会科学版).2008,(12).

20. 李波、钱铭怡、钟杰.大学生社交焦虑的羞耻感等因素影响模型.中国心理卫生杂志.2005,19(5).

21. 武慧多.大学新生家庭环境与心理健康的相关研究.公共卫生与预防医学.2009,20(6).

22. 林燕、吴云杉、张进辅.不同家庭气氛下了女人格特征研究.洛阳师范学院学报.2009,28(5).

23. 符明秋、周喜华.大学生抑郁与体育锻炼、教养方式的相关研究.体育科学.2004,(6).

24. 刘柏桥、陈秀敏、王希海.父母教养方式对大学生心理健康的影响.社会心理科学.2009,24(6).

25. 高峰、汪玲.上海市中小学学生心理健康与家长心理健康关系的研究.中国心理卫生杂志.1999,(1).

26. 王小凤.师生关系对学生心理健康的影响综述.现代教育科学.2009,(2).

27. 萧淑珍.中美两国高中生的"对话".看世界.杂志 2006,(1).

28. 卫生部公布首次中国居民健康素养调查结果.中华人民共和国卫生部,2009 年 12 月 18 日.

第三章　家庭与心理健康

家是什么？

家是远航之船避风的港湾；家是能让人无拘无束的温暖的小窝。家是风筝的线板，无论风筝飞多高，也离不开家的牵挂；家是河流的源头，有了家，河流才有了奔赴大海的力量。

你的原生家庭——你从小长大所在的那个家，在你心里是什么？

请拿出一张白纸，最好还有一些彩笔，把你心目中的家画出来，想到"我的家"，你头脑中最先出现怎样的情景就自然地画出来，不对绘画的技巧和艺术性作评价，仅看你画的这幅画的内容，你看到了什么？能否把这幅画中的故事讲给同学听？

家庭是人最基本的生存环境。一个人在他的原生家庭里成长，长大后又建立了属于自己的家，家庭无时无刻不在影响着他的生活，影响着他的身心健康。家庭关系、生活方式、家庭气氛、父母的教养态度等，在潜移默化之中促进或制约着人的发展和成长。创设良好的家庭环境，树立健康家庭的新理念，探讨家庭对人的心理健康的意义，成为当今家庭研究中的一个重要问题。

第一节　家庭的基本含义

明确家庭与健康的关系，必先从家庭着眼，了解家庭的基本含义及家庭对社会、对个体的意义，以便客观地看待家庭，使人们认识到家庭作为社会的基本成分，发挥家庭应有的职能，以维护家庭成员的身心健康。

一、家庭及其对社会的意义

家的概念，古已有之。《说文解字》中有"家，居也"之说。《周易正义》(阮刻《十三经注疏本》)中有"家人，利女贞"(利于女子守持正固)，《释文》注："人所居称'家'，《尔雅》'室内谓之家'是也。"均从居住、居家的角度诠释家的含义。后人将这个概念扩展了，现代社会学研究认为(潘允康，2002)，婚姻关系、血缘关系是家庭存在的两个基本关系，即家庭是以婚姻、血缘关系为纽带的社会生活的组织形式。也就是说家庭是社会的基本组成部分，是社会的细胞，家庭关系是社会关系的重要内容，家庭对社会有着重要意义。具体表现在以下几个方面。

其一，家庭是基本的社会群体。由两个或两个以上人组成的家庭是一种基本的社会群体，群体成员之间能够相互交流、沟通，相互影响，发挥群体的社会功能。

其二,家庭是社会的缩影。社会政治、经济、文化、教育等方面均可从家庭中反映出来,家庭的变迁在一定程度上反映出社会的变迁,故人们将家庭看作是社会的窗口。

其三,家庭是个人和社会的联系纽带。人们对社会关系的了解和适应,是通过家庭以及在家庭中的演练逐渐实现的。

二、家庭结构及当前我国家庭结构的特点

(一)家庭的结构类型

家庭结构是指家庭关系的整体模式,也叫家庭类型。家庭结构有多种划分方法,我国学者王跃生(2006)将家庭结构分为以下几种类型:

1. 核心家庭

指夫妇及其子女组成的家庭。核心家庭可进一步分为以下四类。其一,夫妇核心家庭。指只有夫妻二人组成的家庭。其二,一般核心家庭,或称标准核心家庭。指一对夫妇和其子女组成的家庭。其三,缺损核心家庭。或称单亲家庭,指夫妇一方和子女组成的家庭。其四,扩大核心家庭。指夫妇及子女之外加上未婚兄弟姐妹组成的家庭。

2. 直系家庭

可细分为以下四类。其一,两代直系家庭。指夫妇同一个已婚儿子及儿媳组成的家庭。其二,三代直系家庭。指夫妇同一个已婚子女及孙子女组成的家庭。其三,四代直系家庭。一对夫妇与父母、儿子儿媳及孙子女组成的家庭,一对夫妇与父母、祖父母、曾祖父母也是四代直系家庭。其四,隔代直系家庭。从形式上看,三代以上直系家庭缺中间一代可称为隔代直系家庭。

3. 复合家庭

复合家庭是指父母和两个及两个以上已婚儿子及其孙子女组成的家庭。可以分为两类。其一,三代复合家庭。主要是父母、两个及两个以上儿子儿媳和孙子女组成的家庭。其二,两代复合家庭。是指父母和儿子儿媳或两个以上已婚兄弟和其子侄组成的家庭。

4. 单人家庭

只有户主一人独立生活所形成的家庭。

5. 残缺家庭

可分为两类,没有父母只有两个以上兄弟姐妹组成的家庭,及兄弟姐妹之外再加上其他有血缘、无血缘关系成员组成的家庭。

6. 其他

指户主与其他关系不明确成员组成的家庭。这其中有的彼此之间关系可能很密切,如叔侄关系等。但因无从判定,只好将其列入其他类中。

(二)当前我国家庭结构的特点

1. 核心家庭是主要的家庭结构类型,家庭关系简单化

20世纪以来,在全球范围内家庭的规模日趋缩小。王跃生对2000年全国第五次人口普查数据库长表的1‰进行抽样分析表明,核心家庭是当代我国最普遍的家庭结构类型,其次是直系家庭,单人家庭占有一定的比例,复合家庭比较少见。详见下表:

表 3-1　2000 年全国家庭结构(N=336753)　(%)

核心家庭	直系家庭	单人家庭	残缺家庭	复合家庭	其他
68.15	21.73	8.57	0.73	0.56	0.26

(资料来源:王跃生,当代中国家庭结构变动分析,中国社会科学,2006 年,第 1 期)

这份资料还显示,在核心家庭中,标准核心家庭占 69.34%,夫妻核心家庭占 18.97%,缺损核心家庭占 9.32%,扩大核心家庭占 2.37%。可见核心家庭成为当代我国家庭的主体形式,大多数核心家庭是一对夫妇与其子女组成的家庭。多年来,由于计划生育政策的实行,城市居民家庭大多为独生子女家庭,农村家庭大多两个孩子,多子女的现象也较少。当孩子长大了,外出上学或工作,就易出现"空巢家庭",故夫妇核心家庭也占一定的比例。直系家庭还占较大的比例,说明有相当一部分夫妻是与父母一起生活的,这是符合我国传统的家庭结构特点的,农村可能更多地保持了这种家庭结构。

核心家庭成为社会家庭结构的主流,是适应当今社会发展需要的,一方面规模小比大家庭更容易流动;另一方面核心家庭使得家庭关系变得简单,家庭成员之间更容易沟通,满足相互之间的感情需要。

2. 缺损核心家庭形成的主要原因是夫妻两地分居,离婚率高也是不可忽略的原因之一

缺损核心家庭虽然只占核心家庭的 9.32%,但是值得关注的家庭类型。缺损核心家庭主要由户主与未婚子女组成。资料显示(王跃生,2006),缺损核心家庭与户主的婚姻状况有关。详见下表:

表 3-2　残缺核心家庭户主婚姻状况(N=18072)　(%)

未婚	初婚有配偶	再婚有配偶	离婚	丧偶
1.01	55.71	2.11	11.85	29.32

(资料来源:王跃生,当代中国家庭结构变动分析,中国社会科学,2006 年,第 1 期)

初婚有配偶与再婚有配偶者在有婚姻行为户主中占 57.82%。这说明,户主与配偶不在一地生活是缺损核心家庭形成的主要原因。改革开放以来,随着国家人事调动政策的放宽和户籍制度的调整,夫妻两地分居现象应当能够避免,但由于经济浪潮的冲击和人们物质需求的提高,外出打工成为一些家庭获得经济收入的途径,农民成为打工的主力军。农民工是现代城市的主要劳动者,他们背井离乡,吃苦受累,就是为了家庭能有个富足的生活,但却时常要面临夫妻分离的情感缺失。而留守的一方带着孩子,基本上过着单亲家庭的生活,这对家庭及孩子的健康发展是不利的。

离婚率的升高是近年来令人恐慌的现实。根据民政部规划财务司的统计(广州日报,2011.2.7),到 2010 年 4 季度,我国有 120.5 万对夫妻登记结婚,办理离婚登记的夫妻则高达196.1 万对。照此计算,去年平均每天有 5300 多对夫妻办理了离婚登记手续。离婚率的升高造成单亲家庭的数量增加,家庭的不完整成为影响儿童青少年成长的重要因素。

3. 直系家庭占有一定的比例,与我国传统的家庭模式和观念有关

我国传统的观念强调传宗接代,四世同堂、人丁兴旺的家庭常常使人羡慕。实行计划生育

政策以来,这种观念有了很大的改变,特别是改革开放以后,人们的价值观、人生观、生育观有了根本的变化,复合家庭、直系家庭逐渐减少。但是在我国农村,大多还延续着养儿防老的观念和家庭形式,这与农村以体力劳动为主的生活方式有关。但即使在农村也主要是两代直系家庭,三代以上的直系家庭很少见。2000 年的一项对农村的调查发现(王跃生,2006),不少 70 岁以上老人在孙子女结婚生育后,或与配偶生活,或单独生活,多代同堂已不是他们的追求。城市的直系家庭常常表现为儿女结婚生子让父母照顾下一代,或者老人长期生病需要儿女照顾,抑或老人没有经济来源与儿女生活在一起,也有些家庭是受传统观念的影响。

直系家庭中隔代直系家庭值得关注。这些隔代家庭主要是由祖父母与孙子女构成的。隔代家庭的形成有两种情况,一是儿子、儿媳或女儿、女婿先父母去世,留下孙子女,这种情形是存在的,但比例不大。二是儿子、儿媳或女儿、女婿在外地工作,孙子女留给老人照料,这就造成了我们所说的留守老人、留守儿童的生活状态。这种情况在不发达地区的城乡较多见,留守老人的赡养,留守儿童的教育问题已成为相关部门及研究者关注的问题。

4. 单人家庭呈上升趋势,与青年人晚婚及人口老龄化现象有关

资料显示(王跃生,2006),从第五次全国人口普查的结果看,单人家庭所占的比例不大,但与 1990 年人口普查的结果相比上升了 35.6%。根据 2000 年对单人户婚姻状况的统计,20 岁以上单人家庭中,丧偶所占比重最大,为 34.31%;未婚占 31.91%;有配偶而分居两地形成单人户占 27.31%;离婚只占 6.46%。未婚的单人家庭在城市里较多见,80 后、90 后出生的人,独生子女较多,他们因上大学或外出工作离开父母独立生活,加之现实社会已经较多地接受了晚婚晚育的观念,年轻人为了自己的事业,为了自身的发展空间推迟了结婚年龄,婚前同居现象普遍存在也使年轻人保持较长时间的单身生活。丧偶的情况,老年人丧偶比率最高,且最有可能形成单人家庭,尤其是老年女性单人家庭,这在某种程度上反映了人口老龄化的趋势,提醒人们要更多地关心单身老人的生活。

三、家庭关系及当前我国家庭关系的特点

家庭结构是从家庭的规模、家庭成员的组成方面来体现家庭的含义的,是家庭形态上的描述,家庭关系则是对家庭实质的描述和揭示。家庭关系是指基于婚姻、血缘或法律机制而形成的一定范围的亲属之间的权利和义务关系。

家庭关系包含了夫妻关系、亲子关系及其他家庭成员之间的关系,家庭成员之间的互动与沟通是家庭关系的主要表现方式。家庭关系与一般人际关系不同。其一,家庭关系通常是以血缘关系为纽带,家庭中的收养关系可以视为一种准血缘关系;其二,家庭关系是多方面交集的复杂社会关系,在经济、物质、生理、情感、道德、生活习惯等方面,家庭成员间的相互包容、协作和默契,构成家庭内部的人际关系。

(一)家庭关系日趋简单,为家庭成员的感情交流提供了更广阔的空间

家庭的小型化、核心化使家庭关系日趋简单,在客观上增进了家庭成员之间的感情交流。尤其在城市,独生子女核心家庭占主流,其家庭关系主要包括夫妻关系、亲子关系。由于只有一个孩子,大大缩短了夫妻养育孩子的时间,也节省了精力,尤其女性,不再为孩子所累,增加了家

庭成员之间的交流与沟通，而且父母陪孩子游戏、旅游、学习的时间多了，较好地满足了孩子的感情需要。笔者曾对20名高中生做访谈，问及"你最亲密的朋友是谁?"结果有三分之一的孩子把爸爸或妈妈列为最好的朋友。同时夫妻之间的沟通和交流也多了，夫妻有时间和精力经营自己的感情生活，有益于化解家庭冲突，形成家庭民主、平等的氛围，提高婚姻生活质量。

（二）子女成为家庭关系中的核心，父母过多地关注孩子的学业和未来发展

我国传统的直系家庭或复合家庭，长辈往往是最先需要关注的对象，"百善孝为先"。由于家庭人口多、事物庞杂，母亲的主要任务是操持家务，主管全家人的衣食住行，父亲则要挣钱养家糊口，孩子常常是任其自然发展。现实这种情况有了根本的改观，大多数家庭，母亲与父亲同样有工作，夫妻共同承担养育孩子的责任。经济收入的增加和孩子数量的减少，使得大多数家庭把孩子的学业和未来发展当作家庭的中心任务，望子成龙蔚然成风。一项对1248名21岁以上成年人的调查表明（蔡秋红，2007），有56.4%的家庭提出子女应该达到大专或本科以上学历水平，27.7%希望达到硕士学历，还有8.9%要求达到博士水平，仅有3.9%要求高中或中专即可。总体统计有1/3的家庭对子女教育水平的期望值较高。积极的意义在于家庭十分重视孩子的教育问题，教育投入成为家庭的主要经济支出，对孩子的学业发展和成长产生了促进作用。消极的方面表现在，父母对孩子过高的期望造成了孩子的心理压力，甚至使孩子不堪重负，产生心理问题。另一方面，孩子在生活上得到父母的过多照顾，物质需求得到最大限度的满足，容易形成任性、懒散、自私等不良性格特点，影响孩子的整体发展。

（三）亲属关系的减少，促进了家庭之间的交往与互动

近年来，80后独生子女逐渐进入婚姻状态，由于没有兄弟姐妹，同代人之间的交流范围扩大了，堂姊妹、表姊妹及朋友之间的家庭聚会、礼尚往来增多。家庭之间的交流是缓解生活压力、学习生活技能、建立人际关系的重要途径，推动了大众的人际交往。近年来，给孩子认干亲的现象较为盛行，两三家相约一起旅游、聚餐、娱乐的情境也时有出现。家庭间的交流与互动，对独生子女的个性的发展和人际关系的建立有着积极的影响。

知识窗

家庭对子女成长的意义

（一）家庭为子女的成长提供了基本的物质条件

每个家庭都有哺育子女的义务，在衣、食、住、行方面为子女提供条件，抚养子女长大成人。对于不具备养育子女的物质条件的家庭，社会、政府应给予必要的支持和帮助。

（二）家庭能担负起子女受教育的责任

尽管国家有实施义务教育的计划，但子女受教育的责任仍然要由家庭承担，最基本的是保证学龄儿童的入学率，进而供给孩子上完小学、中学直至大学。但在我国一些经济不发达地区，还存在着不能保证学龄儿童全部入学的情况，对此国家正积极采取措施扶持这些地区的经济发展，同时启动社会捐资助学的机制，保证九年义务教育的实施。

（三）家庭使子女拥有快乐的童年，获得丰富的情感体验

人的情感反应模式是在童年尤其是幼年时期形成的，一个人的早期经历影响着他的身

心健康。精神分析学家弗洛伊德尤其强调早期经历对一个人心理、行为和个性的意义。童年的快乐生活影响孩子的一生，有的人在成年之后出现心理问题或障碍，其根源是童年经历中留下的阴影。家庭对孩子的爱和温暖能够丰富孩子的情感体验，促进孩子情绪的健康发展。

（四）家庭为子女个性的发展奠定基础

两三岁左右是儿童自我意识发展的重要时期，对"我"的认识，使孩子逐渐认识到自己的存在与众不同，个性在自我的影响下慢慢萌发了。个性的形成是个渐进的过程，其间青春期是个重要的转折时期，到十八岁左右才形成了一个人较稳定的、独特的个性。家庭是一个人的主要成长环境，父母的言行举止成为孩子学习的榜样，父母的个性在一定程度上会成为孩子个性的一部分，影响孩子个性的发展。

（五）家庭为子女提供了适应社会的契机，是儿童走向社会化的开端

家庭是社会的细胞，家庭的结构、家庭关系及生活方式无不打下社会的烙印。儿童的社会化从家庭起步，逐渐扩展到社会大环境中去。可以想见，一个家庭关系充满了矛盾和困扰的孩子，怎能习得与人友好相处的技能技巧；一个家庭环境封闭、压抑的孩子怎能在社会生活中张扬自我。学习成为一个社会的人，是一个人的"必修课"，家庭作为儿童走向社会化的开端和桥梁，是儿童成长为一个健康的社会人的必要条件。

第二节　健康家庭与个体的心理健康

健康家庭对个体的心理健康有着重要的影响作用，个体的心理健康也影响着健康家庭的和谐和统一，二者相辅相成。

一、健康家庭及其特征

20世纪40年代世界卫生组织将健康解释为（WHO, 1947）：健康是一种完全的生理、心理和社会完善状态，而非仅仅是疾病和虚弱的缺乏。由此人们对健康的理解扩展了，健康更多地包括了身心健康两个方面。就家庭而言，家庭成员拥有健康的身心从某种意义上体现了家庭的良好状态，但对一个家庭的评价又不仅仅是这些。

20世纪中期以来，心理学者从家庭功能的角度探讨家庭的状态。较有代表性和影响力的是Olson的环状模式理论（方晓义等，2004）。该理论于1978年提出，它以家庭系统理论为基础，通过对家庭治疗、家庭社会学、社会心理学和家庭系统论中描述婚姻与家庭的50多个有关概念进行聚类，得到描绘家庭功能的3个维度，即家庭亲密度、家庭适应性和家庭沟通。家庭亲密度指家庭成员之间的情感关系；家庭适应性指家庭系统为了应付外在环境压力或婚姻、家庭的发展需要而改变其权力结构、角色分配或家庭规则的能力；家庭沟通指家庭成员之间的信息交流，对家庭亲密度和适应性的发展具有重要的促进作用。

该理论的基本假设是：家庭实现其基本功能的结果与其亲密度和适应性之间是一种曲线

关系,亲密度和适应性过高或过低均不利于家庭功能的发挥,平衡型家庭比不平衡型家庭的功能发挥要好;家庭沟通是一个促进性因素,平衡型家庭比不平衡型家庭有更好的沟通。通过对家庭功能的评估,评价一个家庭的现实状况,以此判断一个家庭是否是健康的,并对家庭中存在的问题作出诊断,以便进行积极的心理治疗。

施勒辛格(Schlesinger)的"凝聚力家庭建设"理论认为(杨雄、刘程,2008),凝聚力强的家庭具有如下特点:有积极的家庭认同、在与家庭成员交往中会有满足感、鼓励家庭成员或团体潜力的发挥、家庭有能力有效地应对家庭的矛盾和冲突、有能力获得其他家庭的支持。

20世纪70年代,美国有学者认为(何昭红,2009),健康家庭具有非常相似的特征,他们将此称为"健康家庭特质"。包括12个方面:(1)基于爱的家庭观念;(2)具有合力的信仰或人生理想;(3)对人态度友善;(4)尊重他人的权利和兴趣;(5)开放而直接的沟通;(6)理解对方多样而复杂的生理及心理需要和动机;(7)维护家庭健康发展的主动性;(8)彼此欣赏对方及容忍对方的独特性;(9)尽力使家庭中其他成员更加愉快和幸福;(10)以积极的方式应对危机的态度和能力;(11)对家庭的归属感和义务;(12)有共同的音乐、文学或体育爱好。

我国学者何昭红(2009)将健康家庭概括为:健康家庭是指家庭成员之间具有和谐的关系,家庭功能发挥正常,各成员心理需求获得正常满足的家庭,在这样的家庭中各成员感到舒适、平衡、亲密、和谐和温馨。

笔者认为这一观点较好地界定了健康家庭的含义,从心理学意义上讲,健康家庭可包含以下几个方面的特征。

(一)家庭成员有取向一致的生活目标和价值观

情投意合常用来形容恋人或夫妻之间志趣相投,对于一个家庭同样适用。生活的大方向趋于一致,价值观相通,家庭成员有共同的理想和追求,对人生、对社会有较为一致的看法,这些能增强家庭成员的相互认同,密切家庭关系。

(二)营造家庭和谐、宽松、民主的氛围

良好的家庭氛围能使人真正感受到家是一个温馨的港湾,是个体赖以生存的沃土。良好的家庭氛围能使人感到轻松自如,安全舒适,有利于家庭成员的深层感情交流,使每个家庭成员充分享受到家庭生活的美好。

(三)家庭成员间积极的沟通与交流形成良好的家庭关系

家庭关系更加强调家庭成员间的理解、信任、尊重和相互支持,这就需要家庭成员以积极的沟通方式进行交流,如投入的倾听、支持的语言、真诚的共情等,沟通顺畅,才有利于形成良性互动的家庭关系,使人感受到家庭的安全、放松、温暖。喜怒哀乐在家庭成员面前尽情地表达,毫无顾忌地将自己的想法告诉家人,寻求家人的抚慰和帮助,能够加深家庭成员间的信任与合作,更有利于家庭的健康发展。

(四)家庭成员有较高的亲密度和幸福感

两情相悦组建了家庭,情感是维系家庭关系的核心因素。健康的家庭无论是夫妻之间,还是与孩子、双方父母及家庭其他成员之间,都有着良好的亲密度,家庭成员感受着相互的爱与体贴,内心自然产生幸福感,每个人的幸福感凝聚在一起,会成为家庭的动力,产生良性循环,

促进家庭的发展和家庭成员的身心健康。

（五）家庭有较强的凝聚力，并有能力应对面临的危机和困难

团体凝聚力是团体内部的活力，是推动团体进步的动力，家庭作为一个小团体也是如此。家庭成员相互合作、相互包容、齐心协力，有利于家庭适应社会的发展，跟上时代的脚步。使家庭有能力克服面临的困难和危机，增强家庭成员的抗挫能力和自信心，有益于家庭成员自身的成长与发展。

（六）家庭有良好的理念和家规，保持对外界的开放性

健康家庭应保持对外界的开放性，能够接受新鲜事物，能与他人建立良好的人际关系，形成与时俱进的家庭理念和行为方式。家庭成员待人友善，乐于助人，积极向上，遵纪守法，以民主、尊重的态度管理和教育孩子，宽严适度，晓之以理，注重孩子的全面发展。

（七）家庭成员有适当的共同活动

有共同活动是群体的特点，家庭作为一个小群体，也要有共同活动。健康的家庭在家务劳动上能分工合作，并有一些共同活动体现家庭的协调统一，小到同吃同住，大到一起外出旅游、参观、探亲访友，在共同活动中，家庭成员感受到家庭的美满、和谐。

二、健康家庭对个体心理健康的意义

（一）满足个体的多种需求

人有生存和安全的需要、爱和归属的需要、尊重的需要、调整心态的需要、体现自身价值、获得成就感的需要等。健康家庭能满足个体多种需要，使个体感到适应、舒适，把更多的时间和精力投入到家庭之外的事业中去。

（二）家庭幸福感使成员产生向心力，维护夫妻关系的稳定和成员间的亲和感

健康家庭和谐的人际关系，顺畅的沟通渠道，促进了家庭成员间的情感交流，身在其中会有一种幸福感，使家庭成员心心相印，以家庭为自己的强大后盾。夫妻之间的亲密关系增强了家庭稳定的成分。生活中我们发现，大凡第三者插足的家庭，绝大多数与夫妻关系不良有关。家庭幸福感使家庭成员间多了几分亲和感和情感投入，子女更愿意生活在家庭的温暖中，接受父母的教诲和指导，即使建立了小家庭，也时常愿意回家看看，并将这种幸福感在小家庭中得到延续。这种自然、美好的感受有利于个体健康情绪的培养，使个体拥有愉快的生活体验。

（三）激发家庭成员的工作积极性，为个人和家庭的发展创造更好的条件

健康家庭产生一种推动力，使家庭成员以极大的热情和充沛的精力投入工作、学习之中，获得事业、学业上的成功，并由此得到更多的物质和精神利益，丰富家庭生活的内容，完善家庭的基本建设，使家庭生活更美好。

（四）有利于个体在家庭中实现自我的修复与调整

个体在生活过程中免不了出现这样那样的心理问题，健康家庭能帮助家庭成员解除成长中的心理困惑，及时调整自我，保持健康的心态。使自身的心理问题在家人的体贴、理解和帮助下得以解决。所谓家庭治疗就是通过家庭关系的改变和调整达到对家庭成员进行心理治疗的目的。家庭是自我修复与调节的最佳环境。

（五）健康家庭是个体身心健康的摇篮

这一点可以说是对以上四个方面的概括。健康家庭有利于个体充分挖掘自身的潜力,养成良好的品行,拥有积极向上的心态,获得和谐的人际关系及强大的社会支持系统,产生巨大的心理动力去适应社会的发展,实现自己的愿望。

三、构建健康家庭的策略

（一）营造健康的家庭氛围

1. 保持家庭环境的清洁、雅致

家庭的布置与装饰要注重简洁、大方、雅致。家里犹如宾馆一样高贵、豪华,会使人觉得拘束,不能彻底放松。反之,如果家里像办公室一样简单、呆板,又会使人找不到家的感觉。家庭成员可以根据自己的兴趣爱好,在简洁明快的家庭格局上做一些符合家庭成员审美观的小装饰,突出每间房子的实用特色。同时保持室内的清洁、整齐,使人回到家中感到舒适、愉快。

2. 制造轻松、浪漫的生活情调

初建的小家庭比较注重生活情调,随着日子的延续,尤其是孩子的降生,生活琐事越来越多,小家庭也失去了新鲜感,加上工作忙、身体累,家庭生活越来越平淡。这是一般家庭发展的常见模式。其实越是生活在一起的时间长了,越应当增加些浪漫的生活情调。比如一位先生每年在太太生日时都为她买一束玫瑰插在卧室里。又如,一位女士在料峭的严冬,用半个白萝卜雕出一个美丽的吊盆,盆中用水种着绿莹莹的蒜苗,盆底的萝卜缨自然地向上长,好像一朵嫩绿的花捧着花盆,这个小小的吊盆挂在窗前,引得邻居们驻足观望。创造情调能够使人时常感受到家庭温馨、向上的生活气氛。种些花、养点金鱼或养只鸟,时常变换一下家具摆放的位置,把白色的墙壁涂上色彩等,都不失为创造情调的好方法。

3. 保持家庭成员间的平等、和谐和相互悦纳

家庭氛围主要是人的因素,环境仅仅起到了一个烘托的作用,家庭成员间的平等、和谐,使家庭气氛显得更加宽松自如。我国传统的家庭关系是不平等的,处于户主地位的父亲高高在上,其次是母亲,子女只能对父母言听计从,听任父母的管教。这种家庭关系在现今社会已经受到了冲击,但三纲五常、男尊女卑的思想依然存在,有些家庭父母享有绝对的权威,孩子的事从来都是父母说了算,家庭气氛压抑。有的家庭夫妻关系长期冷淡,孩子内心对家庭的续存有恐慌感,家就像一个凝固的冰窖。有的家庭父母不思进取,不务正业,经常在家支起麻将桌,家里凌乱不堪,生活没有规律,家庭混乱无序。诸如此类,均是因为人的因素影响了家庭气氛,是需要调整的。

家庭应保持亲子之间的平等地位,父母与子女朋友式地交流,家庭成员间和谐相处,相互悦纳。悦纳本是自我调节的一个概念,用在这里表明怀着愉悦的心情相互接受。家庭成员生活在一起,最容易发现对方的缺点,加上关系近、口无遮掩,更容易无所顾忌地相互指责,夫妻之间、亲子之间常因对方的一个小毛病而喋喋不休。这就要求每个人都要多看到别人的长处,宽容地对待他人的短处,以建设性的口吻向对方提意见,而不以有伤害性的语言指责对方,保持家庭关系的和谐、友善。

(二) 创建学习型家庭

1. 提高家长的学习意识和文化素养

当今社会是个知识爆炸、充满挑战的社会，只有不断地学习，才能跟上时代的步伐，提高家庭生活质量。父母的文化素养是孩子接受教育的背景，家庭教育的理念、教养方式受父母受教育程度和文化素养的影响。要提高国民素质，不仅要普及九年义务教育，还要普及成人继续教育，这不仅是国家的方略，也是家庭努力的方向。家长学会学习、热爱学习，将对孩子的学习产生直接的积极影响。调查表明，现在家长知识的学习还很不够，上海的一项调查显示(李亚杰，2010)，在235名被调查的家长中，35.68%的家长对人才学知识不了解，13.22%的家长对生理卫生知识不了解，10.96%的家长对心理健康知识不了解，17.62%的家长对教育技能知识不了解，分别有19.65%和22.81%的家长不了解未成年人保护法和义务教育法。上海这个现代化的大都市尚如此，其他城市的情况更不容乐观。可见提高家长的知识水平和文化素养，也是家长的需要，有着很大的发展空间。

2. 家庭成员有自己的学习目标和计划

求知是一种积极向上的表现，家庭浓厚的学习氛围，会使家庭内部显得生机勃勃。每个家庭成员的主要任务是有差异的，应当有不同的学习目标。未成年的孩子其主要目标是完成学业，而成年后的孩子可以根据自己的需要，学习成人教育的相关课程，或学一门技艺。父母的学习往往是围绕着工作的重心进行的。博览群书，提高自己的文学修养，了解社会发展形势，捕捉现实生活中的时尚元素对每个家庭都是必要的。家庭成员间要互相理解，相互激励，共同进步。

3. 有良好的学习环境和相对固定的学习时间

营造良好的学习环境，包括硬环境和软环境，一方面是指有学习的硬条件，如有一间书房，有一些图书及报纸杂志，有条件的话还可以有一台能上网的电脑，现在社会是网络社会，网上的信息量是巨大的，上网是一条重要的学习途径。另一方面学习的软环境是指家庭成员的学习意识、文化素养、良好的家庭关系及交流状况等。还要有相对固定的学习时间。家庭成员在同一个时间内进入学习状态，会使每个人感受到弥漫着智慧氛围的安详、宁静与美好，提高家庭在个体心目中的地位，增强家庭幸福感。一般情况下，晚饭后是家庭学习的好时光，尤其是在有未成年孩子的家庭里，父母与孩子一起学习，起到了榜样的作用，成为孩子学习的动力，也使孩子意识到学无止境的道理。在这样的家庭气氛中，人们会时常感到有一种动力在推着自己向前走，这对家庭每个成员的进步和成长都是十分有益的。

4. 关注并及时鼓励子女的学习和进步

家庭内部学习任务较重的往往是孩子，家长应尽可能地关注孩子的学习和进步，及时给予鼓励。在这一点上，目前大多数独生子女家庭做得比较好，但有些家长只重视孩子的学业成绩，忽略了孩子的学习过程，其实孩子在学习方法上的点滴收获和创新，才是最值得鼓励的。子女良好的学习状态，会给家庭带来新的希望，也会激发父母的学习意愿，体现出家庭积极向上的发展趋势。

(三) 加强家庭成员间的沟通与交流

1. 学会倾听

倾听是人际交往中最基本的技巧。家庭成员之间的相互倾听十分重要，它是相互理解与沟通的开端。倾听要求家庭成员专注地听别人说话。我们常见这种情境：母亲手脚不停地忙于家务，上中、小学的孩子跟在母亲身后不断说着什么，母亲头也不抬地答应着，有时还会显出几分不耐烦；妻子边叠衣服，边对丈夫说话，丈夫却坐在沙发上，跷着二郎腿，举着报纸，时不时地哼上一声。这些都不是良好的、专注的倾听状态。良好的倾听应当是一种感情投入，不仅用耳朵听更要用心听，不断用关注的目光、善意的微笑、理解的话语、柔和的应答等对对方所谈内容做出反应。不要心不在焉，更不要随意打断对方的谈话。一位哲人曾说，上帝给了我们一张嘴巴，两只耳朵，就是让我们少说，多听。

2. 向亲人倾诉自己内心的烦恼

倾诉是宣泄压抑情绪的有效方法，向亲人倾诉能得到更多的理解和情感支持，而且是最安全的。家庭成员之间的倾诉还能增强爱与被爱的感受，加深情感交流。但倾诉不是唠叨，如果一个人在家中反复重复一件事情，总是数落别人的不对，"听众"就会感到厌倦。在家中大吵大闹，不仅得不到亲人的关怀和帮助，还会使别人反感，甚至产生家庭矛盾。家庭成员要选一个有利的时机，真诚地向亲人倾诉，才能够得到他们温情的反馈和抚慰。

3. 在保障家庭成员隐私权的基础上，确保家庭内部沟通渠道的畅通

隐私属于个人，但有一部分是属于整个家庭的，所谓"家丑不可外扬"就带有保护隐私的意味。如果"家丑"路人皆知，就表明家庭内部有人违背了规则，就会引起家庭成员的不满，家庭内部的沟通与交流会出现障碍。有位母亲将上中学的孩子在家里说的一些粗俗的话讲给邻居们听，逗得大家的哄堂大笑，一位邻居有一天当着孩子的面重复了一遍，引起了孩子的极大反感，从此以后，孩子不再把心里话毫无顾忌地告诉妈妈了。保证家庭内部沟通渠道的畅通还要求视亲子关系、夫妻关系为朋友关系，平等地谈心、交流，以保证每个家庭成员在家里都能够打开心门。

（四）实施良好的家庭教育，促进子女整体素质的提高

1. 有适应时代发展的教育理念

教育理念是实施教育的指导方针，家庭教育理念是家长建立在自身的知识水平和受教育水平上，经过思考形成的，关于如何教育子女的想法和观点。近年来家庭教育理念不断地更新，促进了家庭教育的发展。从宏观上讲，其一，要树立终身教育的理念。一方面要注重自己的学习提高，活到老学到老；另一方面要注重孩子的长期发展，不能只看到眼前的考试成绩。其二，要树立全面发展的教育理念。注重培养孩子德智体美劳全面发展，培养孩子的独立性、创造性，使孩子拥有健康的身心和健全的人格。其三，树立教育的现代化理念。社会的进步推动了教育现代化的进程，家长的教育理念和策略也要适应社会的要求不断改进、创新。比如利用网络来学习是当今的一种主要的学习途径，如果家长因为孩子迷恋网络游戏就否定网络、拒绝网络，只能是一种偏激的想法。

2. 注重孩子的智力因素与非智力因素的协调发展

应试制度的长期存在，使许多家庭将考大学作为教育孩子的目标。家庭教育中重视智力因素的培养和开发，轻视情感、意志、个性等非智力因素的发展的现象非常普遍。新时期的家庭教育应当将非智力因素的发展与智力因素的发展看得同等重要，更多地强调非智力因素的

发展,培养少年儿童健康的情感、坚强的意志和健全的个性,促进孩子整体素质的全面提高。

3. 给孩子接触实践,锻炼自己的机会

随着独生子女家庭的增多,娇生惯养的孩子也越来越多,父母怕孩子吃苦受累,怕不安全,只想让孩子坐在安静、明亮、温暖的房间里学习书本知识,不想或不愿让孩子在生活实践中磨炼自己。实际的锻炼是成长的需要,是任何书本知识不能替代的。因此家长应当让孩子适当地接触大自然,用自己的身体感受世界,走进社会生活,认识社会和人生,并适当地参加劳动,在劳动中增长能力和才干。

(五) 安排全家人的共同活动,丰富家庭生活的内容

全家人一起活动,能使家庭成员有一个整体的家的感觉,能促进家庭内部的信息沟通和交流,加深亲情的感受,使孩子有感情的依托。共同活动能维持家庭成员间稳定的关系,使家庭结构更加平衡、牢固。共同活动的安排要丰富多彩。

1. 坚持进行运动锻炼

运动着的人有一种积极活跃的身心状态,运动不仅能消除疲劳,增强体质,还能够起到调节情绪的作用。家庭成员不一定在同一时间内一起锻炼,但运动的感受是一致的,这种有益的感受有利于良好的家庭气氛的形成,同时也增加了一家人交谈的话题。近年来,城市大型体育场馆向大众开放,运动锻炼也成了一种新的消费形式和时尚。在经济条件允许的情况下,全家人不定期地到体育馆里强化运动会增加人的锻炼兴趣,不失为一个好方法。

2. 愉快地度过节假日休闲时光

对于紧张学习、工作了一周的人们来说,利用双休日放松一下再好不过了。全家人一起休闲,不仅能使每个人身心愉悦,还能加强亲子间的交流与沟通,家庭成员一同感受快乐,收获的是几倍的快乐,更有意义。到风味餐厅饱餐一顿,感受一下优质的现代服务;骑上自行车到郊外去钓鱼,闻一闻大自然的气息;逛逛超市,买几样各自喜欢的东西,满足一下购物欲;去电影院看一场上座率高的电影,欣赏一下影视作品中的情感世界等,都可以作为休闲的活动。如果条件允许的话,在每年的长假日里安排一次全家旅游,去哪儿并不重要,可根据经济情况而定,重要的是旅游过程中全家人的相互理解、交流和照顾,能够增进感情。

3. 定期或不定期的朋友聚会

家庭结构的小型化、核心化,缩小了人们的生活圈子,加上城市居民大多住进了商品房,人与人之间的交流平添了一些隔阂。这不仅使成人的人际关系变得越发冷漠,也使儿童缺少了交往的示范对象,不利于儿童人际环境的适应和交往技巧的学习。加强家庭之间的交流显得十分必要。朋友相约一聚,或一同出游,模拟一下大家庭的生活乐趣,加深相互间的了解,也使孩子从中学习人际交往的技巧。家庭间的横向联系与交流合作将成为当今的一大交流途径。

4. 家务劳动的分工与合作

家务劳动在家庭中是必不可少的,全家人一起做家务,会减轻家庭主要成员的劳动负担,增强每个人的家庭责任感,相互之间多一分理解和关爱。在目前的家庭中,成人家务的分工合作较易做到,让孩子分担家务劳动则较少有家庭能做到,一方面是因为家长宠爱孩子,心疼孩子学习太累;另一方面是因为家长怕孩子做不好,既耽误时间又要自己重做,宁可自己大包大揽。在这一点上，家长应更新观念，注意培养孩子的劳动意识和习惯。

第三节　家庭问题调适

家庭是一个复杂的系统，每个家庭成员都是这个系统中的子系统，子系统相对独立又发生相互作用，影响着家庭的运行，家庭不同的发展阶段也会呈现出不同的状态。家庭中存在问题是在所难免的，认清家庭内部问题的实质，及时化解矛盾冲突，调整好家庭成员的心态和行为，是家庭健康发展、正常运行的保证。

一、家庭应激与应对策略

(一) 家庭应激的含义

马克比和帕德森将家庭应激(family stress)定义为"影响家庭单元的生活事件或变迁，这种事件是有改变家庭社会系统的潜力"。并指出家庭应激是家庭对事件的反映，这种反映取决于家庭成员对事件的解释，赋予事件的意义和对威胁严重性的认识。如果家庭缺乏精力和技巧去处理应激引起的混乱和功能失调，就会出现家庭危机。(Phillip Rice，石林等译，2000)

由此使我们看到，家庭应激是由客观事件引起的，它可以是亲人的亡故、经济来源的阻断，家庭成员的分离等。家庭应激取决于家庭成员对所发生的事件的认知，也就是说，主观感受影响着家庭成员对应激事件的承受力，应激的应对可以从主客观两个方面去探讨。

(二) 家庭应激源

应激源(stressor)通常是指引起应激的外在压力或条件。家庭应激源有多种，主要归纳为以下几方面。

1. 突然丧失经济收入来源

经济收入是维持家庭生活的最基本条件，是家庭赖以发展的基础，经济收入的阻断会造成家庭成员的恐慌和不安，增添生活压力感和对未来生活的焦虑，影响家庭成员的情绪和行为，甚至使其失去生活下去的信心和勇气。苦心经营的企业一朝破产，债台高筑，对一个一贯富裕的家庭来说，是承受不了的。夫妻双双下岗，使未来的生活一下子变得很迷茫，都会面临应激问题。

2. 亲人的亡故

亲人亡故是家庭的一大灾难，沉浸在失去亲人的痛苦中，会使整个家庭充满悲伤的气氛，影响家庭成员的正常情绪表达和交流，使人感到压抑，消磨意志。相比而言，失去年轻的家庭成员比失去年老的家庭成员更令家庭难过，家庭成员的突然死亡比得慢性疾病而死亡更令家庭难以接受。

3. 家庭成员长期重病在床或住院

家中有人得了重病本来就是一个巨大的打击，会造成家庭成员内心的紧张和惊恐。如果短期治疗没有结果转为长期卧病在床或住院，会成为一个慢性作用的压力源，使家庭成员时时感到沉重的家庭负担，以至因负担不了压力而焦虑不堪，影响家庭生活的质量。

4. 主要家庭关系出现矛盾冲突和危机

现实中多数是核心家庭,其主要的家庭关系是夫妻关系,夫妻出现激烈的矛盾冲突,经常吵架、打架会影响家庭的和谐,造成其他成员间关系不协调,影响家庭内部的自然沟通与交流,家庭的社会功能丧失。尤其会对少年儿童造成感情伤害,使他们处在感情的缺失或扭曲的状态下,自尊心受挫,感受不到家庭的温暖,影响他们的健康成长。其次是亲子关系发生冲突,亲子间的矛盾冲突主要发生在孩子青春期阶段。青春期是由不成熟走向成熟的过渡期,青少年在心理上开始跟父母分离,追求独立的、独特的自我,希望父母把自己看做成人,不要过分约束自己。而父母常常不能理解和尊重孩子的需求,在他们的心目中孩子还没有长大,还需要按父母的意愿行事,故亲子之间就容易产生矛盾冲突。

5. 家庭成员的分离

家庭成员的分离有两种情况,一种是夫妻离婚,离婚是家庭的一次巨大的改变,家庭每个成员都面临取舍问题,不仅给夫妻双方造成痛苦,而且会给孩子带来难以弥补的伤害,在离婚事件中孩子比大人更难以正确面对。这也是一些夫妻长期不和又不离婚的主要原因。另一种分离是家庭成员离家出走或因工作原因离开家,或子女因结婚而另立门户。离家出走多发生于青少年,由于内心受挫折或与父母闹矛盾,或因做了错事逃避父母的责难而独自离开家。孩子的离家出走常常使父母感到焦虑、伤心,家庭生活陷于混乱,但这种情况是暂时的,一旦孩子归来,情况会很快好转。家庭成员因学习、工作分离,子女因结婚而另立门户,则需要家庭成员有一段时期的调整。尤其是独生子女家庭,子女结婚离家,父母会有一种失落感,加重其进入老年的心理感受。随着世界人口老龄化趋势的日渐明显,这类"空巢"家庭会越来越多,越来越引起社会的关注。

近年来留守儿童问题成为社会关注的焦点。资料表明(罗琴、胡桂锬,2006),全国第五次人口普查统计,我国农村留守儿童人数近 2000 万人,而且还有增长趋势,其中 14 周岁及以下农村留守儿童占留守儿童的 86.5％。在广大农村地区,尤其是较贫困的地区,青壮年纷纷外出打工,未成年的孩子长期留在家里跟爷爷奶奶或其他亲戚生活,爷爷奶奶只能在物质生活上照顾孩子,没有精力和能力抚慰孩子的情感,实施良好的教育,留守儿童的成长和教育,以及留守老人的生活成为明显的社会问题。

(三)家庭应激的应对策略

1. 家庭成员的自我心理调适

事件发生时,家庭每个成员都面临着重新调整心态,采取积极的应变措施保持心理平衡的问题。具体讲,可从以下几方面着眼进行调整。

(1)适当地宣泄不良情绪

不要把烦恼、痛苦放在心底,找个合适的机会宣泄一下,是十分必要的。可以通过运动、活动获得放松的体验,也可以用记日记的方式排遣内心的不快。但最好的方法是自我的表白与倾诉。亲人故去,面对他的照片将悲伤与孤独直接说出来,或面对家人、朋友将内心压抑的东西倾吐出来,都是一种积极的宣泄方式,既减轻自身的压力,又得到了别人的同情、安慰与鼓励。

（2）冷静地审视家庭负性事件的发生

家庭成员感情受到重挫，一时难以平息激动的情绪是人之常理，但经过一段时间，心情便会稍稍平和些，这时候要冷静地审视一下所面临的问题，分析事件发生的原因是什么，是外界刺激或自然规律造成的，还是家庭成员人为造成的？自己是否要对此负责任？为什么？负多少责任？事情的结果会怎样？事情过后，家庭生活会发生哪些变化？自己如何行动以适应这种变化等。细细想来，会使人更加理智地看待问题，减轻事件的压力感。

（3）对家庭负性事件作出合理化的解释

合理化是人的自我防御机制之一，其含义是指人们在遇到挫折时，对不利的因素作出合乎自己需要的解释，这种解释有助于减轻挫折或压力对人的伤害，使情感在遭遇困境时得到缓冲，逐渐恢复正常的心态。比如：家人重病住院，也许是件好事，能够早些发现他的病，并且得到及时的治疗，也给了家庭其他成员一个照顾他、关心他的机会；下岗也不错，可以休息一下，重新寻找生活的道路等。

（4）尽可能地保持自我生活的安宁与健康

家庭的变化造成家庭生活的混乱，家庭的功能不能正常发挥作用。这种状况会加重家庭成员内心的不适与焦虑感，不利于家庭的发展。每个家庭成员都应尽可能地保持自己独立的思想与生活，不能把自己的所有精力和时间都投入到这个事件中去。首先要尽可能地使自己保持原来的生活习惯，如运动锻炼的时间、适中的饭量、充足的睡眠等，有了好身体作保证，才会有更多的精力抵御挫折。还要有属于自己的生活，如积极的工作，与朋友相聚，保持丰富的业余爱好，恋人、夫妻间情感需要的满足等，使自己看到生活的乐趣和希望，积极的情感体验逐渐获得提升，以有效的行为应对困境、走出困境。

2. 家庭资源的集聚与利用

家庭资源是个体成员所拥有的个人资源的结合体，是家庭系统的一部分。家庭应激的研究主要关注四种个人资源（Phillip Rice，石林译，2000）：经济地位或经济适宜度，健康状况或身体适宜度，心理资源和教育水平。经济地位和经济适宜度可理解为个人的经济承受能力，是否能拿出较大的物质力量来应对困境；健康状况是指身体承受能力；心理资源是指以人格为主的个人心理素质；教育水平是对一个人认识技能的间接评价，通常文化程度高的人能够多角度看待问题，对问题的认识更清楚，更有远见。家庭资源的集聚和利用主要包括以下几个方面。

（1）使家庭核心得到强化或形成新的家庭核心

强化家庭核心是使一家之主更加明确自己的责任，更好地发挥其领导功能，组织大家团结起来，应对困境。一旦家庭的核心在事件中丧失，就要考虑形成新的核心，新的家庭核心人物应当是家庭中有较高人格魅力的人，应当是身体健康、有主见、有理智、有决断能力的人，他能够在家庭成员的期望下，带动大家去履行家庭的责任。这个人不一定由长辈担任也不一定非男性莫属。如面对父亲的去世，年长的儿子或许比母亲更能承受；丈夫重病住院，妻子就要以柔弱的肩膀扛起照料幼子和丈夫的重担。有了新的家庭核心，可以调动每个家庭成员的个人心理资源，发挥每个人的优势潜力，团结一心提高家庭的抗挫能力，度过家庭的困难时期。

(2) 聚家庭的财力、物力资源,并有效地运用

钱为身外之物,关键时刻需要家庭成员共同协作集聚资金,合理利用。家庭成员此时不应将钱看作自己的私有财产。我国传统文化中,家是一个大概念,同宗即为一家,故当面临困境时,亲戚之间的财物支援也是十分重要的。

(3) 家庭内部应把注意的焦点放在家庭问题的解决上

在重大事件发生时,每个成员的情感都受到巨大的冲击,有时会把内心的压抑与烦恼发泄在其他家庭成员的身上。这是一种自我调适的方式,偶尔用一下尚能得到他人的谅解,过多地发泄,一味地倾诉痛苦却不求新的改变,就好比絮絮叨叨的祥林嫂,不仅自己沉湎于伤感之中,而且会使别人感到厌倦。应在家庭核心人物的引导下,直接面对家庭的困境,而不是只把家庭作为宣泄情绪、获得感情抚慰的场所。大家集思广益,寻求新的发展,看到问题解决的希望,使家庭气氛也随之变得更加融洽、积极向上。

3. 启动家庭之外的社会支持系统,帮助家庭渡过难关

我国传统的家庭观念中有"家丑不可外扬"之说,在面对一些重大的负性事件时,总是力求家庭内部自己解决问题,不能主动地向社会求助,这不符合现代社会解决问题的思路。每个人、每个家庭都有强大的社会支持系统,应当有效地利用。

(1) 向朋友求助

朋友是最先能想到的求助对象。向朋友求助一方面是得到物力支援,更重要的是得到精神上的支持和鼓励。朋友圈子是一个人强大的后盾,能使人获得安全感,更好地面对问题。

(2) 向"单位"求助

"单位"是对工作所在的学校、工厂、公司、部门的统称,是我国的一大特色,60 年代以前出生的人对"单位"怀有极深的感情,在心理上是以"单位"为家的。这与一个人长期在一个"单位"工作,甚至工作一生有关。现在这种观念发生了变化,但工作单位仍然是一个正常的求助对象。现代管理更多地提倡人本主义管理方式,主张上级要尊重、关心每一个下属,职工有了困难,单位要伸出援助之手。家庭应及时寻求这种帮助。

(3) 寻求社会保险、福利机构的补偿与资助

我国的社会保险业、社会福利事业正在蓬勃发展。参与社会保险应当是一个家庭正常的支出,以备在困难时给家庭以补偿。我国的社会福利事业目前尚不够完善,但在危机时刻是可以给人们提供帮助的。

(4) 得到社会工作、心理咨询的帮助

社会工作、心理咨询的帮助主要是针对家庭成员及家庭整体的心态调整开展工作。社会工作者、心理咨询师是经过专业训练的,他们能够站在求助者的角度上,给他以充分的理解和关注,并能从应对挫折的技巧及调整心态的方法上给予有力的指导,帮助家庭建立起新的理念,恢复家庭的正常功能。

知识窗

家庭生命周期

家庭生命周期是家庭治疗的一个概念。家庭治疗(family therapy)是以"家庭"为治疗对象的一种心理治疗方法,它以整个家庭为对象来规划和进行治疗,把焦点放在家庭成员之间的关系上,而不是过分关注个体的内在心理构造和心理状态。因此家庭治疗属于广义集体心理治疗的范畴。

从时间上看,家庭生活是连续的、阶段性的过程,它有着先后次序,如子女成长、结婚,家庭空巢等阶段,每个个体都会经历这些阶段。心理问题往往发生在家庭生活周期发生变化时,每一个阶段会对应一个"情感过度的过程",不仅对家庭系统及其成员的心理发育产生影响,还会对家庭成员的健康造成影响。

独立成人阶段:成员从原来家庭分化、独立的过程;

新婚成家阶段:成员与其他家庭成员建立新的家庭;

养育新人阶段:新一代人的出生;

子女成长阶段:子女成长,父母角色的确立;

家庭空巢阶段:子女离开家庭,父母年迈独立生活;

夕阳晚景阶段:代际间的角色转换,以家庭中间一代为核心,回顾和诠释自己的一生。

资料来源:徐汉明、盛晓春.家庭治疗:理论与实践.人民卫生出版社,2010.

二、家庭常见的问题及调适

家庭常见的问题就是指普遍存在的家庭问题,出现问题是正常的,关键是要有勇气直面问题,想办法解决问题。家庭常见的问题表现在多方面,夫妻关系问题是家庭问题中最重要的问题,本书将在婚姻与健康一章中深入分析,在此仅讨论以下几个问题。

(一)家庭内部沟通不畅

家庭的建立是以情感的沟通为基础的,家庭成员间的交流与沟通是必不可少的,家庭内部沟通不畅会对家庭及家庭成员产生不良影响。一方面会影响整个家庭的氛围,使家庭缺乏温暖、轻松、安全的状态,一方面使家庭成员不能够坦诚相对,得不到应有的支持与鼓励。现实生活中夫妻关系、婆媳关系及亲子关系出现问题,常与家庭内部沟通不良有关。

加强家庭内部的沟通与交流,首先要使家庭成员能够站在对方的立场上看问题,学会与他人共情。有一个家庭,丈夫在政府部门做信访工作,天天要面对许多来访者做解释、调解、说服工作,回到家就不愿说话了。妻子是依赖感很强的人,回到家就想跟丈夫说说话,可是她对丈夫说的话总是得不到反馈,只好一遍一遍地重复希望丈夫能回应。丈夫对她的唠叨很反感,就更不理会了,妻子时常一肚子的怨气发出来,甚至怀疑丈夫情感出轨。丈夫因此更恼怒,家庭陷入恶性循环。通过心理咨询,妻子理解了丈夫的工作性质,能够设身处地地为丈夫着想,在家里给丈夫一个安静的自由空间,夫妻的交流和沟通更顺畅了。

其次,家庭内部最好形成直接交流的沟通习惯。真诚相对是家庭成员交流的基本原则,有话直说比拐弯抹角更有益于家庭的沟通。有位妈妈曾经谈到与青春期的儿子通过互相写信的方式进行沟通。一开始挺有效，因为书面语言比口头语言表达得更有逻辑，用词更丰富、更富有情感，平时说不出口的话，如向孩子道歉，表达对孩子的爱等，通过书面语言可以表达，容易打动孩子的心，不失为与孩子沟通的一种有效方式。但是总是写信，效果就不好了，一方面孩子会觉得写信挺麻烦，一方面书面上的交流或承诺与生活实际会有一定的差距，时间久了没有了新鲜感，孩子觉得妈妈的表现与信上写的有出入，写信也就失去了意义。故家长要使孩子从小就有跟父母直接对话的习惯，包括其他家庭成员之间也是如此，话说开了，就容易相互理解，更容易达成共识。

（二）子女教育上的矛盾

有了孩子以后，家庭的重心就转移到孩子身上了。尤其是独生子女家庭，父母、祖父母、外祖父母都盯着这一个孩子。在教育问题上常因意见不一致而产生矛盾。一般来讲，祖辈对第三代人宠爱有加，甚至到了溺爱的程度，只要孙子喜欢就无原则地满足他的需求，保护意识特别强。而年轻的父母希望孩子独立，希望孩子多体验社会生活，努力学习，为未来的发展打基础。出发点都是爱孩子，立足点不一样，造成矛盾冲突。在具体的教育策略上，父母也会有矛盾冲突。如有一对夫妇在儿子教育问题上发生争执，父亲主张严加管教，给孩子订立各种规矩，犯点小错误就要挨打受骂。妈妈则主张采取民主化的教育方式，两人常当着孩子的面争执起来，弄得孩子无所适从。

在孩子管教问题上，首先全家要达成一致，既要有规矩、原则，也要与时俱进，注重从新时期孩子全面发展的角度施教。有的家长不惜辞去工作，在家里单独教孩子，不让孩子上学校学习，孩子的知识水平和才艺技能可能会有所长进，但他脱离了同龄人的环境，缺乏社会交往，对其非智力因素的发展会有负面影响，长此下去，孩子怎么能适应社会。其次，一旦家长在教育上产生了分歧，要心平气和地协商，找到大家的切合点，不要当着孩子的面争执，以免使孩子不知所措，或造成孩子对家长的误解。

（二）空巢家庭的孤寂

空巢家庭是社会转型时期家庭的一大特色，随着独生子女家庭的日益增长，人口老龄化趋势的发展，空巢家庭的比例亦会有所增加。2007年宁波市农村老年人抽样1%的调查显示（吴秀杰等，2009），5785户农村老年户中有4466户为空巢家庭，占到了被调查者的77.1%。空巢家庭的优点在于使老年人有更多的时间做自己的事情，节省了为子女操劳的时间和精力，有利于发挥余热，投入社会公益事业之中，并有利于加深夫妻情感，促成丧偶老人的再婚，使晚年生活轻松愉快。但由于家中只有两位老人，生活上会有诸多不便。更重要的是老人感情上强烈的孤独感和对晚年生活的失落，这将成为一个社会问题摆在现代人的面前。

为此，社会应多设一些专门为老年人服务的机构及老人的娱乐场所。办好各种形式、各种档次的老年公寓，从公众舆论上对空巢家庭多一份关怀。从心态的调节上讲，老人要多参加社会活动，尤其是社会公益活动，并在各项活动中与他人交流，培养自己积极的情感。子女要常回家看看，经常使老人感受到天伦之乐，感受到子女对自己深深的爱和孝心，使老人拥有快乐的晚年生活。

（四）"啃老"的烦恼

啃老，说白了就是"吃"父母。最近几年，"啃老族"引起了国人关注。其主体是上个世纪70年代末80年代初出生的独生子女。"啃老族"，简称NEET，即Not in Education, Employment or Training(未在读书、受雇、培训)首字母的缩略，表明这些青年人虽已成年，却没有就业，无法独立生活，只能依靠父母生活，其中的多数是未婚年轻人。上海市总工会发布的《上海职工劳动就业状况分析及趋势研究》报告显示(王玉欣，2009)，2008年上海的失业者中，有38.5％为35岁以下青年，在这些人中，还存在部分主动失业在家的"自愿啃老"人群，他们以大专以上学历居多，占所有失业青年总数的26.1％。啃老现象在独生子女家庭更多见。有一个27岁的姑娘，中专毕业后不愿意找工作，多年来整日在家里上网，或与朋友逛街购物，父母很着急，为她找了多个工作都没有干下来，她也不愿恋爱、成家。用她的话说："他们就我这一个女儿，他们的钱就够我用了，一辈子都享受不完，我还去受累做什么。"这一现象的出现首先反映出孩子的依赖性强，缺乏独立生活的意识和能力，因惧怕受挫、吃苦，而形成了逃避社会现实的事实。另一方面也反映出父母对孩子过多的保护和娇宠，使孩子从小没有建立起应有的社会责任感，不会料理自己的生活，长大之后仍不能独自担当起自己的责任。"啃老"给老年人带来了烦恼，本想养儿防老，颐养天年，结果自己还要拖着虚弱的身体为儿女操持生活。

这种现象是不利于家庭的发展和个人的成长的。社会要弘扬尊老敬老的道德风尚，维护老年人的合法权益，从舆论上对"啃老族"给予适当的批评。同时开发青年人就业、创业的广阔空间，加强对青年人的职业指导和心理辅导，使年轻人独立承担起社会的责任，靠自己的双手创造美好的生活。

三、单亲家庭的问题及调适

单亲家庭指由父亲或母亲单独抚养未成年孩子的家庭。产生单亲家庭的直接原因主要有两个方面，一是离异，二是丧偶。单亲家庭从某种程度上讲是家庭应激的产物，但作为一种特殊的家庭形式，它的存在对家庭成员尤其是对孩子，有很大的影响。

（一）单亲家庭面临的主要问题

1. 家庭情感关系的缺失

家庭情感关系的缺失主要包括两种，一种是亲子关系的不完备，孩子失去了母亲或父亲的感情联络；另一种是夫妻关系的不健全，因缺失了夫妻的一方，异性间的情感需要和性的需要不能得到应有的满足。这种情感关系的缺失易造成单亲家庭成员的情绪问题甚至情感障碍。一项对离异单亲家庭子女心理健康状况的调查表明(李学容，2005)，离异家庭子女心理健康的整体水平较差，在对人焦虑、孤独倾向、自责倾向和冲动倾向几方面，离异家庭子女的检出率较高，由心理问题引发的身体症状也较明显，与完整家庭子女相比有显著差异。

2. 家庭教育功能失调

家庭教育功能的失调具体表现在以下几个方面。

其一，父或母的教养态度发生变化。只存在亲子关系的单亲家庭，在教养态度上会因心态的改变而失衡。一方面表现为父或母把所有的期望都寄托在孩子身上，对孩子的要求更高、更严格,使孩子生活在重负之下,感到紧张、焦虑,甚至滋生厌学情绪。另一方面,单亲家长会因为家庭的变故感到愧对孩子,在感情上有一种补偿心理,总想满足孩子的各种需要,于是放松对孩子的教育,过于娇宠,形成孩子的一些不良品格。

其二,家庭教育的投入减少。这里讲的投入既指经济上的投入也指精神上的投入。由于单亲家长一个人要承担起家庭生活的重任,用在孩子教育上的资金相对减少。紧张的工作和家务劳动,使家长身心疲惫,能够投入到孩子教育上的精力也相对少得多。

其三,家长因顾及自己的感情生活,忽视了孩子的教育。单亲家长要考虑自己今后的生活,一部分精力集中在重选配偶再婚的问题上。有的父或母因忙于自己谈恋爱,放松了对孩子的教育。甚至有的人视孩子为累赘,采取极端的态度或行为对待孩子,造成孩子的心灵创伤。

其四,家长的自我封闭导致孩子缺少社会交往,自卑、压抑。有的单亲父母沉浸在自己痛苦的感情世界里,不愿与外界接触,也不与别人来往,总感觉低人一头,怕自己的家庭状况遭别人议论。这种心态影响到孩子,会使孩子也变得自卑、压抑、孤僻、不合群,影响孩子的个性发展。同时单亲家长还可能影响孩子性别角色的认同。

尽管这些问题不一定同时存在于每个单亲家庭中,但单亲家庭对子女的教育会在某些方面受到影响是不争的事实。

(二)单亲家庭的心理调适

1. 单亲家长要及时调整心态,增强自我效能感,担负起家庭的责任

家长要尽快地接纳单亲家庭这一现实,不要让自己沉浸在对往日的回忆中,要从我做起,调整心态,化消极情绪为积极情绪,增强自身的自我效能感,担负起父母的双重角色,照料孩子的生活和学习。

2. 形成开放的家庭意识,丰富家庭生活的内容

现代社会人们的价值观、婚姻观、家庭观发生了巨大变化,单亲家庭作为一种家庭形式已经被社会接纳和理解。家长不必为此感到羞愧、没面子,要以一种开放的态度对待生活。家庭应有正常的活动范围,除常规的生活外,安排些有趣的娱乐、休闲活动,尽可能让家庭生活丰富多彩,使孩子没有单亲家庭的孤独和不适感。这就要求家长学习些有关现代家庭生活的知识,不断提高自己。

3. 家教要宽严适度,让异性长者参与对孩子的教育

宽严适度是指父或母既不要把孩子看作自己的替身,对孩子期望过高,要求过严,也不要只关心自己的生活,忽视了孩子的健康成长,要根据孩子的具体情况,安排好孩子的学习和生活。异性长者参与到对孩子的教育中来,是对孩子缺失的那份情感的补偿。男孩子要体察和学习女性的温柔与细腻,女孩子要体察和学习男性的刚毅、果敢与大度,使孩子对男女性别的差异有客观的认识,以形成良好的性别认同,为今后拥有正常的感情生活奠定基础。

4. 扩大家庭生活的范围,鼓励孩子与同龄人交往

家庭的朋友对家庭至关重要,家长可适时组织一些朋友间的聚会,加强家庭与外界的接触和交流。同时鼓励孩子与同龄人交往,从别人身上潜移默化地学习家庭中得不到的知识和技能,为将来走向社会打下基础。

回顾与总结

　　家是人生存的最基本的环境,家庭的存在有重要的社会意义。当前我国的家庭结构发生了很大的变化,核心家庭成为主要的家庭形式,家庭关系的特点也随之发生了变化,这些对家庭成员间的交流与沟通起到了良好的作用。健康的家庭对子女的健康发展有重要意义,家庭良好的状态能满足成员的多种需要,形成向心力。新时期的健康家庭首先要营造健康的家庭气氛,创建学习型家庭,加强成员之间的沟通与交流,有良好的家庭教育理念和方法,通过丰富多样的活动丰富家庭的生活。家庭问题的调整与解决是非常重要的,不仅要保持良好的家庭应激状态,还要对家庭中存在的问题采取有效的应对策略,如家庭成员的自我调整,家庭资源的合理使用等。针对家庭存在的不同问题尤其是单亲家庭存在的问题,采用不同的调适方式,以维护家庭的健康发展和家庭成员的身心健康。

巩固与练习

　　1. 当前我国的家庭结构有哪些特点? 你是如何看待这个问题的?

　　2. 谈谈你的原生家庭对你的成长有着怎样的影响。

　　3. 你是如何看待健康家庭的标准的? 谈谈如何维护家庭的健康。

　　4. 观察你自己或你身边他人的家庭,你看到了怎样的家庭问题? 你给出的家庭调适建议是什么?

　　5. 如何看待单亲家庭对孩子成长的影响?

　　6. 试根据本章所学的知识和你对家庭问题的理解,对下面的案例做出简单的分析,并谈谈这个家庭应当在哪些方面有所改进。

　　案例背景:

　　一对夫妇带着16岁的儿子来到咨询中心。妈妈、爸爸分坐在长沙发的两端,儿子固执地站在窗前望着窗外,不愿意与父母坐在一起。爸爸一脸冷漠的表情,儿子则执拗中带着愤怒。妈妈对咨询师说:"老师,这孩子上高一,不知怎么回事,上周一他突然不去上学了,就在家呆着,平时他就不跟我们说话,这次我问为什么不去上学他就更不说了,他爸从来不爱跟他说话,一生气就把他打了一顿,他就把自己关在房间里不出来,到现在我都不知道他为什么不上学了。我让老师到家里劝他,他才勉强跟我们来了。"

　　咨询师先让父母离开,与男孩单独谈谈,在取得了男孩的初步信任后,男孩说:"我已经一年多没跟他们说话了,有时候我妈想跟我说话就给我写纸条,写纸条我也不理她,更不想理爸爸,他也不理我,我们家就像个冰窖,呆在家里就很难受,他们俩也不怎么说话,一说话就要吵架,爸爸就会离开家好几天不回来,我跟他们没话好说。"

参考文献

　　1. 王跃生. 当代中国家庭结构变动分析. 中国社会科学. 2006,(1).

　　2. 196万对夫妻去年离了. 广州日报. 2011年2月7日.

3. 蔡秋红.城市核心家庭亲子关系和谐状况研究.中华女子学院学报.2007,(1).

4. 方晓义、徐洁、孙莉、张锦涛.家庭功能:理论、影响因素及其与青少年社会适应的关系.心理科学进展.2004,(12).

5. 何昭红.健康家庭建设与未成年人健康人格的塑造.重庆社会科学.2009,(7).

6. 李亚杰.当代家长教育研究.华东师范大学硕士论文,2010.

7. 赖斯.压力与健康.石林等译.中国轻工业出版社 2000.

8. 李学容.离异单亲家庭子女心理健康现状调查与分析.重庆教育学院学报.2005,(2).

9. 罗琴、胡桂锬.农村留守儿童的家庭教育.当代青年研究.2006,(11).

10. 武秀杰、武江华、陈金慧.宁波市农村空巢家庭老年人生活状况调查分析.西北人口.2009,(2).

11. 王玉欣.上海"啃老族"的现状与对策分析.武汉职业技术学院学报.2009,(5).

第四章　学校与心理健康

请阅读并思考如下案例①：

这是三月的一天，窗外阳光明媚，可敲门进来的蕙却一脸的委屈和郁闷。蕙读高二，性格文静内向，学习成绩优良，在刚刚举行的月考中取得了不俗的成绩。我一边请蕙坐下，一边想，蕙的成绩不错，大概不会是因为学习压力而来的吧？果然，蕙向我诉说的是另外一件事，一件听起来似乎很小的事情。

最近，班内局部调整了座位，蕙的环境发生了变化，新的同桌是一个外向、敏感、很情绪化的女生。这个女生写字的方式很特别，用力特别大，好像在跟谁赌气似的，用笔在纸上快速而有力地划，发出"刺啦刺啦"的声音，很刺耳。尤其是做试卷时，她不垫任何东西，直接把试卷铺在课桌上就写，笔尖透过薄薄的纸张跟铁质的桌面交锋，发出尖锐刺耳的声音，干扰了蕙的注意力，让喜静的蕙无法静下心来。

蕙觉得自己受到了影响，于是有一天对同桌说："你不要那么用力写好不好？你下面垫个本子再写不行吗？"同桌奇怪地瞥了她一眼，然后不满地"哼"了一声，埋下头去继续我行我素。而且，从此以后，蕙再跟她讲话或讨论问题时，她对蕙总是一副爱答不理的态度。

说到这里，蕙眼圈红红的。蓄满的泪水控制不住，滚落了下来。看得出来，蕙一定感到心里委屈极了。

如果你是蕙，你会如何与同桌改善关系？如果你是蕙的老师，会如何对蕙进行辅导？

在个体的心理发展中，学校教育是相当重要的。学校的重要性首先表现在它在较长的时间内对学生进行系统教育，而这种系统的教育，对儿童的社会行为的塑造是其他机构无法替代的。现代社会的正规教育时间，一般长达9～16年，在这期间，学校对学生施以有目的、有计划、有系统的全面教育，比起家庭那种零散、随机的教育，影响要大得多。学校的重要性还在于它有独特的、完整的机构，它是社会的雏形，对学生了解社会、发展自我和人格、培养合乎角色的社会行为模式起着重要的作用。

学校环境对学生的心理健康也有着重要影响。一方面，教育体制、办学思想、管理制度、教育方法等都会对学生的心理健康产生影响，如在应试教育体制下，学生在巨大的升学压力下而导致心理障碍的事情屡屡发生；另一方面，学校中的各种人际关系如师生关系、同伴关系等也会影响学生的心理健康水平。同时，学校作为教师工作和生活的场所，对教师的心理健康也

① 钟志农、刘鹏志、周波. 高中生心理辅导案例解析. 华东师范大学出版社，2007. 132－133.

具有重要意义。本章主要探讨学校环境中影响师生心理健康的各种因素,重点分析师生关系和同学关系对心理健康的影响,以及如何对师生关系和同学关系进行有效的调适。

第一节　学　校　环　境

广义的学校环境包括物质环境、文化环境和人际环境,狭义的学校环境就是指学校物质环境,我们这里从广义来理解。学校环境不仅是师生工作和学习的场所,而且本身也是一种重要的教育因素。学校环境中的一切因素都与师生的心理健康有关,都具有丰富的心理健康的意义。

一、学校环境概述

(一) 学校环境的涵义

学校环境(school environment)是指学校内部一切客观物质存在和以人际关系为中心并由此而产生的文化意识现象的总称,它包括物质环境、文化环境和人际环境。学校物质环境是指师生工作、学习、生活所必需的物质设施和附着于校园的物质条件,如校舍教室、运动场地、活动空间、花园绿化等。学校文化环境是指教育教学活动中所创造和形成的各种精神财富、文化氛围及其表现形式,从广义来讲,它涵盖物质环境和人际环境,在这里,我们从狭义来理解它,特指学校的管理制度、组织氛围、课程设置、教学风格、校风班风、文化活动等。学校人际环境是指学校的各种人际关系,包括校长与教师的关系、教师与教师的关系、教师与学生的关系、教师与家长的关系、学生与学生的关系等。因为人际环境对心理健康具有特别重要的意义,所以,我们在此把它作为学校环境的重要组成部分单独列出。

(二) 学校环境的心理功能

第一,凝聚功能。良好的学校环境能满足师生的多种心理需要,如安全的需要、交往的需要、尊重的需要、求知的需要、审美的需要、发展的需要等,使师生产生自豪感、成就感、愉悦感和归属感,从而对师生具有巨大的吸引力,具有凝聚的功能。

第二,规范功能。良好的学校环境为师生规范自己的行为提供了一种准则,师生以此准则来调整自己的行为,塑造自己的形象。例如,学校有一定的规章制度,有一定学习和生活的模式,形成一定的集体规范和校风班风,这对教师和学生都具有潜移默化的教育影响和控制约束作用,引导师生养成良好的行为习惯。

第三,激励功能。良好的学校环境是一种巨大的精神力量,能唤起师生高尚的情感,帮助他们树立正确的世界观、人生观和价值观,激励他们不断学习、不断进步。例如,奋发向上的校风、奖罚分明的管理制度、教师对学生的积极期待、合理的竞争气氛、各种仪式化的校园活动等,无一不具有激励的作用。

第四,调适功能。良好的学校环境有助于师生调节情绪,化解心理冲突,缓解心理压力,有利于心理健康。优美的校园环境、融洽的人际关系、丰富的文化活动,无不具有调节身心的作用。

二、学校物质环境与心理健康

学校的校址、场地、建筑物、各种设备、活动空间等是师生工作和学习的客观环境,同时也具有心理健康的意义。首先,各种物质环境通过影响学生的生理状况影响心理健康。例如,不良的照明条件和高度不当的课桌椅,会导致学生视觉疲劳,不仅影响学生的学习效果,而且影响情绪。其次,各种物质环境会影响学生的注意力。例如,充满噪音的环境会导致学生注意力涣散,心绪不宁。再次,物质环境会直接影响学生的心境。例如,整洁的环境、和谐的色彩使人心情舒畅,杂乱无章的环境使人烦躁,甚至出现多疑、易怒、攻击等表现。

(一) 校址、场地与校舍

校址应选择在阳光充足、空气流通、场地干燥、排水通畅、地势较高的地段。同时,学校应该尽量避开污染源和噪音源,因为污染和噪音也是损害身心健康的重要环境因素,不仅容易引起学生的各种疾病,而且会导致学生注意力涣散、情绪烦躁、智力减退、学习能力降低。因此,学校与化学、物理和生物污染源的距离要达到国家有关防护距离的规定。学校要避免设在火车线道和飞机场附近,也应避免将教学的主要用房如教学大楼设在交通的主干道旁,学校周边街道的噪音不应超过 60 分贝,教室、阅览室和实验室的噪音不应超过 50 分贝。

学校用地包括建筑用地、运动场地和绿化用地三部分。我国校园用地面积的定额,规定小学生每人占地 $10\sim11$ m²,不应小于 $7\sim10$ m²;中学生每人占地 $13\sim16$ m²,不应小于 $12\sim15$ m²。学校建筑的基底面积最好占校地面积的 10% 左右,不大于校地面积的 20%—25%,绿化面积以占校地面积的 40%—50% 为宜。要加强对校园的净化、绿化和美化,使师生一走进校园,便产生积极愉快的情绪,受到潜移默化的熏陶。

校舍配置要合理。校舍包括教学用房(如教室、实验室、室内运动场等)、教学辅助用房(如图书馆、行政办公大楼等)和服务用房(如宿舍、食堂、卫生间等)三部分。学校的校舍以教室为主体,配置其他各种用房。教学大楼应建在学校最佳的位置,以不受干扰为原则。校舍配置要分区明确、布局合理、联系方便、互不干扰、疏散便利,要符合学生的生理特征和心理特征。

(二) 教室及其设备

教室是教师教学和学生学习的主要活动场所,教室的设计、设备和装饰,既是一种影响身体健康的因素,也是一种心理教育的资源,因此,既要符合卫生学的要求,也要符合心理学的规律。教室环境总的要求是:采光照明和通风透气良好;远离噪音和污染;教室大小适当,不使学生感到拥挤或过分空旷;符合学生视觉和听觉的要求,不使学生视觉和听觉疲劳;课桌椅高度、大小、排列要符合学生生理要求,同时便于清扫,便于教师对学生进行教育和管理;教室布置与装饰应幽雅、大方、简朴、舒适,有利于集中学生的注意力,激发学生的学习兴趣,陶冶学生的情操。

(三) 活动空间

拥挤的心理危害已经引起越来越多的关注。据研究,一个人即使在稠密的人群中,至少也需要 0.6 平方米以上的空间,超过这样的密度,人的私人空间由于互相拥挤而受到破坏,人就会亢奋、烦躁。人需要一定空间领域作为自己的"人体缓冲区",如果经常有人入侵自己的这一区域,人就会紧张、焦虑、烦躁、情绪失调,甚至失去自制,产生攻击行为和暴力事件。拥挤还会影响学习能力,人们在拥挤状态下的学习能力会降低。同时,拥挤带来不安全感,因此会抑制人的亲社会行为。感到拥挤的人往往回避他人,帮助他人的行为会减少。目前,学校人群密度过大、师生活动空间太小是学校环境中比较突出的问题。有的中小学连课间操都做不开,一个班动辄就有五六十人,这对师生的心理健康危害不小。教育行政部门和学校应充分考虑拥挤的心理危害,严格按照规定额度,规划校园面积,不要盲目扩招学生。同时,尽量创造条件,给师生足够的活动空间。开阔的运动场地和花园草坪,不仅使校园美观,而且能缓解人们的拥挤之感,有利于心理健康。

三、学校文化环境与心理健康

(一) 学校作息制度

学校作息制度是指一学日、一学周和一学年学校内学习、课外活动、劳动、进食、休息和睡眠的时间分配和顺序。合理的作息制度可以保证师生劳逸结合,使教师的工作压力和学生的学习负担都趋于合理,从而防止疲劳程度的不断加深,避免过度疲劳的产生。所谓过度疲劳是一种病理现象,会导致大脑两半球非常顽固的慢性充血现象,表现为面色苍白、无力、萎靡不振、头痛、失眠、食欲减退等一系列神经衰弱综合征,对疾病的抵抗力也下降。那么,如何使作息制度有利于身心健康呢? 从学生的角度来说,我们在学年安排、学周安排和学日安排上都应注意以下两个方面。

第一,符合学生的年龄特征。年龄较小的学生,身心发展还不成熟,注意时间不持久,自我调控能力也不强,大脑容易疲劳,因此,他们的学期应短一些,每周的学时数、每日的学时数以及每节课的时间都应该短一些。例如,我国中小学一般每节课的时间为 40 分钟或 45 分钟,对于小学低年级的学生来说,这一时间太长,因为他们主动注意的持续时间只有 20 分钟左右。一节课的持续时间可比学生主动注意的时间稍长,因此,每节课 30 分钟比较合适。为了学校的统一管理,小学低年级可采用课中操的做法,即在上课 30 分钟后让学生离开座位做几节简单的课中操。

第二,符合学习能力变化的规律。学生在一年、一周和一天之内的学习能力是不一样的。从一学期来看,学期初,经过假期的休息,学习能力恢复了,经过短时间的始动调节,往往具备较高的学习效率,可适当安排难度较大的教学内容。学期末,学生学习能力已经显著下降,应减少新课内容。从一周来看,星期一因为从休息到学习需要一个调节过程,所以,学习能力并不高,星期二开始升高,星期三或星期四达到最高峰,星期五又持续下降。因此,星期一和星期五的学习难度和强度都不宜过大。从一天来看,学生的学习能力经过第一节课的始动调节后,到第二节课达到最高峰,经过第二、三节课之间较长的课间休息,第三节课还能保持较高的水平,然后显著下降。经过较长时间的午休后,下午第一节课回升,第二节课后又迅速下降。因此,难度较大的课尽量安排在上午第二、三节。

(二) 学校组织氛围

学校组织氛围(organizational climate of schools)是指一所学校区别于另一所学校的心理

特征,主要包括学校组成成员共同的价值观念、社会信念和社会标准等。它与校长的领导行为、教师的个体心理和团体心理有直接的联系,对师生员工的心境和工作积极性都有直接的影响。不良的组织氛围不仅导致工作绩效低,而且有可能导致师生员工缺乏热情和活力,彼此疏远或紧张焦虑。因此,加强学校组织氛围建设,不仅具有管理上的意义,而且具有心理健康的意义。

哈尔平和克罗夫特(A. Halpin & D. Croft, 1963)是较早研究组织气氛的人,他们认为校长行为和教师行为对学校组织氛围具有重要影响,校长行为包括冷淡、注重工作、推进力、体贴关心等四个方面;教师行为包括敷衍了事、障碍、精神状态和亲密四个方面。从校长行为和教师行为两个维度出发,他们发现了六种学校氛围:(1)开放氛围:指以高昂的精神和由教师表现出来的低度的敷衍了事为特征的氛围。教师没有过多的非教学性工作,校长精力充沛而且体贴人,对员工热情,不太注重工作但能促使学校前进。(2)自主氛围:指教师按照自己的愿望工作并满足自己的社会性需要、近乎完全自由的氛围。校长相对冷淡,在监督方面比较宽松,对教师的体贴关心程度较低。(3)控制氛围:指以牺牲社会生活为代价的努力工作的氛围。教师有许多非教学性工作,教师之间亲密度低。校长高度重视工作,但冷淡,不体贴关心教师。(4)随意氛围:指以牺牲任务的完成为代价的惬意的联谊会氛围。教师对工作敷衍了事,但彼此亲密。校长高度体贴别人,但不注重工作。整体氛围友好,但工作成就甚微。(5)家长氛围:指校长非常努力而效果极差的氛围。教师没有过多的非教学性工作,但彼此不能友好相处。校长体贴而热情,但过分强调工作,是一位仁慈的独裁者。(6)封闭氛围:指不完成任务又缺乏社会满意的氛围。校长是一位冷漠的独裁者,监督教师工作,而教师对工作敷衍了事,精神状态差,教师之间亲密程度一般。

沃勒(W. Waller)、威洛厄(D. J. Willower)、琼斯(R. G. Jones)等人从分析学生控制(pupil control)入手,研究学校组织氛围,探讨了学校组织氛围与学生心理之间特别是疏离感(sense of alienation)之间的关系。所谓学生控制是指学校领导对学生的看法以及相应的管理方式。在此基础上出现不同的学生控制定向,形成不同的学校组织氛围,主要有监管型定向和人本主义定向。监管型定向的学校重视维持秩序,气氛刻板而拘束,充满着不信任、戒备、挖苦等。人本主义定向的学校倡导学生自我约束,整个学校充满民主和谐的气氛。不同的气氛之中,学生的疏离感不同。所谓 alienation 在哲学上一般翻译成"异化",被引入心理学后,翻译成"疏离",主要是指心理上的无力、疏远、冷漠感,强调的是个体主观上的心理感受和体验。台湾心理学家张春兴(1989)把疏离感分为四个维度:社会孤立感、无意义感、无能为力感、自我分离感。在监管型定向的学校中,学生比较容易产生疏离感;而在人本主义定向的学校中,师生之间容易产生积极的认同。

规章制度是学校组织氛围的重要体现,形成了所谓的组织——制度文化。加强学校组织氛围建设的一项重要措施就是要合理制定和不断完善各项规章制度。在制定规章制度时,要注意多从"心理"这一层面加以考虑,符合师生的心理特点。任何制度的最终目的都应该是使人获得更好的发展,包括心理的成长和成熟。例如,有的学校把"竞、敬、净、静"作为学生的行为准则,开展"无声走廊"活动。学生走进校园好像走进看守所,不能有任何乱说乱动,否则就

健康心理学(第二版)

68

是违纪。这就未必符合中小学生的心理特点。青少年正是活泼好动、朝气蓬勃的年龄，课间休息时说说笑笑、玩玩闹闹是必要的，而且也是一种积极的休息。让学生每天为"静"而保持沉默，为"竞"而放弃休息，其实是对学生心理的一种扭曲和压抑。

（三）课程与教学

学生的主要任务是学习，学习的成败对于他们的心理健康具有特别重要的意义。因此，学校要给学生创造一个能获得学业成功的环境，而这与课程和教学都有密切的关系。适合学生心理特点和能力水平的课程和教学，有利于学生的学习成功，从而促进其心理健康。教师要从学生的年龄特征、心理发展水平和实际能力水平出发，选择合适的内容，制定适宜的课程，注意课程难度适中，课程编制科学，课程形式多样，使学生取得满意的成就或成绩，从而提高学生的自尊心和自信心。

在教学中要特别注意营造良好的课堂气氛，这对师生的心理健康都具有积极的意义。课堂气氛是指课堂里某种占优势的态度与情感的综合表现，是在师生为完成教学目标而进行的互动过程中所产生和发展起来的。它是课堂教学得以进行的心理背景。健康积极的课堂气氛，能保证学生在课堂中积极主动地学习，达到预定的教学目标，并有利于师生的心理健康；相反，不良的课堂气氛则会降低学习效果，危害师生的心理健康。

课堂气氛是一种综合的心理状态，其优劣可以由师生的知觉水平、思维状态、情感状态、意志状态、定势状态、注意状态等指标反映出来。课堂气氛可以分为三种类型：积极的、消极的和对抗的。在积极的气氛中，师生双方都有饱满的热情，课堂纪律良好，学生注意力高度集中，思维活跃，课堂发言踊跃；在消极的气氛中，学生紧张拘谨、心不在焉、反应迟钝、小动作多；在对抗的气氛中，师生双方都很厌烦，学生不动脑筋，故意捣乱，教师失去了对课堂的控制能力。良好课堂气氛的建立主要在于教师的努力和引导。

（四）校园文化活动

校园文化活动包括各种文体活动、竞赛活动、社团活动、仪式活动、校园广播、墙报板报等，是校园文化环境的重要组成部分。健康的文化活动能帮助学生交流思想感情，协调人际关系，发展兴趣特长，陶冶情操，娱乐身心，放松自己，发挥着心理教育的功能。和学习相比，校园文化活动更为丰富、更为自由、更为个性化，能满足学生在学习活动中满足不了的一些需要，因此，它是学习活动的必要补充，而不是可有可无的点缀。作为学校，要给学生创设参与各种文化活动的机会，同时给予积极引导。

四、学校人际环境与心理健康

从心理健康的角度来看，人际环境在学校环境中居于核心地位。人际环境包括学校的各种人际关系，如校长与教师的关系、教师与教师的关系、教师与学生的关系、教师与家长的关系、学生与学生的关系等。人际关系本质上就是人们在相互交往中形成的一种心理关系和情感关系，如果相互之间能互相满足需要，就会产生彼此接近、信任的心理关系；反之，则产生疏远、回避甚至敌对的心理关系。人际关系对心理健康的影响是最为直接的，许多心理问题都是由于人际关系的失调而来。

学校人际环境中对学生心理健康影响最大的是师生关系和同学关系,分由下面两节论述,在此不再赘述。

第二节 师 生 关 系

在学校情境中,最重要、最基本的人际关系是师生关系,它在学校所有的人际关系中居于主导地位。健康协调的师生关系能保证教育工作的顺利进行,促进学生素质的全面发展,提高师生的心理健康水平。因此,教师应把建立良好的师生关系当做重要的任务来完成。

一、师生关系概述

师生关系(student-teacher relationship)是指教师和学生在教育教学过程中,通过相互影响和作用而形成和建立起来的一种特殊的人际关系,它渗透在知识传授、班级管理、个别教育、课外活动等各个方面。

师生关系的建立和发展,是一个情感卷入和交往由浅入深的过程,经历了接触、接近和亲密三个阶段。在接触阶段,师生由不相识到相识,双方都按照规定的角色进行交往,礼节性的行为往往掩盖了真实的情感沟通。在接近阶段,师生经过一定的接触后,陌生感逐渐消除,心理距离开始缩短,感情交流代替了礼节性的交往。在亲密阶段,师生之间有强烈的感情联系,双方在认知、感情和行为上都有较大的协调性,自我表露的程度较高,愿意与对方分享自己的隐私,体验到亲密感和深厚的友谊。在现实生活中,不是所有的师生关系都能发展到亲密阶段,有的停留在接触阶段,有的停留在接近阶段,而真正达到亲密阶段的师生关系并不多见。

(一)师生关系的特点

和其他人际关系相比,师生关系呈现出以下四个不同的特点:

第一,教师主导性。师生关系首先是一种教育者和被教育者之间的关系,教师作为教育者,在师生关系中起着主导的作用,因此,教师的素质和态度在很大程度上决定着师生关系的状况。

第二,角色规范性。师生关系是由教育教学制度所规定的角色关系,双方都不能自由选择。教师和学生的角色都有相应的权利和义务,都有相应的角色规范。基本的规范是教师必须热爱学生,而学生必须尊敬老师。师生关系正是建立在这种角色规范的基础上的,这就决定了它不如同伴交往那么自由和随意。

第三,需要互补性。这主要是从需要上来说,师生关系具有需要互补性。面对学生,教师有"教的需要",他们会因为没有教的机会而烦恼和遗憾,更会因为没教好而懊悔。面对教师,学生有"学的需要",满足求知发展的需要是大多数学生跨入校门的动因之一。因此,他们往往因学得不多和学得不好而惶惑、焦虑。正是这种互补性需要,推动着教师和学生关系的发展,使之不断紧密。

第四,面向集体性。师生关系是一种与学校和班级联系在一起的关系,这种关系是以集体为纽带建立起来的。这就要求教师在建立师生关系时要有集体观念,一视同仁,不偏爱,不歧视,不能和某几个同学过分亲密而疏远了其他同学。

（二）师生关系的类型

张野、李其维、张珊珊(2009)通过采用深度访谈、理论分析等方法编制初中生师生关系评定问卷,并采用此问卷调查研究得出初中生师生关系主要为四种类型。这四种师生关系的类型不仅适用于初中阶段,也可以较好地反映所有师生关系的状况。

（1）矛盾困顿型。该类学生平时与教师交往频率较低,相互理解性较差,对教师的信任度低,师生间的心理距离较大,与教师观点不同时经常以敌对等消极方式应对。但是,他们内心却十分渴望获得教师的关注,在班级日常学习与其他活动中主动表现自己的优势。虽然这是一种消极的师生关系类型,但如果该类学生能够得到教师的积极关注以及较好的教育与心理干预,师生关系必然会向积极方向转化。

（2）冲突回避型。该类学生对教师充满不信任感,怀疑教师的决定,在思想和行为上与教师有较明显冲突,遇到困难时也不寻求教师的帮助,师生关系紧张、消极。他们从不渴望获得教师的关注,也不羡慕和教师关系好的同学,无意改善不良的师生关系。

（3）亲密和谐型。这是一种积极的师生关系。该类学生师生关系和谐、亲密,他们能很好地理解与领会教师的思想意图,拥护并执行教师的决定,对教师充满信任,积极寻求教师的关心与帮助,出现行为问题时乐于接受教师的批评与指正。

（4）平淡顺应型。该类学生对教师有一定程度的敬重和信任,平时可以与教师进行较好的沟通与互动,在学校学习和生活方面表现良好,遇到问题时也能够接受教师的帮助,极少和教师发生思想与行为上的摩擦与冲突。

（三）师生关系的年龄特征

随着学生年龄阶段的不同,师生关系有不同的表现。在学生的童年期,师生关系稳定,并且明显向教师一方倾斜。教师在学生心目中是绝对的权威,对于老师的要求他们会无条件地服从,他们会把教师的是非标准作为自己的是非标准。在学生的少年期,即小学高年级和初中时期,同伴关系的影响越来越显著,师生关系出现了一些不平稳的状态,教师的权威地位受到挑战,服从教师的程度有所下降。在学生的青年期,包括高中和大学阶段,由于知识经验的增长和认知能力的提高,他们对师生关系有了新的要求,对教师有了更高的期望,渴望在师生交往中体验独立、平等和尊重。他们在师生交往中表现出更多的主动性和选择性,对于自己喜欢的教师,会积极接近;对于自己不喜欢的教师,会主动疏远。可见,随着学生年龄的增长,他们在师生关系中的主动性越来越强。

二、良好师生关系对心理健康的意义

（一）满足心理需要,发展积极的情感体验

良好的师生关系是一种"尊师爱生"的关系,师生双方都能从中获得心理满足,满足安全的需要、归属和爱的需要、尊重的需要等等。需要满足就会带来积极的情感体验。学生对教师的尊敬能使教师获得成就感和胜任感,教师对学生的热爱和关心能使学生感到愉快、自信、有价值,师生双方会产生依恋性的亲切感,从而使整个学校生活变得富有吸引力。

(二)促进人格发展,形成健康的自我概念

师生交往是学生认识自我的重要途径,他们从老师的态度和评价中了解自己的优点和不足。在协调的师生关系中,教师一般会给予学生更多积极的评价、更积极的期待,因此,容易使学生获得自信和自尊。同时,良好的师生关系本身也对人格发展具有意义,对立、冲突、冷淡的师生关系有可能导致学生的人格偏差甚至人格障碍。沙利文(Sullivan,1953)的精神医学的人际理论认为,精神疾病是由于人格障碍,而人格障碍则是人际关系困境造成的。人格是在人际情境中形成和表现出来的,"是人际关系的相对持久的模式,这些人际关系彼此联系重复出现,成为一个人生活的特性。"[1]

(三)缓解心理压力,提供重要的社会支持

在心理学上,社会支持是指一种特定的人际关系,有了它,也就意味着知道有可以信赖的人在尊重、照顾和爱护自己。当一个人在遇到心理压力时,他能够从这种社会支持关系中获得有效的帮助。师生之间亲密的关系对于双方都是重要的支持力量,尤其是对于学生来说。因为有依恋感、亲密感和信任感,学生碰到问题时就愿意向教师倾诉心声,愿意主动寻求教师的帮助,从而使不良情绪和心理压力及时得到化解。在学生的社会支持系统中,教师有着不可替代的作用。

三、促进师生关系的心理策略

目前的师生关系还存在很多不和谐的地方,要想达到理想的师生关系,还需要师生双方的共同努力,尤其是教师的努力。在师生交往过程中,教师一般处于主导地位。一方面教师具有专业知识,能够传道、授业、解惑,是学生的楷模;另一方面,教师握有奖惩的权力,可以通过批评和表扬来影响和控制学生的行为。因此,如何建立良好的师生关系,我们主要从教师的角度来谈。

(一)形成正确的角色认知

师生关系首先是一种规范的角色关系,因此,师生双方正确认识自己的社会角色,决定着良好师生关系能否建立。事实上,教师和学生都扮演着多重角色,他们不仅是教育者和被教育者的关系,而且也是长辈和晚辈、管理者和被管理者、成熟者与未成熟者的关系。同时,他们又都是具有主体性的人,具有相互支持、相互促进的关系。

角色认知的差异直接导致了师生双方的"教师观"和"学生观"的差异,这种差异如果太大,就会影响到师生关系的和谐发展。例如,在"教师观"上,如果教师认为一个优秀教师应该对学生严格,而学生认为一个优秀教师应该对学生宽容,那师生间就会产生矛盾。在"学生观"上,有的教师认为好学生就是听话且成绩好,而有的学生却认为听话的学生未必是好学生,这种"学生观"的差异也可能导致师生关系不协调。所以,教师和学生只有在"教师观"和"学生观"上取得一致,才能建立良好的师生关系。

(二)培养良好的人格品质

作为教师和学生,都应该有良好的人格品质,才能建立和谐的师生关系。前苏联教育家乌

---

[1] Sullivan, H. S. (1953). *The interpersonal theory of psychiatry*. New York: Norton. 111.

申斯基说:"在教育工作中,一切都应该建立在教师人格的基础上。因为只有从教师人格的活的源泉中才能涌现出教育的力量。"在师生关系的建立中,教师的专业学识、教学能力固然重要,但更重要的是教师的人格品质。一个优秀教师应具备的人格品质包括:热忱关怀,真诚坦率,胸怀宽阔,作风民主,客观公正,自信自强,耐心细致,坚韧果断,热爱教育事业。在这其中,公正、负责、真诚、乐观等品质又是尤其重要的。

(三) 增进师生的人际吸引

人际吸引是人与人之间彼此喜欢、相互悦纳的现象。很多因素影响到人际吸引,包括接近性、相似性、互补性、才能、仪表、相互性、个性等。师生双方都要运用这些因素来增强自己的吸引力。从教师的角度来说,可以从以下方面努力:第一,主动多找机会接触学生,增加交往频率,创造条件让师生在时空上更为接近,因为接近导致熟悉,而熟悉往往导致喜欢。第二,了解学生的兴趣爱好、个性特征等各方面的信息,寻找彼此的相似因素,谈论学生感兴趣的事情,对学生的观点、看法给予支持。第三,了解学生的需要和弱点,善于利用自身的优势满足他们的需要,弥补他们的缺陷。第四,在交往中尽可能地展现自身的知识和能力,具有幽默感,让学生感到你是一个知识丰富、聪明能干的人。第五,注意仪表,学会微笑,表情丰富,掌握日常交往的礼仪,举止得体。最后,人际吸引具有相互性,喜欢引发喜欢,讨厌导致讨厌,热情点燃热情,因此,教师要把对学生的喜爱传达给学生。

(四) 采取民主的领导方式

教师的领导方式是影响师生关系的重要因素。一般我们把教师的领导方式分为三类:专制型、放任型和民主型。专制型领导方式主要以命令、威胁、惩罚对待学生,教师完全控制学生的行为。学生在多数情况下会表现出顺从,但反应被动,教师在场,学习积极性高,课堂秩序好;教师一旦离开课堂,学习效率就明显下降。同时,在这种领导方式下,学生容易产生挫折感,焦虑程度高,师生关系紧张,可能产生对抗行为。放任型领导方式走向了另一个极端,教师在很大程度上放弃了管理职责,采取一种不介入的被动姿态,不提供任何计划和建议,不对学生进行指导。学生各行其是、随意散漫、情绪不稳、纪律性差,师生关系疏远。民主型领导方式表现为对学生的热爱、尊重和理解。师生共同设立学习目标,拟定学习计划。学生按计划行动,互助合作,独立性强,不管教师在场与否,都能保持秩序良好。同时,师生双方都思维活跃、心情舒畅、充满信心,师生关系融洽和谐。无疑,教师应该采取民主的领导方式。

(五) 建立积极的教师期待

罗森塔尔和雅科布森(Rosenthal & Jacobson, 1968)提出的教师"期待效应"(expectancy effect)表明,教师积极的期待对于学生的发展是一种巨大的推动力量。教师如果对学生抱有高期望,经过一段时间,学生感受到教师的关怀、爱护和信任,会更加自尊、自信,诱发出一种积极向上的激情,从而按照教师期望的方向发展,并形成和谐的师生关系。相反,如果教师对学生形成低期望,那么,学生在这种低期望的影响下,就可能自暴自弃,不仅学习成绩越来越差,而且会疏远教师甚至对抗教师,严重影响师生关系。因此,教师应对每个学生建立积极的教师期待。这并不是说,教师要对所有的学生建立同样高的期待,而是要充分了解每个学生的心理特点,了解每个学生的长处和短处,对每个学生建立适当的期待。如果无区别地对待每个学生,忽视学生的个别差异,对所有的学生都是平等的期待,并不利于学生的成长。

除此之外,要建立良好的师生关系,还需要师生双方运用有效的沟通技巧,提高自己言语沟通和非言语沟通的能力。

第三节　同学关系

亲子关系、师生关系、同学关系是学生发展中最重要的三种关系。和师生关系、亲子关系相比,同学关系的最大特点是平等性,对于学生的心理发展而言,它具有前两种关系所不能代替的功能,对于心理健康具有特别重要的意义。

一、同学关系概述

同学关系(student-student relationship)是指同学之间在交往过程中建立和发展起来的一种人际关系,是青少年发展中一种最主要的同伴关系。同伴关系(peer relationship)是指同龄人或心理发展水平相当的个体间在交往过程中建立和发展的人际关系。由于在学校情境中,同伴关系就表现为同学关系,所以,在这里,我们在同一个意义上使用这两个概念。

(一)同学关系的类型

按照同学之间是相互吸引还是相互排斥,可以把同学关系分为友好型、冲突型和疏远型。

友好型关系是指同学之间在心理上彼此相容、互相接近、互相吸引,表现为融洽、信任、亲密、友好。友好关系又有性质和程度上的区别,有健康、积极的友好关系,也有不健康、消极的友好关系;有感情深厚的友好关系,也有感情一般的友好关系。

冲突型关系是指同学之间在心理上彼此不相容、相互排斥,表现为摩擦、冲突、反感或对抗,对抗是冲突的极端表现。冲突型关系也有性质和程度上的区别,有剧烈的冲突,也有一般的排斥;有原则性的对立,也有非原则性的冲突。

疏远型关系是同学之间在心理上相互忽视的关系,表现为情感淡薄、几乎不进行非正式交往,在情绪上既无积极体验,也无消极体验。一个班级中疏远型关系越多,凝聚力就越差。

(二)同学关系的年龄特征

小学生的同学交往朴实、纯净,但交往目的不太清晰,情境性强,关系不稳定,容易变化。另外,小学生对交往对象的选择受权威影响较大,例如,老师喜欢的学生,他们也喜欢;老师批评的学生,他们也不喜欢。初中生比小学生有更强烈的交往需要、尊重需要和自我表现需要,在同学交往中有了初步分层,开始根据亲密程度区分同学关系,并由此形成了许多小型的非正式群体,同学关系也相对稳定。开始对异性同学感兴趣,但在交往中仍然"男女有别"。高中生的人际关系开始趋于稳定、深刻,已经有了比较明确的目标,更重视友谊,往往结交"志趣相投"的朋友。男女同学之间开始出现好感,甚至产生爱情。

知识窗

高中时期人际交往的特点

1. 同龄人之间的友谊占据着十分重要和特殊的地位。研究表明,儿童时期的个体在情感上最依恋的对象是父母,朋友则处于相对次要的地位。随着年龄的增长,这种情感依恋的重心便逐步由父母转向了朋友,并日益得以确定和加强。有一项调查表明,大多数人都认为自己结交朋友最多的是高中时期。

2. 小团体现象突出。由于空间上容易接近、年龄相当、兴趣相同等因素的影响,许多高中生都会加入到某一个非正式的小团体中。这些小团体的成员相互间有高度的忠诚感,在行为方面也有很大的约束力。

3. 师生关系有所削弱。高中生不再像小学生那样将老师视为至高无上的权威,相对于初中生而言,他们对老师也有了新的认识,并有了更高的要求,对于喜欢什么样的老师也有了更明确的看法。

4. 易与父母产生隔阂。不少中学生都觉得与父母难以沟通,有话宁可与知心朋友讲,也不愿对父母说。无论是在价值观念、交友方式、生活习惯,乃至着装打扮等方面,都容易与父母发生摩擦,不断产生与父母的心理隔阂。

——钟志农、刘鹏志、周波.高中生心理辅导案例解析.华东师范大学出版社,2007.137-138.

(三)同学关系的性别特征

男生和女生各自拥有不同的人际关系形态。研究表明,在青少年时期,男生倾向于发散式的关系网络,即男生的同伴群体较大,较分散,群体中的个体关系密切程度不高;而女生倾向于聚合式的关系网络,即女生的同伴群体较小,较集中,群体中的个体关系密切程度较高。另外,女生对同伴关系的感知比男生更敏锐。

二、同学关系对心理健康的意义

同学关系是学生社会人际关系的重要组成部分,并且随着学生年龄的增长,这种重要性越来越突出。那么,同学关系对于学生的心理健康究竟有哪些意义呢? 我们主要从以下三个方面来分析。

(一) 促进社会化,提高社会能力

同学关系是发展社会能力的重要背景。同伴间的交往为学生的社会化提供了演习、观摩和模仿的机会,提供了榜样和强化,学生通过与同伴的交往来学习、练习、巩固与内化各种社会行为规范。皮亚杰(Piaget,1932)在他早期的著作中论述了同伴关系在青少年社会交往中的作用,认为在儿童与同伴交往中出现的冲突,将导致社会观点采择能力的发展并促进社会交往所需的技能的获得。沙利文(Sullivan,1953)在阐述友谊的功能时,认为友谊促进人际敏感性的发展,并为以后恋爱、婚姻和亲子关系的建立提供了原型。对移民后代的研究发现,移民子女对异国文化和生活习惯的适应要远远好于其父母,而这与同伴及同伴关系的影响是密不可分的(Harris,1994)。消极的同伴群体有时也导致了青少年反社会和犯罪行为的发生。一项研究内地与香港青少年社会交往的报告中发现(Ma et al,2000),消极的同伴对男孩的影响比对女孩的要大,而积极的同伴对男孩、女孩的影响同样重要。同时,最亲近的朋友的反社会行为对青少年的反社会行为发挥着更大的消极影响,而最亲近的朋友的亲社会行为对青少年的亲社会行为发挥着更为积极的影响。

(二) 获得安全感和社会支持

安全的需要、归属和爱的需要、尊重的需要都是学生的基本需要,而这些需要的满足与同学关系特别是朋友关系的建立密切相关。有研究发现(Furman & Rubin,1985;Furman & Bugrmester,1985),儿童在亲密的友谊关系中和在一般同伴群体中所寻求的社会需要是不同的。爱、亲密和可靠的同盟更多是从亲密的朋友关系中获得;工具性或指导性帮助、抚慰、陪伴和增进自我价值既可以从朋友关系中,也可以从同伴群体中获得;而归属感或包容感主要从一般的同伴群体中获得。朋友关系和同伴关系是稳定感和安全感的重要来源,是重要的社会支持力量。

进入中学以后,随着学生独立性的增强和各种心理矛盾的加剧,常常使青少年的行为不能按照成人社会期待的轨道发生,并引起与成人的冲突,从而使青少年与成人社会的分离加深。显而易见,亲子关系和师生关系都是学生与成人之间的关系,这种关系已经无法满足学生的心理需要。同学关系和朋友关系是年龄、发展水平和地位相近的伙伴间的关系,具有明显的平等性,因而学生更容易和乐于接受其影响,其影响甚至超过师生关系和亲子关系。

(三) 获得积极的情感体验

由于同学关系能使学生获得安全感和社会支持,所以,他们能获得更多积极的情绪和情感体验,有更高的心理健康水平和幸福感。良好的同伴关系能降低焦虑、抑郁的情绪和孤独感

的体验。国外有研究发现(LaGreca & Harrison , 2005),同伴归属、积极的朋友质量以及亲密的关系可以减少青少年的社会焦虑体验;而关系型欺负以及与朋友的不良交往可以导致较高的社会焦虑;高同伴归属阻止了抑郁情绪的产生。很多研究也证实了同伴接纳性与孤独感之间的密切关系,同伴接纳性越低,其体验到的孤独感就越强烈。周宗奎等人(2003)的研究表明,儿童的孤独感是按"受欢迎儿童——一般型儿童——被忽视儿童——被拒绝儿童"的顺序递增的,儿童的社交地位越不利,其孤独感就越强。

(四)促进自我概念和人格的发展

同学之间年龄相仿、阅历相似、感受相似,能满足学生自我认识的需要,促进自我概念的形成和人格的发展。沙利文(Sullivan, 1953)非常重视同伴关系在前青年期和青年初期的重要作用。他认为,这一时期充分良好的同伴关系是形成健康的自我概念所必需的,在少年期被群体孤立的体验将导致自卑感。他把朋友定义为同性别同伴的亲密的相互关系,作为一种平等关系,它不同于其他社会经验,这是个体第一次"通过他人的眼睛看自己",并体验到与另一个人的真正的亲密。这无疑能促进自我概念的发展。

知识窗

人际交往的交互原则——你喜欢我,我就喜欢你!

阿伦森和兰迪(E. Aronson & D. Landy, 1965)让自己的助手扮演一个被试与真被试进行一系列简单交往,每次交往之后,都让真被试"碰巧"听到助手对另一个人的谈话,有些被试听到助手说喜欢自己,而另一些被试则听到助手说不喜欢自己。然后让被试选择他们下一阶段是否还愿意和助手搭档。结果发现,那些"无意中"听到助手说喜欢自己的被试都愿意继续和助手搭档,而那些听到助手说不喜欢自己的被试则拒绝和这个助手再合作。可见,我们对对方的态度和喜爱是受制于对方是否喜欢我们的。你喜欢我,我也就喜欢你;你不喜欢我,我也就不喜欢你!

三、同学交往中常见的心理问题及调适

(一)自卑心理

自卑的浅层感受是别人看不起自己,而深层体验是自己看不起自己。自卑者总认为自己不如他人,常常缺乏交友的勇气和信心。他们过分看重他人的评价,对人际关系的变化非常敏感。所以,自卑者在交往过程中畏首畏尾,紧张拘谨,处处退缩,不敢与人作深层次的交往,从而丧失了许多获得真诚友谊的机会。

如何战胜交往中的自卑心理呢?首先,要正确和同学比较,看到自己的优点,接受自己的缺点。其次,要有不怕议论的勇气。自卑者往往太在乎同学对自己的评价,特别害怕同学的否定评价,从而不敢表现自我。其实,被人评论是正常的事情,不必过分看重。即使自己在众人面前出了洋相或丢了脸也不要紧,大家都很忙,没有多少时间和精力总是记住别人的事情,说笑一下也就忘记了,自己又何必太在意呢?再次,要不断扩大知识面,发展特长。自卑者往往

感到自己不如他人,如果能有针对性地加强学习,提高自己的文化和知识水平,丰富为人处世的经验,就能减轻这种担心和害怕。另外,如果自己学得一技之长,比如,会说笑话,会唱歌等,在交往时往往能活跃气氛、稳定情绪,也可大大减轻交往的心理负担。

(二)封闭心理

有些同学抱着"害人之心不可有,防人之心不可无"的心理,对同学之间是否有真正的友情表示怀疑,因而不愿意向同学袒露自己的内心世界,不愿意结交朋友,对交往缺乏愿望和兴趣,孤芳自赏,自命清高,使人无法接近。他们往往把自己的真实思想和感情掩盖起来。严重者,对任何人都不信任,怀有很深的戒备。

封闭心理的产生与自我意识的发展有关,也与对同学交往的不正确认知有关。要走出这一自我封闭状态,首先要调整认知,认识到同学关系对自己心理成长的意义,学会从积极方面看待同学关系;其次,在行动上要主动与人交往,可以从最简单的做起,例如主动与同学打招呼,慢慢养成一种交往的习惯;另外,多参加集体活动,在丰富多彩的活动中体验交往的乐趣,矫治孤僻的性格。

(三)嫉妒心理

嫉妒是一种扭曲、膨胀、自私的病态心理。怀有嫉妒心的人,总是对超过自己的人心怀怨恨,在言语上冷嘲热讽,甚至在行为上打击报复。这些人嫉妒的对象往往是自己熟悉的人,和自己有相似之处却在某方面超过自己的人。同学、朋友最容易成为嫉妒的对象,因此对友谊的伤害非常大。

怎样克服嫉妒心理呢?首先,认识嫉妒的危害。德谟克利特说:"嫉妒的人,是他自己的敌人。"嫉妒的人往往以害人为目的,以害己而告终,是典型的损人不利己。其次,将心比心,从被嫉妒者的立场来考虑问题:"要是我处在他的位置,心中该做何感受?"多想想别人的难处和所付出的巨大努力。另外,充实自己的生活。一个埋头工作和学习的人,是没有工夫去嫉妒别人的。嫉妒他人不如奋起直追,嫉妒别人的机遇,不如欣赏自己的脚印。

嫉妒者固然痛苦,而被嫉妒者也同样不安。那么,怎样对待同学的嫉妒呢?第一,要有充分的自信。被人嫉妒,并不是因为得罪了对方,而是因为超过了对方,因此,不妨把嫉妒看成是另一种方式的赞扬,千万不可被别人的嫉妒吓倒而裹足不前。第二,主动帮助嫉妒者,让他感到你的成功不是对他的威胁。不要因为成功而得意忘形,看不起其他同学,否则,你不仅会招致嫉妒,而且会引起"公愤"。第三,主动求助于嫉妒者,让他看到自己的价值。一旦他感到"你也有需要我帮忙的时候",妒火就会降温。第四,适当与嫉妒者交流感情,可以把自己的不幸、困难和付出的巨大努力告诉他,从而缩小彼此的心理距离。

(四)猜疑心理

猜疑心理是由于对人际关系的不合理认识引起的,是不符合事实的主观想象。有猜疑心的人,往往先在主观上假定某一看法,然后把许多毫无联系的现象通过自己的主观想象拉扯在一起,来证明自己看法的正确性,甚至会无中生有地制造一些现象。所谓猜疑猜疑,越猜越疑,越疑越猜。在猜疑中,因为有先入为主的观念,人的看法很难客观,就像戴着有色眼镜看人。他们在人际交往中,常感到人们在议论自己,对他人言行极其敏感,因此而陷入无端的痛苦与焦虑之中。猜疑心理对同学交往是非常有害的,正如培根在《论猜疑》中所说:"猜疑之心犹如蝙蝠,它总是在黄昏中起飞。这种心情是迷陷人的,又是乱人心智的。它能使你陷入迷惘,混淆敌友,从而破坏人的事业。"

要克服猜疑,首先需要有理智的头脑。当发现自己猜疑时,不要朝着有利于猜疑的方向思考,而应反问自己:为什么我要这样想? 证据何在? 有没有别的可能? 其次,可以通过适当的方式,和被猜疑者开诚布公地交流。猜疑可能是由于误解或别人挑拨离间的结果,在这种情况下,沟通是克服猜疑的最好办法。另外,增强自信也能消除猜疑。有些猜疑源于不自信,不自信的人很在乎别人的看法和评价,总以为别人在议论自己、嘲笑自己,变得神经过敏。

(五)自我中心

自我中心者是指只从自己的经验和角度去认识人和事,只关心自己的兴趣和需要,而忽视他人的看法和利益。他们在交往中,要求别人事事都得服从自己,听从自己,表现出唯我独尊,自高自大,冷淡自私,爱慕虚荣,喜欢嫉妒等特征。这种人无法与同学建立真挚的友情,因为同学的友情是建立在真诚平等的基础之上的。

青少年关注自我是心理逐渐成熟的表现,但过分关注,演变成自我中心,那就是心理不成熟的表现了,对身心发展有害无益。自我中心者将自我与他人、与群体隔离开来,在交往中不愿投桃报李,不愿降低自己走出"中心",最终只能将自己封闭起来,长此以往将会变得孤独和退缩,缺少朋友。一旦出现心理困扰,也很难得到同伴、朋友的劝慰,可能导致心理危机。同时,学生阶段正处于人格形成的关键时期,自我中心如果不加以注意,可能形成自恋型人格障碍。另外,自我中心者固执己见,不善合作,还会影响其才华和能力的发挥。

走出自我中心的过程是痛苦的,因为它伴随着对自我的重新认识,原来以为自己是"上帝",到头来却发现自己是众人眼中的"嫌弃儿",这种落差需要足够的勇气去面对。但无论如何我们都应该鼓足勇气走出自我中心,否则,我们的视野会越来越狭窄,我们的世界会越来越萎缩,只有突破自我,才能天地宽阔。如何走出呢? 主要是要学会换位思考,多从别人的角度考虑问题,不要把自己的想法和行为方式强加于人。同时,学会关心别人,主动帮助别人。

从学生自身的角度来看,当发现自己在交往中有一些心理问题时要及时调适;从学校和教师的角度而言,要积极对学生关系的发展进行教育和引导,例如正确引导学生间的竞争与合作、协调正式群体与非正式群体的关系、加强对学生的交友指导、培养学生的人际沟通能力等。当学生在同学交往中出现一些严重的心理障碍时,教师要及时给予心理辅导。总之,通过多种途径,让学生之间的关系沿着健康的轨道发展,使同学关系成为促进学生心理健康的巨大力量。

回顾与总结

学校环境是指学校内部一切客观物质存在和以人际关系为中心并由此而产生的文化意识现象的总称,它包括物质环境、文化环境和人际环境。学校环境具有凝聚功能、规范功能、激励功能和调适功能。

师生关系是指教师和学生在教育教学过程中,通过相互影响和作用而形成和建立起来的一种特殊的人际关系,是学校情境中最重要、最基本的人际关系。它具有教师主导性、角色规范性、需求互补性和面向集体性四个特征,可分为矛盾困顿型、冲突回避型、亲密和谐型与平淡顺应型四种。师生关系对师生的心理健康意义重大,主要体现在三个方面:满足心理需要,发展积极的情感体验;促进人格发展,形成健康的自我概念;缓解心理压力,提供重要的社会支持。促进师生关系的心理策略包括:形成正确的角色认知、培养良好的人格品质、增进师生的人际吸引、采取民主的领导方式、建立积极的教师期待。

同学关系是指同学之间在交往过程中建立和发展起来的一种人际关系,具有平等性,可以分为友好型、冲突型和疏远型。同学关系对心理健康的意义主要体现在以下方面:促进社会化,提高社会能力;获得安全感和社会支持;获得积极的情感体验;促进自我概念和人格的发展。同学交往中常见的心理问题有:自卑心理、封闭心理、嫉妒心理、猜疑心理和自我中心。当发现自己在同学交往中有心理问题时要及时调适。

巩固与练习

1. 学校环境有什么心理功能?

2. 试述学校组织氛围与师生心理健康的关系。

3. 简述师生关系的特点及类型。

4. 联系实际谈谈如何建立健康的师生关系。

5. 试述同学关系对心理健康的意义。

6. 联系实际分析同学交往中常见的心理问题。

7. 阅读下面这则故事,谈谈你的感受,并根据本章有关知识和原理进行分析。

有一位青年画家的画展取得了空前的成功,人们纷纷称赞他的艺术天才,很多媒体也争相采访。有一位记者问:"您可以谈谈您成功的秘诀吗?是天才还是勤奋?"这位画家说:"你说的都不是。"他讲了自己上第一堂美术课的故事:

给他上小学一年级第一堂美术课的,是一位年轻漂亮的女老师。老师说:"同学们,我们今天上课的内容,就是请每一位同学画一张自己喜欢画的画。随便画,只要自己喜欢。"同学们一阵忙活,很快画好自己的画。我画的是我的"赛虎"——我的一只心爱的小花狗。

"同学们",老师说,"绘画是需要天分的,并不是每个人都可以成为画家。下面请大家把自己的作品在课桌上放好,然后闭上眼睛,我会一个一个地到你跟前欣赏你的作品,看一看哪位同学有做画家的天分。如果我发现谁将会成为未来的画家,我会抚摩一下你那可爱的小脑袋。"

当老师走到我身旁的时候,她那只我期待中的温暖的手轻轻地落在我的头顶,从此,我就坚信我是一位艺术天才,相信我会成为一个画家。多少年后我才知道,那天,我那可亲可敬的老师抚摩了全班每一位同学的脑袋。

参考文献

1. 金盛华. 社会心理学. 高等教育出版社,2005.

2. 熊川武. 学校管理心理学. 华东师范大学出版社,1996.

3. 张春兴. 张氏心理学词典. 台湾东华书局,1989.

4. 张野、李其维、张珊珊. 初中生师生关系的结构与类型研究. 心理科学. 2009,(4).

5. 张莹莹、曾玉、张晶. 同伴关系对青少年心理健康影响的研究综述. 山西青年管理干部学院学报. 2010,(1).

6. 郑洪利、寇平平. 中学生心理健康教育. 中国轻工业出版社,2008.

7. 钟志农、刘鹏志、周波. 高中生心理辅导案例解析. 华东师范大学出版社,2007.

8. 周宗奎、赵冬梅、陈晶等. 童年中期儿童社交地位、社交自我知觉与孤独感的关系研究. 心理发展与教育. 2003,(4).

9. 朱家雄. 教育卫生学. 人民教育出版社,1997.

10. Furman, w. , & Bugrmester, D. Children's perceptions of personal relationships in their social networks. *Developmental Psychology*. 1985,21,1016 - 1024.

11. LaGreca A. , Harrison H. Adolescent Peer Relations, Friendships, and Romantic Relationships: Do They Predict Social Anxiety and Depression. *Journal of Clinical Child and Adolescent Psychology*. 2005,(34):49 - 61.

12. Ma, Hing Keung; Shek, Daniel T. L. ; Cheung, Ping Chung; OiBunLam, Christina. Parental, Peer, and Teacher Influences on the Social Behavior of Hong Kong Chinese Adolescents. *Journal of Genetic Psychology*. 2000,161,65 - 80.

13. Oldenburg, Christopher M. ; Kerns, Kathryn A. Associations between peer relationships and depressive symptoms: Testing moderator effects of gender and age. *Journal of Early Adolescence*. 1997,17(3),319 - 339.

14. Sullivan, H. S. *The interpersonal theory of psychiatry*. New York: Norton. 1953.

第五章　自然环境与心理健康

　　倘若一个外星人第一次来我们地球,他从太空看,地球就像一个"蓝色的星球",很漂亮。可当他越靠近地球,就越发会感受到地球的千姿百态,纷繁复杂。也许他会有这样的疑问:在同一个星球上生存的人们,为何穿着、居住的房子等不一样呢? 生活在高楼林立之中的人与生活在广袤田野里的人为什么会做着不同的事? 有着不同的生活方式和想法?

　　地球上不同的地域地形千差万别,气候多种多样,人们在长期适应当地气候的过程中,形成富有特色的生产和生活方式。自然环境与人的性格形成及心理健康都是密切相关的。

　　人类是自然的产物,而人类的活动又影响着自然环境。人类生活在自然中,每时每刻都和环境有直接作用,可以说环境和人的心理健康有着直接的关联,研究自然环境与心理健康的关系就显得极为重要了。

第一节　自然环境与人的关系

　　明确自然环境与心理健康的关系,必先从自然着眼,自然或者自然事物有其极强的时空特点,即不同的时代、不同的场合同一自然环境或现象会表现出不同的内容和特征。因此,对于自然环境的理解有很重要的意义。

一、自然与自然环境

　　自然,来自拉丁文 Natura,意指"天地万物之道",原意为植物、动物及其他世界万物自身发展出来的内在特色。最广义来说可以是自然界、物理学宇宙、物质世界或物质宇宙,例如地球的天气及地质,及形成那些对象种类的物质和能量。现在有天然、自然界现象、人的自然本性和自然情感等含义。环境是指生物有机体赖以生存的所有因素和条件的综合。或者说,环境是指某一特定生物群体外的空间以及直接或者间接影响该生物群体生存的一切事物的总和,是由自然界的光、热、空气、水分以及各种有机和无机元素相互作用所共同构成的空间,同时还包括对该生物直接或间接影响的其他生物。

　　环境是一个相对的概念,可以认为环境是相对于特定的生物而言的,或者说是相对于特定生物而存在的。

　　自然环境是一切直接或间接影响人类的、自然形成的物质、能量和现象的总体。自然环境是人类出现之前就存在的,是人类赖以生存和发展所必需的自然条件和自然资源的总称,即地球的空间环境、阳光、地磁、空气、气候、水、土壤、岩石、动植物、微生物以及地壳的稳定性等自然因素的总称。人类活动主要发生在生物圈的范围内,随着科学技术水平的进步,人类活动的影响范围越来越大,深至岩石圈内部,远及外太空。这样一来,人类自然环境就几乎包含了以太阳、地球和月亮为主要内容的自然界的一切事物。

二、人与自然由适应、利用、改造到共处

人类来源于自然界,人的身体、血、肉、及至脑、神经和意识都是属于自然环境的,"人与天地相参也,与日月相应也"(《黄帝内经》,也称《内经》),作为万物之一的人决不能脱离自然界而生活,人和自然的交互作用从来没有停止过,而且这种关系也有着一个变化和发展的过程。在从猿到人的进化以及后来很长的一段时间里,工具简陋,生产力极端落后,人类通过自己特有的智慧在适应着当时恶劣的自然环境。后来,随着人们对自然资源和自然规律认识的发展,人们开始对自然环境加以利用,尤其是资本主义的出现,使生产力极大提高,人类对自然的利用也达到了空前的程度,开山筑路,胡砍滥伐,疯狂采掘等,他们对自然无节制的利用遭到了来自自然的报复,人们不得不重新审视他们和自然环境之间的关系,从而开始认识到尊重自然、与自然和平共处的必要性。麦考瑞(Macquarie)字典把环境(决定)论定义为"环境因素对动物和人类(包括个人和社会)的发展有着极为重要的影响的理论"。布拉姆韦尔(Bramwell, 1989)说这些观点是在 19 世纪中期形成的,那时候科学取代了宗教和文艺复兴时期的信仰,后者认为世界是由上帝为至高无上的人类所使用而创造的。随后,这个观点发展为人类和自然是一体的,他应该与自然和平共处(Anthony Worsley, Grace Skrzypiec, 1998)。人类与自然环境的关系由适应、利用到共处,是社会发展的过程,也是人类对自然环境在心理上认识、同化和顺应的发展过程,符合心理健康标准中的适应原则和平衡原则。

三、自然环境影响人类心理的几种方式和途径

(一) 生理

自然环境可以通过影响人们的生理而引起他们的心理变化。人体通过微量物质的调节来适应天气的变化,当天气变化时,人体也发生着微妙的物理变化和化学变化,以调节身体机能适应外界环境的变化的能力,对天气变化过敏的人体内的这些变化却不能正常进行,就会产生自我中毒的作用;在天气变化时,人体内的胶质会出现不稳定状态,也会导致身体出现异常。从应力学的角度来说,天气变化作为一种力作用于人体,使保持正常状态下的身体产生一种"应急警告"反应。

(二) 刺激—反应原理

行为主义者认为,有什么样的刺激,就有什么样的反应。以巴甫洛夫的条件反射理论解释,人和环境是两个紧密联系的系统,如人体的情况与气候因子的变化规律紧密相关,一旦天气变化,原来按照恒定变化与气候保持平衡的身体就不能和天气条件保持平衡了,也就是说人体的内环境稳定,受到外环境变化的影响而发生了不适应,从而产生了心理变化的可能。

(三) 认知

包括对自然现象的认知和环境认知。在过去,人们常常因为一些自然现象而产生欢乐、恐

惧等心理,是由于人们对自然现象认识的严重不足造成的。即使在科学昌盛的今天,仍然有很多自然现象无法为人们所理解,加之人类对环境的侵略而出现了很多新的自然现象,大大地加重了人类的心理承受能力。环境认知可以理解为从环境中得到信息的能力。环境心理学对环境认知的研究主要用于建筑学上,认为环境认知是有机体得以在各地通行的基础,认知不仅帮助人们熟悉周围环境,也可帮助我们寻找快捷方式和环境资源。因为这是大脑的认知架构,所以也会受到个人喜恶的作用,而对于环境认知能力有所不同。

第二节　自然环境对心理健康的影响

在以下部分,我们试图阐述不同环境要素和人的心理之间的关系。我们根据环境变量包含的内容进行了分类,也许对环境的作用进行个别描述本来并不可能,因为它们总是多个因素综合而起作用,我们这里的分类只是为了便于说明各种研究得出的结果。

一、来自自然因素的影响

(一) 气候

我国自古代就开始注意气候与人的关系。《内经》中就指出:"人与天地相参也",阐明了作为万物之一的人,决不能脱离自然界而生活。如"变天"就会有人感觉到"骨头痛"、"关节痛"、"烦躁"。人类的许多生命现象都与自然气候密切相关。现代医疗气象学把气象因素看成是生命的主要基质,人的任何一种生理技能,包括呼吸、血液循环、消化、代谢等在内的一切机体功能,几乎都受气候变化的影响。人类在气象万千的大自然中学习、生活和工作,气候条件的好坏能引起人们的行为变化,左右着人们的工作效率。有利的气候条件,如适宜的气流、气温、湿度、光照等,可使人情绪高涨,心情舒畅,干劲倍增,工作效率提高;而不利的气候条件使人情绪低落,心胸憋闷,懒惰无力,工作效率降低。人们大都有这样的体验:有时莫名其妙地感到情绪低沉,精神不振,天气闷热时,易于急躁发火、坐立不安等。在赤道太平洋,沿南美厄瓜多尔及秘鲁海岸的冷水区域周期性出现的一股向南流动的暖洋流,使海区的水温比正常年份增高3～6℃,并导致海洋浮游生物、鱼群以及鸟类大批死亡,这种异常现象就是著名的厄尔尼诺现象。厄尔尼诺现象持续时间长,平均达18个月,出现频率高,一般2—7年出现一次,给人类带来灾难性的打击,心理蒙受巨大压力,严重威胁着人类健康。1982年至1983年出现的厄尔尼诺事件,就曾使人们痛心疾首,望灾兴叹,坐卧不安,情绪冷漠,精神迟钝,甚至有意志薄弱者抑制不住内心的痛苦,发出歇斯底里的哭叫声。该次事件使全球大约10万人患上了忧郁症,精神病发生率上升了8%,厄尔尼诺忧郁症是说明气候对人类心理和行为影响的典型例子。薛祚等人研究了南极考察队员在南极环境的影响下,机体生理、内分泌、免疫系统和心理活动的某些变化,发现队员神经衰弱症状增多、焦虑和抑郁情绪发生变化,与临床所观察到的神经衰弱症患者所表现的症状基本一致(薛祚,1997)。这进一步说明了气候对人类生理心理的影响作用是不容忽视的。

另外,气候骤变对人的情绪也有影响。如暴风雨到来前夕,人们会感到精神饱满,兴奋爽快,精力集中,这正是空气中负离子的集中反应。美国康奈尔医学中心的辛克里博士经过研究后发现,寒流的袭击会给人们带来不良影响,使人产生忧郁压迫之感。

气候因素对人的心理健康的影响途径和表现特征主要有以下几个方面。

温度与人的情绪有密切关系。高温能引起人的狂暴情绪和过激行为,高温的环境不利于通过热传导来降低体温,容易引起生理功能紊乱,影响人体热平衡,使体温升高,情绪变得不稳,容易冲动,而且神经反应速度减慢,反应迟钝。据联邦德国研究,每到热天该国的暴力事件发生率和精神病发病率远高于平时。美国的詹姆斯·罗顿教授认为,人们在高温环境下的异常反应是由于干热风刮走了空气里的负离子,而空气中的这种负离子可以改善人的脑技能和情绪。和高温一样,低温同样对人们的生理心理产生着重大影响。严寒的冬季会使人精神抑郁。早在20世纪初,德国一位精神病学者就发现了一种与寒冬有关的精神障碍,命名为"冬季抑郁症"。冬季忧郁症又称季节性情绪紊乱症,常见于30岁左右的已婚女性和老年男性,尤以性格内向型居多。它是由于有些人对大自然寒暑更替发生的不适引起的,其诱发的根源在于人的大脑深处的松果体分泌出的一种名为褪黑激素的荷尔蒙。这种激素对人体生物钟和睡眠节律甚至神经系统都会产生一系列影响,轻微的只是使人精神萎靡不振,身体困乏,四肢无力,对工作和生活失去信心,特别是受到挫折以后容易丧失向困难挑战的勇气,严重的甚至会闪现出自杀的意念。

风是人们对自然界中的气流的俗称。风能影响人的神经系统,提高神经的兴奋性,使人的精神状态发生变化。当人在环境中的感觉是轻风拂面时,就会产生舒适感。如果空气不流动,人就会感觉心闷不畅,浑身沉重,焦虑不安,影响工作效率。

此外,降水、温度、气压和天空状况等对人的情绪也有一定影响。阴雨连绵会使人无精打采,意志消沉;在潮湿的气候里,城市里的暴力行为增加,自然死亡率上升,女性更喜欢唠叨,脾气更暴躁,人的性欲减弱;低气压会引起心脏病发作,还会造成人们注意力不集中,大脑好像失去控制,无精打采,甚至可能引起心烦意乱,稍微有点噪音就吃不消等。

知识窗

中国的气象病

在中国,与其他位于中纬度地带的国家和地区一样,天气突变大多是"锋面"这个天气系统带来的。"锋面"是指冷暖气团之间的交界面,在锋面附近,气象要素和天气变化非常剧烈,特别是晚秋至冬季时节,由于北方强冷空气和寒潮不断南侵,锋面活动十分频繁,这样就很容易导致高血压、冠心病、克山病等心血管病发作。因为锋面活动能使人和动物神经系统功能紊乱,从而引起血管运动反应改变,增加毛细血管以及周围小动脉的阻力,还能促使肾上腺素分泌增多,血中蛋白增加,血液黏性增高,加重心肌负担,促使心脏病发作。据研究,动脉硬化性心脏病死亡率在冬季的十二月至元月达最高峰,特别是在锋面通过当地的前一天到当天这段时间里,死亡数最高。肺结核病人的咯血,也是在冬季冷锋过境时增加,以锋面通过的当天达最高峰,其死亡率则在锋面通过前15—20小时和通过后7小时内为最高。通过医疗气象学的研究,已发现有77%的心肌梗塞患者,54%的冠心病患者对天气变化的感受性很高。在高压形势控制下，急性心肌梗塞发病率最高，特别是在冬季强大的高气压前缘常常伴有冷锋，带来寒潮天气。由于寒冷的刺激，使人体血管收缩，周围阻力增加，动脉平均压升高，引起心肌缺氧严重，所以心肌梗塞发病特别多。此外，还有关节炎、风湿痛、感冒、支气管炎等，其发病率都与天气的变化有密切的关系。

（二）太阳、月亮

太阳不仅给地球带来了温暖和光明，而且还给地球创造了生命并影响着生命。科学研究证实：动植物的繁殖和生长过程，都受到太阳活动的调节和影响。新生儿的死亡率和许多妇女疾病的发生率，与太阳黑子活动强弱也呈正相关。如猩红热、痢疾、白喉病、流感、心血管病、眼疾、皮肤病等也与太阳活动密不可分。太阳黑子的活动周期是11年，廖皓磊等人为了研究太阳黑子活动与武汉市交通事故之间的关系，将46年（1955～2000年）来武汉市交通事故的发生情况与太阳黑子活动周期进行了相关分析，结果显示，二者之间存在着11年周期和22年周期的正相关的规律；并借此规律，成功地预报了第23个太阳活动周期里武汉市交通事故的发生率。（廖皓磊等，2003）。由于太阳活动并不是很平衡的，所以常常引起人的神经和心理活动失常现象的增加，精神分裂症发病的危险性取决于太阳的活动性，这种现象在身体的胚胎阶段就有所表现。人的身体上没有什么系统不受太阳活动的影响。人的体温调节过程、呼吸系统、肌肉系统和血液系统、红血球沉淀速度等，都和太阳的变化有关。在太阳磁暴发生的当天以及此后的头两天能引起细小血管出血和栓塞增加。神经系统对太阳活动尤其敏感，太阳黑子剧增时，神经系统的功能状态随之发生变化，胃分泌活动减弱，对麻醉剂的反应减低，条件反射抑制，血管痉挛加剧，对信号的反应时间延长。因此在这些日子里，不幸事件和意外事故的数量剧增，精神病人病情加重，住院人数也急剧上升。

并且，人体内有一种名叫松果腺体的物质也随着天气的变化而变化。因为松果腺体对太阳光非常敏感，当遇上天气晴好、阳光明媚的天气状况时，由于太阳光充足，它能使松果腺体受到很大抑制，这样，人体内那些容易激发的振奋功能作用的诸如甲状腺素和肾上腺素等的浓度就会相对增加，人的情绪就表现得比较活跃与振奋；反之，如果出现整天都是阴沉沉的天气，由于太阳光不足，松果腺体的数量明显增多，人体内容易激发振奋功能作用的甲状腺素和肾上腺素的浓度就会相对减少，人的情绪状态就会欠佳，显得有点萎靡不振。

和太阳一样，月球也对我们的心理起着一定作用。美国精神病学家韦伯在《月球的影响》一书中指出，人体中有80％是水，其含量和地球表面上的水所占的含量相仿。就像地球上的海水会受到月球的引潮力一样，人体也会出现相似的、与海潮一样周期的生物潮。此时，人的头部和胸部的电位差增大，从而带来生理上和心理上的行为变动。在朔月和满月，月亮的潮汐作用最大，因而引起人们激动不安，烦躁好斗。韦伯通过观察研究发现，月亮满月海水涨潮时，迈阿密市的社会治安就发生变化，犯罪率要比其他时间多，而且在这期间心脏病患者容易发病，失眠和精神紧张的人增多，精神病的犯病率会上升，有些精神病的症状会加剧。美国的米拉拜尔医生经过18年对4000多个精神病患者的观察认为，在满月与新月期间（特别是夏天和秋天）精神病患者的病情会恶化。

关于月球对人们心理影响的原因,有人认为地球对人体的吸引力是月球对人体引潮力的数百万倍,地球引力足以使月球引力对人的影响忽略不计。"月球的引潮力和磁场对人类情绪影响是微乎其微的,完全可以忽略不计,至少在他们的心理天平上称不出来"。刘学华则认为,地球对人的引力影响是从胚胎开始就经受了的,人们置身地球而感觉不到,而月球的影响是外界的刺激,这种刺激有着明显的周期性,它的磁场影响虽小,但它每个周期的强度足以对每个细胞的磁场发生改变(刘学华,1991)。也就是说,人类已经内化了地球本身磁场的影响,但是对来自月球的外界刺激却相当敏感。

事实已经表明,月亮与人们的行为和心理确实有着一定的关系,是"引力"还是"磁场"使然? 有待进一步研究。

(三) 地理条件

人类在森林中度过了漫长的时期,而且在不同时期,森林都为人类提供了心理和生理的庇护场所,满足了人类的种种需求。人类对森林有着积极肯定的情感。根据巴甫洛夫的"大脑动力定型"理论,人类早期这种积极肯定的情感,已经印入了人类大脑皮层深处,形成了一种潜在的意识。因此,尽管人类不再在森林中居住,这种深层次的要求也会时时表露出来,影响到人们对森林的感情和需求。人们一旦进入森林,这种感情情愫就会爆发出来,人好像回到了童年、甚至母胎中的美好境界,心理得到镇静,中枢神经系统得到放松,全身得到良好的调节,并感到轻松、愉悦和安逸。

大海的壮丽景观,对人心理所产生的积极心理活动与状态称作为海水的心理效应。海滨明亮的太阳,广阔的地平线,蓝色的天空,周期性的波涛声,可以消除精神紧张和心理矛盾,具有稳定情绪、宽阔胸怀、心旷神怡之感。据临床观察资料证实,此时人体呼吸加深,肺活量增加,脉率正常,血压稳定;大脑皮层可得到有效的休养,食欲增加,睡眠显著好转,能收到良好的疗养康复效果。

一望无际的草原,郁郁葱葱,给人心胸开阔之感。草原景观以天高云淡、原野辽阔为特点,走进草原里,可以静心养气,排除杂念,陶冶情操,促进身心健康。沙漠气候干燥恶劣,景象荒凉,沙漠化威胁着人们的生命和财产安全,给人类带来了许多恐惧和压力,造成心理紧张。自然景观还有湖泊、山地等,都对人们的心理健康产生着一定的影响,这里不再一一列举。

(四) 颜色

大千世界是五颜六色的,我们无时无刻不在同色彩打交道,不同的颜色以不同的波长通过视神经作用于大脑而引起人们的心理反应,它们能影响人的各种动机和行为,与人的情绪和心理健康有着密切的关系。

大概每个人都有过颜色对情绪的影响或改变某种情绪的体验。明快的颜色引起愉快感,阴郁的颜色可能是心情不佳的起因。实验证明,如果人看到黄色,就会联想到阳光和火焰,从而感到温暖、快乐;看到蓝色和青绿,就会联想到海水、天空和绿荫,从而感到清新、凉爽;白色使人感到雅静;红色则使人感到庄重;紫色容易让人激动和烦躁。人们在森林和草原中感到舒适自由,安静自若,很大程度上是因为置身于绿色环境中,人的脉搏缓和,呼吸减慢,血压降低,心脏负担减轻的缘故。另外,颜色有冷暖、明暗之分。暖色通常指红、橙、黄等,它们刺激性强,使大脑皮层兴奋;冷色通常指绿、蓝、紫等,刺激性较弱,能使大脑皮层抑制,会产生清凉的感觉。明色会引起轻松、自由、舒畅的感觉;暗色会使人压抑和不安。白色和黑色是典型的明色和暗色。明暗或冷暖度相差较大的许多颜色掺杂在一起时,容易使人疲劳,同时,暖色也比冷色使人易于疲劳。

环境中颜色的改变,可以改变人的行为动机。在英国伦敦的泰晤士河上,有一座涂着黑色油漆的大桥,在这座桥上投河自杀的人数,要比其他桥上投河自杀的人数多得多。不少学者和社会人士进行分析研究,认为和大桥的黑色有关。于是大桥被涂成绿色,结果在这座桥上自杀的人数减少了 1/3。这是因为绿色能缓和紧张,使人安静,人们在安静的环境中能够充分思考,减轻自杀妄想,终止自杀行为。在数年以前,就已经有一些精神科医院使用蓝色的房间来使激动的病人平静,使用红色房间来刺激沮丧的病人(Astrid M. Stec, Douglas A. Bernstein, 1998)。还有一个例子,在美国加州的圣贝钠迪诺拘留所里,有一个自然形成的规矩,每当犯人可能闹事时,就把他们送进粉红色的牢房里,约 10 分钟后,他们开始打瞌睡,防止了一起又一起暴力行为的发生。该拘留所的精神科医生分析指出,粉红色具有息怒、镇定的功效。

在我们的工作场所、休息场所选配正确的颜色,有利于提高工作效率和消除精神疲劳,也可以提高人们的审美能力。颜色对人心理、生理的影响,越来越得到环境设计师和建筑设计师的重视。在某种程度上,我们可以说大自然是最好的设计师,自然环境中各种植物构成的绿色世界是我们最理想的色调,它是大脑皮层最适宜的刺激物,任何涂料的颜色都比不上绿色植物的生动,它能使疲劳了的大脑功能得到调整,使紧张的神经得到缓解。在工作之余,到绿草如茵的公园休息,漫步在绿树成荫的小道上,不仅能消除疲劳,而且能心情舒畅,启迪灵感,丰富思维,有益于身心健康。

二、被污染的自然环境对人们心理的影响

(一) 噪音

噪音是一种不和谐的声音,由各种不同频率和强度的声音无规律杂乱组合而成。在现代社会中,噪音存在于诸如机场、船厂、大型超市等多种环境中,日益严重地影响着人类的健康。研究发现,噪音严重时会导致免疫功能、心血管循环和呼吸功能的失调。噪音对神经系统的影响也越来越引起人们的关注,如噪音可造成耳蜗损伤、听力下降。动物实验发现,长期慢性噪音暴露会干扰小鼠的睡眠并引起长期记忆的缺失。在围产期对大鼠进行噪音暴露可致其空间记忆和神经发生受损,而把成年大鼠暴露在噪音环境中会损伤其工作记忆(王丽丽等, 2011)。

噪音是现代社会的一大公害,时时侵扰着人们的学习、工作和休息。噪音不仅妨碍人们的听力,干扰人们的注意力,还影响着人们的情绪,危及人们的心智和行为。人们在强噪音环境中会有交谈的障碍,随着噪音的增大,人与人之间的正常语言交流行为受到影响,心理活动也会因而发生退化。生活在纷繁的世界里,许多人都有过被噪音分散注意力的经历,尤其是突如其来的声音刺激,更容易使注意力不集中,降低工作效率。研究者(方慧,2010)以某幼儿园中班儿童为研究对象,采用视频录像技术,客观记录儿童在持续性噪音和间歇性噪音两种不同

性质噪音情境中的自由活动情况,在量化分析的基础上比较两种噪音对儿童行为不同方面产生的影响及其影响程度的差异。结果发现,与无外加噪音情境相比,持续性噪音和间歇性噪音对儿童选择活动区域、活动组织形式、活动参与状况、材料使用状况、合作性行为、言语行为以及与他人关系等均有不同程度的影响。在时间相同的条件下,持续性噪音对儿童行为的影响较间歇性噪音更为明显;不同性质的噪音能影响儿童行为的不同方面,持续性噪音更容易使儿童停止活动,而间歇性噪音更容易使儿童的活动发生转换;虽然在间歇性噪音的间歇期,儿童也处于"无外加噪音"的状态,但这种状态与无外加噪音情境是有本质区别的。长期噪音暴露可以造成儿童持续性注意力和视觉注意力缺陷。斯坦斯菲尔德(Stansfeld, S. A., 2003)的一项研究表明,噪音暴露学校的儿童较安静学校的儿童而言,无法集中精力、全神贯注地投入学习,听觉辨别能力、言语知觉能力、较高要求的记忆能力和阅读能力均较差,并且这种落后的局面还会随着年级的升高变得日益明显。

我国著名声学家马大猷教授曾提出环境噪音三条建议(付希燕,2011):一是为了保护人们的听力和身体健康,噪音的允许值在75~90分贝;二是保障交谈和通讯联络,环境噪音的允许值在45~60分贝;三是对于睡眠时间环境噪音建议在35~50分贝。降低噪音不外乎3个原则:声源处减弱、传播过程中减弱和接收处减弱。

(二) 空气污染

侯海燕等为探讨空气污染与出生缺陷之间的可能联系,寻找与出生缺陷发生相关的环境危险因素,选取地理位置、气候类型、饮食习惯、居民生活方式基本相同,而空气污染水平不同的 A、B 两个城市,分别作为空气污染的高暴露组和低暴露组,分别获取 2004—2006 年两个城市所有围生儿总数、出生缺陷儿例数,结果显示,A 城市空气污染较 B 城市严重,其出生缺陷发生率显著高于 B 城市($P<0.01$),A 城市围生儿发生出生缺陷的危险性是 B 城市围生儿的 2.87~3.23 倍。春季出生缺陷的发生率最高(16.1‰),夏季最低(13.6‰)。可见孕妇居住地区的空气污染水平可能与出生缺陷的发生有关(侯海燕,2010)。

低氧环境影响人的感觉、警觉和工作效率。人体新陈代谢需要氧,人脑的代谢率更高,耗氧也更大,据研究,脑的耗氧量占全身的 20%,1 克脑组织的耗氧量相当于 200 克肌肉的耗氧量。脑是对缺氧最敏感的器官,环境中污染物增多,氧气含量减少,将造成脑功能下降,人的心理活动因而受到影响,记忆和联想能力也会减退。蒋春华等利用视听整合连续测试系统对青年志愿者研究,发现移居高原者听觉注意力速度商数、视觉注意力速度商数显著低于平原居住者,提示移居高原可以对人视听觉注意力方面的认知功能产生损害作用。认知过程信息处理速度的下降是缺氧引起脑功能受损时反应速度下降的最主要原因。国外研究结果表明,缺氧对视觉和听觉的影响,主要是与缺氧时信息处理的预处理阶段的信息处理速度下降有关(李仓霞,2011)。

空气污染对心理影响的表现方式有很多,粉尘和烟雾是其中比较直观的方式。它们使环境空气中充满浓雾,降低能见度,使人们心情郁闷,对外来的刺激不能正确反应,容易形成错觉。相对于粉尘和烟雾,空气中其他看不见的污染物对人们的心理生理构成的威胁更大。例如塑料工厂氯乙烯毒气使工人失眠多梦、抑郁不乐、定向发生障碍;油漆车间的二甲苯气体,使人记忆力下降,神志不清,产生幻觉,表情冷漠,乏力懒惰而易激动;在锰矿的采掘环境中漂浮的大量含锰粉尘,造成工人身体和精神不适,严重者出现精神变态,莫名其妙地发笑,精神兴奋、刺激和失眠等,甚至可能发展成严重的前倾后仰行走,出现"母鸡"式步态等。

知识窗

空气中的"维生素"

负离子被称为空气中的"维生素",是地球生物维持健康的重要物质之一。它体现的是空气的新鲜程度,当空气中负离子含量达到 700 个/cm^3 以上时,人体感觉舒适;当负离子含量大于 1000 个/cm^3 时,对人体有保健作用;8000 个/cm^3 以上时,可以起到治疗疾病的作用。负离子含量越高,空气就越新鲜,对人体健康就越有益。在自然界中产生空气负离子有三大因素:一是空气受紫外线、宇宙射线、放射物质等因素影响发生电离现象产生负离子。二是在瀑布冲击、细浪推卷拍岸等自然过程中,水在重力作用下,水分子裂解而产生负离子。三是绿色植物在光合作用下形成的光电效应,使空气电离而产生负离子。负离子可使大脑皮层功能和脑力活动增强,精神振奋,工作效率提高。负离子具有明显的扩张血管的作用,可解除动脉血管痉挛,有明显的调节血压的功能。负离子能激活机体内的各种酶,负离子对慢性疾病如慢性鼻炎、神经衰弱、失眠、神经性皮炎、痛经、月经失调、慢性胃炎、烧伤等疾病都有较好的疗效和辅助治疗作用。

(资料来源:崔立船. 浅析海滨城市空气中负离子与人体健康的关系. 中国疗养医学. 2010(7).)

(三) 水污染

世界文明的主要发源地都是在大河旁边,水和人类文化从来就有着亲缘关系。21 世纪,水资源将成为人类最重要的资源,水和人类的关系也有越来越密切的趋势,但是目前,世界范围内的水污染状况都非常严重,这也深深地影响着人们的心理健康状况。一般所称的水污染,主要是指直接或间接地让污染物质进入水体,造成水体物理、化学或生物特性的改变。水污染来源包括天然的污染源及人为的污染源。天然污染源一般指暴雨径流冲刷屋顶、街道、坡地、沟渠等所带下的污泥或有机质,人为的污染源则来自人们各种活动及开发所产生污染物。

绿水碧波、纯洁清澈的江河湖泊使人心旷神怡,可以陶冶人的性情,而黑浪翻滚臭气扑鼻的脏水则让人望而生畏,心生厌恶,这些心理很多人都体验过。而且,污水中携带的污染物对人的身心产生不良影响,是整个社会的潜在危害。1988 年夏季,英国曾发生污水使儿童个性改变的事件。康沃尔北部的尤默尔福德有 7000 户人家饮用因失误供应的酸水,从而使这个地区的儿童变得爱破坏东西,好寻衅闹事,有些儿童失去了记忆能力。水污染对人类心理的影响往往是间接的,比如它可能引起一些地方病,使得当地人心惶惶,不知所措。不同性质的水污染物对人的心理和行为影响也不同。在炼焦、炼油和制取煤气等行业中工作的人会有精神不安的心理失衡表现,这是废弃的含酚化合物污水所致。而人造纤维、玻璃纸、橡胶等工厂的周围和厂内工人会发生性格变态,原本很文静的人会突然变得脾气暴躁,而开朗的人则可能会变得沉默寡言,同时伴有"坏萝卜"味觉,出现幻觉。工厂排放的含二硫化碳的污水,会导致人

健康心理学(第二版)

的视力和记忆力减退,个别人有意识模糊、思路不清、性欲减低等症状。甲醇是制造有机玻璃、涤纶、有机染料等工业产品的工业原料,如果随生产废水一起排入环境,其污染水体对人的视觉神经和视网膜有特殊的选择作用,使人视力不清,视物模糊,造成错觉,瞳孔对光反应迟钝,甚至造成失明。同时有倦怠无力、耳鸣、幻觉和记忆障碍,且伴随有精神失常和狂躁、疑心重、恐惧不安或忧郁等。

(四)其他污染

100多年前,人类的照明史发生了突变,用火点灯变成了用电点灯。从此人类有了更明亮、更方便、更高效的照明光源。但同时也给人类带来了更多的污染、更强的辐射、更频繁的闪烁。人类有了现代化的照明灯好像视力更容易疲劳,眼病更容易发生,近视眼的发病率比100百多年前高了很多。21世纪照明不容忽视的问题——光污染已摆在了我们面前,光污染已严重威胁着人类的健康。光污染是指影响自然环境,对人类正常生活、工作、休息和娱乐带来不利影响,损害人们观察物体的能力,引起人体不舒适感和损害人体健康的各种光。研究发现,光污染扰乱人体正常的生物钟,使人夜晚失眠,精神不振。长时间生活或工作在白色光亮污染环境中,会导致人的视网膜和虹膜受到程度不同的损害,造成视力急剧下降,白内障的发病率高达45%。据测定,长期照射黑光灯,可能诱发出鼻血、牙齿脱落、白内障等疾病,严重时,甚至可能导致白血病和癌症。过长时间照射荧光灯会降低人体的钙吸收能力,导致机体缺钙。彩光污染干扰大脑中枢神经,使人感到头晕目眩,站立不稳,出现头痛、失眠、注意力不集中、食欲下降等光害综合征。

电磁污染是指天然的和人为的各种电磁波的干扰及有害的电磁辐射。由于广播、电视、微波技术的发展,射频设备功率成倍增加,地面上的电磁辐射大幅度增加,已达到直接威胁人体健康的程度。国际上已经把电磁波列为第五大公害,叫"电磁波"污染。长时间处于低强度电磁波辐射环境中的人,会发生神经系统、消化系统、心血管系统、脑和生殖系统等一系列病变,由体力衰竭发展到精神失常等多种疾病。即使是电视机产生的微量电磁辐射,也会对人体产生一定危害,长时间的连续辐射就会引起一系列的生物效应,所以也是不容忽视的。

放射性污染是一种虽不普遍,但却是人类极大的潜在威胁。战争中使用的核武器,核电厂等都可能是放射性污染的污染源。1985年前苏联的切尔诺贝利核电站发生了严重的放射性物质泄漏事故。其周围环境受到严重的放射性污染,严重威胁并损害着周围人群的身心健康。为尽量减少放射性污染侵害,联合国及前苏联的各类技术人员做了大量工作并采取了一系列措施,但在事故发生地周围的人群中仍然引起了显著而持久的环境焦虑反应,居民的焦虑水平明显高于比较遥远的对照区域。放射性污染会使遗传发生障碍,使几代人天生素质低劣,智力低下,心理素质大大低于一般水平。科学家对长崎和广岛核战中幸存的人或其后代进行观察,发现他们在心理平衡方面有很大障碍,常常伴有恐惧和谵妄、烦躁不安、性情急躁等症状(Ecopsychology on-line,1997)。

当然,人类对自然的污染远不止上面说的这些,它们造成的对人的心理、行为等的影响也远不止这些,但是我们要意识到,人为的污染给人类自身带来的不良影响,是我们要正视的问题。

第三节　自然灾害对人心理的影响及应对措施

一、自然灾害与心理危机

自然灾害,顾名思义,是人无法加以控制的。我们无法阻止飓风,把它赶回海里去;也不能阻挡地震或海啸的发生。我们所能做的也许是减少它们所带来的损害,但是它的发生是无法控制的。自然灾害与人为灾害其实很难区分开。即使地震的发生是天然的,但是房屋的倒塌却可能是建筑商偷工减料引起的后果;台风的发生无法控制,但是暴雨过后的水灾可能是开发过度或排水设施不良的结果。而且随着技术的进展,我们对于灾害造成的后果的预期也不同。三十年前台风造成水灾、房屋结构的损坏,人们可能接受其为自然的现象,但是现在人们却认为是人为的问题。

心理学家认为,每个人都在不断努力保持一种内心的稳定状态,保持自身与环境的平衡和协调,当重大问题发生变化,使个体感到难以解决、难以把握时,平衡就会打破,正常的生活受到干扰,内心的紧张不断积蓄,继而出现无所适从,甚至思维和行为出现紊乱而进入一种失衡状态。由于自然灾害往往具有发生突然、难以预料、危害大且影响广泛等特点,极大地超出个人及团体的应付能力,常常引起社会上许多人普遍出现心理压力和恐慌情绪,即心理危机。

二、自然灾害中的心理与行为表现

孙倩等(2011)在都江堰、北川、青川 3 个极重灾区的安置点中随机抽取 15 岁以上的居民 11845 人,以一般健康问卷 12 项(GHQ - 12)进行筛查,以 SCID - I/P 临床定式检查诊断。结果发现 GHQ-12 评定后高危组 2048 人(17.3%),中危组 1797 人(15.2%),低危组 8000 人(67.5%)。创伤性应激障碍、抑郁障碍、广泛性焦虑、酒精依赖、睡眠障碍是灾民中常见的精神疾病。在突发自然灾害时,个体总会伴有明显的情绪变化,这些情绪变化往往是心理挫折的结果。即在应激事件发生的过程中,如果机体应付能力不能适应环境条件的变化,不能有效地控制应激,就会产生心理挫折,从而会引起一系列的情绪反应,如焦虑、烦躁不安、消沉、抑郁等。突发灾难事件时,社会公众还常常伴有恐惧、自卑、精神恍惚、记忆力下降等各种症状,有些则产生敌对、酗酒、吸烟、药物依赖等不良行为,或出现冲动、攻击行为乃至自杀行为。如果一系列的心理反应过于强烈或持续存在,在原有的生物性因素基础上,就可能导致精神疾患。

(一) 焦虑

焦虑是一种紧张不安并带有恐惧的心理状态,是心理应激条件下最普遍的一种心理反应。其主要特征是恐惧、忧虑和惶惶不安。适当的焦虑可以唤起人们的警觉,有利于人们提高认识能力,能使人更好地适应社会,但是过强过久的焦虑就会妨碍人的智能的发挥,甚至会影响人的健康。人们在自然灾害中产生的焦虑会伴随出现一系列躯体症状,如头痛、颈痛、背痛、心悸、头昏、多汗、呼吸困难、面色潮红、心动过速、胃肠不适、尿急尿频等。适度的焦虑有助于唤起和集中注意力,活跃思维。但是,过度的焦虑会使人丧失自信心,降低人的认知能力,干扰思维活动的正常进行,从而严重妨碍机体应付外界环境变化的能力。

（二）恐惧

恐惧是对特定刺激事件采取逃避或自御的心理反应。恐惧是一种基本的情绪状态,通常是指由某种危险引起个体认为无法克服这种危险而试图回避所产生的消极情绪。当一个人被恐怖笼罩时,可能会丧失理智和判断力。恐惧中的人往往只能固着于一种逃生途径而不考虑其他可能。例如,火灾中一些人会从几十层的高楼上跳下来,而没有注意到旁边就有一条安全的防火通道。恐惧寓于个体,却极易弥漫于人群或社区,特别是在突如其来的自然灾害面前,很容易造成大规模的社会心理恐慌。

（三）否认和不作为

否认是人们面临挫折、灾难、死亡等应激事件时最常用的一种心理防卫机制,将可能发生或已经存在的事实从心理上加以否定,以减轻心理上的痛苦和焦虑感。自然灾害发生后出现的"灾民意识"就是不作为的表现,受难者认为现在遭了灾,处于无法生存的境地,要活下去只能靠外援。"灾民意识"的消极作用,会使灾后初期最有效的灾民自救丧失作用,加重灾区人民生命和财产的损失。作为人类最原始简单的心理防卫机制之一,虽然这样做短时期内可以使人们减少痛苦和对造成损失的关注,但却不利于面对现实存在的问题及自救。对已经存在或发生的事实从心理上加以否定,实际上妨碍了人对问题的适应性,导致了消极的心理和不作为,无论是在灾难中的哪一个时期这都是不可取的。

（四）负罪感

负罪感是一种与降低自己人格、尊严和价值相联系,违反道德、社会、伦理原则的,并需要为此种违反行为做出补偿的心理意识或心理认识。简言之,负罪感是个体受自我良心的谴责,对自我价值产生怀疑或否定的一种较为极端的心理。由于灾害事件较难预测,难以控制,而造成的损害在时间上极为迅速,在强度上非常剧烈,公众对这些灾害往往无所适从,只能被动地承受灾害所造成的身心及财产损失。这在心理上会产生对自我能力的否定,将遭受的不幸归结为对自我的惩罚,甚至还会产生强烈的屈辱心理,越发觉得自己无能,越发对自我的价值予以否定,产生强烈的无助感和无望感,形成负罪感。例如在地震和洪灾中的某些受难者眼睁睁面对自己的亲友被灾害夺去生命却无能为力而产生的强烈自我责难与否定。再如"非典"危机中的许多病毒感染者因为传染给了自己的亲友及周围的人,会认为自己犯了不可饶恕的过错,即使一些没有感染其他人的患者,也会对亲人、邻里、单位被因此隔离而感到极大的内疚。

（五）盲从

在瞬间来袭的自然灾难事件中,盲从是一种普遍存在的心理现象,它是公众在突发事件影响下的一种非理性的心理反应,指不问是非地在知觉、判断、信仰或行为上附和别人。突发事件中公众的盲从主要有以下几种表现形式。首先,表现为公众对突发事件中面临的各种情况和问题的知觉歪曲,一种极端表现,就是轻信谣传或流言。其次,表现为公众对突发事件中面临的各种情况和问题的判断歪曲,即因为对自身的判断缺乏自信,盲目跟从多数人的意见以求心安。最后,表现为公众在突发事件中的行为歪曲,即在突发事件中,常常会出现的一些非理性的集体行为,这与人们的盲从心理是密切相关的。如"3·11"日本本州岛海域地震引发福岛核电站爆炸,随后,我国出现传言食用碘盐可防核辐射、我国食盐将受到辐射污染等,引发长三角部分地区出现抢购食盐的情况,并波及 A 股市场,相关盐业公司受到资金的追捧,盐价少则翻番多则飞涨数十倍。几乎就是在一夜之间,食盐成为最紧俏的商品,全国很多地方都被抢购一空,上至发达城市,下至偏僻乡村,无不如此。其传播速度之快,传播范围之广,放大了其破坏力。

三、自然灾害发生后的应对措施

(一) 重视公众知情权,增加信息透明度

当今社会资讯高度发达,公众接受信息的渠道越多,越容易出现误传、谣传,从而产生群体恐慌心理。美国著名社会心理学家 G·奥尔波特认为(Allport, G. W. , & Postman, L. 1946),"流言的强度 = 事情的重要程度×情况的模糊程度"。也就是说,流言和谣言的产生既取决于危机事件对公众的日常生活和生产可能造成的影响程度,也取决于有关这一事件的信息是否透明,人们是否有正常的渠道及时获得有关这一事件可靠的信息。2003 年"非典"刚开始的时候,人们发现自己的身边出现疫情,却没有权威机构及时发布疫情详细信息,给民众造成巨大的恐慌,一时间关于这一疾病的流言和谣言四起。在突发事件中,信息公开可能会暂时"增加"更大范围内的某些民众的恐慌,但至少使引起公众恐慌情绪的事件获得确切的解释,可防止不实谣言的传播。更重要的是,信息公开可以使公众提高警惕和加强防范。因此,政府应该建立一套权威信息预警、发布机制,在自然灾害出现之初,就应利用媒体建立与公众的信息通道,定期发布各种公众需求的信息,满足公众的知情权,增加信息透明度,以提高公众对危机的心理承受力,增强对控制危机的信心和决心,从而维护整个社会的稳定。

(二) 加强宣传教育,提升民众素质

在自然灾害从发生到消退的过程中,人们往往会表现出两种极端的情形,一种是对危机事件和风险的存在完全无知,这部分公众在危机到来时往往会表现出慌乱和不知所措,进而造成焦虑、恐惧等不良反应,引起社会的混乱。另一种是过于自信,对突发事件的风险估计不足,甚至漠视危机的存在。这两种状况对于救灾工作的开展都是不利的。我们应加强防范自然灾害的宣传,增加公众对突发自然灾害的认知,以各种手段如广播、电视、电影、宣传材料、文艺演出等,向民众宣传防病救灾的卫生常识,提高民众灾难自救和自我保护的能力。我国公众目前整体文化素质、心理承受能力和信息辨别能力亟待提高。2003 年出现的"非典"危机中公众恐慌,究其根源,是与公众的文化素质低和信息辨别能力差分不开的。因此,政府及媒体应加强对公众正确的媒介观、信息观的引导,加强对公众的危机应对教育,增强民众危机防范意识,使每一个公民在面对危机时,做到理性而负责,冷静而主动,以有效地预防自然灾害的发生,增强抗灾自救的能力。

(三) 切实重视灾后的心理干预工作

灾难发生后是进行心理救助的重要阶段,此时受害者已经脱离危险,但心理上受到了灾难的强烈冲击。灾难对人们心理的影响是普遍的,但程度却因人而异,有的人通过自身的调整,很快恢复到健康的状态,而有的人却可能从此生活在过去的阴影下,需要得到心理上的救助。一般来说,需要心理援助的对象来自三个层面,一是遇难者家属;二是旁观者;三是外围人

健康心理学(第二版)

群。心理援助可以采取多种方式。如开通专门的心理咨询热线电话,在报刊上开辟心理咨询专栏,请有关专家做客网站在线解答网民提出的问题等。另外,应充分重视社会力量在心理干预中日益重要的作用,号召民间团体与普通市民在自然灾害发生时自救互助,给予身边的人充分的支持与关怀,也不失为抵御自然灾害,抚平心理创伤的好方法。

回顾与总结

　　人的生活离不开自然环境,自然环境作为人类心理环境的应激源之一,几乎每时每刻影响着人的个体或整体行为,引起强烈的、或者微弱而持久的情绪状态,并有可能蔓延到与此有关或无关的其他事物上去,从而造成人们心境的变化,影响人们的心理健康。一方面,人类健康受到自然环境的制约,如阳光、空气、太阳、月亮、自然灾害的影响;另一方面,人类的行为又影响着自然环境,如空气污染、光污染、电磁污染、甚至自然灾害。人与自然的相互作用从人类的产生开始就一直没有间断,自然环境与心理健康的关系应该受到我们的普遍重视。自然灾害的发生会对人的心理行为产生一定的影响,采取积极的应对措施,有利于使灾区人民及时抚平心理创伤,重建灾后的生活,维护社会的和谐与安宁。

巩固与练习

　　1. 自然环境一般通过什么方式和途径影响人类心理?

　　2. 留意你身边的自然环境影响人类心理的例子,思考其原因和解决办法。

　　3. 自然灾害对人的心理健康有怎样的影响?

　　4. 自然灾害发生后需采取的应对措施主要有哪些?

参考文献

　　1. 刘学华.当代环境与心理行为.气象出版社,1991.

　　2. 相马一郎、佐古顺彦.环境心理学.中国建筑工业出版社,1986.

　　3. 王金宝.健康·环境·天.气象出版社,1992.

　　4. 钱明.健康心理学.人民卫生出版社,2007.

　　5. 王正平.植根于中国传统环境伦理文化的深厚土壤.自然辩证法研究,11,(18).

　　6. 江红、陶宏."环境心理学"中几个问题的探讨.山东环境.2001,(1).

　　7. 但新球.森林公园的疗养保健功能及在规划中的应用.中南林业调查规划.1994,(1).

　　8. 钟敏、宁竹之.不同低氧环境下情绪状态分析.中国心理卫生杂志.1997,(11).

　　9. 胡江霞."从心所欲不逾矩"——心理健康的定义及标准分析.教育研究与实验.1997,(2).

　　10. 赵行宇、孙新奇、刘玉忠.缺氧对智力的影响.第四军医大学吉林军医学院学报.2000,(12).

　　11. 赵瑞祥.海水医疗资源在疗养医学中的应用与发展.中国疗养医学.2000,(9).

　　12. 聂振伟.健康心理学——维护健康的新领域.科学世界.1998,(9).

13. 唐奇开.天气状况与人的情绪.广西气象.2000,(2).

14. 薛祚.南极环境对人体生理和心理健康的影响.北京大学学报(自然科学版).1997,(5).

15. 戴木才.论现代人健康的标准及其依据.山东医科大学学报.1994,(3).

16. 郭德才.太阳活动与辐射对人体的影响.科学24小时.2007,(10).

17. 孙芹.太阳活动会引发交通事故.安全与健康.2006,(20).

18. 廖皓磊.武汉市交通事故与太阳黑子活动的关系.灾害学.2003,(1).

19. 汤志鸿.月亮圆缺与人体健康.家庭医学.2007,(11).

20. 陈俊、林少惠.创伤后应激障碍的心理预测因素.华南师范大学学报(社会科学版).2009,(4).

21. 方慧.持续性噪音与间歇性噪音对儿童行为的影响.学前教育研究.2011,(1).

22. 侯海燕.空气污染与出生缺陷关系的生态学分析.环境与健康杂志.2010,(12).

23. 李仓霞.高原低氧环境下睡眠障碍及对认知功能影响研究进展.卒中与神经疾病.2011,(2).

24. 崔立船.浅析海滨城市空气中负离子与人体健康的关系.中国疗养医学.2010,(7).

25. 张锐.水污染:扑向全球的"头号杀手".生态经济.2010,(12).

26. 孙倩、孙学礼、李静、徐佳军、黄明金、宋辉、张英辉、陈若虹.汶川地震后极重灾区居民心理健康状况评估.现代预防医学.2011,(10).

27. 弗里德曼、西尔斯、卡尔史密斯.社会心理学.黑龙江人民出版社,1984.

28. 付希燕.日常防噪音.现代职业安全.2011,(5).

29. Anthony Worsley and Grace Skrzypiec. Environmental attitudes of senior secondary school students in South Australia, *Global Environmental Change*. Volume 8,(3). 1998, 209 - 225.

30. Astrid M. Stec, Douglas A. Bernstein. *Psychology: fields of application*, Houghton Mifflin Company. 1999,149 - 154.

31. Daniel Stokols, Irwin Altma. *Handbook of Environmental Psychology*, volume 1, John Wiley & Sons, Inc. 1987,260,593.

32. Environmental Stress One Decade After Chernobyl, *Ecopsychology* on-line, 1997 http://isis.csuhayward.edu/ALSS/ECO/Final/research.htm.

33. Gary W. Evans. *Current Trends in Environmental Psychology*, 1996, http://www.ucm.es/info/Psyap/iaap/evans.htm.

34. Allport, G.W., & Postman, L.. *An analysis of rumor*. Public Opinion Quarterly. 1946,(10)501 - 517.

第六章　社会环境与心理健康

　　2011年9月19日《新闻1+1》播出了一期节目叫《"疗伤"的村庄》。说的是广西有一个村子叫温江村,这个人数并不多的村子青壮年都出去打工了。而在出去打工的青壮年里却有100多人因为抢劫被抓,而且一般是判重刑。村里人感到困惑,在村子里是非常好的人,也挺守规矩,怎么一出去就抢劫了,被抓了呢?温江村非常贫穷,因为它周围都是山,粮食的产量很低,人均月收入连100元都不到。很多人小学毕业,顶多上完初中就辍学出去打工了。可是由于他们文化水平很低,没有竞争力,只能在城市中找那种工资很低,很难有尊严的工作,而且工作不稳定,经常处在失业状态,很难维持生活,同村老乡相聚在一起就走上了抢劫之道。

　　你听到这件事会想些什么?

　　人的生存离不开环境,环境包括自然环境和社会环境。就心理意义来看,社会环境对人的成长和发展产生巨大的影响。其一,社会环境无处不在。马路、大楼、商场、车站、公园、小区是社会环境,胡同、后院、墙角、旮儿、车辆、房间也是社会环境。其二,人人都是社会环境。你是我的环境,我是你的环境,本地人是外地人的环境,外地人也是本地人的环境。一言一行,都相互关联,相互影响。其三,社会环境能够创造,也必须创造。环境可以鼓舞人、愉悦人、激励人,同时,人又可以发挥自己的主观能动性,创造更加优美的社会环境。其中的关键,就是从自己做起、从小事做起。这是一种责任,也是一种光荣。

第一节　社会环境与人的关系

一、社会环境的涵义

　　社会环境一般分为宏观的和微观的两类。宏观的指社会形态,它是影响人们社会行为的间接因素;微观的指社会情境,它是影响人们社会行为的直接因素。1972年召开的联合国人类环境会议和1977年的联合国环境规划理事会,把社会环境分为职业、集体生活、城乡卫生、交通和社会设施等。袁方(1990)把社会环境等同于文化环境,包括物质的文化环境(如用具、武器、工具、机器等)和精神的文化环境(如语言、风俗、信仰、道德、法律、政治、宗教、科学、艺术等)。沙莲香(1987)将社会环境定义为同社会主体(个人和群体)发生联系的外部世界。程继隆(1995)认为,社会环境是指社会发展之现存的全部表现,表现为一定的生活方式、思想体系、社会规范以及等级和阶级制度等。

　　可以从以下几个层面来理解社会环境。

第一,实体层面和关系层面。实体层面的社会环境包括生产力状况和水平、社会设施、社会制度和生活方式等;关系层面的社会环境是指人与人之间的交往及其所体现的社会关系(何中华,1999)。

第二,物质层面和精神层面。物质层面的社会环境是由于人们的生命生产活动(如饮食、保健、医疗等)和物质生产活动(如生产、交换、管理等)所形成的;精神层面的社会环境是由于人们的精神生产活动(如科学、道德、法律、政策等)和闲暇活动(如风俗、赋闲等)所形成的(沙莲香,1987)。

第三,宏观层面和微观层面。宏观层面的社会环境包括社会形态、社会制度和意识形态等;微观层面的社会环境是指社会情境,它是为个体所感知到,并直接影响个体心理的具体环境因素,包括风俗、文化、语言、角色规范、小群体及其行为等(朱智贤,1989)。社会环境中的宏观环境对人们的社会心理或社会行为具有决定性的作用,但这种决定性作用不是直接发生的,而要通过许多中介环节——具体的微观环境的棱镜折射,其影响才能渗透到团体和个人的意识和行为之中(费穗宇、张潘仕,1988)。

社会环境的这几个层面并不是截然分开的,而是相互交叉、渗透,共同构成一个复杂的、系统的、发展的社会环境,并对生活在其中的人们的心理和行为产生深刻的影响。

二、我国当前社会环境的特点

我国经过 30 余年的改革开放,社会发展呈现出全新的面貌。这在政治、经济、文化上都得到了充分的体现。在政治方面,我国进入了一种从"总体性社会"向"多元社会"过渡的转型期。中国社会传统上是一个以自我为中心而形成的"伦理本位"的社会结构,人与人之间形成的是"差序格局"的交往纽带。在这样的社会结构中,人们主要关心的是血亲关系网络。而当今社会人们对于血亲之外的社会公共领域内的事情参与越来越多。"躲猫猫"、"70 码"、"天价烟"、"连跳门"、"李刚门"……这些网络故事都表明,一个多元、开放的社会政治平台已经形成。在经济方面,从由供给型的计划经济转向需求型的市场经济,从封闭和半封闭的经济转为开放型的经济,从温饱型经济转为小康型经济。文化与科学技术迅速与国际接轨,全民的环保意识和行为逐渐增强。

第二节　当代社会环境对心理健康的影响

社会环境包括的范围很广,凡是有人类活动参与的社会生活领域都在社会环境之内。本节将讨论几个重要的社会环境因素——社会政策、社会变革、社会时尚和社会交往,对人们的心理健康产生的影响。

一、社会政策与个人心理健康

社会政策(social policy)是一个国家为了达到某种目的而在社会生活和社会活动方面实施的有关行动准则。在现代国家的政策领域,除了国防、外交以及经济政策等不属于社会政策的范围,其他如社会福利、公共卫生与医疗、教育、就业与扶贫等均在社会政策的范畴之内。社会政策寻求解决已经存在的社会问题或预防潜在的社会问题的发生。针对一种社会问题,社会政策就是要超越个人的狭隘眼界,认识到个人的不安、恐惧、挫折与促使其产生的社会力量之间的联系,使人们理解个人、家庭的希望与妨碍这些希望实现的社会障碍之间的联系,并基于这种理解采取行动(梅建明,1999)。因此,从某种意义上来说,社会政策扮演的是提供社会服务、保障人民生活的角色,而这些角色的实现又是以国家、行政与法律的手段作为保证的。由于以上的特征,社会政策会挑战人们已有的心理状态,从而影响人们的心理健康。

下面主要谈谈与人们的切身利益关系最密切的医疗制度和住房制度的改革对人们心理健康的影响。

(一)医疗保险制度改革

2007 年社会蓝皮书《2007 年:中国社会形势分析与预测》披露,"看病难、看病贵"是目前最突出的社会问题。医疗对人们的心理稳定影响至关重要,生老病死,人所难免,对疾病的担忧与恐惧,是人类的本能。所以一个社会的医疗保障条件,在更深层次上决定着人们的心理健康。生病的人在心理上是最孤独的,而价廉有效的医疗保障体制则是个人对社会的最后希望,这种社会关爱对人们身心的价值甚至超越亲情抚慰。所以不难理解,为什么人们总是对医疗机构、医疗条件及医疗价格有太多的苛求,因为这实在是关系民生的大事。

(二)住房制度改革

我国住房制度改革 30 年来,促进了房地产业的发展与繁荣,带动了国民经济增长,提高了城市居民的居住水平。但是,也存在着住房市场化过度、房价过高、住房保障制度和政策没能切实实施等问题。居民对拥有自有住房具有强烈的偏好。受"居者有其屋"等传统思想的影响,加上国内的住房租赁市场欠发达和完善,大部分国内居民尚未形成通过租房解决住房问题的观念。因此,为了改善住房条件,一些经济条件一般的居民仍然选择购买住房或购买过大过好的房屋。这种攀比心理造就了"房奴"。北京博爱心理咨询中心的孙欲晓博士认为,"房奴"承受着巨大的心理煎熬,出现了困惑、迷茫、焦虑、压抑等心理问题。"房奴"基本上是 22 岁至 35 岁的青年,由于欠缺足够的经济和心理承受力,一旦面对风险就要承受更多的负面心理因素。这个因素有可能改变他们的生活轨迹和现状,其心理就容易处于亚健康或疾病状态。重庆市社科院孙元明研究员认为,高达 98% 背有房贷的人有焦虑情绪,而这种焦虑情绪还蔓延到许多准备买房的人,这无疑会在一定程度上影响到我们社会的"幸福指数"(施继元,2007)。

二、社会变革与个人心理健康

社会变革(social change),是指包括渐进的社会改良和突发的社会革命在内的一切社会结构和层次的变化。社会变革是一个很大的概念,包括的内容很多。最重要的变革是社会制度的变革,比如由旧中国变为新中国。但有时社会制度没有变,可是经济体制发生了重大的变化。我们国家改革开放以来发生的变化就属于这一种。也有一些是社会制度、经济模式都没有变化,但由于科学技术、生产力的巨大变化,引起了人们日常的生活方式、消费方式、工作方式、生存状态发生重大变化，一些发达国家近几十年的变化就属于这一种。有时又有社会制度、物质生活都没有显著变化，可是思想道德、文化发生了很大变化，欧洲资产阶级革命前夕的文艺复兴运动，中国上世纪20年代前后发生的新文化运动就是这一类的变化。有的社会变革历时长久，绵延几十年、上百年、甚至几百年，有的变革如闪电一般，一夜之间换了一个世界。不论是哪种变革，总使社会生活发生了较大的变化（陈升，2001）。

社会变革促使整个社会环境发生了巨大的变化，这必然会对生活在其中的个人的心理活动产生一定的影响。而社会变革本身的特征又决定了它是一把"双刃剑"，因此它对人们心理的影响也包括积极影响和消极影响两个方面。

（一）社会变革对人的心理的积极影响

社会变革首先要求人们必须向自身与变革不相适应的原有心理意识观念挑战，所以变革促进了人的一系列积极的心理发展。

1. 社会变革促进了人的个性的进一步解放

社会变革一个重要的标志就是社会生产力的变革和发展。而生产力的重大变革和发展是通过人的思想解放、观念更新、智力的发展和生产技能的提高等人的个性的解放和发展而实现的。变革为人的个性发展提供了强大动力，促进了人的思想解放，使人冲破了种种限制个性发展的旧有观念的束缚，唤醒了人的主体意识、价值意识、竞争意识、利益意识等。

2. 社会变革促进了人的潜能的发挥

由于个性的解放，人的潜能也得到进一步的发挥。在过去僵化封闭的旧体制下，知识信息资源的缺乏，职业领域的狭小，使人的潜能发挥受到了很大程度的限制。而在改革开放的环境中教育体制和就业体制的改革以及产业结构的调整变化，扩大了人们受教育的机会和就业的机会，为人的潜能发挥提供了可能性和现实性。受教育机会增多和文化水平的提高是人的潜能充分发挥的重要前提。教育水平的提高使人们在各行各业中发挥着重大的作用。同时，产业结构的变化，就业体制的改革，促进了人员的正常流动和职业角色的转换以及体力劳动和脑力劳动的结合，再不像过去那样一个职业或一个工作岗位定终身。这在很大程度上做到了人尽其才，才尽其用。

3. 社会变革促进了人的需要的发展

首先，社会变革解放生产力，促进了经济的大幅度提高，为人们提供了比过去丰富得多的物质产品和精神产品，极大地满足了人们日益增长的物质文化生活的需要。其次，伴随着需求内容的丰富，满足各种需要的途径和手段也趋于多样化。如人们为满足自我发展需要所需的知识信息，不仅仅通过单一书本来获得，还可以通过各种现代传播媒体如电视、互联网等而获得。最后，人们需要的层次不再仅仅停留在维持生存的生理需要和物质需要上，而是向心理社会需要等高层次的需要发展。如精神享受的需要、自我发展的需要、贡献社会的需要得到进一步的发展。人们不只追求吃饱穿暖，更进一步追求丰富的娱乐生活，追求知识，追求自身的完善，追求个人才能的发挥，对社会有所贡献。

（二）社会变革对人的心理的消极影响

社会变革在促进人的心理健康发展的同时，也存在着威胁人的心理健康发展的因素。因为社会变革既带来了其外在特征上的变革,如政治的、经济的、宗教的及家庭的变革等,也带来了其内在特征上的变革,表现在各种价值观念、信仰体系、道德伦理和行为准则等的变化上。这些外在特征和内在特征上的变革,均意味着新与旧的碰撞和冲突,它反映在人的心理上则会出现各种心理矛盾,引起心理不平衡状态的出现,影响人的心理健康。

1. 价值观的急剧转换带来的心理适应困难

价值观的演变是实际社会生活演变的反映。我国社会近二十年里的价值转变更时时使人"觉今是而昨非",从80年代初的"知识热"迅速演变成"文凭热",没过几年"经商热"、"下海热""出国热"又后来居上。"热"中寓含着人们的价值追求,"热"的转换意味着社会价值取向的转换。我们知道,个体的价值观作为个性因素之一,对其认知、体验和行动有重大影响,价值冲突和混乱必然造成心理困难。如此频繁的价值转换,不可能不影响个体的价值观体系,迫使个体重新评价以前的价值追求,调整价值取向。其他方面的情况也大致与此相似。总而言之,在现代社会中,生活条件似乎永远在向个体的能力、经验、现有的适应模式发出挑战,持续终生地保持着压力。个人似乎永远也不可能"准备好了再上阵",总是仓促应战,总是刚刚"适应"了又立刻变得不适应,没有喘息的机会。因此个体经受的应激压力便增加了。而经常处于应激状态又是诱发心理障碍的一个基本原因。

2. 社会变革带来的广泛性的焦虑

焦虑是个体对不确定因素所产生的烦躁不安甚至恐惧的心理状态。在社会变革时期,社会上各种不确定因素纷繁复杂,社会变动给他们造成的危机感和不安全感愈加强烈,而他们对社会的发展前景又不能很清楚地把握,因此对应着的种种心理焦虑也就应运而生了。中国人历来崇尚权威,习惯于受某一固定的价值体系的约束,而传统的价值体系受到现代思潮的冲击后趋于解体,新的价值体系尚未建立,价值取向趋于多元化,一旦各种事物失去一个权威性的价值体系作为评判标准,人们的内心就充满了焦虑,不时感到一种莫名其妙的烦躁不安。而且由于中西文化价值观念的并存而又各有其利弊,这也迫使人们作出适当合理的取舍和选择,但究竟如何作出选择,人们并不清楚,或者即使清楚却在指导自己的行为时又难于适应,患得患失,再加上社会竞争压力,这就造成了人们情绪上的躁动不安、彷徨苦闷和忧虑,在行为上无所适从,产生焦虑的症状。

3. 利益冲突带来的受挫情绪

利益是人行为的动力,利益的获取决定着人的社会心理特点和行为特征。每个社会成员所处地位不同,所属群体不同,因而具有不同的利益来源和获取方式。改革开放以后,社会中的差异性逐渐增多,人们不得不面对地区发展、社会地位、收入方式及多少的差异性,种种差异造成了人们生活水平与生活方式的不同。横向相互攀比的心理使一部分公众认为其他社会成员所获得的利益及其获取方式优于自己,并且在不能对此进行冷静合理的分析与归因时,便会萌生不满情绪。在不触动既得利益的同时,他们要求获得更多的利益,至少为自己提供更多的获取利益的机会。

4. 人际关系的冷漠化

如今,相当一部分人感觉到人与人之间的距离不断拉大,人与人之间感情淡漠,传媒报道的见死不救却讨价还价的现象既让人愤慨，又让人忧虑。随着社会责任的淡漠，人的观念向利益倾斜的表现越来越明显，个体往往以个人利益为至上至要。现代社会变迁使人与人的联系越来越松散，人的流动性较过去大大增加，单元套房使人的家居生活闭塞，人们为了不发生矛盾摩擦，既使不是"老死不相往来"，也普遍采取避免过于密切交往的态度。过去的邻里亲密程度不次于亲戚，而今却没有情感的交流，冷漠也就不足为奇了。人们都在埋怨世态炎凉，人情薄如纸，却仍戴着面具交往，谁也不肯主动迈出真诚相交的第一步。

综上所述，社会变革对个人心理健康的影响是显而易见的。目前世界上多数国家都不同程度地以政府行为的方式，通过建立心理卫生保障体系这样的社会支持系统来帮助自己的社会成员克服适应和发展的障碍，达到较好的心理健康水平。我国自 80 年代中期以来，心理卫生工作的推进渐渐有了活力。但这些进步与改革开放大环境下人们对心理卫生的需要之间的差距仍然太大。因此我们期待政府在保障公民的心理健康，关怀公民的适应和发展方面做出更多的努力。

三、社会时尚与个人心理健康

时尚(fashion)是在大众内部产生的一种非常规的行为方式的流行现象。具体地说，时尚是指一个时期内相当多的人对特定的趣味、语言、思想和行为等各种模型或标本的随从和追求(周晓红，1997)。

按照流行范围的大小、持续时间的长短和追求者的身心投入程度来分，时尚主要包括三种类型：①阵热。这是一种迅速流行的时尚形式，追求者往往因为受到别人的暗示，凭一时的兴趣高涨，并且带有一定的情绪冲动，所以持续的时间往往很短，通常是一"热"紧跟着一"热"。比如网络游戏开心农场中的"偷菜"现象。②时髦。这是一种以反传统、求新求异、追求新颖入时为特点的时尚形式。一般来说，时髦开始只表现在少数人身上，或引起人们的欣赏，或引起反对。但大多数时髦的事物最终都会引起人们的欣赏并纷纷模仿，这种时尚形式比"阵热"有更长时间的持续性，但最终也会消逝。③时狂。时狂是一种狂热的、极端的时尚类型。它的显著特点是追求者已经到了非理性的程度，以致影响了个人甚至整个社会的正常生活秩序。从以上内容可以看出，无论是哪一种类型的时尚，都具有同样的特点：持续时间短暂、内容新奇、对大众具有吸引力、影响面广，并且具有周而复始的流行规律。

在现代社会，时尚的产生和流行已经成为了一种普遍的社会现象。时尚的浪潮一波接一波，层出不穷，让人眼花缭乱，人们对时尚的追求也孜孜不倦，乐此不疲。从心理学的角度来看，人们的求新猎奇心理、模仿和从众心理，补偿心理是时尚流行得以产生和发展的心理机制。人们在追求时尚的过程中，通过这些心理机制所起的作用，会对心理健康造成影响。这种影响具有两面性：积极影响和消极影响，下面我们分别进行讨论。

（一）社会时尚对人的心理的积极影响

1. 时尚激发人的积极心理状态

随着改革开放的日益深入，我国的生产力发展水平和物质生活水平有了很大的提高，市场经济条件下物质产品的丰富，为时尚提供了生长的沃土，尤其是大众传媒的高度发展，更为时尚传播提供了快捷的手段,并促使其不断变化更新,造成流行一波未平一波又起的景观。同时,时尚的产生和发展又是与民主和自由意识的普及分不开的。因为在过去封闭、落后、专制的社会,时尚寥寥无几,就算有也只是上层社会的专利。在我国,近二十年来,随着民主、自由社会的日渐形成,时尚才得以发展、壮大。反过来,时尚的普及、更新,也会强化人们民主、自由和独立的意识。因为对时尚的选择与追随,完全由个人决定,人们互不干涉、互相认同(李建华、袁建辉,2001)。诚如威廉·麦独孤所言:"新的时尚容易流行并快速传播,这表明一个民族的文化是流动的、可塑的,它的习俗、信仰和制度准备着、并可能会包容新的特征,所以它可能经受变化……"

随着社会开放程度的日益提高,本土文化与外来文化的交流、融合、互动,时尚流行丰富多彩,日新月异。一方面,这反映了人们思想活跃、易于接受新事物、勇于开拓进取,热爱生活等特点,特别反映了青年人敢于自我决断、积极介入生活的意识,还有个性解放、自我张扬的鲜明特色和人生价值的多元化与人生问题的务实化。另一方面,这也反映了时尚的流行使人们的自主意识得以强化,开拓精神得以发扬,促进了独立人格的形成;冲击了一些传统守旧落后的思想观念,使循规蹈矩、安分守己的做人标准发生了动摇,耻于言利、安贫乐道的生活价值观有了改变;加强了人们的社会联系,使人们的视野更加开阔,个性更加丰富;引起了人们生活方式和精神状态的重大变化,自主意识、效益意识、功利意识、竞争意识等现代观念逐步形成(李建华、袁建辉,2001)。这就为生活在现代社会的人们更好地适应社会环境,提供了良好的心理准备。

2. 时尚充实了人们的精神生活,在一定程度上避免了一些不良心理和行为的产生

由于科技的发达,人们的工作时间缩短,闲暇时间延长,对此,许多人还不适应,产生了空虚、无聊心理。而应运而生的大众文化,以其娱乐性、流行性和大众参与性迅速进入人们的日常生活,为人们所喜闻乐见。由于精神的充实,消除了一些人空虚、无聊、郁闷等心理或由此而起的不良行为。因为时尚是一种具有象征意义的符号,沉淀着当时社会最具代表性的某种情感。时尚就是流行文化,虽然它总是表现为这一种或那一种"物"的流行,但本质上却是给人以精神上的极大满足,使得大众不由自主地被它所吸引(路得、郑雄,2000)。

3. 时尚在一定意义上有利于人的身心健康

由于审美时尚具有时变时新的感性特征,它跟宗教生活的面对永恒以及科学探索的枯燥乏味,有着天壤之别。因此,审美时尚不仅能够为人们提供一条激活感觉思维的通道,还可以为人们在心灵受到压抑时,提供一个情感宣泄的机会。对一些人来说,追求时尚对克服自卑感,提高参与社会的信心,发挥个人潜力,实现自我,都有一定的积极、向上的意义。

(二) 社会时尚对人的心理的消极影响

1. 时尚是一种从众行为,在某种程度上会对人产生群体压力

当时尚的浪潮兴起时,虽然有的人在内心怀疑甚至否认时尚群体的正确性以及群体行为的价值,但由于个体与群体之间存在着较为明显的直接的利害关系,个体在群体压力面前不得不暂时与时尚的赶潮者们保持行为上的一致。诚如美国学者克特·W·巴克教授所言:"个人遵从群体……是他不愿意被称为越轨者和'不合群的人'……"(克特·W·巴克,1984)中国大陆在文革时期流行的穿草绿色服装时尚,与特定时代的政治气候和意识形态密切相关。如

果一个年轻人不跟这种服饰时尚沾上点边,而是独自穿上红、黄、紫之类颜色的服装,那么,他就不会让人觉得是革命的,甚至在运气不佳的时候,还会被看作是反革命的。如此情形,又有多少心存疑虑的年轻人敢于完全偏离草绿色服装这样的一种审美时尚呢?也就是说,时尚的流行对某些人会形成一种"非强制的无形权威",使那些没有参与其中的活动个体,往往感觉到非常不自在。这种由时尚"舆论场"所造成的巨大心理压力,常使那些没有参与其中的非时髦者不是畏缩回避就是愤然斥责。而且对于那些信心比较弱,心理素质比较差的人来说,这种影响就会更大。

2. 渴望新奇刺激是时尚追求者的另一个重要的个体心理动因

美国社会心理学家 E·A·罗斯(1908)认为:"时髦源于由新奇的事物引起的兴趣或惊异。在很多情况下,我们完全可以根据新奇事物的魅力和大众的暗示来解释时髦现象。"从行为的内驱力来看,无论是生理的层面还是心理的层面,在大多数情况下,人总是乐意于通过新奇的刺激来获得感官上或精神上的享受。尽管喜好刺激是许多人所共有的,但如果刺激不适度(包括时间和强度)也会带来麻烦。无须论证而仅凭经验便可获知,人的视听觉在持续接受特定色彩、特定造型和特定声音节奏的刺激以后,生理感官便会产生疲劳,而心理也会产生厌倦的情绪(郑惠生,1999)。这就是为什么一些为消除空虚无聊而追求时尚的人在狂热过后,不但在刚开始时所获得的愉快感会随着时间的推移而逐渐淡弱乃至消失,而且普遍会产生更加空虚、无聊、厌倦的心理的原因。

3. 过分狂热的时尚追求影响个体的正常生活

诸如追求时装、仿效时髦发型、读流行小说、唱流行歌曲之类的时尚追求,在通常情况下会使个体的人格内涵发生一些变化。时尚追求若过于狂热,就会出现难以预料的过激行为,并严重影响到活动个体的正常生活。最为典型的事例,莫过于那些失去理智的明星崇拜了。

第三节　社会交往与心理健康

社会交往,简称"社交",是指在一定的历史条件下,人与人之间相互往来,进行物质、精神交流的社会活动。从不同的角度,把社会交往划分为:个人交往与群体交往;直接交往与间接交往;竞争、合作、冲突、调适等。

一、社会交往的意义

(一) 社会交往是获得信息的重要渠道

当今时代,是一个"知识爆炸"的信息时代。面对浩如大海的信息,一个人即使一天 24 小时不休息,皓首穷经到 80 岁,也难以看完他所接触的专业领域的文献资料的千分之一。在社会生活中,信息的交流与沟通是人们相互联系的重要形式。人们除了 8 小时的睡眠以外,其余的 16 小时中约有 10 到 11 小时都在进行相互信息交流和信息沟通,包括听、读、说、写等,以达到交流思想、互通情报的目的。在一个开放的社会,在一个"信息爆炸"的社会,信息不灵,比什么都可怕。在深圳经济特区,那些现代企业的经理每天起床后的第一件事,不是刷牙洗脸,而

健康心理学(第二版)

104

是打电话,摸清一夜之间的市场信息。现代人不能没有信息,就像不能没有空气一样。信息的获得,就需要通过社会交往这个渠道,或者是直接的,或者是间接的。

(二) 社会交往是信息的过滤器

一个人向外界接收信息,不能良莠不分,一律当珍品贮存起来,而是要通过比较鉴别,进行选择取舍、过滤加工。而要比较鉴别,仅靠一个人关在房子里冥思苦想是不行的。"两论相订,是非乃见",只有在交谈辩说中,其优与劣、长与短、真理与谬论,才能现出真面目来。知识经过提炼,就会更加纯正;信息经过加工处理,价值就会得到增生。

(三) 社会交往是社会化的必由之路

在社会交往中,随着友情的增进,交往能力的提高,人的办事能力以及其他各方面的才干都会得到提高。从这种意义上讲,人际交往,就是一所使人得到全面发展的大学校,就是人们实现社会化的一条必由之路。

(四) 社会交往是人类感情的寄托

同家人的交往能使你享受到天伦之乐,同恋人的交往能使你品尝到爱情的甘甜。孤独的时候,交往会给你带来安慰;忧愁的时候,交往会使你得到欢乐。心理学家的实验表明,即使是无忧之人,如果把他一个人长时间关在屋子里,他也会产生恐惧感。相反,群体生活会使人感情上觉得充实、愉快,交往活动可以使人的苦闷忧愁得到合理的宣泄和排解,通过心理调适而达到心理平衡,从而保持身心健康。

知识窗

人能承受多少孤独

1954年,美国做了一项实验。该实验以每天20美元的报酬(在当时是很高的金额)雇用了一批学生作为被测者。实验内容是这样的:为了制造出极端的孤独状态,实验者将学生关在有防音装置的小房间里,让他们戴上半透明的保护镜以尽量减少视觉刺激。接着,又让他们戴上木棉手套,并在其袖口处套了一个长长的圆筒。为了限制各种触觉刺激,又在其头部垫上了一个气泡胶枕。除了进餐和排泄的时间以外,实验者要求学生24小时都躺在床上。可以说,这样就营造出了一个所有感觉都被剥夺了的状态。结果,尽管报酬很高,却几乎没有人能在这项孤独实验中忍耐三天以上。最初的八个小时好歹还能撑住,之后,学生就吹起了口哨或者自言自语,有点烦躁不安了。在这种状态下,即使实验结束后让他做一些简单的事情他也会频频出错,精神集中不起来了。据说,实验后得需要3天以上的时间才能回到原来的正常状态。实验持续数日后,人会产生一些幻觉。例如看见大队花果鼠行进的情景啦,或者听到有音乐传来啦等等。到第4天时,学生会出现双手发抖,不能笔直走路,应答速度迟缓,以及对疼痛敏感等症状。通过这个实验我们明白了一点,人的身心要想正常工作就需要不断地从外界获得新的刺激。

二、当代社会交往的特点

由于科学技术的快速发展和知识经济的蓬勃兴起,当代社会生活发生了前所未有的巨大变化,有人将当代社会称为信息社会。随着人类社会迈进了一个新的时代——信息时代,人们交往活动的空间范围、时间频度和内容要求都发生了翻天覆地的大变化,形成了量的飙升和质的跃迁。计算机和互联网络等现代信息科学技术手段的发明和广泛应用,使得当代社会交往呈现出一系列新的特点。

(一)交往手段的信息化

这主要表现在对交往信息的处理和交往信息的传输上。无论是物质交往还是精神交往,其实质都是人们之间对实物信息或意义的传递活动。计算机和互联网络的快速发展,把世界联接成了一个"地球村",并且成为有史以来人类最大的交往和沟通媒介。与传统信息传输方式相比,人类迄今能够运用的所有媒体包括声音、文字、动画、影视等都可以在互联网上方便迅速地传播,为人们提供了一个很好的沟通"界面"。

(二)交往主体的虚拟化

传统社会交往一般受到地域、身份和利益的限制,交往主体大都限于权利、地位、职业和利益相近的社会阶层。当代社会交往的主体不再仅仅限制在纯粹熟人之间,陌生的,不同阶层、民族、地域、语言的人都可以通过网络发生交往。网络行动主体可以同世界任何地方的任何网络主体进行互动,而且可以同时进行一对多、多对多以及多对一的交往互动。网络空间中交往主体的虚拟性,使得人们在网络社会中建立自己的身份时,完全是根据自己的愿望、需要和偏好,很大程度上摆脱了现实社会对人身份、地位的限制。网络主体的这种虚拟性使得人们在交往时很可能是出于共同关心某一领域或是出于共同的兴趣爱好而进行的自由交往,而不是出于功利目的。

三、社会交往的基本原则

提高社会交往能力,首先要有积极的心态,要理解他人、关心他人。在日常交往活动中,首先要主动与他人交往,不要消极回避,要敢于面对不同层次的人,不要轻视自己的出身、相貌、经历而封闭自己。其次要注重社交礼仪,与他人多交往。在实际的生活中体会、把握社会交往中的各种方法和技巧,可以遵循以下三原则。

(一)交互原则

心理学家阿伦森等经过大量的实验研究发现,人际关系的基础是人与人之间的相互接纳、相互支持。任何人都不会无缘无故的接纳我们、喜欢我们,别人对我们的喜欢是有前提的,那就是我们也要喜欢、接纳他们,即别人对我们的态度很大程度上受我们对别人态度的影响,人与人之间的喜欢与厌恶、接纳和疏远是相互的。据此,我们与人交往时应心态宽容,悦纳别人,尊重别人,对别人的优点要表示真诚的赞美。根据马斯洛的需要层次理论,尊重的需要是较高层次的心理需要。获得别人的肯定和赞美是每个人心灵深处的需求。只有我们先真诚地"投之以桃",别人才会友好地"报之以李","己所不欲,勿施于人"是有其心理学依据的。

(二)互惠互利原则

心理学家指出,人与人之间的交往本质上是一个社会交换过程,发生在人际交往当中的交换与发生在市场上的交换所遵循的原则是一样的,也就是人们都希望交换(包括物质、情感、信息、服务)对自己来说是值得的,不值得的交换没有理由去实施和维持,否则,我们就无法保持自己的心理平衡。因此,我们在同别人交往时,应怀有一颗感恩的心,不要视别人对自己的帮助为理所当然的"应该",应尽可能地给予对我们的付出者以相当的物质或精神的回报。平等的交往、平衡的交换是最长久的。无论怎样亲密的关系,如果一味只利用而不"投资",只索取而不奉献,亲密、值得的关系也会转化为不值得、疏远的关系,从而面临人际关系的困难。

(三)自我价值保护原则

自我价值保护,是指人们为了保持自我价值,心理活动的各个方面都有一种防止自我价值遭到否定的自我支持倾向。因此,我们要想做人际交往中的成功者,首先应不贬低、不轻视别人的价值,不伤害别人的自尊心,如果总是盛气凌人,以己之长比人之短,或当众揭别人的伤疤,让别人总有一种焦虑感、自卑感、无能感,那么交往就会很快停止,而且别人会很容易地启动自己的心理防御机制,或冷淡疏远你,或轻视排斥你,或抵触攻击你。每个人都愿意成为别人心目中有价值的人,这是人的天性。卡耐基有句名言:如果你想赢得朋友,让你的朋友感到比你优越吧;如果你想得到敌人,时时表现比你的朋友优越吧。

回顾与总结

人的生存离不开社会环境。首先,社会环境对人的心理健康的影响具有两面性:积极影响和消极影响。就社会环境急剧变迁的现代社会而言,一方面,经济环境、政治环境、文化环境、教育环境和人际环境等方面的多元特点使得人们有机会和条件接收来自各个领域各个方面的多元信息,开阔了视野,丰富了人生体验,增强了对社会的广泛适应性及较强的心理承受能力,培养了比较深刻的辨别和批判能力;但是另一方面,由于市场经济的发展和社会变革的频繁,又导致了人们之间竞争的加剧,家庭和社会人际关系的冷漠,使人感到心理压力大,负担重,产生焦虑、痛苦、抑郁、空虚、寂寞等不良心理现象。其次,人是具有思维和主观能动性的,所以并不是消极被动地接受社会环境的影响,而是一方面能够积极主动地去改造社会环境,使社会环境更好地适应人类生存与发展的需要;另一方面人们也能够调节自己的心理状态,能动地适应不断变化的社会,处理好与社会环境的关系。社会交往能力的提高对人的心理健康产生重要的影响。

巩固与练习

1. 什么是社会环境?
2. 社会变革会对人们的心理健康产生怎样的影响?
3. 社会时尚会对人们的心理健康产生哪些影响?
4. 谈谈如何提高社会交往能力。

参考文献

1. 沙莲香.社会心理学.中国人民大学出版社,1987.

2. 袁方. 社会学百科辞典. 中国广播电视出版社, 1990.

3. 程继隆. 社会学大辞典. 中国人事出版社, 1995.

4. 何中华. 试论人与社会环境及其关系. 长白学刊. 1999, (5).

5. 朱智贤. 心理学大词典. 北京师范大学出版社, 1989.

6. 费穗宇、张潘仕. 社会心理学辞典. 河北人民出版社, 1988.

7. 梅建明. 社会发展与社会政策. 天津社会科学. 1999, (4).

8. 施继元、高汝熹、戴小平. 房奴现象的成因与对策研究. 江西社会科学. 2007, (5).

9. 陈升. 基本的品德素质: 青少年道德教育的永恒主题——兼论社会变革中的青少年道德教育. 中国青年政治学院学报. 2001, (11).

10. 周晓虹. 现代社会心理学. 上海人民出版社, 1997.

11. 李建华、袁建辉. 论时尚的道德环境效应. 湖湘论坛. 2001, (3).

12. 路得、郑雄. 青春的轨迹: 90 年代中国内地青少年时尚热点概述. 中国青年研究. 2000, (1).

13. 巴克. 社会心理学. 南开大学出版社, 1984.

14. 郑惠生. 论审美时尚的正面价值. 广东教育学院学报. 1999, (5).

15. 李双. 人际交往三原则. 教书育人. 2004, (3).

第七章 文化与心理健康

2000 年 4 月 1 日深夜,来自江苏北部沭阳县的 4 个失业青年潜入南京一栋别墅行窃,被发现后,他们持刀杀害了屋主德国人普方(时任中德合资扬州亚星—奔驰公司外方副总经理)及其妻子、儿子和女儿。案发后,4 名 18 岁至 21 岁的凶手随即被捕,后被法院判处死刑。普方先生的母亲了解到这 4 个男青年并非有预谋要杀人,希望宽恕被告,她写信给地方法院,表示不希望判 4 个年轻人死刑,"德国没有死刑,他们的死不能改变现实。"在当时中国外交部的新闻发布会上,也有德国记者转达了普方家属的愿望。外交部方面回应"中国的司法机关是根据中国的有关法律来审理此案的"。最终,江苏省高级人民法院驳回了 4 名被告的上诉,维持死刑的判决。(资料来源:《中国青年报》,2009 年 12 月 30 日)由此可见,对于行为的理解,具有文化差异性。

心理具有天然的文化性。一方面,人的心理具有文化的烙印,人的心理和行为是在特定的文化中形成发展的,受到文化的影响与制约;另一方面,人也能够突破自身文化带来的局限性,完善自身的不足。本章探讨文化与心理健康,其目的不仅仅是为了认识文化对心理健康的重要作用,更重要的是能够在未来的研究和实践中,更好地理解文化对人的影响,避免由于文化的局限性导致的误读现象和偏见,充分发挥心理调节的作用。

第一节 文化概述

一、文化的内涵

"文化"这一术语的定义多种多样。据不完全统计,中外有关"文化"的含义有 161 种之多。英国人类学家泰勒(E. B. Tylor)1871 年在《原始文化——关于神话、哲学、宗教、艺术和风俗的研究》一书中对文化的规定:"(文化)是包括知识、信仰、艺术、道德、法律、风俗以及社会成员所获得的能力、习惯等在内的复合体"(沙莲香,2000)。这一界定涵盖广泛,但主要是从静态的角度出发来解释文化,并没有表现文化的传递性。

其后,文化人类学家林顿(R. Linton)定义文化为:"一种文化是习得的行为和各种行为结果的综合体,构成文化的各种要素为一定社会成员所共有的。"林顿将文化划分为三种类型:物质文化、行为文化和心理文化,并且认为前两种文化构成文化的外侧面,而后一种文化构成文化的内侧面。尽管林顿的划分被认为概念上存在含混不清之处,然而他将心理现象作为文化一部分的"冒险",得到了进一步的关注(沙莲香,2000)。

拉丁文的"文化"二字的意义就是培养。《易·贲卦·象传》关于"观乎天文,以察时变;观乎人文,以化成天下"。这"人文化成"就是汉语"文化"一词的来源。

从文化的定义我们可以看到,文化的基本内容大体包括三个方面,即思想观念、生活方式和精神物化产品,这三者有机地组合起来构成了人类文化的全部内容。与人的生理需求不同的是,文化是后天习得,后天形成的,人是社会化的动物,文化则是社会对人施加的影响。

二、文化的分类

文化有广义和狭义之分。广义的文化,指人类社会的全部遗产,囊括社会生活的全部领域;狭义的文化则指观念形态的文化,仅限于意识形态领域(陈幼平,2004)。

文化从范围、地位和作用可以分为主文化和亚文化。主文化是指在一定族群中占主导或统治地位的文化,亚文化是指在这一范围内处于次要地位的文化,亚文化一般不与主文化相抵触或对抗。

刘景泉(2006)将文化分为四大类:造型文化、表现与再现文化、规范行为文化、探索与传承文化。造型文化是通过塑造某种立体形象来反映社会生活、人的思想感情的文化,其主要表现形式是建筑、雕刻、造园等艺术。表现与再现文化是通过人的语言(包括文字)、动作、形象等等反映人的思想感情和社会生活的文化。其主要形式是文学艺术,包括音乐、舞蹈、杂技、散文、诗歌、小说、影视、戏剧等。规范行为文化,是指导、规范人们的信念、理想、行为准则、生活方式等的文化,主要包括伦理道德、风俗习惯、法规原则等。探索与传承文化,是指人们探索客观规律并将知识传授、传播他人的文化,包括各门科学、各类教育和各种新闻。

三、文化与身体健康

首先,文化影响人们对健康标准的追求和判断。其一是常态层面,即生理上、心理上和社会适应上处于统计学中的常态范围,而不是偏离这个范围,一旦偏离,便成为病态或变态。其二是理想层面,即世界卫生组织所指的"身体上、精神上、社会适应上完好的状态"。无论是常态层面还是理想层面,健康之"常态"与"理想"都无不打上文化的烙印。所谓常态,不过是被人们认同的大多数人的身心状态,而这种状态及其能否被认同,与文化密切相关。以肉类为主食的欧美人,其血脂、身高、体重等方面的常态指标,绝不同于以植物为主食的亚洲人;在封建文化下妇女"三寸金莲"的常态,在今天则被看作是伤残脚的病态。至于理想的健康追求,更体现了文化的价值取向。两性畸形在大多数文化背景下被看作是病态,但是,纳瓦合印第安人则把两性畸形的人(阴阳人)看成是"特别的、神圣的、可贵的"人,是普通人求助的对象。此外,追求幻觉的平原印第安人,崇拜神志恍惚的"通灵者"的巴人,他们的健康追求莫不体现了他们特殊的文化(冯泽永,2000)。

其次,文化影响人的生理及病理反应。生理及病理反应的文化特征十分明显。纽基尼亚的阿拉贝加人看见脏东西的反应不是呕吐,而是排泄大便;爱斯基摩人能在寒冷的雪屋中赤身睡觉;美国佩巴族每人每天仅进食1706卡路里而能正常生存。这些都是生理文化特征的例证。至于极地歇斯底里、拉塔尔病、萨卡病、比普罗库特病、亚霍克病及温德科病,则说明不同文化对病理反应的不同影响(冯泽永,2000)。

第三,文化影响人的外显行为。据美国学者估计,女性肿瘤60％、男性肿瘤30％～40％与膳食有关。不同的饮食文化影响身体健康。生鱼片是日本人的美食却能引起大多数欧美人的恶心;黑色食品在中国有滋阴补肾的含义,而在其他国家却未必如此(冯泽永,2000)。饮食文化的不同必然带来不同的进食内容和进食方式,而进食内容和进食方式正是影响躯体健康的直接原因。进食内容对健康的影响是显而易见的。

性文化的不同则影响到性健康、性交方式及性交对象的模式不同。新几内亚海岸外沃岩欧岛上的民族不仅禁止婚前性行为,而且男人要切开阴茎让血液流出以模仿月经。在他们看来,损伤阴茎不是破坏健康,而是维护健康。在大多数文化环境中被认为是病态的同性恋,在埃及西部的西瓦绿洲却被视为正常,男性之间不仅可以公开搞同性恋,而且可以合法结婚(冯泽永,2000)。

四、文化与心理健康

文化对心理的影响,大致可以分为两大类,一是文化对心理健康的促进作用,一是文化对心理异常的影响。关于文化与心理异常的讨论,是心理学上较为关注的话题。无论是心理卫生的价值取向和心理保健的基本策略方面,还是心理问题、精神病理、特有心理问题类型、临床表现、对待心理问题的态度、求助行为、心理保健与治疗方式等具体方面,不同文化区域和文化群体的人们,以及不同文化个体间,都存在不同程度的差异。

(一) 文化对心理健康标准界定的影响

在心理健康的研究过程中,心理健康的含义多种多样,一个重要的原因在于文化背景的差异。生活在不同文化中的人看问题的角度不同,思维方法、情感体验、行为模式都体现了自己文化的特点。

心理健康标准是跨文化的,还是受文化影响的,是一个有争议的问题。在《关于心理健康标准研究的理论分析》(江光荣,1996)一文中,作者把以往中外学者的心理健康标准进行归类,认为对心理健康的判断标准主要可分为两种,一是"众数原则",即假定社会成员中绝大多数人的心理行为是正常的,偏离这一正常范围的心理行为可视为异常,这一原则提出的是相对标准,即个体与社会大多数人的心理健康状况对比来判断;另一种是"精英思路",这一观点主要是人本主义心理学家所持有的观点,认为心理健康程度应以个人内在天性发展的程度来确定,相对于众数原则而言,这是一种绝对标准。人本主义者认为,人类全体都有共同的内在天性,这种标准就应该具有文化普适性。

有研究者指出(江光荣,1996),心理健康标准往往具有文化相对性。一个被广泛引用的例子是对同性恋的看法,在世界绝大多数的宗教教义,特别是基督教教义中,同性恋被视为罪恶而被禁止。美国的佛蒙特州、加利福尼亚州认为同性恋合法,有些州认为同性恋违法,且被视为变态。西方人的心理健康问题更多地根源于追求自我的先在性与绝对性为基础的西方文化,表现为自我人格分裂、孤独、极端性人格、自我中心主义;中国人的心理健康问题更多地根源于过分注重他人评价、社会影响,缺乏自我意识、自我表现,所以表现为压抑自我的抑郁、焦虑、自我冲突与困惑等。

（二）文化对心理异常的影响

1. 文化影响心理异常的界定标准、评估与诊断

文化影响着心理异常的标准。关于文化与心理治疗的关系，主要有文化相对论与文化中立论两种观点，无论是心理治疗理论还是心理治疗的理念与方法，都既具有文化普遍性，也具有文化相对性（李炳全，2007）。"文化中立论"认为，存在着跨文化的判断或确定心理异常的标准，其途径是采用统计学方法来确立心理异常的一般标准。使用统计学方法是从心理现象发生的概率上对其是否异常作出判定。一般而言，发生概率愈小的心理，愈有可能是异常的。诸如抑郁（depression）之类的精神疾病在亚洲、非洲和拉丁美洲的所有社会中，其诱因、过程和表现都是相似的。而西方关于正常和异常的概念也可被视作普遍适用，在文化间可以同样应用，不需要在诊断和治疗上根据文化背景的不同进行修正（Sue. D, Sue. D. W, Sue. S. , 2000）。"文化相对论"认为，不存在跨文化的判定心理异常的标准，只有把文化语境因素考虑在内，才能理解和界定心理异常。

不仅不同的文化会有不同的心理行为健康与否的标准，并且同一文化中的心理行为正常与否的标准也会因时代、阶级、性别等有所变化和不同。随着时代的变迁，某一时代被认为是正常的心理行为模式，在另一个时代也许就是反常的。最明显的例子就是对同性恋行为（homoeroticism）的判定。西方曾经将同性恋视作异常行为，然而到了当代，美国心理学会和美国心理精神分析学会都不再视同性恋为心理异常，DSM－Ⅲ和DSM－Ⅳ也将同性恋排除出了异常行为的范畴（Sue. D, Sue. D. W, Sue. S. , 2000）。

"文化中立论"认为，可以依据心理异常的表现对之分类、评估和诊断。最为常用的方法有行为评定法、问卷调查法、测量法或测验法、投射法等，主要诊断智力障碍、人格障碍、行为问题等。"文化相对论"认为，心理异常的表现受文化的影响或制约，具有文化差异性，无法进行跨文化分类，因此也就无法用相同的方法进行评定或诊断。

2. 文化影响心理异常的发生率

民族心理学家和精神病学家都认为，现代文明社会比那些简单的原始社会有更多的心理异常者。文明程度越高，紧张情绪增强，心理异常的比例也就会随之增加。如米德的研究中，萨摩亚青少年无忧无虑，而现代欧美青少年则充满了紧张、焦虑和不安。研究者发现，在巴西的里约热内卢，躯体化障碍的患病率是7.5％，在智利的圣地亚哥则是17.7％，而在尼日利亚的伊巴丹、英格兰的曼彻斯特、日本的长崎和意大利的维罗纳均发现这一比率低于1％。这一障碍患病率的地区差异提示心理障碍可能与文化有密切的联系（王建平，2005）。有国外研究指出，各种心身疾病在非洲的丛林部族中颇为多见；早年性心理疾病和老年性心理障碍在发达国家中比发展中国家多见；酒精、药物中毒引起的精神障碍、躁郁症及神经症等，以城市多见，而精神发育不全则以农村较多见，亦即文化的差异引起了心理疾病的差异。

3. 文化影响心理异常的内容和表现方式

在某些文化中，有一些特别的异常心理及行为，是其他文化所不具有的。如在马来西亚地区，出现一种所谓"杀人狂"的精神异常疾患。在土著民族中，当有人被污蔑或发现自己爱人有外遇时，先是严重的抑郁，然后把自己的眉毛、胡子、头发等统统剃光，再拿起一把大斧子，走到人多的街上,见人就砍,遇到反抗就与之厮杀,直到自己筋疲力尽,被杀死为止。另外,在爱斯基摩人中有一种"皮普鲁克图症"。这种病阵发性地发作,大笑、大闹,脱去衣服在雪地上打滚或乱跑,并有杀人或自杀的现象。在南美洲发现秘鲁急性惊恐症,表现为极度的焦虑和惊恐反应。这种焦虑或惊恐是由于病人相信有一种独眼妖魔能危害于人(王建平,2005)。

这种由某些社会特定文化所制约的特定的精神或行为异常,发生根源及具体类型部分产生于该文化所导致的矛盾冲突,因此在另一些社会十分少见。相同的病症还有拉美等国的"惧巫症",对巫术的恐惧不仅会导致生病,甚至会导致死亡。此外,舞蹈症在欧洲已有600多年的历史,直到现在还常常出现在意大利南部的农民社区中(周晓虹,2001)。

在不同的文化模式中,同一病症也会有不同的表现。如抑郁症,因社会和文化的影响,在不同文化中的表现差别巨大。对于西班牙裔或拉丁裔美国人和亚裔美国人而言,抱怨身体上的不适是非常普遍的。这种文化背景中的人相信是身体的问题引发情绪障碍(emotional disorder),而在针对身体疾病的治疗开始后,情绪障碍就会消失。另外,亚洲人将心理疾病视作羞耻和丢脸的事情,身体上的毛病却可以谈论。因此,当人们面对压力时,他们就会向心理健康专家抱怨头痛、疲劳、休息不佳,睡眠和胃口不好等症状。事实上,这些症状都是抑郁症的表现,只是因为文化本身对于情绪的表达有所限制,因此导致表现的途径发生转化,使得对抑郁症这一心理疾病的体验以躯体化的方式表达出来。(Sue. D, Sue. D. W, Sue. S., 2000)。

行为有着文化的烙印,某些异常行为在该社会成员中是不被视为病态行为的,但在其他文化中可能被认为是不正常的行为和心理反应。如精神病学家米克罗(H. S. Mekeel)所报告的一个实例:有一个平原印第安少年持刀杀死了自己的父亲。而后他对前来的警官说,这是遵照自己的守护神的告谕而干的,为此被视为精神异常带到医院,但是他的母亲认为"我的孩子也没有什么奇怪的举动。在我们村子里,谁都有自己的守护神,经常在冥冥中听到他的神的告谕,按照他说的话行动"。而在那些印第安社会中,没有类似能力的人,将被作为落后者受到歧视(祖父江孝男,1987)。

另一个例子就是中国古代妇女的缠足行为,尽管在今天看来这种行为是异常的,不可以接受的,但是在中国古代相当长的一段时间内,缠足是正常的,而不缠足才是不正常的行为。由此再一次印证了,行为的正常与否,是因社会和文化而异的。

4. 文化影响异常心理和行为的治疗

"文化中立论"认为,心理治疗理论、技术与方法具有普适性,可用于不同文化中的心理治疗。而"文化相对论"则认为,源于西方文化的心理治疗理论与技术、方法对西方人比较适合,但对其他文化不适合,甚至还会有不良影响或副作用。事实上,心理治疗具有文化普适性和文化差异性两种属性,片面强调一个方面而忽视另一方面都是不正确甚至有害的。心理治疗需要关注个体的文化脉络。

五、文化与亚文化

亚文化(subculture)是与主流文化相对的概念,又译为"次文化"、"副文化"。张筱薇认为(张慧凡,2008),亚文化指的是一种从属于社会主导文化的、次级的或者低等的文化。

《教育大辞典》(顾明远,1997)对亚文化的定义为:亚文化是社会总体文化的一部分,主导性文化的补充。任何群体凡在某些方面与社会主导性价值体系不同,形成的具有自己特色的生活方式、语言、价值体系,体现鲜明的集团、群体个性、风格、凝聚力的文化形态。亚文化群体与主流文化的价值体系存在差异是其产生的前提,而特有的生活方式、语言则是其外在表现,共同的价值观是维系该群体存在与发展的关键。亚文化从主体上可以分为民族亚文化、职业亚文化。大学校园的亚文化是在一定时期内为整个大学生群体所共享的一套价值观念,是校园的微观文化,其与主流文化之间存在着微妙的互动逻辑,体现为校园亚文化对于主流文化既抗拒反叛又依附承认的双重特质。其同时由于与主流文化的互动和社会变迁的影响而呈现出动态稳定的状态。

目前,大学校园亚文化主要表现形式有宿舍文化、广告文化、商业文化、短信文化、影视文化、网络文化、课桌文化、享乐消费文化、口头禅文化等。这些亚文化从作用性质上可以分为良性亚文化、中性亚文化和不良亚文化三种类型(李锡海,2005)。

知识窗

乐 活 族

乐活族又称乐活生活、洛哈思主义。乐活,是一个西方传来的新兴生活形态族群,由音译 LOHAS 而来,LOHAS 是英语 Lifestyles of Health and Sustainability 的缩写,意为以健康及自给自足的形态过生活,强调"健康、可持续的生活方式"。"乐活"是一种环保理念,一种文化内涵,一种时代产物。它是一种贴近生活本源,自然、健康、精致的生活态度。"健康、快乐、环保、可持续"是乐活的核心理念。

"乐活族"这群人是乐观、包容的,他们通过生活和消费,支持环保、做好事,自我感觉好;他们身心健康,每个人也变得越来越靓丽、有活力。这个过程就是:Dogood、Feelgood、Lookgood(做好事,心情好,有活力)。他们关心生病的地球,也担心自己生病,他们吃健康的食品与有机蔬菜,穿天然材质棉麻衣物,利用二手家用品,骑自行车或步行,练瑜伽健身,听心灵音乐,注重个人成长,通过消费和衣食住行的生活实践,希望自己有活力。

由于乐活理念顺应了社会发展的大趋势,乐活生活方式早已流行于欧美发达国家,但在中国刚开始流行。在宁波举行的 2008 中国青年 LOHAS(乐活族)时尚文化论坛上,共青团中央和全国学联力推"乐活族"理念。在美国每四人中就有一人是"乐活族",欧洲约是三分之一。乐活理念传入中国时间虽不长,但已为很多人所接受,并成为一种生活趋势。从日常生活中的衣食住行到高科技数码产品……乐活,正逐步渗透到我们的思想观念及生活的方方面面。

第二节　网络文化与心理健康

网络的出现既是一场新的传播技术革命,又是一种新的经济模式,还是一个社会文化现象。网络革命从根本上改变了通讯工具和交流手段,开辟了文化传播与文化交流的新时代(李志红,2003)。

一、网络文化的含义和特征

网络文化是指网络上的具有网络社会特征的文化活动及文化产品,是以网络物质的创造发展为基础的网络精神创造。广义的网络文化是指网络时代的人类文化,它是人类传统文化、传统道德的延伸和多样化的展现。狭义的网络文化是指建立在计算机技术和信息网络技术以及网络经济基础上的精神创造活动及其成果,是人们在互联网这个特殊世界中,进行工作、学习、交往、沟通、休闲、娱乐等所形成的活动方式及其所反映的价值观念和社会心态等方面的总称,包含人的心理状态、思维方式、知识结构、道德修养、价值观念、审美情趣和行为方式等方面。

网络文化是由无数个具体的有特殊内涵的文化构成的,网络文化还衍生出许多泛文化现象,如黑客、网恋、网婚等。网络文化无论就其内容还是形式来说,它都迥异于以往所有的文化,并对传统文化造成很大的冲击(王静,2006):

网络文化具有以下六个特征(王静,2006):

第一,以高科技作为基础。网络文化是随着计算机技术、通信技术和网络技术的发展而形成并发展起来的,以技术为基础是网络文化的一个重要特点。

第二,传受空间的虚拟性。网络文化最重要的一个特征就是虚拟性。人们可以以任一名字、任一性别登陆虚拟社区。

第三,传受双方具有交互性。网络传播提供了一种开放的、双向的信息流通方式。传者与受者之间可以直接交流信息,实现人际互动。

第四,开放性和全球性。网络通信技术打破了时空的界限,缩短了人与人之间的距离,使人们置身于更加广泛的联系和接触中。

第五,个体的自主性充分表达。网络文化完全是在自愿和自我管理的基础上进行的。

第六,人的创造性被高度激发。网络文化的自主性和开放性使用户的个性得到尽情发挥和他人普遍的认可,从而推动网络文化创造性地发展。

二、网络文化对大众的影响

随着网络的迅猛发展,网络已成为我们生活中不可缺少的一部分。网络文化极大地影响和改变着人们的生产方式、工作方式、生活消费方式和竞争对抗方式。

(一) 网络文化的积极影响

1. 便于获取信息,资源共享

互联网上的信息来源广泛、丰富多样,还具有可存储性、易检索性、易复制性和多媒体性,并且整合了报纸、广播、电视的优势,实现了文字、图片、声音、图像等传播手段的有机结合,传播快捷。上网浏览新闻日益成为上网人群的一种习惯。网民可以通过搜索引擎获取信息,通过网络论坛学习交流,通过数字图书馆获取电子资源。数字化期刊、网上图书馆、搜索引擎在改变人们阅读习惯的同时,也为学术研究提供了更多的便利。网络远程教育也为传统教育注入了活力。网络办公、网络招聘、网上求职已经成为各大企业节约成本、提升效率的普遍选择。

2. 提供了交流的平台

作为一种交互性的媒体，互联网提供了丰富便捷的交流沟通方式，已经成为网民表达观点和情感的最重要途径之一。网络论坛、博客、播客、即时通讯工具等因为适应网民的需求而获得迅速的发展。通过电子邮件、MSN、QQ聊天工具等可以向网上咨询师寻求帮助，缓解心理压力。

3. 丰富了人们的文化生活

迅捷的互联网是一个信息高度离散化的国际文化网络，极大地丰富了人们的文化生活，尽可能多地满足了人们日益增长的精神需求。人们可以利用网络欣赏全世界的优秀文化艺术节目，使全球的艺术资源共享；足不出户就可以游遍世界一流的图书馆、展览馆、歌剧院；网络也大大拓宽了文化产品的交流互通渠道，使网上交易更为便捷，网上购物、网上银行和发达的电子商务缩短了交易双方的时空距离。以前我们想买东西得去商场，现在卖家把物品挂在网上，供大家欣赏、选购，吃的用的应有尽有，买家只要点击鼠标就可以买到物美价廉的货品。

(二) 网络文化的消极影响

网络文化是一把双刃剑。随着信息时代的飞速发展，互联网给人类带来便利的同时，也无法回避它带来的负面影响。无节制地泡网吧、网上聊天、阅读网络小说、沉迷网络游戏等都会给个人的生理和心理带来损害，如视力下降、食欲不振、学习成绩下降、工作效率降低等；虚假信息、垃圾邮件泛滥；网络恶搞挑战道德底线；网络音乐和视频侵犯知识产权；网络诈骗、网络盗窃等网络犯罪成为社会公害；网络暴力严重影响网民的身心健康；网络病毒和电脑黑客威胁网络安全和电子商务等。网络在给人们的社会交往与交流提供了巨大方便的同时，限制和改变了人们的传统交往方式和情感方式，产生了诸如孤独、网瘾等一系列社会问题。

三、网络文化对大学生心理健康的影响

网络时代的到来，虚拟空间出现"道德真空"，对传统的伦理生活秩序造成很大冲击。2011年1月，中国互联网信息中心公布的第27次《中国互联网络发展状况统计》表明，中国网民规模达到4.57亿，学生占整体网民的30.6%，大专及以上学历网民占23.2%，20—29岁的网民占29.8%。由此可见，大学生是互联网用户的重要组成部分。随着高校信息化进程加快和校园内互联网接入条件改善，大学生的网络行为越来越普遍，上网成为大学生的日常活动。

(一) 网络文化对大学生心理健康的积极影响

1. 网络为学生提供了更为方便快捷的沟通交流机会

网络的交流方式更加方便快捷，比如电子邮件、聊天系统、贴吧、微博等，使学生和老师、家人、朋友的交流更加密切。面临就业的同学需要在网上寻找大量的就业信息并根据需要投递简历，这当然也离不开电子邮件。贴吧和微博缩小了人和人之间的距离，不论大家是否认识，都可以将自己的亲身经历和遇到的事拿出来分享，还可以对别人的所见所闻进行评论。一方面可以增进沟通，另一方面也是内心的一种宣泄，减少了心理压力。

2. 满足学生强烈的求知心理

大学生可以根据自己的需要,在网上搜索所需材料,包括下载各种文献资料、程序软件、最新研究成果等。网络开阔了大学生的眼界。通过网络,可以轻而易举地浏览世界各地发生的重大新闻,更快捷地获取相关信息的详细内容。

3. 增强了学生自由平等的参与意识,促进其自我价值感的提升

90 后大学生个性张扬,但有些同学由于各种原因,认为自己的能力没有得到发挥与表现,在网络上,他们可以突破社会及他人对自己行为的评价,享受成功、自由、刺激的感觉,证明自己的价值。

(二) 网络文化对大学生心理健康的负面影响

1. 对大学生的世界观、人生观产生不利影响,造成道德的弱化

部分大学生上网的目的是猎奇,即追寻一种在现实生活中难以了解的事物或信息,并借以获得感官刺激。他们往往会出于好奇或冲动的心理刻意寻找一些色情、暴力信息,在网上玩惊险暴力游戏及浏览色情网站。由于网上行为的约束度极小,一些学生道德观念尚未成熟,互联网上的有害信息威胁着其伦理道德的建立,为他们弱化道德责任提供了可能。一些不健康的文化和生活方式更容易使人生观及价值观尚未完全形成的大学生丧失道德标准,迷失人生目标和生活理想。

2. 忽视人文素质,导致大学生的社会责任意识淡薄

当今 IT 业中,涌现出一大批凭技术力量白手起家的富豪,他们的成功加剧了大学生对人文社会科学的轻视,使他们单纯地认为只要有技术就可拥有一切,在价值观念上过分推崇科技。其实科技与人文在历史发展中缺一不可,科学缺失人文,历史的发展就会迷失方向,人对社会的责任感就会淡漠,导致道德水平的滑坡。网络文化环境下有可能出现性格孤僻、冷漠、缺乏责任感、没有明确价值观、没有人生目标的一代"空心人"。

3. 少数大学生过分迷恋网络游戏,导致学业荒废

游戏娱乐已成为大学生上网的主要需求。部分缺乏自制力的学生沉溺于网络游戏不能自拔,逃课、熬通宵、甚至荒废学业,影响其身心健康并诱发了一系列社会问题。在全球范围内,网络成瘾者的数量日益增多。对互联网的依赖行为已经严重影响了部分学生完成学业及正常生活,甚至导致人格扭曲。2001 年国内某大学 237 名退学学生中,有 80% 的人是因迷恋网络而成绩太差导致无法完成学业的。上海某大学退学、试读或转学的 205 名学生中,有三分之一的学生无法通过考试也与无节制地上网有关(梁祝平,2003)。据统计,全国每年受到学籍处理的学生中有 70% 以上是因为网上耗费太多的时间导致成绩滑坡造成的。

4. 心理承受能力过低,出现人际交往障碍

人际情感是需要人与人进行社会交往来维持的。经常上网的大学生常感到与周围的人交往不投机,不善于与人沟通,喜欢在网上寻求虚拟的完美人生,从而失去对社会群体的归属感。许多学生在现实中受挫时,往往愿意到虚幻的网络空间去倾诉,互联网成了他们逃避现实、寻求自我解脱的一个重要的渠道和环境。在一定程度上,网络弱化了学生的现实交际能力。虚拟的人机互动增多,还会使大学生对现实环境和公众利益等基本的社会观念趋于冷漠,

凡事以自我为中心,造成人的心理的"社会性分离"。

四、正确利用网络文化,促进心理的健康发展

(一) 正确利用网络文化,提高对网络的心理控制能力

互联网的出现使人类的生活方式和学习方式发生了深刻的变革,对大学生而言,应该合理使用网络,把它作为提高自己、展示自己的平台。同时,应有意识地控制上网欲望。对网络成瘾的大学生有以下建议:一是要理智地控制上网时间和次数。上网之前先定好目标并限定时间,增强上网行为的针对性;二是有心理障碍的学生最好不要去网上寻求安慰,应求助于心理医生,切忌把上网作为逃避现实生活问题或排遣消极情绪的工具;三是保持和周围人群的正常交往。要勇于面对现实,多参加有益的社会活动,增强自我控制能力。

(二) 重视对大学生进行网络道德教育

网络的虚拟性往往使学生产生无拘无束的感觉,似乎网上无人监督,可以为所欲为。实际上,虚拟的网络空间也和现实社会一样,存在着各种不同的法规和纪律,如果稍不小心加以触犯,同样会受到惩罚。因此,学校在对大学新生进行入学教育时应包括网络安全和道德教育的内容,帮助他们认识网络社会的复杂性,自觉遵守网络道德。

(三) 学校要整合多方力量,齐抓共管,优化网络环境

要强化网络监管体系,以加大网络安全的管理力度。"网络社会"和现实社会一样,只有建立一整套道德规范,网络才能正常运行。高校应当采用数据加密技术,对所有重要信息全部通过加密处理,保护信息系统;大力研究和开发用于防止网络病毒或增加信息系统对病毒的"免疫力"的杀毒软件;利用互联网监控软件对进出信息系统的数据流与程序进行实时监控与过滤,剔除色情、暴力等不良信息,限制调阅互联网上的不健康内容,为学生的网络心理健康发展提供技术保证。为了加强大学生的网络责任意识,在严格执行《中华人民共和国计算机信息系统安全保护条例》《中华人民共和国信息网络国际联网暂行规定》,以及国家有关的法律和管理条例的同时,《学生手册》中应增加校园网络管理条例的内容。

(四) 重视对大学生心理素质的培养,开展网上心理咨询,积极解决学生的心理问题

学校应适当开设一些有利于培养心理素质的综合课程,同时,利用网络快捷、保密性好、传播面广的优势,开设网上心理咨询。另外,要抓好大学生网络心理问题的研究,确立一套可操作的、有针对性的网络心理障碍咨询方案,做好上网学生的心理疏导,帮助他们排除在虚拟社会中所形成的不良心理,缓解心理矛盾、恢复心理平衡、塑造健康的心理状态。比如为了消除学生对性的神秘感和好奇,在性教育方面,建议学校及时开设正式的性知识教育课,使学生对性有个正确的认识,以消除其对黄色网站的迷恋。

要消除网络文化对大学生心理健康的不利影响,达到标本兼治的目的,学校方方面面必须形成合力,齐抓共管。为此,高校校园网建设和管理,应紧紧依靠学生社团,参与学生网站的建设与管理,形成自我管理、自我规范的心理健康教育互动空间,使这种教育从学生中来,再到学生中去,工作更加有的放矢,自然会达到令人满意的效果。

第三节　性文化与性心理健康

一、性文化概述

什么是性文化？性文化反映的是在历史发展过程中，人类在针对性和与性有关的物质和精神力量方面所达到的程度和方式。简言之，就是各民族性爱生活的态度、规则、知识和艺术的总和。

性文化可以从狭义和广义两方面理解。狭义的性文化是指内容与性密切相关（也就是通常所说的有性描写）的性信息，如人体绘画、通俗歌曲、言情小说、爱情诗及有关的电影、电视等，这些信息如果超过了本民族文化的习俗限制，就是色情。广义的性文化除了上述内容外，还包括人类的性行为、性科学、性教育、性道德、性法律、求爱风俗、婚嫁仪式、男女服饰、美容化妆等，以及与之相适应的性观念。

性文化的结构是多维度的。如果把性文化看作一个大的系统，其下有四个子系统（谈大正，2010）：

性的实现系统（简称"性实现"）——各民族在性态度（集体无意识）影响下求爱和结婚的习俗，伴有爱情的性行为及其做爱的体位变化，还包括其负面，如卖淫、强奸等人类特有的性活动方式。

性的规范系统（简称"性规范"）——性法律、性道德、宗教性戒律、性禁忌等。

性的精神补偿系统（简称"性补偿"）——人类接受性规范以后的精神补偿，即内容与性爱密切相关的艺术品，包括人体绘画、雕塑、通俗歌曲、舞蹈及描写性爱生活的文学、影视作品等，其负面就是色情淫秽作品。此外还包括性服饰与性美容。

性的认识保护系统（简称"性科教"）——性科学知识、性医技（如避孕、人工生殖、性转换等方面的技术）、性教育、中国古代的房中术等。

在四个子系统中，"性规范"是核心层次，其他三个子系统是外部层次，它们都受到性规范的制约或引导。不同民族性文化的交流往往是从外部开始，然后进入核心层次。

比如东方人先是从小说、影视之中了解到现代西方人的恋爱自由、婚姻自由，有些年轻人则有意无意模仿，到了一定时候就会要求修改本国的法律，在法律里写进婚姻自由及离婚自由等等。

人类性文化现象从根本上来说，是社会要求与人的生物本性合力的结果或是二者冲突的表现。人的性心理深受性文化的影响。在美国人的观念中，婚姻是两个人的私事，两人间的性关系是任何别的感情无法替代的。而在中国人看来，婚姻是维持家族利益的手段之一，性关系并不占据中心位置，当家族的利益受到威胁时，是可以牺牲和更换的。这是不同性文化中不同的性态度造成的。

性有积极的正效应的一面，也有消极的负效应的一面；性有其自然属性，更有其社会属性。性文化可以促进社会的稳定发展、长治久安，而性愚昧、性禁锢、性混乱、性疾病则能导致个人毁灭、家庭解体、社会动乱。

二、性文化的变迁

在大多数人的眼中,英国人总是古板而保守的,英国曾一度被称作是欧洲性压抑最严重的地方。但是现在,人们要换个眼光看英国了。刚刚结束的全国性调查显示:在现在的英国,性变得越来越泛滥,越来越频繁,性伴侣也如走马灯一样换个不停。根据2002年的一项调查结果表明,虽然在英国进行合法性行为的最低年龄线为16岁,但是平均25%的英国青少年学生在此之前就已发生过性行为,其中女学生为19%,男学生为27%。而且,在这一年龄段发生首次性关系的青少年中,未采取避孕措施的竟为半数以上,造成每年的堕胎数高达3000多例。英国现在已成为欧洲16岁以下青少年怀孕率以及生育率最高的国家之一,其比例是普通欧洲国家的4倍,是荷兰的7倍(紫薇、佐桐,2004)。

中国关于性学领域的研究和实践,有着悠久的历史,早早地走在西方的前面。研究证明,早在我国的唐代,就有了非常开放和开通的性文化研究,而西方,当时还处于禁欲主义流行的时代。从宋明理学开始,官方的意识形态开始把性看成坏事,这种观念一直延续下来,使人们长期处于性禁锢之中,"性即罪"的观念造成了人们极大的心理扭曲。一方面,自然欲求和生育后代的需要使人们离不开性;另一方面,性的负罪感和神秘感压得人们透不过气来。直到20世纪80年代才逐步开放,性开放破除了性的神秘感和负罪感,这是一个历史的进步。西方人的性观念则在19世纪逐渐走向开放。20世纪60年代和70年代,出现了性革命。到了80、90年代的时候,艾滋病在美国开始出现和蔓延,西方人的性观念由此开始有所收敛,不过,与东方人相比,他们的性观念还是比较开放的。

对现代性文化变迁影响最大的是西方发生的性革命。性革命造成了许多社会问题,如家庭的解体,婚姻关系的松散,结婚人数的减少,性关系的混乱,特别是艾滋病的流行给社会和人们带来了许多痛苦和不幸。具体表现为性规范大大放松,婚前性行为普遍,性伴侣增多,人工流产的合法化,结婚率下降,离婚率剧增,未婚同居增加,尝试多种多样的性行为和性关系等。

世界进入艾滋病时代以来,性规范的发展趋势变得越来越多元,性道德的约束也越来越宽松。性的多元论日益被更多的人所理解和接受。性的多元论主张按性欲自身的感觉来表达,拒绝任何单一的固定的表达方式,认为差异是健康的和自然的,而不是病态的、邪恶的或者是政治上不正确的。

三、校园性文化与大学生性教育

(一) 校园性文化

在性文化剧烈变迁的时代,学生的性观念很大程度上已经摆脱了旧制度或道德的束缚,他们的性正在向开放、自由的方向走去。曹震宇(2006)对420名在校本科生婚前性行为进行问卷调查。调查结果表明,在校大学生发生婚前性行为的共55人,占调查人数的15.7%,而且有上升趋势。其中,1996年为20人,2001年为35人。王丽等人(2010)对浙江省某高校大学生性心理及性行为的调查发现,16.3%的大学生发生过性交行为,其中5%的大学生有2个或2个以上的性伴侣。初次发生性交行为的平均年龄为19.42岁。大学生的性观念日益开放,婚前性行为随意性不断增多,对待各种性问题的态度逐渐变得宽容。

随着性观念的开放,不少大学生开始在宿舍集体看 AV(Adult Video,即成人电影),也有不少学生在校外租房,过起同居生活。各种媒体所报道过的中学生甚至小学生发生性行为导致怀孕、流产的新闻接连不断。大学生中,未婚先孕和不安全流产现象时有发生,给学生的身心健康和学业带来严重危害,也给学校的正常教学秩序造成严重影响。

(二) 加强大学生性健康教育的对策

1. 开设性教育课程,普及性心理知识

目前的性教育处于一个比较混乱的状况,成人遮遮掩掩,社会性信息泛滥,包括网络、广告等大量性信息铺天盖地。性健康教育是中国迫切需要的社会服务。2011 年 5 月 28 日,教育部办公厅印发了《普通高等学校学生心理健康教育课程教学基本要求》的通知,要求各高校成立"大学生心理健康教育教研室",具体负责学校大学生心理健康教育必修及相关选修课的教学组织工作。各高校必须开设一门"大学生心理健康教育"公共必修课,设置 2 个学分,32—36 个学时,并将这门课程纳入教学计划和人才培养方案。在大学生性心理及恋爱心理方面,要求通过教学使学生了解自身性生理和心理的发展,认识大学生恋爱心理的特点,了解大学生在性心理和恋爱心理方面存在的问题,形成对性心理和恋爱心理的正确认识。

开展同伴教育。同伴教育是对学校教育很好的补充。2000 年,世界公益组织"玛丽斯特普"在中国设立机构——"你我健康服务中心",并先后在青岛、南宁等地成立了 6 家服务中心。该中心联合当地高校成立学生社团,对学生开展名为"同伴教育"的生殖健康培训。同伴教育是由经过培训的志愿者,对具有相同或相似背景的同伴,开展有关生殖健康、性、艾滋病等内容的讨论,引导其进行健康、负责任的行为选择。依次可分为相互认识、价值观与爱情观讨论、性和性别、避孕与流产、安全套使用、性病和艾滋病等部分。

举办性文化节也是一种教育方式。性文化节是传播性科学、普及性教育、更新性观念的文化节活动,是社会化、公众化的性教育大讲堂。性文化节对于普及性教育,疏导人们正确看待性具有积极的作用。广州性文化节活动继成功走进大学城之后,开始把生殖健康、性方面的教育引进中学校园。

2. 加强性道德教育

性道德是人类调整两性行为的社会规范的总和。为了社会秩序的稳定,需要用这些规范来约束人们的性行为,它涉及爱情观、贞操观和生育观等范畴。在对大学生进行系统的、科学的性教育的基础上,同时开展有效的性观念和性道德教育。培养学生树立牢固的社会主义性伦理道德观、行为规范和责任感,自觉地抵制"性自由"、"性解放"观念,把自己的行为限制在法律允许的范围之内,自尊、自爱、自重,使两性关系健康发展。

3. 引导学生积极参加社会活动

性冲动是伴随着性成熟而出现的一种正常的生理心理反应。大学生处于性机能成熟的高峰期,几乎每个人都能感受到自身性冲动的存在,要引导大学生将生理上的性欲冲动转化为较高级的精神活动。积极参加社会活动和集体活动是大学生实现性的升华最常用的手段。但调查表明,仅 15.9% 的男生和 27.1% 的女生把升华作为排解性冲动最主要的方式。因此,

在这方面的引导具有重要的现实意义（李淑兰,赵文阁,2005）。

性是人类本性的东西,关键要用科学的方式对待它,今天出现的青少年犯罪增多的一个原因就与不正确的性观念、性引导、性教育、性宣传有关。在大学校园开展这样的主题活动,对于大学生树立正确的恋爱观、对大学生进行性健康教育、加强他们的性自我保护意识、预防性病和艾滋病的传播,有着重要的意义。

第四节　文化与心理调整

一位美国教师在中国任教,中国同事总是对她说:"有空来坐坐"。可是,半年过去了,美国同事也没有上门。中国同事又对她说:"欢迎你到家里坐坐。如果没空的话,打电话聊聊也行。"一年下来,美国同事既没有打电话,也没有来访。但这位美国人常为没人邀请她而苦恼。中国亲朋好友和同事之间串门很随便,邀请别人来访无需为对方确定时间,自己去探访别人无需郑重其事征得同意。美国人则没有串门的习惯。遇到重大节日,亲朋好友才到家里聚一聚。平时如果有事上门,要提前预约。没有得到对方的应允,随时随地随便上门是不礼貌的行为。因此,美国同事对"有空来坐坐"这句话只当作虚礼客套,不当作正式邀请。

人不是一般的动物,而是社会的生物体,生活在一定的文化形态、文化背景中,人的心理行为特性受文化的影响最大。在进行心理调整时,要具有文化意识。文化意识是指能够正确判断咨询者与来访者所处的文化差异的能力。包括能否意识到双方的沟通方式是否符合来访者的文化背景;是否具备对非言语线索的敏感性;能否意识到不同文化群体间的等级关系;能否理解不同文化群体的价值判断标准(刘玉娟,叶浩生,2002)。

一、评估诊断时考虑文化因素的影响

对心理进行调节,首先就要对心理健康状况进行初步的评估。在评估的过程中,文化因素将直接影响诊断者对来访者心理健康状况评估的准确性。心理病理学的症状和诊断存在文化因素,文化不仅影响心理健康或心理异常的判断标准,更主要的是影响着心理诊断的测量工具以及进行诊断的心理诊断者,即心理健康专家。

二、选择合适的心理咨询和治疗方法

随着人类对心理疾病认识的转变,在治疗方法上也体现了相应的巨大变化:中世纪以为心理疾病患者是妖魔附身,对他们粗暴对待,到以纯医学的方式认知心理疾病,对心理疾病进行躯体治疗,再到以精神分析为首的现代心理治疗方案的兴起,行为主义治疗方式的流行,以及以人为中心的心理治疗方案的发展,直至今天多种心理治疗方案的繁荣发展与应用(汪新建,2000)。

统计数据表明,当今存在的心理疗法共达 250 多种,其中所占比重较高的几种理论依次为:精神分析理论(10.84％),认知行为理论(10.36％),以人为中心理论(8.67％),行为理论(6.75％)。而采用折衷主义理论的治疗者人数比四种主要导向理论的采用者之和还多,占

41.20%（郭晓薇，2000）。

随着跨文化心理学和多元文化心理学的兴起，多元文化主义目前已经成为继精神分析、行为主义、人本主义之后影响心理学的第四股思潮。心理咨询开始重视文化因素，人们开始提出多元文化心理咨询的策略，在此基础上，进一步提出了心理咨询本土化，即关注某一文化系统中常见的心理问题与精神病理，重视发展相关的技术和本土的传统技术（吴红顺，李恒庆，2003）。

（一）不同文化对于治疗方法的选择存在差异

心理调整方案的选择与文化有着密切的关系。每一种文化都蕴含着一定的本土心理治疗理论和方法，它们更具有本土适宜性。尽管我国也有着丰富的心理治疗的方法，但是心理疗法所用的理论、方法和技术多为国外引进。付艳芬、黄希庭等人（2010）对我国 2000 年 1 月至 2009 年 10 月发表在 11 种心理学学术期刊上的心理咨询与治疗理论文献进行了文献计量学分析和内容分析。结果显示：我国心理咨询与治疗从业者所采用的理论绝大多数来源于国外（93.7%），也有极少数本土化（4.41%）和本土的理论（1.26%）。从业者的理论取向以整合理论为主（37.18%），其次为认知理论（9.25%）和行为主义理论（8.62%）。本土化理论包括认识领悟疗法（3.36%）和道家认知疗法（1.05%）。中国人自创的本土理论有艺术治疗（0.63%）、中医心理治疗（0.42%）和适应心理治疗（0.21%）。国外的理论生长于国外的文化环境，尤其是西方人的文化环境，在进行心理调整时，应选择适合本国文化和国情的心理咨询方法。

随着本土心理治疗研究的深入，精神病学家钟友彬创立了认识领悟疗法。认识领悟疗法借用了精神分析的某些观点，是适合中国国情的心理治疗方法。杨鑫辉（2005）根据中国古代阴阳平衡理论和心身概念思想，结合现代心理学知识，融合中西提出了"文化—养形调神的心理健康理论与心理咨询、治疗模式"。遵循文化指导原则，养形调神原则，辨症论治原则，中西结合原则，心疗与食疗、体疗、药疗结合原则进行了实践探索，验证了该理论模式是切实有效的。

（二）部分文化背景中需要特别注意的心理疾病及其调整

在不同的文化背景中，某些心理疾病因为文化因素的影响，相对于其他文化而言，更容易致病，形成相应的心理障碍。因此针对这些心理疾病的心理调整方案，应该受到更多的关注。比如前面提到的抑郁症的躯体化（somatization）表现问题。在犹太文化中，死者通常在去世后一天内迅速下葬，随后，整个家族通过一个礼拜的严格约束和自我否认来吊唁死者（Ronald Jay Cohen，1994），相比较某些文化中将葬礼视为庆典而言，犹太文化背景下的葬礼更容易引发丧失亲人的沮丧与悲哀。每种文化中都有其独特的本土治疗方法，心理学的本土化应该加大力度，将重点集中到这些文化易感性的心理疾病上，加快对相应问题的心理调整方案有效性的研究。

三、来访者文化背景对心理调整有效性的影响

即使有优秀的心理健康专家，以及良好的心理调整方案，但如果来访者不配合，心理调节就无法实现。来访者的文化背景，将直接影响心理调整的有效性。

（一）来访者寻求心理帮助的行为发生的频率与对象受文化的影响

在某些文化中，心理障碍是一个负面的标签，因此，来访者惧于社会文化压力，往往不愿意

寻求专业帮助。俞少华、张亚林(2002)的一项报告显示,大学生心理问题的发生率在10%～30%之间。心理问题已成为近年来大学生休学退学的第一位原因。江光荣(2003)等人调查发现,主动求助者只占有心理问题的学生中的很少一部分。他们在解决心理问题时会先自己解决,在寻求外界帮助时,他们更倾向于向家人或朋友求助,而不是向专业人员求助。向专家寻求心理帮助,往往是最后的手段,从而增加了心理调整的难度。

在某些文化中,专业的心理咨询往往并不是求助者的首选。Asnao用"寻求专业性心理帮助的态度问卷"对86名学生(40名美国学生,46名日本学生)进行了问卷调查。结果显示,与美国人相比,日本人求助态度较消极。日本文化期望人们能够控制他们自己的情绪与思想,为了保护家庭的名誉,许多日本人通常喜欢在家中解决心理问题(郝志红,2004)。

由于心理失调者不愿意主动求助,因此妨碍了心理调整方案的适应性研究,阻碍了相应的心理调整方案的发展进程。进而影响了心理调整方案在面对该人群使用时的良好疗效,反过来又影响来访者对于心理调整方案的评价,致使心理失调者因为疗效不显著,不愿前往救治,而陷入恶性循环之中。

尽管心理的自愈能力一直成为心理治疗有效性的一个重要的质疑,然而,心理治疗在实践中确实发挥了相应的疗效。如果连拥有理论和临床经验的心理健康专家都受到怀疑,也就没有理由相信,缺乏相应知识和经验的个人能够代替心理健康专家,科学地解决自己的心理问题。

(二) 心理调整过程中,来访者对心理调整方案的"敏感性"影响心理调整的有效性

心理治疗的对象是人,不同的遗传因素、人格特质、信仰、文化背景等,影响了来访者对于心理调整方案的接受程度和适应性,也就是所谓的"敏感性"问题。例如,同样是神经症,对于不同的个体,就适用于不同的治疗方案。精神分析对于文化层次高、悟性好、惯于审视内心的人可能最佳,来访者中心疗法对于注重自我潜力和自我实现的年轻人可能最佳,但这两种疗法对于文化层次、理解能力相对较低的患者就不太合适(张小远,2000)。

另外,来访者对于心理调整方案的接受程度,也要视其需要达到的目的与心理调整方案期望达到的目的之间的相似程度决定。如果来访者希望的仅仅是解决问题,而心理调整方案关注的是培养自主的人,就可能影响心理调整方案对于来访者的有效性(陈京军、钟毅平,2001)。

如果来访者本身对心理调整的期待存在矛盾,也会影响心理调整方案的使用。比如,来访者一方面希望摆脱权威,寻求独立,但是却又追求具有指导性的具体答案,其实质上不过是寻找另外一种权威。因此在挑选心理调整方案时,了解来访者真实的意图,也是影响心理调整有效性的一个重要方面。

总之,文化与心理健康密切相关,应重视社会文化的影响,深入挖掘适合本土文化的心理咨询与治疗理论和方法,增进心理健康。

回顾与总结

不同的学科对文化的定义不同,我们使用较多的定义是人类学家泰勒和林顿的定义。从心理学产生时期开始,人们就不断地研究文化与心理的关系。文化影响到人们对心理健康标准的界定,因此不同的民族对相同行为使用的常模是不同的。同时文化还影响到人们对异常行为的分类,对于个体而言,同样的异常行为,在不同的文化背景下有不同的表现。文化影响人们的心理调整方式,影响心理健康诊断的准确性,文化还影响到心理治疗专家选择治疗方法、确定治疗方案等。网络文化对现代人的心理健康产生着重要的影响,正确利用网络文化,增进大学生的心理健康尤为重要。性文化也是当今社会重要的文化内容,实施性健康教育有益于青少年的健康成长。文化对自我心理调整,以及心理咨询与治疗工作的开展有一定的影响。

巩固与练习

1. 文化对心理的影响主要表现在哪些方面?

2. 如何理解文化与亚文化的含义?

3. 网络文化对大众心理健康的影响主要有哪些?

3. 结合大学生活的实际,谈谈高校如何加强性健康教育,营造良好的性文化氛围。

4. 谈谈文化对心理调整的影响。

参考文献

1. 献给生命的礼物.中国青年报,2009 年 12 月 30 日.

2. 沙莲香.社会心理学.中国人民大学出版社,2000.

3. 陈幼平.试论文化对心理健康的影响.黔南民族师范学院学报.2004,(1).

4. 刘景泉.关于文化分类的反思.广东社会科学.2006(3).

5. 冯泽永.文化与躯体健康.医学与社会.2000,13(1).

6. 江光荣.关于心理健康标准研究的理论分析.教育研究与实验.1996,(3).

7. 李炳全.文化与心理治疗.医学与哲学(人文社会医学版).2007,28(2).

8. Sue. D, Sue. D. W & Sue. S. (2000): *Undestanding Abnormal behavior*, New York: Houghton Mifflin company.

9. 王建平.变态心理学.高等教育出版社,2005.

10. 周晓虹.现代社会心理学——多维视野中的社会行为研究.上海人民出版社,2001.

11. 祖父江孝男.简明文化人类学.作家出版社,1987.

12. 张慧凡.犯罪亚文化与青少年犯罪.华东政法大学,2008.

13. 顾明远.教育大辞典.上海教育出版社,1997.

14. 李锡海.网络文化与青少年犯罪.东方论坛.2005,(6).

15. 李志红.网络时代的文化冲突.北京化工大学学报.2003,(4).

16. 王静.谈网络文化对社会的影响.西北工业大学学报(社会科学版).2006,26(4).

17. 梁祝平.大学生网络心理障碍及其团体咨询.广西大学学报(哲学社会科学版).2003,

25(6).

18. 谈大正.性文化与性心理健康.中国性科学.2010,19(3).

19. 紫薇、佐桐.中国校园性观念调查.民族出版社,2004.

20. 曹震宇.某校大学生婚前性行为的社会态度分析.中国校医.2006,20(5).

21. 王丽、胡英君、尹幼明.浙江省某高校大学生性心理及性行为的调查与对策分析.中国健康教育.2010,26(6).

22. 李淑兰、赵文阁.大学生性心理现状的分析及健康性心理的塑造.继续教育研究.2005,(6).

23. 刘玉娟、叶浩生.多元文化的心理咨询与治疗理论刍议.心理学探新.2002,22(82).

24. 汪新建.人类对心理疾病认识的三次转变.自然辩证法研究.2000,16(8).

25. 郭晓薇.四种咨询理论的比较与沟通.徐州师范大学学报(哲社版).2000,(2).

26. 吴红顺、李恒庆.本土化:心理咨询与辅导的一种新趋势.龙岩师专学报.2003,21(2).

27. 付艳芬、黄希庭、尹可丽等.从心理学文献看我国心理咨询与治疗理论的现状.心理科学.2010,32(2).

28. 杨鑫辉.文化—养形调神的心理健康理论与实践.南通大学学报(教育科学版).2005,21(2).

29. Ronald Jay Cohen（1994）：*Psychology & Adjustment — Values, Cultures, and Change*，Allyn and Bacon A division of Simon & Schuster，Inc.

30. 俞少华、张亚林.我国大学生心理辅导现状.中国心理卫生杂志.2002,16(2).

31. 江光荣、王铭.大学生寻求专业性心理帮助行为研究.中国临床心理学杂志.2003,11(3).

32. 郝志红.关于大学生寻求专业性心理帮助态度的预测因素研究.天津师范大学,2004.

33. 张小远.论心理治疗的范式.医学与哲学.2000,21(4).

34. 陈京军、钟毅平.中国特色的心理咨询理论走向初探.湘潭师范学院学报(社会科学版).2001,23(4).

第八章　职业与心理健康

一位心理学家为了实地了解人们对于工作的感受,来到了一个建筑工地,对现场忙碌的砌墙工人进行了实地访问。

心理学家问他遇到的第一个工人:"请问您在做什么?"这个工人沮丧地说:"你都看到了,当然是在砌墙了。不这么做我怎么养家糊口。唉,为了养家糊口,只好把所有的压力自己来扛,就像背负着这些砖头一样。"

心理学家问第二个工人:"请问您在做什么?"这个工人眼光中闪烁着喜悦的神采:"我们正在参与一项伟大的工程!这项工程完成之后,将会吸引更多的人来此地参观。虽然这项工作并不轻松,但当我想到,将来会有无数的人来到这儿参观自己亲手建造的工程,心中就会激动不已,也就不会感到劳累了。"

同样的工作和环境,两个工人却有如此截然不同的感受。为什么?谈谈你的想法。

职业是人们维持生计、承担社会分工角色、发挥个性才能的一种连续进行的社会活动。人生的大部分时间都在工作着,都与职业发生着密切联系。职业在人们的生活中占有重要位置,它能使人实现生命的价值,改变着人们的生活方式,影响着人们的身心健康。一个人的职业生涯可以分为五个时期:职业准备期、职业选择期、职业适应期、职业稳定期、职业结束期。每个时期对于人的成长都具有重要意义,也都有可能产生相应的心理问题。本章从职业选择、职业压力和职业倦怠三个方面探讨职业与心理健康的关系,分析如何在工作中管理压力、消除倦怠,拥有健康的心理。

第一节　职　业　选　择

求职过程是主动的选择过程。在这一过程中,人们会受到来自环境和个体多方面因素的影响,也会受到各种心理问题的困扰。我们只有了解这些因素,消除这些困扰,才能实现一次成功的择业。

一、职业选择的心理意义

职业选择(occupational selection)是一个过程,是根据社会的就业状况和个人的心理特性,从社会现有职业中选择其一的过程。这个过程是双向的,它既包含求职者对职业岗位的选择,也包含职业岗位对求职者的选择。同时,职业选择也是一个结果,其结果就是个体找到适合于自己的职业。职业选择无论对个人还是社会都具有重要意义。在这里,我们着重分析一下职业选择对于个体而言的心理意义。

从过程来看,职业选择能促进个体的心理成长。"供需见面、双向选择",拓宽了人们的职业选择面,增加了择业的自由度,也对个体各方面的素质尤其是心理素质提出了挑战。在职业选择中,个体不仅要了解社会、洞悉市场、掌握信息,而且要正确认识自我、了解自我;不仅要有扎实的专业知识和技能,而且要有良好的择业心态和心理调适能力,要克服择业中焦虑、浮躁、自卑、冲突等各种心理偏差。因此,从心理的层面看,择业过程不仅丰富了心理的体验,而且也是一次促进心理成长的机会。一次成功的择业过程,能使人的心理趋于成熟。

从结果来看,职业选择能满足个体的心理需要,维护个体的心理健康。通过职业选择,个体找到适合于自己的工作,这就为个体满足各方面的心理需要提供了保障。心理学家奥尔德弗(C. P. Alderfer)根据对工人的大量调查研究,提出个人存在三类基本需要:生存需要、关系需要和成长需要。生存需要是个人基本物质生存条件的需要,关系需要是维持人和人关系的需要,成长需要是在事业上和前途上发展的需要。绝大部分人都要在职业中才能满足这些需要。适宜的职业能使人获取报酬,维持自身和家庭的生活;能使人归属于一个团体,赋予个体社会角色和社会地位,为个体提供正常交往的条件和机会;能使人发挥自己的能力和创造力,实现个人的价值,获得成就感。同时,人们通过职业选择,找到了适合于自己的工作,工作起来就会得心应手,心情愉快舒畅,不仅有利于事业的成功,而且有助于保持自身的心理健康。

二、影响职业选择的因素

影响职业选择的因素可以分为环境因素和个体因素两类,环境因素主要来自于社会和家庭,个体因素则包括生理特征、年龄、性别、个性、兴趣、价值观等多个方面。

(一) 环境因素

1. 社会因素

首先,社会需求直接影响着职业选择。社会需求决定了社会的就业机会以及社会对求职者的素质要求。一个是量的需求,一个是质的规定。不同经济发展时期的就业机会和素质要求是不一样的。从数量上来说,在经济迅速发展的时期,就业机会多,而在经济衰退时期,就业机会就会大幅度减少。从质量上说,进入 21 世纪后,随着社会的迅猛发展,用人单位对人才的录用标准比 10 年前、20 年前有了很大变化,对人才的总体素质提出了更高的要求。这一切都影响和制约着个体的职业选择。

其次,社会价值取向也是影响职业选择的重要因素。从总体上看,求职者的择业心理和行为是与社会价值取向的总体方向保持一致的。不同时期有不同的主导价值取向,这直接影响了人们的职业价值观。目前,我国正处于社会转型期,呈现多元化的价值观念,这也增加了人们在职业选择中的矛盾和困惑,人们更容易体验到个人价值与社会价值、精神价值与经济价值、理想目标与现实需求、长远利益与眼前利益等各方面的冲突。

再次,社会文化观念的影响。社会习俗、职业传统、性别角色期待都会影响着人们的职业选择。例如,男性很少愿意当幼儿教师,并不是他们干不了,而是受文化观念的影响。

2. 家庭因素

家庭的经济状况和社会地位。如家庭经济拮据的人,可能希望找一个待遇好的工作;家庭社会地位低的人,出人头地、改善现状的愿望往往较强。

家庭气氛和父母的教养方式。心理学家发现,个人早期的家庭气氛和成年后的职业选择有密切联系。如果小时候生活的环境充满温暖、爱、接纳或保护的氛围,就可能选择与人有关的职业,包括服务、商业、文化、艺术与娱乐、行政等一类的职业;如果小时候生活在冷漠、忽略、拒绝的家庭中,就可能会选择科技、户外活动一类的职业,这些职业不太需要与人有直接的、频繁的接触。

父母的职业和价值观。父母的职业对个体有着潜移默化的影响,有时我们看到一家人全都从事教育或医学的工作。

(二) 个体因素

1. 生理特征

身高、体重、力量、视力、听力等都对择业有影响。例如,教师、护士、服务员等职业,一般要求五官端正、身高中等以上;色盲不适合从事美工、护士、药剂师、染色工、厨师、化工类工作等职业;听力差不适宜从事商业、音乐、医护、教师、驾驶等职业。

2. 性别因素

在中国职业界,男女平等的实现程度相对较高,但是,由于传统的职业观和对男女的社会角色期望不同,影响了男女的职业选择。首先,两性的生理差异,决定了他们的职业选择范围有所不同。这是自然而合理的。例如,一般来说,女性不太适合从事那些野外、高空作业、井下开采、搬运等职业,男性不太适合从事刺绣、纺织、保育等职业。其次,社会对男女的角色期望不同,也导致了两性择业的差异。例如,女性承担着人类自身再生产的角色,一个不承担家庭职责的女性往往会遭到别人的非议,所以,女性在择业时会更多地考虑职业对今后家庭生活的影响,因而不愿意涉足那些上下班不准时或经常需要出差的职业。

3. 年龄因素

首先,年龄与成熟有关。到一定的年龄,人的某些生理机能和心理能力才发展成熟,才能从事稳定的职业。其次,年龄与经验有关。年龄长一些的,社会经验比较丰富,对自身的了解也比较深入,因而择业的目标更明确、选择更理性,而年轻人则比较容易冲动和盲目。另外,年龄大者在择业中求稳的心态比较强,而年轻人求变的心态比较强。年轻人比较容易接受"先就业再择业"的观念,而年长的就不容易接受。

知识窗 8-1

决策方格理论在职业选择中的运用

小舟是一所中等职业技术学校三年级学生,学的是电器维修专业。毕业在即,他开始考虑未来的发展方向问题。由于家里经济条件不太好,小舟一直盼望着早点儿工作,为家里分担经济压力。这三年来他学习一直很认真,基本功很扎实,相信自己可以找到一份不错的工作。但小舟的父母则认为，当今社会竞争压力大，有更多的知识和更高的学历将提高自己未来的就业竞争力，因此鼓励他考高职，继续学习。而就在几天前，小舟的两个好朋友阿强和大明找他谈了很久，希望说服他参加他们的创业团队，他们已经筹集了一笔资金，打算自主创业，经营一个属于自己的电器维修店。小舟现在站在人生的岔路口上，感觉很困惑，自己到底应该选择就业、还是升学、还是创业？如果你是他，你会如何选择？

决策方格是从收益—风险角度进行综合评估的一种决策方法。具体的做法如下：

● 列出全部职业目标

例如，小舟正在考虑的三个职业目标是就业、创业和继续升学。

● 评估回报程度

根据你自己的情况，评估每个目标可以给你带来的回报程度。如个人价值的实现程度、与兴趣的一致程度、专长的发挥程度、物质和精神回报等方面的程度。然后给每个目标打分，1分最低，5分最高。举个例子来说，小舟认为，创业可以挑战自我，实现人生的价值，并且获得更丰厚的物质回报，同时，创业也可以发挥小舟的专业技术，也是小舟的兴趣所在。综合以上考虑，小舟给"创业"的回报打分为5分。

● 评估发展程度

根据自己的情况，评估每个目标的发展情况。包括实现的可能性、对能力和经验的要求、发展前景等。然后给每个目标打分，1分最低，5分最高。对于创业的机会，小舟的评估是：虽然现在有两个好朋友，也有了一定的资金基础，但毕竟三个人的经验都很不足，而且他对于自己独当一面、自主创新的能力也不够自信。因此，成功的机会不是很大，所以小舟将"创业"的机会打分为2分。

小舟的决策方格，结果如下：

	1回报很低	2回报较低	3回报中等	4回报较高	5回报很高
1机会很小					
2机会较小					创业
3机会中等				继续学业	
4机会较大					
5机会很大			就业		

对小舟的决策方格分析发现：创业：2×5 = 10分；继续学业：3×4 = 12分；就业：5×3 = 15分。因此，毕业后直接就业是小舟的最佳选择。

（资料来源：邹泓、黄才华主编. 心理健康. 人民教育出版社，2009. 199 - 201.）

4. 个性特征

能力。职业活动中所必需的能力称为职业能力，有一般和特殊之分。一般职业能力是人们在各种职业活动中都必须具备的基本能力，如观察力、记忆力、注意力、思维力等，是做好任何工作都必需的。特殊职业能力是为某种职业活动所必需的，并在某种职业活动中表现出来，如音乐能力、美术能力、机械能力、计算能力、空间关系能力、符号文书能力等。特殊能力受一般能力制约，但也有不受其制约的方面，两者不能相互代替。在择业中，这两方面都要考虑。求职者可以运用能力倾向测验帮助自己了解自身的职业能力。最常用的能力倾向测验是《一般能力倾向成套测验》(General Aptitude Test Battery, GATB)。这套测验最初是由美国劳工部就业保险局在20世纪40年代初编制的，最新的一套由美国雇佣服务处修订，适用于中学生及成年人。这套测验包括12个分测验，可以评定九种不同的能力因素，包括一般智慧能力、文字能力、数字能力、空间能力、形状知觉、书写知觉、运动协调、手工灵巧、手指灵巧等方面。了解自己的能力倾向，是择业时的重要参考依据。

气质。气质是心理活动的动力特征。根据感受性、耐受性、反应的敏捷性、可塑性、情绪兴奋性可以把气质分为四种类型：胆汁质、多血质、黏液质、抑郁质，它们本身并无好坏之分，每种气质都有可能导致事业上的成功，但每种气质也有其较为适应的职业范围。对于适合于自己气质的工作，人们做起来要轻松一些，反之则比较费力。胆汁质的人较适合做反应迅速、动作有力、应急性强、危险性较大、难度较高的工作，可以成为出色的导游员、推销员、节目主持人、外事接待人员等，但不适宜从事稳重、细致的工作。多血质的人较适合做社交性、文艺性、多样化、要求反应敏捷且均衡的工作，如外交人员、管理人员、律师、运动员、新闻记者、服务员、演员等，而不太适应做需要细心钻研的工作。粘液质的人较适合做有条不紊、刻板平静、耐受性较高的工作，如外科医生、法官、管理人员、财务人员等，而不太适宜从事激烈多变的工作。抑郁质的人能够兢兢业业干工作，适合从事持久细致的工作，如技术员、化验员、机要秘书、保管员等，而不适合做要求反应灵敏、处事果断的工作。

性格。性格是一个人对现实的稳定态度和习惯化了的行为方式中表现出来的个性心理特征，较之气质，它更具有后天可塑性，更大程度上反映了人的社会特性。不同职业对人有不同的性格要求，要适应这一职业，就必须具备或培养这一职业要求的性格特征。例如，教师要富于爱心、为人师表、严于律己，推销员要善于沟通、乐于交往、大胆开拓，科研人员要严谨细致、客观冷静、坚忍不拔。性格和职业是相互作用的，我们在择业中要考虑职业和性格的合适性，同时也要在职业中培养相应的职业性格品质，增进工作成效。

5. 职业兴趣

职业兴趣是以社会的职业需要为基础，在一定的学习与教育条件下形成和发展起来的，是可以培养的。虽然职业兴趣具有一定的稳定性，但和能力、气质相比，其可塑性更大一些。职业兴趣的发展要经历三个阶段：有趣、乐趣和志趣。有趣是由新异现象或新颖刺激所引起，带有短暂性、盲目性和易变性等特点，乐趣使职业情绪向专一、深入的方向发展，当人的乐趣与奋斗目标相结合便发展为志趣，表现为行为或意志的一种倾向。

职业兴趣对择业的影响是潜在的、持久而广泛的，它影响着人们的职业定向和职业选择，增强人们的职业适应性。因此，心理学家在对人的职业心理特性进行估计时，兴趣是考虑得最多的因素之一，并编制了许多职业兴趣测验，著名的有斯特朗职业兴趣量表(Strong Vocational Interest Blank, SVIB)、库德职业兴趣量表(Kuder Occupational Interest Survey)和霍兰德的自我职业测验(Self-Directed Search, SDS)。SDS在中国有修订本《霍氏中国职业兴趣量表》(方俐洛等,1996;白利刚等,1996)。霍兰德把人的兴趣和能力分成六个维度,即现实型(R)、研究型(I)、艺术型(A)、社会型(S)、企业型(E)、传统型(C),每种职业都可看成这六个维度中三个维度的组合,例如物理学家、化学家就需要较高的I、R、E。通过该测验,能为自己提供一些有价值的参考信息,可以帮助我们确定自己适合的职业有哪些。特别是大学生,还缺乏实际工作的经验,又受到学科专业的影响,个人真正的职业兴趣可能被遮掩,因此,很有必要进行职业兴趣测验。

6. 职业价值观

职业价值是职业对于主体的意义,它体现了职业的属性、功能对于主体需要的满足关系。一般人都希望自己的职业能带来多方面的价值,比如既有社会价值,又有经济价值,但一份职业很难在各方面都使主体获得满足,往往只能满足某方面的需求。这就需要人们根据自己的价值取向在可能的情况下进行选择,于是形成不同的职业价值观。

三、职业选择中常见的心理问题及调适

(一) 择业焦虑

焦虑是由于个人对应付环境无把握并感受到某种威胁时的一种情绪反应,择业焦虑是求职者对就业前景无把握的一种内心不安状态。"供需见面、双向选择",使人们求职呈现多元化的趋势,拓宽了人们的职业选择面。职业选择自由度越大,职业选择行为的责任越重,择业心理焦虑便越重。有的求职者面对错综复杂的社会,心中一片茫然,不知如何下手;有的求职者面对用人单位严格的录用程序:笔试、口试、面试,感到胆战心惊;有的面对几个单位,难以取舍;有的迟迟得不到用人单位的回话,苦苦等待……这些都会引发焦虑。

急躁心理也是焦虑的一种表现。在职业未最终确定以前,求职者普遍都有急躁心理。他们恨时间过得太慢,怨用人单位优柔寡断;他们希望谈判桌前一锤定音,希望无须经过周折就能如愿以偿。急躁心理还反映在选择单位上,在对用人单位不完全了解的情况下,就匆匆签约。一旦发现未能如愿,又后悔莫及。

要克服焦虑心理,首先,要更新观念,打破事事求稳的传统思想,强化择业的自主意识和竞争意识。不管何种焦虑,其核心是担忧和害怕。害怕什么? 害怕风险,害怕失败。而这种害怕往往是来自于不正确的观念。其实,有竞争必定会有风险和失败,在求职时被拒绝是正常的,绝大多数求职者都经历了"山重水复疑无路,柳暗花明又一村"的过程。因此,在求职前就做好被拒绝的准备,做好最坏的打算,不仅有助于消除焦虑,而且有利于维护自信。相信"天生我材必有用",告诉自己"我是寻找伯乐的千里马"。有了这种心态,择业过程就多了一分坦然。

其次,克服急于求成的思想。现在人才竞争激烈,就业压力大,求职过程变得越来越艰辛,需要求职者充分准备、理智思考、耐心等待。不少同学想得太简单,没有客观地分析自己,没有合理地设计求职目标,对用人单位缺乏最起码的了解,面试时仓促上阵,从而使失败成为一种必然,而失败又增加了焦虑的程度。

还有,要学会化解焦虑的一些方法。例如,适当宣泄自己的情绪,不要闷在心里,可以找人

倾诉。又如,克服等待焦虑的最好方法就是积极做事,在做事中等待,转移注意力,而不要为等待而等待,必要时要主动向用人单位询问结果。另外,在择业中,不要盲目和他人比较,求职是多种因素的竞争,能力、家庭、心理素质、择业策略、机遇等等,所以各人之间的可比性并不大,不要拿自己的某一点盲目地与人比较,如"我的能力比他强,为什么找的工作比他差?""他是外地的,工作都落实了,我是本地人,还没有着落,真不公平!"这样的比较并不客观,除了增加焦虑之外,别无用处。

(二)择业自卑感

择业过程也是重新认识自我的过程。不少求职者因为各种各样的原因而陷入择业自卑之中,有的因为形象不佳而自惭形秽,有的因为屡遭拒绝而灰心丧气,有的因为学历较低而觉得抬不起头……因为自卑,所以悲观失望、被动等待、精神压抑,求职时畏首畏尾,给人以无能的印象,使求职不易成功。

怎样消除自卑感呢?首先,正确评价并接受自我。自卑的人看不到自己的长处,夸大了自己的短处,而且总是拿别人的长处和自己的短处比,越比越没有信心。其实,世界上没有十全十美的人,每个人都有不足,只要能意识到自己的不足并努力去弥补即可,完全没有必要因此而看低自己,自信心首先源于对自我的接受,包括接受自己的缺点,欣赏自己的优点。单位选择人才,也并非要选出十全十美的完人,求职者有缺点也在他们的预料之中,所以不必太害怕。重要的是向用人单位展示你的诚实和努力改进自己的信心。

其次,撕开消极的自我"标签"。我们经常可以听到类似这样的话:"我能力不行"、"我不会表达"、"我没有吸引力"。其实,这些评语都是我们自己附加给自己的,心理学家称之为"自我标签"。现实生活中,我们很多人无形地给自己身上贴满了这种消极标签,这些标签是消极的自我暗示。要学会采用一些积极、肯定的词汇来描述自己。例如把"我不行"变成"我应该试试",把"我没有希望了"变成"我再努力试试看"。撕开消极标签是自信的开始。有心理学家对求职的大学生进行了一次自信心调查,结果发现,当求职被拒绝后,自信程度差的学生,80%都会认为自己之所以被拒绝,是因为自己"太差了"、"没有吸引力"等,即把被拒绝的原因全归于自己,这种消极的归因不仅不符合事实,而且极大地影响了自信。其实,单位拒绝你有多种原因,专业不对口、没有进人指标、竞争太激烈等。即使是因为个人的原因,一次失败也不能等同于整个人的失败。

(三)择业冲突

择业,重要的一环就是选择,有选择就会有冲突。心理冲突往往发生在难于作出选择的情境,它对心理健康具有重要影响。冲突存在一日,心理压力就存在一日,如果冲突情境长期得不到解决,不仅会出现紧张、焦虑、爱幻想等防御性反应,严重时还会导致神经症。大部分的神经症,尤其是神经衰弱的产生,往往是由于长期的内心冲突造成的。

在大多数情况下,作出选择之所以困难,往往是不愿承担这种选择所带来的后果。没有什么选择是十全十美的,任何选择都伴随着失去。因此,作出选择的过程是需要自己付出一些代价的。如果不想付出任何代价,也就无法作出任何选择。为此,要了解自己真正需要的是什么,哪些是可以放弃的。他人的意见可以作为参考,但最终的主意要自己拿,因为别人并不清楚你的真正需要。冲突者所能做的就是在各种各样可能的选择之间，寻找一种既能最大限度满足自己的理想和需要，同时又付出代价最小的选择。中世纪时，法国哲学家布利丹写过这样一个故事：一头饥饿的驴子来到两个草堆之间，左顾右盼，无法选择，不知道该吃哪一堆草，最后竟然饿死在草堆旁。一些求职者就像布利丹的驴子，不敢对自己的选择负责，从而错失良机。

第二节　职业压力

随着科学技术的进步、经济的飞速发展、职业竞争的加剧，职业压力以及由此带来的心理健康问题引起了各个领域的关注。

一、职业压力概述

压力(stress)是指机体在环境适应过程中，实际上或认识上的需求与适应或应付能力之间不平衡所引起的身心紧张状态。职业压力(occupational stress)是指由工作或工作有关因素引起的压力，也称为职业应激、职业紧张。

关于职业压力的研究有两种基本思路。一种是环境定向的研究，主要探讨工作环境中的各种因素、个性特点与职业压力的关系，例如库伯(Cooper)的职业压力模型、马特森(Matteson)的职业压力模型、艾略特(Elliott)的个体—环境交互模型等。另一种思路是认知中介的研究，强调认知因素在职业压力中的作用。如拉扎洛斯(Lazarus)认为外界因素是否导致职业压力，取决于人对自己能力与环境之间关系的认知。卡普兰(Caplan)的"人—环境匹配模型"也认为，心理紧张是人对环境与自己反应能力匹配与否的认知结果。目前，认知定向的研究范式是职业压力研究的主流。

二、职业压力源的构成

关于职业压力源的构成有多种不同的分类。库伯(Cooper, 1983)曾提出六种工作应激源，表8-1列出了这些因素，包括引发因素和可能的后果。

表8-1　主要工作应激因素

工作应激因素	引发因素	可能后果
工作条件	数量工作超载	体力和精神疲劳
	质量工作超载	
	生产线歇斯底里症	精疲力尽
	人的决定	烦恼和紧张增加
	物理危险	
	多变的工作	
	技术应激	

工作应激因素	引发因素	可能后果
角色应激	角色不稳定	焦虑和紧张增加
	性别偏见和性别角色陈规	工作成绩低
	性骚扰	工作不满意
人际关系因素	不理想的工作和社会支持体系	压力增加、血压上升
	政治竞争、嫉妒或生气	工作不满
	缺乏对工人管理的关心	
职业发展	降职	低生产能力
	升职	失去自信
	工作安全性	焦虑增加
	受挫的抱负心	工作不满
组织结构	僵化和非个人结构	低动力和生产力
	政治斗争	
	监督不足或训练不足	工作不满
	不参与决策	
家庭工作相互影响	人口过剩	精神冲突和疲劳增加
	夫妇缺少支持	
	婚姻冲突	低动力和生产力
	双重工作应激	婚姻冲突增加

方俐洛等(2001)从组织行为的角度,分析了职业压力源的构成,也提出了六种"紧张源"。组织行为是三个独立系统之间的相互作用,它们是:A.行为发生的物理技术系统;B.行为发生的社会人际关系环境;C.行为当事人的个体系统或自我系统。物理环境和社会环境的交叉部分是"组织环境"(AB),个体系统和物理技术系统的交叉部分是"组织任务"(AC),个体系统和社会环境系统的交叉部分是"组织角色"(BC),三个系统的交界处即为组织行为(ABC)。如图8-1所示。

在组织行为中,压力可以由各种原因引起,直接起因就与三个内含系统及系统两两交界点相联系,因此,就形成了六种压力源。按照这种思路,我们来具体分析一下压力源的构成。

1. 组织任务

与组织任务相联系的压力源包括:任务负荷过重或过轻、工作太难或太容易;任务要求

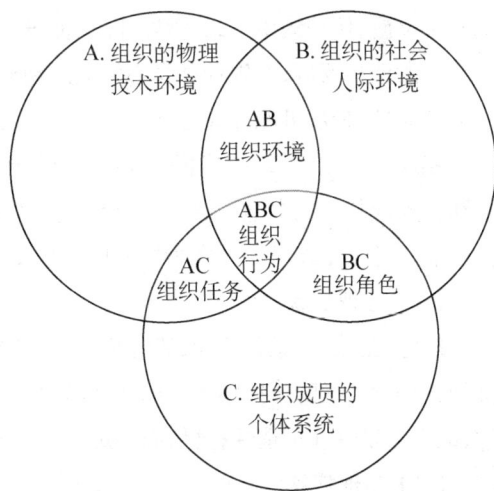
图8-1　组织中行为的三个内含系统

不明确或判定任务业绩的标准不明确;业绩考核或业绩评价;流水装配线作业;轮班作业;工作单调乏味等。

2. 组织角色

与角色相联系的压力源包括:角色冲突,角色模糊,角色责任,职业发展等。角色是社会对某一特定个人所期望的一种行为模式,它反映了一个人在社会系统中的地位,及相应的权利与义务,权力与职责。一个人往往扮演着多个角色,因此,不同的人对他就有不同的期望和要求。这就容易使他面临"角色冲突"。当一个人对自己充当的角色不够明确或缺乏真正理解时,就会出现"角色模糊"。一旦发生角色模糊,个体在工作中便会感到困惑和迷惘,不知如何行动。同时,对其他人的责任是某些管理人员的主要压力源。另外,过度的赞誉,过快提升或提升不足都可导致紧张。

3. 行为环境

与行为环境相联系的压力源包括:组织结构不合理、人员配备不足、人员过剩等。

4. 物理环境

与物理环境相联系的压力源包括:过冷过热、不良的照明条件、噪音污染等。

5. 人际环境

与人际环境相联系的压力源包括:与上级、同事、下级关系不和谐,不被群体接纳,被孤立,嫉妒,发生冲突等。

6. 个体因素

组织特点与工作性质是否导致职业压力,个体因素是重要的中介。个体的身体状况、能力水平、性格倾向、情绪、认知等都会影响压力的产生。如焦虑、A 型性格、完美主义等,都会增加工作中的压力。

三、职业压力的症状

当我们承受心理压力时,身心系统会随之发生一系列变化。适度的职业压力能引起我们的积极反应,例如集中注意、激发斗志、促进思考等,压力过度则可能引起我们生理上、心理上、行为上的消极反应,产生种种身心失调的现象,这些身心失调反过来又"放大"了职业压力,造成恶性循环,最后可能导致心理危机。

赖斯(Rice, 1992)在其著作《压力与健康》中,列出了工作应激中典型的心理症状、生理症状和行为症状。他在这里把工作应激定义为工作需求超过工人成功应对的能力,因此,他所列出的症状是指工作压力过度时的表现症状。

(一) 心理症状

焦虑、紧张、迷惑和急躁;疲劳感、生气、憎恶;情绪过敏和反应过敏;感情压抑;交流的效果降低;退缩和忧郁,孤独感和疏远感;厌烦和工作不满情绪;精神疲劳和低智能工作;注意力分散;缺乏自发性和创造性;自信心不足。

(二) 生理症状

心率加快,血压增高;肾上腺激素和去甲肾上腺激素分泌增加;肠胃失调,如溃疡;身体受伤;身体疲劳;死亡;心脏疾病;呼吸问题;汗流量增加;皮肤功能失调;头痛;癌症;肌肉紧张;睡眠不好。

(三) 行为症状

拖延和逃避工作;表现和生产能力降低;酗酒和吸毒人口增加;工作完全破坏;去医院次数增加;为了逃避,饮食过度,导致肥胖;由于胆怯,吃得少,可能伴随抑郁;没胃口,瘦得快;冒险行为增加,包括不顾后果的驾车和赌博;侵犯别人,破坏公共财产,偷窃;与家庭和朋友的关系恶化;自杀和试图自杀。

四、职业压力的管理

压力管理是指对压力的主动调节和有效应对,使之保持适度的水平,压力太小时需要增加,压力太大时需要减轻。我们的压力管理策略也主要是从如何应对过度压力的角度来谈。

(一) 了解压力的应对方式

在管理压力时,我们要对压力应对方式有充分的了解。应对是指人们为了防止压力对自己的伤害而做出的努力。面对压力,不同的人会采取不同的应对方式,有的应对方式是健康、积极的,而有的是不适当的。例如,面对工作任务繁重,有的人怨天尤人,有的消极怠工,有的牺牲所有的休息时间拼命加班加点,这都是对压力的不适当应对。如果能分析一下工作任务,分清轻重缓急,合理分配时间,或主动寻求帮助,则是一种更为积极的方式。

按照个体的积极性来分,可以把应对分为主动认知应对模式、主动行为应对模式和回避型应对模式三种。主动认知模式表现为:从有利方面看待压力;回忆和吸取过去的经验;考虑多种变通方法等。主动行为模式表现为:向专家求教;不等待而采取积极行动;找出应激情境中更多的信息,做有益于事态发展的事情。回避型模式表现为:封闭情感,自我忍受;多用吸烟、喝酒来消除紧张等。研究表明,主动认知模式和主动行为模式更有利于身心健康。

按照应对的指向性来分,可以把应对分为情绪指向的应对和问题指向的应对。情绪指向的应对是指个体试图控制和减弱压力源带来的负性情绪,如愤怒、受挫感和恐惧等,但不去改变压力源本身;问题指向的应对是指通过直接的行动来改变压力源,处理引起压力的事件本身,分析问题,思考解决问题的办法,最后动手解决。情绪指向模式对于应付那些不可控的压力源更为有效,而问题指向模式对于应付那些可控制的压力源更为有效。例如,"亲人去世",这一压力源本身是没有办法改变的,但我们可以通过情绪指向的应对来减轻负性情绪;"很多工作没有完成",这一压力源是可以解决的,我们就可以通过问题指向的应对来消除它。

(二) 寻找和化解压力源

当我们感到有压力时,首先要找到压力源,分析哪些事件或情境给我们带来压力,它们为什么给我们带来压力,哪些压力源是可以控制和化解的,哪些是无法化解的。如果压力源是可以改变和控制的,就应该采取主动行为模式和问题指向的应对模式,直接针对压力源去解决问题。

一般而言,化解压力源的过程包括以下步骤:①认清压力事件的性质;②理性思考及分析问题事件的来龙去脉;③确认个人对问题的处理能力;④积极寻求能帮助解决问题的信息,包括如何动用家庭及社会支持系统;⑤运用问题解决技巧,拟订解决计划;⑥积极处理问题。如果自己已经尽力,问题仍然不能在短时间内解决,则表示问题本身处理的难度过高,有可能需要长期奋战,或长期承受。这时,可以动用其他策略,如改变认知或缓解压力下的各种情绪。

(三)有效管理时间

如果有太多的压力源需要解决,还要学会运用有效的时间管理策略,提高工作效率。要分清事情的轻重缓急,围绕事情的轻重缓急来安排自己的时间和精力。对重要的任务马上完成,对次要的任务可以先放一放,等时间充裕时再完成,要把精力最充沛、最能产生效益的时间用在重要工作上。

斯蒂芬·科维(Setphen Covey)在其代表作《高效能人士的七个习惯》和《要事第一》中,提出了有效时间管理的理论方法。他把压力事件按照重要性和紧急性两个维度分为四个象限或四个类型(如图8-2所示),强调要围绕事情的轻重缓急来安排自己的时间和精力。紧急的事情不一定要优先,要围绕重要的事情来做。

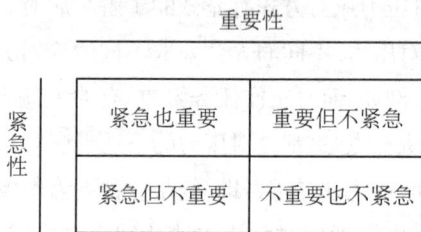

重要性

紧急性	紧急也重要	重要但不紧急
	紧急但不重要	不重要也不紧急

图8-2 压力事件的两维度模型

第一象限是既紧急又重要的工作,通常是一些需要立刻完成的任务或需要处理的危机,这种工作会大大提高自身的压力水平,如赶写一个报告、参加一个重要会议、面见重要客户等。如果每天忙于处理这类工作,是谈不上有效管理时间的。第二象限是重要但不紧急的工作,如半年之后要参加一次重要考试;第三象限是紧急但不重要的工作,如接不太重要的电话;第四象限是不重要也不紧急的工作,如整理一下自己的办公桌。有效管理时间的关键在于要将更多的时间用在第二象限的工作上,即要处理好那些重要但不紧急的工作,这类事情我们很容易拖延而把它变成重要而紧急的工作。我们只有通过去做第二象限的工作,才能消除第一象限内的工作的压力,并且可以防止危机和问题的出现,从而降低压力水平。同时,要尽量缩短消耗在第三和第四象限内工作的时间,这些不重要的事情可以授权给其他人去做。总之,如果能抓住那些重要但不紧急的事情,说明你就是一个管理时间的高手了。

(四)改变对压力和压力事件的认知

改变认知是应对压力的重要方式,尤其是当压力源无法化解时,改变认知可以减轻我们的压力感。

首先,要改变对压力的看法。要对职业压力有明确的认识和接受的态度,认识到职业压力及其反应是每一个工作者都会体验到的正常心理现象。任何职业都会伴随压力,因此,必须接受工作而不是逃避。不要把压力看成是完全负面的东西,要认识到压力的积极意义。要认识到压力及其反应不是个性的弱点和能力的不足,而是人人都会体验到的正常心理现象,是不可避免的。当个体试图逃避压力的时候,压力就有可能带给个体更大的危害。有的人在工作压力大的时候,总是幻想着如何逃避,例如幻想着换一个轻松的没有压力的工作。其实在现代社会,不管从事什么职业,压力都是不可避免的,只要还在工作着,就无处可逃。认识到这一点,才会有驾驭压力的积极态度。

其次,要改变对自己抗压能力的看法。事实上,大多数人能够承受的压力都超出自己的想象。认识到这一点,会增强驾驭压力的信心和勇气。在美国马萨诸塞大学阿默斯特学院曾进行过一项很有意思的实验,实验人员用很多铁圈将一个小南瓜整个箍住,以观察南瓜逐渐长大时,对这个铁圈的压力有多大。最初,他们估计南瓜最多能够承受大约500磅的压力。在实验的第一个月,南瓜承受了500磅的压力;第二个月,南瓜承受了1500磅的压力;当南瓜承受了2000磅的压力时,研究人员必须对铁圈进行加固,以免南瓜将铁圈撑开。最后整个南瓜承受了超过5000磅的压力后才会瓜皮破裂。研究人员打开南瓜后发现,它已经无法食用,因为它的中间充满了坚韧牢固的纤维,试图突破包围它的铁圈。为了吸收充足的养分,以便突破限制它成长的铁圈,它的根部甚至延展超过八万英尺,最后这个南瓜独自控制了整个花园的土壤和资源。人类同样如此,我们都可以在压力中生存。但当个体长期处于高压状态,他的行为方式可能发生改变,就像南瓜的畸形改变一样。所以,我们一方面要对自己承受压力的能力有信心,另一方面又要寻找一条不危害身心健康的抗压之路。

最后,要改变对压力事件的看法。同样的事件,从不同的角度去看,会有完全不同的感受。面对半杯水,有的人说"太好了,还有半杯水",而有的人却说"真倒霉,只剩半杯水了"。前一种人是善于驾驭压力的人,因为他经常从积极的角度来看待问题;而后一种人是自寻烦恼的人,因为他看问题的角度是消极悲观的。如果能对压力事件赋予积极的意义,我们的压力感就会减轻。因此,个体要学会对自己所处的职业情境作积极的控制和评价,形成对职业情境的理智反应。例如,因怕被单位裁员而焦虑时,可以作出如下陈述:"我也许会处于困境,但我能控制它。"因工作太多而烦恼时,可以这样对自己说:"虽然现在工作很多很烦,但是没有工作更烦。"

(五)主动寻求社会支持

社会支持是指一个人通过社会联系从他人那里所获得的精神支持。社会支持是一种特定的人际关系,是他人提供的一种资源,有了它,也就意味着知道有可以信赖的人在尊重、照顾和爱护自己。父母、夫妻、朋友、老师、同事、同学、专业人士等,都是重要的社会支持力量。寻求社会支持是我们应付压力的有效手段。当一个人在遇到心理压力时,他能够从这种社会支持中获得有效的帮助。寻求社会支持一般包括两方面的内容:一是寻求情感上的支持,如向别人倾诉、获得他人的安慰和鼓励等;二是寻求工具性的支持,如征求他人的意见、多方信息咨询、与能够提供具体帮助的人商讨等。

(六)建立健康的生活方式

健康的生活方式有助于我们更好地应对压力,而不健康的生活方式本身就有可能成为压力的来源。健康的生活方式主要包括:作息时间规律,保证充足的睡眠时间,不熬夜;营养全面、均衡、适量,养成定时、定量进餐的良好习惯,不暴饮暴食,戒烟限酒;经常锻炼,劳逸结合,张弛有度;培养多种兴趣,选择适合自己的健康的休闲方式。

第三节　职　业　倦　怠

随着社会的迅速发展,我们的工作任务越来越多,职场竞争越来越激烈,很多人都感到自己在工作中被"耗尽"了,这种被"耗尽"的感觉,就是职业倦怠。过高而持久的职业压力是导致职业倦怠产生的重要原因。职业倦怠不仅会降低工作效率,而且会引发个体一系列的身心障碍。目前,我国的职业倦怠问题也越来越严重。以中小学教师为例,有研究表明,我国中小学教师中,表现出明显的职业倦怠症状的比例约为 16%,按此比例推算,全国有 100 多万中小学教师处于职业倦怠之中[①]。如何消除人们的职业倦怠,是摆在我们面前的迫切问题。

一、职业倦怠的含义与特征

(一) 职业倦怠的含义

"倦怠"(burnout)一词是美国精神科医生弗登伯格(H. Freudenberger)1974 年提出的。1981 年,第一届国际职业倦怠研讨会在美国费城召开。随后,职业倦怠成为一个热点问题而受到学者们和整个社会的密切关注。

职业倦怠(occupation burnout)是个体不能顺利应对职业压力的一种极端反应,是个体在长期高水平的压力体验下产生的一种身体、情感和精神的枯竭状态。其典型症状是工作满意度低、工作热情和兴趣的丧失及情感的疏离和冷漠。具体表现为对工作缺乏热情,情绪上疲惫、冷漠、压抑、烦躁,对工作中的任何事情都觉得失败,对同事的支持表示负性反应。其核心是无效无用感,即感到自己所有的努力都是白费,都是没有价值的,自己没有办法控制和改变情境。

职业倦怠的重要研究者、美国社会心理学家马斯拉奇(Maslach)从三个维度对"倦怠"进行了界定:第一,情绪衰竭:指个体的情绪和情感处于极度疲劳状态,工作热情完全丧失,是倦怠的个体压力维度;第二,非人性化:指个体以一种消极、否定、麻木不仁的态度来对待自己的同事和服务对象,是倦怠的人际关系维度;第三,低个人成就感:指个体消极评价自己工作的意义与价值,是倦怠的自我评价维度。

(二) 职业倦怠的特征

心理学家研究表明,职业倦怠一般具有如下特征[②]:

1. 生理耗竭

这是职业倦怠的临床维度,主要表现特点是感到持续性的精力不充沛、极度疲劳和虚弱,对疾病的抵抗力下降,并可能出现一些身心症状,比如头疼、腰酸背痛、肠胃不适、失眠、饮食习惯改变等等,严重的还会导致精神疾患。

2. 才智枯竭

这是职业倦怠的认知维度,个体会感到一种空虚感,有一种被掏空的感觉,会觉得自己的

---

① 伍新春、张军编. 教师职业倦怠预防. 中国轻工业出版社,2008. 40.

② 同上,34 页.

知识已经没有办法去满足工作的需要了,思维效率下降,注意力不集中,不能够很好地去适应当代的知识更新。

3. 情绪衰竭

这是职业倦怠的压力维度,也是职业倦怠最显著的一个特征,主要表现在工作热情消失了,并会表现出许多情绪上的特点,比如烦躁、易发脾气、易迁怒于人,对人冷漠无情、麻木不仁、没有爱心,甚至沮丧、抑郁、无助、无望,直至消沉。

4. 价值衰落

这是职业倦怠的评价维度。主要表现是,个人的成就感下降,同时自我效能感、自我评价也在降低,个人觉得自己没有能力去做好工作。对自己所从事工作的意义的评价也在下降,觉得工作没有意思,工作变得非常机械化,然后出现一系列工作的问题。这样一种挫败感会使职业人减少心理上的投入,不再去付出努力了,会出现消极怠工,甚至出现离职或转行的倾向。

5. 非人性化

这是职业倦怠的人际维度,会直接影响到人际交往质量,其特征就是以一种消极、否定和冷漠的态度去对待自己周围的人,甚至是对待与自己关系非常亲近的人,包括家人或者一些好朋友。这些人表现出多疑、猜忌,同时对别人充满了一种批判性。

6. 攻击行为

这是职业倦怠的外显维度。攻击行为一般来说有两种情况:一是对别人的攻击行为会增多,人际摩擦增多,会在极端的情况下出现打骂无辜的情况。比如说,有的人在公司里面受了老板的气,回家可能就会拿老婆、孩子"开刀",去找"替罪羊"。二是他的攻击并不是指向外人的,而是指向自身,出现自残行为,甚至在极端的倦怠情况下还会出现自杀。

造成职业倦怠的原因是多方面的。有职业因素,如角色冲突和角色模糊、工作对象变化性大、工作环境的相对封闭性等;有组织因素,如领导作风、组织气氛、工作环境等;有个体因素,如自我概念、职业价值观、个体的应对方式、人格特征等;还有社会因素,如社会期待、职业的经济社会地位等。个体职业倦怠的产生是多种因素综合作用的结果。

二、职业倦怠的消除:个体层面的策略

(一) 增强职业认同

职业认同是指一个人对所从事的职业在内心认为它有价值、有意义,并能够从中找到乐趣。职业认同对工作满意度和职业倦怠感水平有直接的影响。有的人虽然工作非常辛苦,却乐在其中,其原因就在于他喜欢自己的职业,有着强烈的职业兴趣和很高的职业认同。有的人选择职业是被动的或不得已的,仅仅是为了谋生,那么,他就很难有职业认同感,职业带给他的往往是倦怠而不是快乐。

如何增强职业认同呢? 从个体而言,主要是要理解自己所从事职业的意义,看到本职业的价值,体会本职业的快乐,把自己的工作作为事业而不仅仅是职业来做。有学者把职业状态分为两种,一种是"用生命回应职业的需要",另一种是"用职业实现生命的价值"。在第一种状态,职业被作为一种谋生的手段,工作和忙碌只是源于外在的职业要求;在第二种状态,是通过

职业体现生命的价值,完成自我实现。能达到第二种状态的员工,会始终保持对本职业的兴趣和热情,较少产生职业倦怠。

(二)确立职业目标

如果在工作中没有目标和方向,则不容易看到自己工作的意义。确立合理的职业目标是克服倦怠的重要举措。这个目标可以是能力上的提升,可以是职位的升迁,可以是经济上的获益,也可以是经历的丰富和经验的积累。总之,我们有目标指引的时候,一些琐碎的工作也会变得富有价值和意义。那种确定目标,然后坚定朝着目标前进的人,会在工作中具有持久的热情。但是,目标确立要合理。虽然说伟大的目标产生伟大的行动,但如果目标太高而脱离自己实际的话,目标总是无法实现,就会不断影响自己对职业的看法,否定职业的价值。同时,过多的失败也会降低自己的信心。这都容易造成职业倦怠的产生。恰当的目标容易带来成功,而成功又能激发新的成功,而让自己在工作中不断体验成功是克服职业倦怠的良好途径。恰当的目标应该订在比自己原有基础稍高一点的位置,经过自己的努力可以达到,所谓"跳一跳,摘果子"。例如,一个初入职场的大学毕业生,从事入门职位,立志要在30岁之前赚够2千万,然后退休,这一目标就极不现实。因此,在确立职业目标的时候应该认真地问一下自己:"我的这些目标现实吗? 符合自己的条件吗?"

(三)有效管理压力

各种工作压力源是员工职业倦怠的直接来源,因此,要学会有效管理压力的方法和技术。关于这一点,我们在第二节已有详细阐述。

(四)注重学习和提高

不断学习和提高自己是克服职业倦怠的重要方法。有些人之所以产生职业倦怠,是因为他们缺乏相应的知识和能力,不能胜任现有的工作,没有得到领导、同事、他人的认可和肯定,适应不了社会发展的需要。因此,我们应该不断学习,不断提高自己的能力和水平,以便胜任自己的工作。如果能胜任自己的工作,就能不断获得新的成就感;而获得了新的成就感,就会进一步激发对职业的热爱。

在学习的基础上,我们也要尝试改变。有的工作具有较大的重复性,年复一年,工作内容基本不变,这样就很容易陷入一种一成不变的刻板的工作模式和生活模式之中,从而产生倦怠。因此,我们在工作中要有意识地尝试改变,给自己一些新鲜的刺激和感受。例如,主动承担一项全新的工作任务;换一种新的工作方法;主动在工作中结交一些新的朋友;甚至尝试一条新的上班路线等。

(五)学会放松和休闲

如果生活中只剩下工作,则工作很容易让我们沮丧乃至枯竭。一定要学会劳逸结合,合理安排自己的生活。除了工作,还要有享受生活的时间,不要成为一个为了工作放弃一切的"工作狂"。要注意以下几点:第一,给自己留出休闲和放松的时间。日复一日、年复一年的重复工作,很容易让人身心疲惫。有的人总在想,等忙完了这一段就轻松一下,但事情源源不断,永远没有忙完的一天,也就永远没有休息的时候。于是,许多人都慨叹"没有自己的时间"。其实,归根到底,时间还是掌握在自己手上的,只要合理安排,总可以给自己留出一些休闲时间,如晚餐后散步半小时,每周和朋友打一次球等等。第二,营造休闲的家庭气氛。家庭是最让人放松的,因此也是最具有休闲意义的。家庭装修、家庭摆设、家居服饰等都可以尽量休闲化,让人一进家门,就有一种轻松的心态。第三,加强体育锻炼。适度、适量的体育锻炼可以帮助我们减轻压力和倦怠,一方面,在体育锻炼中,人的注意力得到转移,身心得到松弛;另一方面,锻炼能增强体质,使人精力充沛,从而提高了抗压能力。第四,学习放松技术。当情绪紧张的时候,可以通过深呼吸放松法、想象放松法、肌肉放松法等加以调节。

三、职业倦怠的消除:组织管理层面的策略

要消除员工的职业倦怠,单让他们进行自我调适是不够的,从某种意义上来说,也是不负责任的。作为组织,应从改进管理入手,帮助他们更好地适应工作环境,克服职业倦怠。

(一) 维持员工适度的工作压力

过低或过高的工作压力是造成职业倦怠的直接原因,因此,管理者要通过各种方法让员工的工作压力维持在适度的水平。

首先,工作任务安排合理。当员工的工作任务比较具体而富有挑战性,并能及时得到反馈时,他们的工作动机和工作绩效就会提高,其倦怠感就会减少。

其次,进行适当的工作轮换。当员工觉得一项工作已经不再具有挑战性时,就把员工换到水平、技术要求相近的另一个工作岗位上去,从而减少员工的枯燥感,增强其工作积极性。

再次,适当的工作扩大化。工作数量不足、内容简单也是职业倦怠的来源。工作扩大化就是通过工作的横向扩展,增加员工的工作数量,丰富工作内容,使工作本身具有多样性。

最后,增强员工对工作计划、执行和评估的控制程度。例如,给员工布置任务要强调任务的完整性(尽量让他们从头至尾做一件工作,做整个工作而不是零敲碎打)、任务的意义、工作的自主权(让员工有权制订工作进度,作出决策和确定完成工作的手段)、反馈(让员工能清楚而直接地了解工作的结果和完成情况)。当员工能对工作的整个过程有效控制的时候,他的压力感也会减轻。

(二) 营造和谐的组织氛围

组织氛围是指一个组织区别于另一个组织的心理特征,主要包括组织成员共同的价值观念、社会信念、文化氛围等。不良的组织氛围不仅导致工作绩效低,而且也容易导致员工的职业倦怠。规章制度是组织氛围的重要体现,加强组织氛围建设的一项重要措施就是要合理制定和不断完善各项规章制度。在制定规章制度时,要注意多从"心理"这一层面加以考虑,符合员工的心理特点和心理需求。

为了消除员工的职业倦怠,在营造组织氛围时,要特别注意以下几点:第一,实行民主管理,赋予员工更多的自主权;第二,肯定员工的成绩,建立赏罚分明的激励机制;第三,倡导员工间的交流和沟通,加强员工之间的合作。

(三) 为员工制定身心健康计划

组织要主动为员工提供各种活动以提高其心理素质,促进其身心健康。可以有组织、有计划地进行一些心理测验与调查,开展心理咨询和心理辅导,举行心理讲座或座谈会,开展拓展

训练,增加员工心理宣泄的途径等等。同时,组织要定期为员工举行各种文体活动、外出旅游度假活动等,使员工放松身心。

有条件的单位可以和专门机构合作,实施 EAP 即"员工援助计划"。员工援助计划是由组织为其员工设置的一项长期的、系统的服务项目,是通过专业人员对组织进行调研和诊断后,为员工及其直系亲属提供专业的指导、培训和咨询,帮助解决员工及其亲属的心理和行为问题,以维护员工的心理健康,进而提高工作绩效。其主要步骤包括心理调研、宣传推广、教育培训、心理咨询等。在组织内实施 EAP,无疑为员工职业倦怠的消除提供了系统而专业的途径。

知识窗 8-2

EAP 简 介

员工援助计划(Employee Assistance Program,以下缩写为 EAP)是由企业、政府等组织为其员工设置的一项长期的、系统的援助和福利计划,是通过专业人员对组织进行调研和诊断后,为员工及其家属提供专业的指导、培训和咨询,帮助解决员工及其家属的心理和行为问题,以维护员工的心理健康,进而提高工作绩效。同时,专业人员在帮助员工解决个人问题的时候,可发现组织在管理上所存在的问题,为改进和完善其管理体制提供建议,从而帮助组织提高管理效能。

EAP 最早起源于 20 世纪 20—30 年代的美国,当时美国的一些企业注意到员工酗酒、吸毒和其他一些药物滥用问题影响到员工和企业的绩效,而且人们已经了解酒精依赖是一种疾病而不是道德或精神问题,于是有些企业聘请专家帮助解决这些问题,建立了职业酒精依赖项目,诞生了员工援助计划的雏形。1988 年,美国劳工统计局进行了一项全国性的调查,结果发现,在 6.5% 的公共和私人工作场所都采用了 EAP 咨询服务(美国劳工统计局,1989)。两年后,对同样的这些工作场所进行了跟踪调查发现,EAP 的普及率已经上升到了 11.8%(Hayghe,1991)。1993 年美国国家工作场所和员工援助计划(NSWEAP)调查发现,所有超过 50 人的私人企业中有 33% 购买了 EAP(Hartwell et al.,1996)。而 1995 年第二次 NSWEAP 调查数据表明,所有超过 50 人的私人企业中,购买了 EAP 的比率上升到了 39%。美国《财富》杂志评选的世界 500 强企业中,80% 以上的企业都聘请了 EAP 专业服务机构。

此外,一些国家或地区的政府也对 EAP 表现出越来越积极的态度,这是因为,EAP 不仅给企业带来收益,也给和谐社会的建设带来了好处。因此,EAP 服务在政府机关部门、军队内部也得到广泛的普及和应用。

EAP 涵盖人际关系、职业规划、恋爱婚姻、亲子关系、企业管理、团队建设和情绪辅导等领域,主要内容包括:第一,压力与情绪处理。将对工作影响最大的个人情绪作为重点,帮助员工管理压力,调节情绪,激发活力,走出心理低谷,促进心理健康。第二,生活与家庭问题。帮助员工解决恋爱、婚姻、家庭、子女教育等方面的问题,大幅度减少影响工作的因素,提升员工的工作效率。第三,人际关系。解决沟通障碍,为上下级关系在工作中产生的隔阂与障碍进行有方向的疏导,将部门间的矛盾予以最小化的处理。第四,企业文化融入。以员工为基础将各个层面全面融入企业文化,进行专题调研、小组咨询、讲座和培训。第五,职业生涯规划。为员工找到自己的合理定位,克服职业倦怠症、扬长避短、用己所长来体现工作与生活的价值。

回顾与总结

职业是人们维持生计、承担社会分工角色、发挥个性才能的一种连续进行的社会活动,选择职业的过程具有丰富的心理意义。影响职业选择的因素可以分为环境因素和个体因素两类,环境因素主要来自于社会和家庭,个体因素则包括生理特征、年龄、性别、个性、职业兴趣、职业价值观等多个方面。在择业过程中,可能出现择业焦虑、择业自卑感、择业冲突等心理问题,需要加以调适。

职业压力是指由工作或工作有关因素引起的压力。关于职业压力的研究有两种基本思路。一种是环境定向的研究,主要探讨工作环境中的各种因素、个性特点与职业压力的关系;另一种是认知中介的研究,强调认知因素在职业压力中的作用。从组织行为的角度来看,职业压力源可分为六种:组织任务、组织角色、行为环境、物理环境、人际环境、个体因素。

职业压力会带来一系列心理症状、生理症状和行为症状。职业压力的管理可从以下方面入手:第一,了解压力的应对方式;第二,寻找和化解压力源;第三,有效管理时间;第四,改变对压力和压力事件的认知;第五,主动寻求社会支持;第六,建立健康的生活方式。

职业倦怠是个体不能顺利应对职业压力的一种极端反应,是个体在长期高水平的压力体验下产生的一种身体、情感和精神的枯竭状态。消除职业倦怠可以从个体层面和组织管理层面两方面入手。在个体层面,可以采取的策略包括:(1)增强职业认同;(2)确立职业目标;(3)学会管理压力;(4)注重学习和提高;(5)学会放松和休闲。在组织管理层面,可以采取的策略有:(1)维持员工适度的工作压力;(2)营造和谐的组织氛围;(3)为员工制定身心健康计划。

巩固与练习

1. 影响职业选择的个体因素有哪些? 从这些因素出发,分析一下你自己最适合从事的职业是什么。

2. 如何克服择业焦虑和择业冲突?

3. 试分析职业压力源的构成。

4. 联系实际论述如何对职业压力进行管理。

5. 什么是职业倦怠? 它有哪些特征?

6. 如何预防和消除职业倦怠? 分别从个体层面和组织管理层面给予分析。

7. 案例讨论:

假如你是一个大公司的部门经理,正急着去参加公司的一个重要会议。然而在路上由于

司机着急赶路而闯了红灯,车子被扣下了。这时你有如下几个选择:

(1) 跳下车与交警大声争辩自己有紧急事务;

(2) 给公司打电话,说自己有紧急事情可能要迟到了;

(3) 向交警耐心说明自己的实际情况,请他体谅并且让他放行;

(4) 留下自己的司机处理这件事情,你迅速转乘的士赶往开会地点。

你觉得哪种选择最好? 为什么? 请根据本章中所学的时间管理知识加以分析。

参考文献

1. 方俐洛、凌文辁、刘大维. 职业心理与成功求职. 机械工业出版社,2001.

2. 沈之菲. 生涯心理辅导. 上海教育出版社,2000.

3. 伍新春、张军. 教师职业倦怠预防. 中国轻工业出版社,2008.

4. 徐世勇. 工作压力会伤人. 企业管理出版社,2007.

5. 邹泓、黄才华. 心理健康. 人民教育出版社,2009.

6. Cooper,C. L. (1983). Identifying stressors at work. : Recent research development. *Journal of Psychosomatic Research*, 27,369 - 376.

7. Jex, S. M. & Bliese, P. D. (1999). Efficacy beliefs as a moderator of the impact of work-related stressors: A multilevel study. *Journal of Applied Psychology*, 1999,84(3):349 - 361.

8. Phillip L. Rice (1992): *Stress & Health. California*: Brooks/Cole.

第九章　婚姻与心理健康

一对情侣两情相悦,经过或长或短的爱情旅程,决定走入婚姻的殿堂,就意味着他们不再是两个毫无关联的人,他们将带着原生家庭的理念、习俗、文化传承、生活方式走到一起,经过或长或短的碰撞、磨合,他们找到了属于自己家庭的东西,虽然还带着双方家庭的烙印,但已经是一个崭新的家,此时无血缘关系的两个人,形成了胜似亲人的亲密关系——夫妻。

夫妻关系是婚姻的主体。如果把婚姻比作一条小船,那么夫妻就是船上划桨的两个人,划桨的力度、频率、前进的方向、路径,都需要两个人的沟通、互动和协调,只有这样才能承载着这爱的小舟徜徉在人生的河流中,到达幸福的彼岸。

从宏观上讲,婚姻是家庭的开端,婚姻关系注定会对家庭尤其是家庭成员产生重大的影响。婚姻关系也是社会关系的体现,不同历史时期的婚姻形式及夫妻关系无不带有当时政治、文化、经济发展、社会形态等的色彩。而从微观上讲,婚姻就意味着夫妻关系的建立,婚姻质量的高低体现在夫妻双方是否有较高的幸福指数,是否在身心愉悦的情形下,履行婚姻的责任和义务,以使家庭生活愉快,也使自己拥有健康的身心。

第一节　婚姻的基本含义

一、婚姻的概念与特性

(一) 婚姻的基本含义

汉语词典将婚姻解释为结婚的事,因结婚而产生的夫妻关系。社会学认为婚姻是男女双方经过正式的礼节结合而成的夫妻关系。而法律上认为(魏清沂,2002),婚姻是男女双方以永久共同生活为目的,依法自愿缔结的具有权力义务关系内容的两性结合。

虽然在概念的陈述上有所区别,但对婚姻的理解实质上是一致的。婚姻既有自然属性也有社会属性。两性关系是婚姻的自然属性或称生物属性,正是因为这一属性,人类才得以繁衍后代,并使婚姻关系区别于社会的其他人际关系。婚姻的社会属性是婚姻的本质属性,是指婚姻受社会的政治、经济、法律、道德、宗教、民族、文化传统、风俗习惯等社会条件的决定、约束和规范,是人类社会两性关系的独特内容。婚姻作为人类两性关系的社会形式,是其自然属性与社会属性的统一体。正因为此,才使得人类的婚姻与动物界的两性关系相区别,突出人的社会性,并主动承担着社会的职能,促进社会的稳定和发展。

（二）婚姻的基本特性

1. 婚姻的主体性

婚姻的主体性是指婚姻是以夫妻关系为主体，夫妻是婚姻关系的承担者，家庭成员之间的关系也是以夫妻关系为核心的。婚姻关系存续期间夫妻双方相亲相爱，共同承担家庭的责任，有益于营造轻松和谐的家庭氛围，建立家庭成员之间的亲密关系，提高家庭生活质量。

2. 婚姻的持久性

婚姻的持久性是指人类社会两性关系在一定时间内的固定性、持续性和稳定性。一旦确立婚姻关系，夫妻双方就期待这种关系能够长久地持续下去，所谓天长地久、白头偕老，是亲朋好友的良好祝愿，也是新婚夫妻内心的誓言和目标。这与恋爱时期的不确定性、易变性有着明显的区别。这种稳固而持久的婚姻关系有利于家庭的发展和成长，也有利于减少性竞争、理清血缘关系，对人类的进化发展有积极意义。

3. 婚姻的制约性

婚姻的制约性是婚姻社会属性的本质决定的。婚姻关系是受国家认可的两性关系，婚姻受国家法律的保护，同时也受法律的制约，各国法律对婚姻都有明确的要求。我国在2001年修订的新《婚姻法》中明确规定，我国实行"婚姻自由、一夫一妻、男女平等的婚姻制度"。合法的婚姻才能够受法律保护，才能自然存续下去。同时婚姻还要得到社会的风俗习惯、地域文化、宗教、道德伦理、舆论等的认可，并受这些社会因素的规范和约束，这些因素虽不具法律效力，却影响着夫妻双方的心理感受，影响着婚姻存在的社会意义。

4. 婚姻的排他性

婚姻的排他性是爱情的排他性的延续。通常情况下，建立恋爱关系的男女，情有所至，愿意为对方付出，忠诚专一，享受爱情的二人世界，不再接受其他异性对自己的情感，也不愿意对方介入他人的情感。步入婚姻的殿堂，增加了社会制约的分量，使得排他性的表现更加突出。不许婚姻关系以外的任何人干扰和侵犯自己的婚姻，也不许夫妻任何一方有婚外的两性关系。这种排他性起源于本能的嫉妒，有维护婚姻稳定性的作用。但对于非一夫一妻制的婚姻形式，这种排他性则另当别论。

二、婚姻的功能

婚姻既有自然属性又有社会属性，其功能具体体现在以下几个方面。

（一）满足双方爱的需求

爱情是情爱与性爱的统一。两人长相厮守，相濡以沫，能够更深刻地体验爱情的幸福和力量，同时满足双方的性需求。现实社会由爱而至的婚姻是婚姻的主流，爱情使婚姻充满温馨与快乐，夫妻双方相互携持共建一个家，共同哺育自己的孩子，内心里感到满足，充满了幸福感。婚姻里的性关系是合理合法的，夫妻双方能够在生活中自由地享受性生活的愉悦，也是婚姻生活不可或缺的内容，在婚姻关系中占居重要的位置。一旦性爱功能丧失，婚姻会在很大程度上面临危机。

（二）满足个人的成就需要

一个人年满18岁进入成年期，开始承担成年人的角色，履行成年人的责任和义务，成家立业无形中成为年轻人的生活目标。结婚意味着一个人真正与原生家庭的分离,意味着一个人从生理到心理上的成熟。拥有婚姻会给人以满足感和成就感,无论周围的人是否单身或离婚,已婚的人都很珍视自己的婚姻,希望通过两人的共同努力,营造一个幸福温馨的家园。到了老年,这种来自婚姻、家庭的满足感,便会成为自己一生最大的成就,为自己的人生画上圆满的句号。

(三)生育子女,为人类繁衍后代

生育是性爱的结果,生育子女,繁衍后代,不仅是一个家庭的大事,也是人类社会得以延续和发展的大事,婚姻是人类繁衍后代的最恰当的途径和方式。通过婚姻生育子女,更重要的是要养育好自己的子女,从而维持人类人口的自然平衡,提高人口素质和人们的生存质量。我国实行计划生育政策,以控制人口的无序增长,减轻人民的生存压力,提高生活水平。而德国、美国等国家则出台了一些鼓励已婚夫妇生育孩子的策略,以控制人口的负增长,维护国家的人口平衡和经济发展。尽管当今社会"丁克家庭"有所增加,但是大多数夫妻依然会把生育孩子当做家庭生活的重要内容。

(四)夫妻相互的扶持与陪伴,有益于身心健康

婚姻是男女两性长期共同生活的实体,亲密无间的身心交融,使双方在物质生活和精神生活上相互依存,不可分离。年轻人的爱情是浪漫和激情,中年人的爱情是平实与深沉,老年人的爱情则是陪伴与温暖。相互理解、相互包容、相互支持,共同承担家庭的重任,夫妻之间渐生出难以割舍的亲情,良好的沟通与交流能及时化解夫妻双方的不良心境,有益于人格的健康发展。一生相伴,不离不弃,生活充满温馨与幸福,也是人们对婚姻的美好期冀。

(五)婚姻及由婚姻而产生的家庭,对社会的稳定与发展有着积极的意义

作为社会形态的最小单位,家庭的稳定与团结,影响着社会的稳定与团结。婚姻生活减轻了一个人的经济压力和心理压力,充分利用夫妻双方的力量及共同的物力财力,统筹计划抚养、教育孩子,提高家庭生活质量,更有利于家庭的稳定发展。家庭稳定了,每个人的情感有所依托,行为也会受到家庭的约束,社会上违法犯罪等不和谐、不稳定的因素就会相应减少。

三、当今社会婚姻观的变化及发展趋势

90年代以来,随着社会的飞速发展,人们的思想观念也发生了巨大的变化,在婚恋观、家庭观、生活观等各个方面都比过去呈现出更加自主、开放、包容、前卫的发展趋势。具体体现在以下几个方面。

(一)择偶的自主性增强,择偶的空间更广阔

1996年由徐安琪主持实施的"中国城乡婚姻家庭调查"结果表明(徐安琪,1997),在被调查的农村地区,婚姻由长辈作主的比例,在1966年前结婚的人口中占67.2%,1967年—1976年降为62.1%,1977年—1986年降为52%,1987—1996年间,降为43.2%。相反,本人作主的婚姻所占比例则从1966年以前的32.8%、1967—1976年的38%,上升到1987—1996年间的56.8%。农村的情况尚如此,城市自主择偶的情况会更明显。据中国社会科学院的一项全国性调查表明(苏红、任永进,2008),在"婚姻问题上你倾向于听谁的意见",选择"听自己意见"

的城市与农村青年都占到了 3/4 的比例。此外,随着社会文化传媒的发展,社交范围的扩大,交际渠道更加多样化、现代化,青年男女择偶的机会多,选择的空间大了,自由恋爱的比例明显增加。除了亲朋好友介绍外,还可以通过电视、网络、婚介中心等方式找到自己的伴侣。据一项对 1239 名大学生的调查显示(杨南丽,2007),网恋是一种引领潮流的恋爱方式,被调查者中,有 171 人曾经有过网恋的经历,有 63 名学生正在经历网恋。(见表 9-1)

表 9-1 被调查者对"是否有网恋经历"的选择

曾经有过		正在经历		从来没有过		其他	
人数	百分比(%)	人数	百分比(%)	人数	百分比(%)	人数	百分比(%)
171	12.87	63	4.74	1085	81.64	10	0.75

(二)恋爱观呈现多元化的趋势,择偶的标准更加注重内在素质

青年人的恋爱观呈多元化的趋势,更多地注重对方的人品、性格等内在因素,"郎才女貌"的思想依然存在,经济条件仍是择偶的重要因素。2004 年一项对全国 12 个城市 1786 名 18～28 岁在职青年(包括未婚和已婚)的调查显示(风笑天,2006),所列出的 14 项选择对象的条件中,最为一致,同时也是最为看重的条件是两人之间的感情。此外,性格脾气、思想品德、气质修养以及经济收入也是他们共同看重的几个重要条件。一项对河北省 1000 名在校大学生的调查显示(徐东芸等,2006),在"挑选恋人的第一标准"上,认为人品好、志趣相投的比例分别为77%和 59%,而认为"有前途、外形好、学历高、经济基础好"的比例依次为 18%、7%、2%、15%。周庆行等(2008)对重庆市女大学生婚恋观的研究发现,53%的女大学生不再对"门当户对"持肯定态度,40%的女大学生注重与配偶是否"情投意合",95%的女大学生对"干得好不如嫁得好"持否定态度。择偶标准的变化,反映出时代的发展所带来的人的思想观念的变化。

(三)性观念日趋开放,婚前性行为的发生率有所上升

我国传统文化中推崇的是一种性禁忌观念,随着社会经济文化的发展和中西方文化交流的增加,国民的性观念越来越呈现出开放的态势,婚前性行为的发生率有所上升。徐安琪等人1997 年的调查显示,婚前有性关系的比例从 1966 年前的 1.4%,增加到 1986—1996 年间的13.2%,1995 年一项对北京市 497 名青年的婚姻观调查显示(陈晨,2007),在已婚或已有恋人的 272 人中,有 48.2%的人有过婚前性行为。所有被调查者中有 51.5%的人认为"恋人间的婚前性行为是正常的,可以理解的",认为是"不正当"的只有 13.6%;而从道德上加以谴责,认为婚前性行为是"道德堕落"的人只有 14.8%。这样的调查结果应当说是当时婚前性行为发生率的最低线,因为被调查者往往不愿公开承认自己有婚前性行为。2010 年一项对"80后"大学生性观念的调查显示(赖勇、叶青,2010),570 份有效问卷中,在"可接受与恋人发生的身体接触"上,分别有 32.29%和 17.39%的学生选择了"发生性关系"和"同居";在"恋爱中发生的身体接触"上,分别有 32.15%和 5.89%的学生选择了"发生性关系"和"同居"。可见"80后"大学生的性观念更加开放,更容易在恋爱中发生婚前性行为。如何看待这种社会现象,如何处理性观念的开放所带来的一些社会问题,如何实施国民尤其是青少年的性健康教育,成为研究者关注的热点问题。

(四) 强调婚姻生活的个人化、隐私性,愈加重视婚礼的形式

改革开放以来,随着社会民主化进程的不断推进,人们的自我意识逐渐增强,维护自尊心,强调自己的独立意识和感受,寻求个性化的生活方式成为一种趋势。人们意识到恋爱、婚姻是自己的事,别人无权干涉,自主地决定自己的恋爱婚姻,不再看重周围的人如何看待自己,不愿意自己的私生活被别人议论,也不再过多地评价和指责他人的婚姻生活方式。从而使人们有了"边界"意识,不再把工作、生活混为一谈,不再让周围的舆论影响自己的判断和选择,维护自己的生存权利,保持自己独特的生活空间和风格,这无疑是社会发展的一大进步。婚姻内部的隐私权问题也受到重视。调查显示(吴鲁平,1999),62.9%的青年人认为夫妻之间适当地保留隐私是应该的,只有18%的青年表示不应该,19.1%的青年表示"说不清"。已婚青年对夫妻之间应适当保留隐私的赞同度为70.4%,明显高于未婚青年(60.9%);文化程度高的青年对适当保留隐私的赞同度明显高于文化程度低的青年,大学本科以上文化程度的比例为77%,小学以下文化程度的比例为31.6%。赞同夫妻保留隐私的主要原因是认为这样做有利于夫妻感情。这项调查时间较早,可以想见,随着社会的发展进步和文明程度的提高,如果是近年做这项调查,赞同夫妻保留隐私的比例会更高。

关于婚姻,近年来出现了许多新名词,如未婚同居、试婚、闪婚、裸婚、周末夫妻等,人们追求婚姻的自由,使得结婚及婚姻的形式多样化。对婚礼的重视程度也有所提高,婚礼的形式也更加庄重、新颖。正如顺口溜所说:50年代一张床,60年代一包糖,70年代红宝书,80年代三转一响,90年代星级宾馆讲排场,21世纪特色婚宴个性张扬。近年来,婚纱影楼、婚庆公司等与婚礼有关的行业已经产业化了,人们把婚礼看成人生中最重要的一件大事,追求个性化、时尚、新潮,除了婚庆公司承办各种有特色的婚礼外,还有别具一格的婚礼形式,如自行车队婚礼、水下婚礼等;与城市相比,农村的婚礼相对较传统。

(五) 注重对婚姻、家庭的理性规划和经营

进入21世纪,"80后"新生一代逐渐步入婚姻,他们的个性更带有时代的特点,独立自信,善于思考,积极开放,受教育的程度普遍提高,他们对人生、对世界多了些理性的思考,少了些冲动、盲从的成分。对于恋爱婚姻也有自己的理性认识和规划。2004年对全国12个城市的1786名18—28岁的在职青年的调查表明(风笑天,2006),80%的未婚女青年的期望恋爱年龄在20—24岁之间;而实际上大约77%的未婚女青年则是在18—23岁之间恋爱的(比前者早2岁)。同样的,77%的未婚男青年的期望恋爱年龄在20—25岁之间;而实际上大约76%的未婚男青年则是在17—23岁之间恋爱的(比前者早两岁多)。说明青年人期待自己晚些恋爱,以便以成熟的心态面对恋爱婚姻,尽管实际恋爱的年龄比预期的早两三岁。

近年来婚前同居现象越来越被社会所接受,这在某种意义上放慢了恋爱者进入婚姻的步伐。不少年轻人抱着先立业后成家的心态,积累了一定工作经验,有了稳定的收入,有能力组建一个家庭时,才正式步入婚姻。面对家庭建设、生育子女、赡养老人等问题,已婚青年多了一些计划性和理性的思考,他们开始学习以积极的心态经营自己的婚姻。国家心理咨询师2003年开考以来,许多中青年人参加学习的目的不是为了拿到一张心理咨询师资格证,而是为了学习夫妻之间情感沟通的技巧,领会教育孩子的方法和理念,促进自己家庭的和谐与健康发展。这反映出社会文明程度的提高，同时也促进了社会的和谐发展，尽管现实中这种情况还不够普遍，但将是以后我国婚姻家庭健康发展的趋势。

（六）晚婚晚育逐渐被人们接受，但城乡差别较大

我国传统的生育观是早婚早育、多子多福、养儿防老、重男轻女等。70年代初开始实行计划生育，全国育龄妇女生育水平在80年代显著下降。资料显示（赵文芳，2010），总和生育率由1970年的5.81降至1979年的2.75；1980年为2.24；1981年为2.63；1989年为2.25。1992年中国人口出生率为18.2∶1000，人口自然增长率为11.6∶1000，比1970年分别下降了45％和55％。据统计（徐舒、程钢，2001），我国男、女人口平均初婚年龄也有所提高，由1990年的24.0岁、22.1岁，逐年缓慢上升到1998年的25.0岁、23.0岁。进入21世纪以来，社会生产力有了极大的提高，人们的观念更开放，加之社会的生存压力大，初婚的年龄整体上有逐渐提高的趋势，但是城乡的差别较大，农村青年初婚的年龄偏小，20岁左右就结婚生子的大有人在，而城市里尤其是大城市年轻人在30岁左右结婚的占相当的比例。一对夫妻生育一个孩子已经被人们尤其是城市人所接受，但近年来随着计划生育政策的变化，生育两个孩子可能会成为人们的理想选择。

第二节　婚姻质量与心理健康

一、婚姻对身心健康的意义

婚姻是一种社会现象，同时也是一种个人行为。婚姻使两个人结束了单身生活，共同承担起家庭的责任。夫妻情感的沟通、家庭生活的方式、生活琐碎事务的处理等，都会影响到家庭成员的身心健康。

（一）婚姻影响夫妻双方的身体健康

婚姻是两情相悦的结果，夫妻感情上的甜蜜、融洽，直接影响到他们的情绪，愉快的情绪对身体健康有直接的作用。临床医学实践表明，长期情绪抑郁者容易导致胃肠功能的失调，易患慢性胃肠炎。此外，高血压、心脏病、哮喘病等也与长期的情绪不良有直接的关系。生活中我们也可以看到，关系好的夫妻能够保持良好的身体和精神状态，即使一方患病，在另一方的关怀和支持下，也能够增强抵御疾病的能力，有利于身体的康复。报纸、电视上曾经报道过一位丈夫常年为成为植物人的妻子按摩、唱歌，最终竟将妻子唤醒，并有了一定的活动能力，创造了奇迹。同时夫妻同居一室，相互的关心和照顾，能够预防急性病的发生，增强防病抗病的能力。

婚姻是满足夫妻双方性欲望的正常途径，性生活的和谐对男女双方的身体健康也是有益的。此外，良好的婚姻关系能够激发夫妻双方保持健康身体以白头偕老的良好愿望，使他们积极参加体育锻炼，注重身体保健，延年益寿。

（二）婚姻影响夫妻双方的心理健康

婚姻生活是已婚者情绪变化的重要来源，婚姻生活美满幸福，使人精力充沛，信心十足，愉悦之情常溢于言表，能够保持积极向上的良好心情，做自己该做的事，自然地享受生活的平和与安详。

良好的婚姻使夫妻双方成为一个整体,在生活中相互携手、相互体察对方的情感,使感情的沟通变得自然、顺畅。有句格言讲:快乐两个人分享,是两个快乐,痛苦两个人分担,就只剩下了一半。这正是良好婚姻关系的写照。夫妻情感上的默契和相互支撑,能提高双方的抗挫折能力、减少抑郁发生的可能性,使压抑在心的不良情绪通过向对方倾诉宣泄出来,得到对方的抚慰。良好的婚姻关系还有利于夫妻双方相互信任,广交朋友,加强与外界的联系与沟通。双方在保持自己的个性的前提下发展夫妻之间的共同性,保持健康、积极的心态。婚姻关系不良则会使夫妻双方心存芥蒂,很难相互理解与沟通,降低性生活的兴趣和热情,情绪变得脆弱、焦虑、不稳定,一点小事就会引发夫妻之间的"战争"。家本应给予人们轻松、温馨和愉快,而这一切依赖家庭主要成员的婚姻关系来维系。

(三) 婚姻影响家庭的和谐与稳定,影响家庭成员的成长发展和身心健康

夫妻是家庭中的主要成员,夫妻关系的好坏直接影响家庭的整个氛围,影响家庭成员的情绪和行为。有人以夫、妻和孩子为三个基本点,把家庭比作一个稳定的正三角形,每条边代表着一种家庭关系,任何一条边的倾斜和偏离都会引起家庭的不稳定,导致家庭功能的削弱甚至丧失,其中夫妻关系最为重要。作为家庭的主导者,夫妻双方有责任和义务创设一个和谐、温暖的家庭环境,孩子愉快地生活,老人享受天伦之乐,使夫妻双方有更多的时间和精力投入工作和学习,发展自己的事业。

不良的婚姻则对家庭成员的身心健康产生消极的影响,其中对孩子的影响是最为不利的。父母关系的不和谐,往往使孩子感到紧张、焦虑,缺乏安全感,因父母意见的不一致而无所适从。加之夫妻双方只顾及自己的感受和情感,往往忽视了孩子,要么放任自流,要么动辄迁怒于孩子,要么把所有的期望寄托在孩子身上,宠爱有加。这些都将使孩子正常的成长受到影响,尤其对孩子个性的发展不利。不良的婚姻还影响家庭其他成员如父母、兄弟姐妹的身心健康,造成亲人之间的疏离和相互不理解,影响大家庭的气氛和亲戚间的相互关系,造成小家庭外围处境困难,不利于家庭成员尤其是孩子与外界的交流,增加了孩子适应社会的困难。

总之,婚姻对个人、家庭成员尤其是孩子的身心健康有着重要的影响,男女双方一旦结成婚姻关系,应当不断交流与合作,使婚姻向着有利于自己和家人的方向发展。

二、我国目前婚姻质量的状况

国外对婚姻质量的研究主要分为个人感觉(individual feelings)学派和婚姻调适学派(郭霞等,2008)。个人感觉学派认为,婚姻质量是一个主观概念,它主要表示已婚者对自己婚姻的感性认知和体会,指当事人对配偶及婚姻关系的态度和看法。因此,每对夫妇的婚姻质量就是他们关于自己婚姻的幸福和满意程度,婚姻质量也就是当事人对婚姻的主观感知质量(Satisfaction Quality)。相反,调适学派则强调婚姻质量的客观性,认为它是夫妻之间关系的结构特征或这种特征的具体存在和统计表现。因此,已婚者对婚姻关系的调适性质、方式、频率和效果构成了婚姻质量的基本理论内涵,婚姻质量应该是婚姻关系的客观调适质量。

我国学者刘安祺(1997)认为,婚姻质量是指夫妻的感情生活、物质生活、余暇生活、性生活及其双方的凝聚力在某一时期的综合状况。婚姻质量的高低直接影响到夫妻关系的稳定和家庭结构的完善,决定着婚姻关系的发展前景。婚姻质量的高低取决于当事者的主观感受,对婚姻质量的评价主要通过当事者的自我陈述来作出判断。夫妻双方都感到愉快、融洽、和谐的婚姻是高质量的婚姻。

一些研究资料的分析表明,婚姻质量主要有以下几个方面的特点。

(一) 婚姻质量影响婚姻的稳定性,是婚姻稳定性最重要、直接的预测指标

徐安琪、叶文振(2002)采用数据分析的方法,对我国城乡 6033 个已婚男女进行婚姻质量方面的调查,并探讨了婚姻质量与婚姻稳定性之间的关系。结果表明,一个较为科学的解释婚姻稳定性的模型必须把婚姻质量作为一个重要的自变量。即婚姻质量越高,其婚姻的稳定性也就越大。由此看来提高婚姻质量是维护婚姻稳定、营造和谐社会的重要因素,相关的研究者和社会工作者应当以此为重点开展工作,帮助人们提高婚姻质量,维护社会安宁。

(二) 婚姻质量的影响因素可以分为社会、心理和生理三个层面,心理层面的影响尤为重要

影响婚姻质量的因素是多方面的,王宇中、赵江涛(2009)对全国 28 个省、自治区和直辖市的 2732 对夫妻进行了婚姻质量方面的问卷调查,数据统计的结果显示,婚姻质量的影响因素可以分为社会、心理和生理三个层面。性健康是影响夫妻婚姻质量的重要因素,性健康程度越高,越有利于提高婚姻质量,增加夫妻互动,改善家庭关系,减少夫妻冲突。在性和健康层面上,男性的身体健康和能满足妻子的性要求对自己的婚姻有积极影响作用;女性的"性生活满意"对双方的婚姻质量影响极大。在社会及家庭层面上,影响夫妻婚姻质量的因素是双方的"事业发展状况"、丈夫的"职业"、妻子的"较好的居住条件"、"结婚时的受教育程度"等。在心理层面上包括人格特质、价值观和内控性等。如"做事更理性"和"喜欢与人交谈沟通"属于人格特征;"自信能做一个好丈夫或好妻子"属于内控性。影响夫妻婚姻质量的心理层面的项目较多,这是因为婚姻主要是两个人的互动过程。两个人的人格特征和婚姻态度在一定程度上决定了互动的形式和结果。随着物质生活水平的逐渐改善及受教育程度的普遍提高,人们对婚姻的主观感受有了更多体验,高质量的婚姻生活成为人们的期待,也使人们更加重视心理因素对婚姻质量及婚姻调适的影响。

(三) 婚姻基础及夫妻双方在家庭中的责任和权力分配,对婚姻质量有一定的影响

婚姻的基础包括夫妻婚前的感情基础及个人经济状况、夫妻从恋爱到结婚的时间、结婚的年龄、婚姻持续的年限、是否有孩子等一些现实的因素。这些因素对婚姻质量也有一定的影响。恋爱时双方情投意合,建立在深厚感情基础上的婚姻,有较高的主观幸福感。然而有一些客观因素也影响着夫妻对婚姻的主观感受。徐安琪、叶文振(2002)的研究显示,每增加一个孩子,就会使父母的离婚意向单位下降12.3%,表明在中国人的婚姻生活中,孩子起着举足轻重的稳定夫妻关系的作用。孩子还是十分重要的血缘和感情纽带,凝聚父母的亲和力,强化双亲对婚姻与家庭的责任与投入,并自然而然地增加了对父母婚姻离散意向和行为的限制。孩子的存在增强了婚姻的稳定性,促进夫妻双方加强情感交流,以提高婚姻质量。

该研究还表明,妻子承担家务较多会对婚姻质量产生一些负面影响,这在城市表现较明显。这是因为城市已婚男女的两性资源差距相对较小,如城市的丈夫受教育仅比妻子多 0.6 年,农村则达2.4年,城市妻子的年收入是丈夫的 67.8%,农村仅占 51.4%。但在城市家庭仍有59％的妻子承担更多的家务,丈夫承担较多的只占13％。故城市家庭中妻子认为家务分配不公平的,明显多于丈夫。加上性别平等意识在城市深入人心,丈夫少做家务在城市更可能对夫妻关系产生不利影响。而平等型的或妻子为主的家庭权力模式有利于农村婚姻质量的提高。农村女性受教育程度普遍较低,她们大多既是家庭农副业生产的主力,又承担着大部分家务,但传统的模式是家庭决策权往往在丈夫的手里。倘若她们在家庭生活中占据主导地位,会提升自我价值感,较少感受到丈夫的强权及大男子主义的压抑,同时丈夫权力的弱化,也有利于夫妻之间更多地沟通与交流,提高婚姻质量。可见城乡之间是有差异的,总体上讲,城市比农村更看重婚姻质量及婚姻的调适。

(四)以建设性的沟通方式为主进行交流的夫妻,其婚姻质量较高

所谓建设性沟通指夫妻双方愿意就存在的问题进行讨论,会主动表达自己的感受,并且提出可能的解决方法。这种积极面对问题,协商解决问题的方式有利于夫妻关系的良好发展,增进夫妻感情。积极的、建设性的沟通体现出夫妻双方对彼此的尊重和理解,能够增强个人的自我价值感,形成良好的家庭互动模式,使家庭拥有轻松愉快的氛围,不仅促进个体的心理健康,而且能够提高婚姻质量。

知识窗

幸福婚姻的理由

美国学者比林斯利等人(1995)访谈了30位拥有幸福婚姻的夫妇,他们结婚的平均时间长达32年,平均有2.5个孩子。他们认为婚姻幸福来自于:

1. 承诺。个人原因而非社会压力承诺彼此,维持婚姻更多的是情感需要而非经济需要。

2. 共同兴趣。配偶可以谈论共同的兴趣、价值观、目标、子女和在一起的愿望。配偶之间的相似性预示着长期情感关系的成功。

3. 沟通。那些在一起的夫妻比其他人使用积极语言进行争论的可能性大五倍。他们会彼此聊天来培养感情而不是破坏感情,他们会非常乐意告诉彼此自己想要的,并且不会对伴侣的回应产生防卫心理。

4. 信仰(如笃信宗教)。强烈的信仰(宗教)导向会为伴侣提供来自信仰组织成员的社会、精神和情感支持,也会为解决问题提供道德指导。

5. 信任。伴侣间的信任为双方和他们的感情关系提供了安全稳定的基础,任何一方都不会害怕对方离开后进入另一段情感关系。

6. 非物质至上主义的。非物质至上的、自律、对对方工作日程保持灵活性、相互忠诚,都是这些拥有幸福婚姻的伴侣所具有的特征。

7. 角色示范。这些夫妇提到了父母给予的正面的角色示范作用。好的婚姻引发好的婚姻,那些在自己的情感关系中很幸福的父母,更可能拥有模仿相似状态的子女。

8. 性欲望。伴侣在性欲望方面的相似程度是预示长期情感关系成功的重要指标。相比其他情感关系情境中的性关系,婚姻关系中的性关系在情感和身体方面的愉悦感会更加强烈。

9. 公平的情感关系。处在非传统、更加公平的情感关系中的个体有更高的情感关系满意度。

10. 负面归因的缺失。那些不把伴侣的行为做负面动机归因的配偶,比那些考虑过负面归因的配偶有更高的情感满意度,负面归因的缺失与更高的婚姻质量相关。

11. 牺牲。将情感关系中的牺牲看成是值得的,这一看法预示着更少的压力和更高的婚姻调适度,因此,对自私和个人主义的反对会成为婚姻满意度的积极指标。

（资料来源:大卫·诺克斯、卡洛琳·沙赫特.情爱关系中的选择.金梓等译.北京大学出版社,2009.）

三、提高婚姻质量,享受幸福生活

从大的方面来讲,婚姻质量的提高有利于人们整体生活水平的提高,社会应当营造良好的氛围,从环境的改善、经济的发展、全民文化素质的提高等方面,改善人们的婚姻观念,增强人们提高婚姻质量的意识。从小的方面讲,一对夫妻应注意不断丰富自己的生活,从自身做起,逐渐提高婚姻质量,享受幸福生活。

(一) 打破传统的性别观念,保持婚姻内部真正的平等、尊重和信任

新中国成立以后,国家的各项政策都体现了男女平等,女性与男性一样拥有公民应有的各项权利和义务,妇女的就业率逐渐提高,在各行各业中的确起到了半边天的作用。然而传统的观念仍在一定程度上束缚着人们的思想。尤其在经济、文化不够发达的地区,女性的社会地位未能得到真正的落实,夫权主义仍是家庭的核心,家庭内妻子的权力和尊严得不到应有的保证。新闻媒体有关家庭暴力、婚内强奸的事件时有报道,其受害者绝大多数是女性。表面上的男女平等掩盖了婚内真正的男女不平等现象。

由于缺乏真正的男女平等意识,许多家庭在建立之后便以丈夫为主宰,处处是他说了算,而家务劳动几乎全部落在妻子的身上,妻子追求的是做一个任劳任怨、逆来顺受的贤妻良母。这种情况在现实农村家庭中居多。在这种情形下,就谈不上夫妻之间的相互尊重与信任,婚姻质量得不到保证。

我们提倡婚姻内部真正的男女平等,夫妻双方共同协商安排家庭生活,共同承担家务劳动,共同担负起赡养老人、教育子女的责任。只有这样才能做到女性真正的解放,使夫妻双方在相互的交流和合作中增强凝聚力,保持婚姻和谐、稳定的发展和家庭的幸福安康。

(二) 夫妻能够进行积极的感情沟通,保持良好的亲密度

初婚的夫妻往往较重视情感的沟通与交流。随着时间的延续加之孩子的出世,家务活增多了,两个人单独相处的时间少了,最初的新鲜感也没有了,这时夫妻的交流会逐渐减少,生活变得平淡。这种状况常导致夫妻间的相互抱怨甚至产生矛盾,夫妻各自站在自己的立场上陈述对对方的不满,甚至闹到离婚的地步,其实是因为双方在日常生活中没有很好地沟通,相互的关怀和体贴少了,自然会增加隔阂。

夫妻双方应当采取建设性的沟通方式,真诚地、推心置腹地沟通和交流,把相互间内心的

感受及时表达给对方。在这一点上,我们东方人情感的表达比较含蓄,觉得相互之间的爱只要心知肚明就行了,不要总挂在嘴上。其实这是一个误区,相互间爱的表达能给对方以美好的感受和信心,增强相互间的信任和情感,夫妻双方要习惯于向对方表达爱。近年来,人们开始重视一些西方的节日,如情人节、父亲节、母亲节等,并尝试过中国的情人节——七夕,这应当是件好事。其实节日的形式不重要,重要的是可以借助于一个节日,制造一点浪漫的情调,加深恋人及夫妻之间的情感沟通,使家庭成员感受到亲情的温暖。相信深层的感情沟通能够产生"向心力",增强亲密度,使夫妻双方更加珍惜、体贴对方,共同努力提高婚姻的质量。

(三) 保持相对独立的生活状态,追求个人社会价值的实现

夫妻相互融合、相濡以沫,并不意味着失去自我,双方在生活和事业中都应保持相对的独立性。人是社会的人,每个人都希望被社会认同,被他人接纳,实现自身的社会价值,尤其是提倡男女平等的当今社会。女性相对于男性虽然在生理上是弱势,但与男性有着同样的心理需求,男女两性的精神世界是平等的,都希望保持自己的独立空间和个性。婚姻不应当成为一个人发展自我、实现自身价值的羁绊,夫妻双方相互尊重对方的独立性,尊重对方的人生追求和职业选择,有利于夫妻关系的发展。然而由于社会的竞争压力加大,女性就业机会的受限,孩子抚养教育成本的攀升等原因,不少女性选择回家做全职太太,这本身无可非议,每个人都有选择自己的生活方式的自由。需要注意的是,全职太太也要与时俱进,及时了解社会的发展趋势,理解和关心丈夫的事业发展,以积极的心态做好家庭事务工作,并从中感受到自我的价值。在思想、行为上显现出落伍的倾向,全然失去了自我,会影响夫妻之间情感的沟通,造成婚姻的不和谐。

(四) 维护身心健康,增强夫妻生活的满意度

身心健康是健康家庭的主要成分,也是提高婚姻质量的保证。夫妻应经常注意调理身体,尤其是中年以后的夫妻,应定期到医院检查身体,有病及时看,适当地运动,增进身体健康。还要注意保持心理健康,夫妻相互作对方的心理保健医生,及时缓解压力,疏泄不良情绪。尤其几个特殊时期更应注意调节,如妻子的孕期、围产期、更年期,孩子离家进入"空巢"家庭行列的初始时期,夫妻任何一方离退休时期等。如果夫妻双方发现依靠自己的力量解决不了对方的心理问题,应当及时寻求心理咨询与治疗机构的帮助,及早化解问题。

夫妻生活是婚姻的重要内容,夫妻生活的协调、美满直接关系到夫妻的感情。在离婚的人群中,以夫妻生活不和谐为离婚的主要原因的不在少数。这就需要夫妻双方相互理解、相互沟通,及时交流性生活的感受,尽可能地使双方都感到满足。一旦在这方面出现问题或产生矛盾,应及时通过医学或心理咨询等途径解决,如果问题滞留下来,时间一长,就会成为婚姻裂痕的隐患。夫妻性生活的满足会增进夫妻的感情,使家庭气氛更温馨。

(五) 增加生活情趣,不断升华爱情

婚后的爱情更醇厚、甜美。但如果不注意从生活中发现爱、体验爱,就会觉得爱情失去了往日的光彩,就会觉得婚姻生活平淡无味。故夫妻应当在生活中多营造出一些情趣,唤起对方爱的感受,体会到相互间深厚的情感,使爱情得到升华。有的夫妻在每年的结婚纪念日一同外出旅游一趟,既放松身心,又加深感情;有的则不定期地到饭店美餐一顿,既犒劳了日常操劳的

妻子,也享受了优质的服务;有的则经常利用出差之际,给爱人带一个小礼物,既增添了团聚的喜悦气氛,又体现出对爱人的牵挂和珍爱……这些都不失为增加生活情趣的好方法。仁者见仁,智者见智。只要夫妻双方心心相印,就可以创造出许许多多的办法来增加生活的乐趣,更好地体味婚姻的美满、幸福。

第三节　婚姻的调适

婚姻意味着两个有着不同生活背景,不同成长经历的男女开始建立小家庭,他们生活在一起,真实的自我暴露在对方的面前,难免会互相发现对方的不足之处。加之长时间生活在一起,时间久了,会失去相互间的新鲜感,减弱恋爱时的激情。外界环境也将对夫妻关系有一定的影响,夫妻之间出现一些问题是司空见惯的。只要双方注意婚姻的内省,及时认识到自己的问题并进行积极的调适,就能够保持良好的夫妻关系。

一、夫妻关系中存在的问题及调适

(一) 婚姻磨合期的矛盾与冲突

初筑爱巢,是件令人愉快的事情,也是一个需要相互适应的过程。这个过程一般被称为磨合期。夫妻双方能够相互包容,很快地在生活习惯、个人爱好、价值观念等方面达成一致或相互协调,磨合期会短一些,矛盾和冲突会少一些。反之,磨合的时间就会长一些,矛盾冲突也会多一些,甚至因走不出磨合期而不得不面临着婚姻的危机。

婚姻磨合期间的主要矛盾冲突来自以下几个方面。

1. 价值取向不一致

价值取向是指人的价值观,即人对社会、对人、对事总的态度和看法。恋爱期间沉浸在两人世界里,"晕轮效应"、爱屋及乌,使得双方在一些大是大非问题上容易趋同。婚后各自所持的不同观念和态度才逐渐暴露出来,由此引发出矛盾和纷争。比如一对夫妻在交往上有不同的看法,丈夫的观念是交朋友要有目的,要交对自己有用的朋友,为此他特别注意逢年过节对自己的上司、主管请客、送礼,联络感情。而妻子则对他这种行为不以为然,她觉得交朋友就是要真诚地沟通和理解,不应当以功利为目的,她交的朋友都是平民百姓。两人常因此发生争执,甚至相互嘲讽。一提外出会朋友,就会发生不愉快。

2. 个性特征的差异

个性是在一个人身上表现出来的长期的、稳定的特点。即使个性极为相似的人,也有所不同。恋爱中的两个人会忽略那些迥异的地方,甚至忽略对方个性的弱点。婚后,每个人的个性特点尤其是个性的弱点一览无余地显现在对方的面前,难免会因此发生矛盾。比如妻子性格较内向,依赖性强,喜欢安静。而丈夫性情豪爽,朋友多,爱热闹。周末时丈夫经常把朋友召到家里喝酒、聊天、打牌,或者是跑到朋友家去玩。妻子因此很生气,她希望周末丈夫在家陪陪自己,享受一下二人世界的浪漫、温馨。丈夫却觉得是妻子太细腻,已经结婚了就不能像恋爱时那样总是黏在一起,不能因为结婚而忽略了朋友。个性的不同使两人经常闹矛盾。

3. 生活习惯的不同

各人的生活习惯是在原生家庭里形成及在单身生活过程中逐渐固定下来的,走进婚姻的同时就结束了单身生活的日子。生活习惯涉及的都是一些鸡毛蒜皮的小事,但以小见大,会影响夫妻的关系。比如有一位妻子特别爱整洁,天天把家里打扫得一尘不染,丈夫必须换上睡衣才能走进卧室,每天必须洗澡才能睡觉,平时脱下来的衣服必须放在固定位置等。而丈夫偏偏是个不拘小节的人,两人常因这些琐事闹不愉快。

4. 双方父母的不当干预

80后的小夫妻,双方都是独生子女的占了相当的比例,尤其是在大城市。两个人的婚姻不如说是两个家庭的婚姻,父母要经历孩子与原生家庭的分离,承受空巢家庭的孤独寂寞,又生怕自己的孩子不会过日子,受委屈,对孩子的婚姻关注过多,对儿媳或女婿要求过高。孩子总是自己的好,两家老人会因为总是挑剔、指责对方孩子身上的毛病而闹不和,或者直接干涉儿女的家务事,儿女又习惯于接受父母的意见和教诲,两家老人的掺和时常成为小两口闹矛盾的导火索。电视访谈类节目里经常会有这样的案例,小两口的矛盾成为两个家庭的矛盾,双方父母撺掇自己的孩子离婚,却忽略了两个年轻人的感受。

解决磨合期的矛盾和冲突,夫妻双方首先应当冷静面对,多沟通,及时与对方交流自己的真实感受,共同找出矛盾冲突的症结所在,并寻求解决的办法。事情谈开了,心中不存芥蒂,能够增强夫妻间的相互信任,有利于在一些非原则性问题上达成共识。相反,回避矛盾或疏于交流,只会使夫妻双方越离越远。

其次,双方可以来个换位思考,作个角色扮演,站在对方甚至对方父母的角度考虑问题,体察对方的心态,反思自己的不足,寻求夫妻关系的切合点。还可以多与朋友交往,听听他们对婚姻的体验,观察学习他们处理家庭矛盾的方法,以夫妻感情为重,尽量缩短磨合的时间。

其三,夫妻都要学会适当控制自己的情绪,不能出着性子来。一旦发觉自己伤了爱人的心,要及时克制自己,适时道歉。夫妻之间不能较真,也不必分出个强弱高下,只要感情在,没有原则性的冲突,就能够成为一对美满夫妻。电视剧《裸婚时代》中,小两口吵架吵到白热化,脱口而出"离婚"二字,两人自尊心都很强,谁也不愿意服软,第二天就去办了离婚手续,然而感情犹在,最终还是重归于好。这种情况在现实生活中也不少见,学会适当控制自己的情绪,对婚姻生活是有益的。

价值观、个性方面的差异,不可能在短时间内消除,夫妻双方要以宽容的态度给对方一定的自由空间,不强求处处一致,在强调自身个性化的同时,顾及到对方的心理感受。生活习惯上的小问题,可以通过协商,在双方都能接受的前提下达成共识。

(二)情感沟通困难

在情感沟通方面男女两性本来就存在着差异,通常男性较理性,女性较感性;男性大多是粗线条的,而女性较细腻。一般来说,男性在婚后有了稳定感,曾经的恋人已经是自己的妻子了,他们渐渐地开始忽略对妻子的赞许与交流,回到家来就想享受一下家的宁静、温暖和轻松,不想听妻子唠叨,也不想多说话。而女性则不然,婚后的安全感、依赖感使女性更愿意把自己对家庭、对工作等各方面的感受说给丈夫听,想得到他的评价与首肯,一旦丈夫表示冷淡,不认真地听她的述说,或是敷衍了事,妻子就会不高兴,上纲上线,认为是丈夫不爱她了。从内心感受的表达方式上看,女人好比是"高压锅",一旦心中有气便会慢慢释放出来,发泄完毕,一切照常。而男性好比是在"钻山洞",内心的不良感受或情绪生怕别人发觉,男子汉的尊严使他们越钻越深,宁可自己独吞苦果,不愿把内心的压抑和苦闷倒出来,即使对自己的妻子也是如此。于是就会出现一些不协调:妻子总想说说话,丈夫疲于应付;丈夫明明心里不好受,也不愿讲给妻子听,妻子因此更不高兴,觉得丈夫不信任自己等等。

加之家庭生活原本是自然放松的状态,每个人在家里都尽可能地去掉了自己社会角色的"假面具",把自己最原始的状态表现出来,不愉快的情绪也更容易表达,常会使对方不能理解或产生误解。天天只有两个人的日子也会或多或少的出现审美疲劳,产生淡漠感,这些也会造成夫妻之间交流与沟通的困难,增加夫妻间的隔阂。

首先,夫妻双方对这个问题应当有个充分的认识,了解男女两性感情交流方式的不同特点,本着"双主动"的原则,互相都主动向对方表达自己的需要和感受,给对方明确的提示。尤其是女性,不要"犹抱琵琶半遮面",总想让对方猜自己的心思,直接的表白能够体现对对方的信任和爱,有利于双方的深层沟通。

其次,夫妻之间要相互体谅。妻子要给对方一个保持沉默的时间,让他自己想一想;也可以以行动安慰丈夫,让他感受到妻子的爱和关心,倒一杯水,轻轻的一吻……会打动丈夫,自觉地向你敞开心扉。丈夫对妻子要多一些肯定和爱的表达,女人是爱听好话的,她希望丈夫不仅在心中爱她,还要在口头上爱她。对于妻子的喋喋不休,丈夫应当有一定的耐心去聆听,实在不想听的时候,可以找个机会回避一下,或直接给妻子提个醒,直白的拒绝会伤妻子的自尊心,似听非听的冷漠态度会激惹妻子的不满情绪,人为地制造交流的障碍。

其三,寻找夫妻深层沟通的机会,并保留这个机会使之成为习惯。夫妻间的深层沟通需要一定的条件,首先要有一个私密的环境,并保证有充分的时间,最重要的是夫妻双方要有平和、放松的心情。周末的晚上,睡前躺在床上,轻声漫语地谈谈自己的所想所思;外出旅游,到大海边依偎在沙滩上,伴着日落,听着潮声,说说家里的事,倒倒心里话,都不失为沟通的大好时机。夫妻双方要相互观察,揣摩对方何时心情好愿意沟通,女性比较心细,沟通交流的愿望往往比男性强,可以在这方面多留意,当双方能够经常利用相似的情境和心情进行沟通时,沟通便会成为一种良好的习惯。

知识窗
夫妻有效沟通的原则和技巧

1. 给予沟通重要的优先地位。

2. 建立并保持眼神接触。

3. 询问开放式问题。

4. 使用回应性倾听。

5. 使用"我"陈述句。

6. 避免负面表达。

7. 谈论伴侣的积极方面。

8. 告诉伴侣你想要什么。

9. 话题集中在问题本身。

10. 为分歧制定具体的解决措施。

11. 给出语言和非语言相一致的信息。

12. 分享权力。

13. 保持沟通进程持续进行。

（资料来源：大卫·诺克斯、卡洛琳·沙赫特.情爱关系中的选择.金梓等译.北京大学出版社，2009.）

（三）性生活不和谐

性生活是夫妻生活的重要内容。夫妻良好的性关系有益于婚姻生活的美满。男女在性生理方面存在着差异。从性欲望来看，男性在二十多岁达到高峰，以后逐渐呈缓慢衰退的趋势，直到老年。女性通常在生育孩子之后，三十多岁才逐渐达到高峰，停经以后逐渐减退。对于性兴奋，男性通常发生较快，较早达到高潮，并较快结束；女性性兴奋的发生较缓慢，但历时较长，达到高潮的时间较晚，且在达到高潮后并不是马上结束。

在性心理方面，男女亦存在着差异。一般来讲，男性喜欢采取主动行为，女性则习惯于被动；男性比较容易受具体刺激的影响而较快产生性兴趣，并达到性兴奋，女性则较注重情景、情调的影响，在适当的气氛中，在男性的爱抚下缓慢地提升性兴趣，产生性兴奋。夫妻婚后的性生活也有个逐渐适应、磨合的过程。随着社会的发展，人们的性观念更加开放，夫妻性生活的质量应当说是有所提高的，但从整体上讲存在着传统与现代性观念之间的矛盾和冲突。这也是造成夫妻性生活不和谐的原因之一。

有的丈夫不顾妻子的感受，只顾满足自己的性欲，不注意对妻子的抚爱和感情氛围的营造，使妻子较少达到性满足，将性生活视为女性应该付出的或例行公事，感到索然无味，没有体会到性爱的美好，甚至出现性冷淡。有的妻子则将性生活视为奖惩丈夫的手段，经常在丈夫需要的时候使性子，不予合作，以此钳制丈夫。时间久了，丈夫会失去性兴趣，有的甚至导致阳痿。有极少数男性或女性有性变态心理或行为，导致夫妻性生活不和谐。

夫妻之间首先应当及时交流性生活感受。传统的性观念压抑女性的性欲望，女人谈性，被视为淫荡，而把男性放在性生活的主宰地位上。现代性观念的开放，在性欲望、性体验方面提倡双方的平等地位，夫妻双方有权力也有必要交流双方的性感受，以便及时调整做爱的方式，使双方都能体验到性高潮的快乐。这种交流还有利于夫妻的感情，使双方多一些对对方的了解和体贴。

其次，可以适当地改变夫妻性生活的方式，以免千篇一律，老调重弹，失去新鲜感。性生活的方式有多种，可以采取多种方式从多角度尝试变化带来的新奇感受，以使夫妻双方对性生活充满期望，感到满足。性生活的环境和时间也应当注意保持私密性，夫妻性生活的过程要有安全感,以免因环境的干扰而分心,影响性生活的质量,这就要求夫妻有单独的卧室,最好不要让孩子夹在其中,房间应有门锁,要适当地隔音,还可以制造一些情调,如妻子时常更换性感的睡衣;卧室灯光的柔和、温馨;卧具的优雅和色彩的搭配;偶尔播放一点柔美、轻松的乐曲等等。情调能起到烘托气氛的作用,使性生活更有滋味。对于有违常性行为(如性虐待狂、性受虐狂、同性恋、恋物症等)的人,一旦发现,应当开导、说服他(她),寻求心理咨询与心理治疗机构的帮助。

(四) 对婚姻的倦怠感

这种情况多出现在结婚多年的夫妻身上,所谓"七年之痒"在一定意义上体现出婚姻的倦怠感。结婚久了,双方也相互适应了,会觉得生活越来越没有新意。特别是有了孩子以后,夫妻为工作、为家庭忙碌着,对自己的丈夫或妻子也失去了原有的热情,夫妻的性生活也少了,甚至成为一种单调的模式。这种状态若持续一段时间,夫妻没有意识到或意识到了却没有采取必要的调节措施,就容易奠定婚外情的土壤,导致婚姻危机或婚变。

"网恋"是近年来出现的新名词,有的人借助网恋抒发内心对婚姻的失意,寻找新的感情寄托,甚至由此导致婚外恋。有的人则把感情寄予婚姻之外,寻求新刺激,填补对婚姻的失落,获得新的情感体验,甚至因此而离婚。还有的夫妻感情上的沟通少了,内心有了距离或裂痕,相互没有了性生活的热情,干脆实行家庭内部的分居,各住一室,和平共处,共同的目标是为了孩子,却不再是真正意义上的夫妻。

消除婚姻的倦怠感,首先要对自己的婚姻重新进行审视,看一看夫妻关系到底出了什么问题,找出症结所在才便于交流和解决。

其次,丰富夫妻的共同活动。可以搞一些两个人的活动,不要总有孩子相伴。如一起去旅游,一起到朋友家串门,一起散散步,一起看场电影等,一方面使夫妻双方重温二人世界的浪漫、温馨,一方面新异的活动会赋予夫妻关系一些新意,增强夫妻的凝聚力。

其三,保持正常和谐的性生活是克服婚姻倦怠感的重要手段。夫妻之间没有性生活是很可怕的,它意味着夫妻最重要的、特殊的联结被隔断了,平添了一些陌生感、失落感,免不了感到厌倦。因此夫妻应当把握这一点,及时调节自己,保证正常的夫妻生活。

二、离婚及其心理调适

人们常用"白头偕老"表达对新婚夫妇的美好祝愿,每个人在结婚时都深情地对对方承诺要相伴一生。然而还是会有人面临婚姻的危机。所谓危机——危险与机遇并存。夫妻积极调适,解决了面临的危机,婚姻会重新沐浴在阳光下,反之夫妻的矛盾不可协调,就有可能走向离婚。

离婚是指夫妻双方通过法律手段结束婚姻关系。离婚率的显著增长是当今世界的趋势,我国也是如此。资料显示(唐秀华、夏森,2006),我国的离婚率从 1978 年以来直线上升,不到 10 年就突破 1‰,到 2001 年已达到 1.96‰,24 年间提高 5.6 倍。1978 年我国结婚率是 12.4‰,离婚率是 0.35‰,结离婚对比率是 4.73%。到 2001 年,结婚率为 12.6‰,离婚率为 1.96‰,结离婚对比率达到 15.6%(见表 9-2)。

表 9－2　我国离婚率的变动趋势：1978—2001 年　（‰）

年份	1978	1981	1984	1987	1990	1993	1996	1999	2001
离婚率	0.35	0.78	0.80	1.10	1.38	1.54	1.85	1.91	1.96
结婚率	12.4	20.8	15.0	17.2	16.4	15.5	15.3	14.4	12.6

资料来源：《中国民政年鉴》第 604、605 页，中国统计出版社 2002 年。

我国的离婚数量也呈加速增长的趋势。离婚总对数从 1978 年的 28.5 万对上升到 1994 年 98.2 万对，17 年里增加了 69.7 万对，年均增长 7.8％；到 2001 年达到 125 万对，仅 7 年就增加了 26.8 万对，年均增长 14.3％。80 年代，平均每 18 对结婚的只有 1 对离婚；90 年代平均每 10 对结婚的就有 1 对离婚；进入 21 世纪，平均每 6 对结婚的就有 1 对离婚（见表 9－3）。

表 9－3　我国结离婚数量的变动趋势：1978—2001 年　（万对）

年份	1978	1981	1984	1987	1990	1993	1996	1999	2001
离婚数	28.5	38.9	45.4	58.1	80.0	91.0	113.4	120.2	125.0
结婚数	597.8	1041.7	784.8	926.7	951.1	915.4	938.7	885.3	805.0

资料来源：《中国民政年鉴》第 604、605 页，中国统计出版社 2002 年。

关于离婚率逐年升高的原因，有多种解释。从社会学的角度讲，离婚率的升高与时代的进步、社会经济的发展及随之而产生的人的价值观的改变、观念的开放性有关；从经济学的角度讲，高离婚率源于妇女户外就业的广泛性和经济上的真正独立；从心理学的角度讲，婚前对婚姻的过高期望、不当的感情沟通方式、婚姻质量的下降、婚外生活的诱惑等都可能影响婚姻的稳定性。

离婚是一种不可避免的正常的婚变现象。离婚无疑会使夫妻双方的感情受伤，然而对于已经失去了存在意义的婚姻来说，离婚也许是无奈却有益的选择，一旦选择了离婚，就要鼓起勇气，打起精神，处理好离婚出现的一些问题，重新开始新的生活。

（一）关注孩子的内心感受，处理好孩子的抚养教育问题

父母离异对孩子尤其是未成年的孩子成长的影响是显而易见的，大量的媒体报道及资料表明，在青少年犯罪的人群中，有父母离婚家庭背景的较多。

父母离婚对孩子的影响主要有以下几个方面。

其一，父母离婚干扰了孩子社会化的进程，对孩子的成长有一定的负面影响。家庭是孩子社会化的基本场所，孩子是以家庭为安全基地去探索世界的，家庭的解体，会挫伤孩子内心的安全感，打击孩子的自信心，影响孩子的认知及个性的全面发展，使一些孩子变得消极、退缩，减少了与外界接触的机会，放慢了社会化的脚步。美国东卡大学社会学教授大卫·诺克斯等在《情爱关系中的选择》（金梓等译，2009）一书中，引用了基尔曼等人 2006 年对 147 个来自生物学意义上的完整家庭（即亲生父母）的女大学生，与 157 个父母离异的女大学生进行的对比研究，结果表明离异家庭的女大学生比完整家庭的女大学生更自卑，对父母的负面评价更多。离婚对成年孩子的影响尚且如此，对未成年的孩子影响就更大。

其二，父母离婚使孩子失去了共享的教养资源。离婚使得父母一方不得不单独承担其教养孩子的责任，尽管法律规定不抚养孩子的一方应当给孩子一定的抚养费，但不少单亲家庭依然会面临经济上的困难。研究者认为(陈雯,2009),单亲家庭丧失了规模经济,所依赖或利用的收入、劳动和社会资本只有双亲家庭的一半,而且不再从双亲的劳动分工中获得好处。2005年北京的调查显示,83.8%的单亲母亲与子女共同生活,65.1%的单亲母亲家庭住房低于北京市的人均面积,不到30平方米。况且孩子的养育过程并不是钱就能替代的,孩子不能享受到父母双方的爱,离异的父母常会因为过多顾及自己的生活忽略了对孩子的关心和教育。

其三,离婚会对孩子的情感产生较大的冲击,甚至影响到孩子成年后的恋爱婚姻。离婚的过程是一对亲密关系逐渐走向破裂的过程,孩子夹在其中,会深深地感受到情感的创伤,甚至对亲密关系产生怀疑和不信任。《情爱关系中的选择》一书中谈到了研究者对93名离异家庭孩子的跟踪研究发现,离婚的负面影响主要表现在:20—30岁的孩子在恋爱关系的形成上表现出有很大的困难,而且对关系维持的失败感到恐惧。这些孩子不仅很难决定跟谁结婚,而且在婚后是否要孩子的问题上有更多的忧虑。

此外,还有一些因素对孩子会有影响,如离异后的双方对新生活的适应、双方及双方家庭对对方的指责和攻击、社会舆论的压力等。鉴于此,离异的双方要考虑到孩子的需要,关注孩子的内心感受,尽可能降低离婚对孩子的消极影响。

首先,在决定离婚时就应当给孩子讲明父母离婚是父母之间相处困难,与孩子无关,离婚后,孩子无论跟谁生活,仍会拥有父亲和母亲两个人的爱。进入青春期的孩子往往对父母离婚的反应较强烈,假如父母是因为一方有了婚外情而离婚,孩子会怨恨有婚外情的一方,并因此产生压抑、自卑等不良情绪。父母要针对孩子的情况做些疏导工作,必要的话,寻求心理咨询的帮助。

其次,父母双方对孩子的抚养要有明确的安排。包括孩子跟谁生活,抚养的费用问题以及未生活在一起的父母一方以怎样的方式与孩子相处等等。在这个问题上父母要从孩子的根本利益出发,考虑对孩子身心发展有利的因素,客观地、心平气和地讨论决定以后的策略,依然要共同关心孩子的成长,共同承担孩子的教育责任。即使以后再婚,也不能忽视孩子的培养教育问题。

其三,离婚是父母关系的破裂,与孩子无关,父母要维护对方在孩子心目中的良好印象,不要离间孩子与父亲或母亲的关系,使孩子对父亲或母亲心生仇恨。有一个家庭,父母离婚后,6岁的孩子跟爸爸生活在奶奶家,奶奶经常在孙子面前骂他的妈妈,不许妈妈看望孩子。孩子不敢表达对妈妈的思念,只能在妈妈的努力下偷偷地相见,一旦被爸爸知道,就会被暴打一顿。孩子内心会产生激烈的矛盾冲突,渐渐地不愿与父母任何一方交流,情感冷漠,性格越来越孤僻,产生孤独感,对孩子的情绪和人格的正常发展造成了不利的影响。

(二) 主动调节自己的心态,及时抚平情感创伤

离婚意味着感情破裂,或多或少地会给双方带来不良的感受和情绪反应。但是大多数离婚者能够及时调整自己,尽快从阴影中走出来,少数人则做不到,尤其因丈夫有外遇而离婚的女性,心中积压着痛苦、委屈和愤怒,她们往往把婚姻的失败归咎于丈夫的不忠,沉溺于对丈夫的怨恨中不能自拔,有的甚至因此看破红尘,把怨恨迁怒到其他男人身上,认为"男人都不是好东西"。

有的人在离婚后失去了自信,认为自己处处都不行,整日以泪洗面,闭门思过,感到前途渺

茫,缺少开始新生活的勇气;有的则急于寻找异性以填补内心的失落和空虚,但由于内心失去了婚姻的安全感,几番恋爱仍不能重建一个稳定的家。

常言道:宁拆十座庙,不拆一个婚。离婚对于当事人双方来讲无疑是一场情感灾难。然而对于已无爱可言、夫妻相背的婚姻来说,勉强维持下去也许不是一个好的选择。美国学者霍金斯和布斯(大卫·诺克斯等著,金梓等译,2009)分析了处在不幸福婚姻中长达12年以上的夫妻的跟踪数据,结果发现,处在不幸福婚姻中的人相对于离婚的人来说,不管他们是否再婚,都具备以下特征:较低的生活满意度,自尊心不强,较差的健康状态。没有任何迹象表明,处于不幸福婚姻中的夫妻比离婚者的整体状态好。

因此,离婚也不是不能接受的事,关键是要调整好离婚后的心态,更好地面对今后的生活。

首先,直面离婚的现实,转怨恨为接纳。恨是一个祸根,它会使人变得冷漠、残忍。要逐渐由怨恨丈夫(妻子)、怨恨自己转化为接纳离婚的现实。离婚者可以学一些认知行为疗法的技巧,即找出自己在离婚这件事上存在的不合理理念,如"离婚完全是他(她)的错"、"离婚意味着我做人很失败"、"他(她)伤害了我,我会恨他一辈子"等,从客观上冷静地分析,会发现其实婚姻是两个人的事,离婚不会只是对方的错,如丈夫的婚外情是不是与妻子太强势,对丈夫不够关心有关。离婚只能说明这一次婚姻失败了,并不意味一生都找不到自己的幸福,怨恨只能让自己永远记着那些不开心的事,不能快乐地生活等。认识到自己离婚的现实性和必然性,建立起一个新的婚姻理念,从一个新的视角去看待与前夫(妻)之间的关系。接纳现实才能友好地与前夫(妻)相处,使孩子在父母的呵护下健康成长。

其次,增强生活的自信心,追求自己独立的生活方式。离婚需要独立,对女性来说尤其如此。应当从个人修养的提高、工作目标的确定、生活上的自主等多方面发掘自己独特的东西,让自己忙起来,体现自我的价值,积累成就感,增强自信心,同时也能够转移对离婚事件的注意力,减少不良情绪的困扰,让爱情升华到事业和生活的其他事务中去。独立自信的生活状态也有利于重新开始自己的感情生活。

第三,注意家庭的开放性,与外界保持正常的沟通与交流。有的人因为离婚情绪不好,就不愿与他人接触,不仅自己变得孤僻,也使身边的孩子缺少活动的空间,少了与人交流的机会。因此要注意家庭的开放性,经常带孩子外出活动,请亲朋好友到家里来玩,多让孩子与同龄人在一起。开放的家庭会有许多乐趣,也能弥补单亲带孩子的不足。如果父亲带着女儿,母亲带着儿子过日子,最好让女儿多接触一下她的女性亲属,如姑姑、奶奶、婶婶、妹妹等,让儿子多接触一下男性亲属,如外公、舅舅、哥哥、叔叔等,以使孩子有正确的性别认同和开朗的个性。

回顾与总结

婚姻是爱情的结晶,是男女双方以永久共同生活为目的,依法自愿缔结的具有权力义务关系的两性结合。对男女两性来讲,婚姻能够满足双方爱的需求及个人的成就需要,能够生育子女,为人类繁衍后代。夫妻相互的扶持与陪伴,有益于身心健康,婚姻及由婚姻而产生的家庭,对社会的稳定与发展有着积极的意义。

当代社会的婚姻观念和婚姻现实发生了很大的变化,其发展趋势表现在择偶的自主性增强,择偶的空间更广阔;恋爱观呈现多元化的趋势,择偶的标准更加注重内在素质;性观念日趋开放,婚前性行为的发生率有所上升;强调婚姻生活的个人化、隐私性,愈加重视婚礼的形式;注重对婚姻、家庭的理性规划和经营;晚婚晚育逐渐被人们接受,但城乡差别较大等方面。婚姻对人的身心健康有重要的影响作用,不仅使夫妻二人愉快地生活,而且对家庭所有成员形成健康向上的积极心态有一定的意义。婚姻质量是指当事人对配偶及婚姻关系的态度和看法。婚姻质量影响婚姻的稳定性,是婚姻稳定性最重要、直接的预测指标。提高婚姻质量要打破传统的性别观念,保持婚姻内部真正的平等、尊重和信任;夫妻要能够进行积极的感情沟通,相互间有良好的感受;保持相对独立的生活状态,追求个人社会价值的实现;维护身心健康,增强夫妻生活的满意度;增加生活情趣,不断升华爱情。

作为一种社会现实,婚姻也存在着这样那样的问题,需要人们从多方面思考、解决,只有不断地进行调适才能使婚姻处于一个良好的发展状态,促进夫妻关系和整个家庭关系向着积极的方向发展,拥有美满幸福的婚姻生活。

巩固与练习

1. 简述婚姻的特性与功能。
2. 试分析我国现代社会婚姻的状况及发展趋势。
3. 婚姻对人的身心健康有怎样的影响?
4. 试分析我国当前的婚姻质量的状况,为夫妻提高婚姻质量提出建议。
5. 针对婚姻中出现的问题,谈谈夫妻如何进行积极的心理调适,以有益于婚姻的发展。
6. 如何看待离婚?怎样以积极的心态面对离婚后的生活?

参考文献

1. 徐安琪.世纪之交中国人的爱情和婚姻.中国社会科学出版社.1997.

2. 苏红、任永进.国内外大学生婚恋观研究综述.河南职业技术师范学院学报(职业教育版).2008,(2).

3. 杨南丽.大学生婚恋观与高校德育.昆明大学学报.2007,(1).

4. 徐东芸、张万山、鲁芳.河北省部分高校大学生婚恋观状况调查及对策.唐山师范学院学报,2006,(3).

5. 周庆行、文晓章、高飞.当代女大学生婚姻观实证分析.重庆科技学院学报.2008,(3).

6. 风笑天.城市在职青年的婚姻期望与婚姻实践.青年研究.2006,(2).

7. 陈晨.当代青年恋爱与婚姻状况分析.中国青年研究.2007,(7).

8. 赖勇,叶青."80后"大学生恋爱观调查与大学生思想政治教育创新.网络财富.2010,(4).

9. 吴鲁平.当代中国青年的婚恋、家庭与性观念的变动特点与未来趋势.青年研究.1999,(12).

10. 风笑天.城市在职青年的婚姻期望与婚姻实践.青年研究.2006,(2).

11. 赵文芳.新中国成立60年以来青年婚恋观的发展变迁.长江师范学院学报.2010,(3).

12. 徐舒、程钢.90年代中国人口婚姻状况变动分析.人口学刊.2001,(1).

13. 郭霞、李建明、孙怀民.婚姻质量的研究现状.中国健康心理学杂志.2008,(7).

14. 徐安琪、叶文振.婚姻质量:婚姻稳定的主要预测指标.上海社会科学院学术季刊.2002,(4).

15. 王宇中、赵江涛.我国城乡居民婚姻质量影响因素分析模型.社会心理科学.2009,(2).

16. 张锦涛、方晓义、戴丽琼.夫妻沟通模式与婚姻质量的关系.心理发展与教育.2009,(2).

17. 唐秀华、夏淼.客观看待离婚 共筑和谐家庭——对中国离婚状况的分析.西北人口.2006,(2).

18. 诺克斯、沙赫特.情爱关系中的选择.金梓等译.北京大学出版社,2009.

19. 陈雯.离婚:作为一种现象的社会观察.重庆社会科学.2009,(2).

第十章　饮食与心理健康

　　"民以食为天",无论到哪里去旅游,都挡不住地方小吃对人们的诱惑。重庆的火锅,北京的烤鸭,江南的汤圆,东北的酸菜,听起来都会使人垂涎三尺。有心的旅行者要探访风味不同的美食,而且还能品味出其中不同的地域文化和风土人情。

　　您到过哪些地方? 还记得您尝过的美食吗? 在美食的背后您品到了什么?

　　饮食是人类赖以生存的物质基础,是人们日常生活中不可缺少的重要组成部分,我们每天都要吃饭,从食物中获取营养和能量。根据国家统计局公布的 2010 年统计数据,我国恩格尔系数在 40% 左右,饮食所用的花销平均占每个家庭总消费支出的 36%～40%。每个成年人平均每天花 1～2 小时时间吃饭或准备吃饭。早期的饮食训练和进食环境、饮食的构成、饮食偏爱、饮食行为习惯、饮食文化等都与人的心理健康密切相关。

第一节　饮食心理理论

　　不少心理学理论看重和强调饮食对人的心理健康影响。认为饮食的诸多方面如早期不良的饮食方式和进食环境等会造成不健康的人格特点。比较典型的有精神分析理论和社会学习理论。

一、精神分析理论

　　弗洛伊德创立了精神分析理论,其关于心理发展阶段的心理性欲阶段理论论述了口腔期儿童的饮食方式与其人格健康的关系。该理论认为,心理发展的第一个阶段是口腔期(0～1岁),口腔期儿童的快感主要来自与饮食有关的吸吮和吞嚼。弗洛伊德认为,口腔主要有五种活动方式:摄入、吸吮、撕咬、吐出、紧闭,每一种活动方式都将成为某一种人格特征的原型。如,摄入是获取的原型,吸吮是坚韧和决心的原型,撕咬是破坏的原型,吐出是排斥和蔑视的原型,紧闭是拒绝和抗拒的原型。如果与口腔期原型相关的经验受到挫折,儿童就会固着于某种原型,形成不健康的口腔期人格。

　　具有口腔型特征的人只对自己感兴趣,对他人的看法完全从"他能给(喂)我什么"着眼,总要求别人给他什么东西(不论是物质的还是精神的),不论采取乞求还是攻击的方式索取,总离不开口腔期"吸吮"的本质。他们在生活和工作中追求安全感,扮演被动和依赖的角色,他们具有退缩、依赖、好嫉妒、猜疑、苛求别人,遇到挫折容易发怒,容易悲观和仇视别

健康心理学(第二版)

人等。

口腔期分为口腔初期和口腔晚期。8个月以前为口腔初期,快感来自嘴唇和舌的吸吮、吞咽活动。固着于口腔初期的成人会从事大量的口腔活动,如沉迷于吃、喝、抽烟和接吻,或者贪婪地获取金钱、爱情、知识、权利、财产等,称为口欲综合型性格(oral-incorporative character),或口腔合并型性格。指通过口腔把周围东西与自己合并,成为自我的一部分,如收集各种东西,当一名好听众(吸收知识时),或是一个易受骗者。八个月到一岁为口腔晚期,快感来自咬和吞咽活动。固着于口腔晚期的成人会咬指甲、贪吃,以及与撕咬相类似的活动,如挖苦、讽刺、嘲讽他人等,称为口腔施虐型人格(oral-sadistic character)。

二、社会学习理论

社会学习理论十分强调饥饿内驱力的作用,认为"食"为人类最基本的生理需要之一,在人的社会化过程中起着十分重要的作用。人格和社会行为形成的基础是成长时期饥饿需要的满足。不同的饮食环境导致健康或不健康的人格特点。

一方面进食环境与儿童人格的健康发展密切相关。如果在干净、整洁、有序的环境中进食,儿童就发展起爱干净、有秩序的人格特点。如果父母在喂食时吝啬,儿童就会形成自私、欲望膨胀的特点。著名的学习论人格心理学家多拉德和米勒(J. Dollard & N. E. Miller)十分强调童年时代的喂食情景对健康人格形成的重要影响。他们认为饥饿驱力得到满足的各种情景可以让儿童学习许多东西。如,在主动状态下喂食的儿童,可能会成为积极主动的人;而在被动、冷漠的状态下喂食的儿童,则可能成为被动或感情冷漠的人。如果儿童的饥饿驱力的满足是不可预测的,长大以后他们会认为这个世界是深不可测的;如果喂食时母亲总是严肃或惩罚性地对待儿童,这个孩子长大以后可能会讨厌别人,竭力回避他人;如果儿童饥饿时被单独丢在一旁很长时间,他们可能会发展为害怕孤独。相反,如果母亲在喂食时对儿童是仁慈的、温和的、积极的,孩子长大以后就会积极地待人接物,与他人和睦相处。

另一方面,饥饿内驱力的满足对人格的形成有重要作用。赞扬、认可、支配或安全的需要一旦和饥饿的满足相联系,这些需要就会成为个人的目标或人格的一部分。另一方面,对金钱、地位、权利的需要也因其与饥饿减少、需要的满足相关联而得到发展,它们代表着食物的保障和不再受饥饿的侵扰。许多低等动物都会囤积食物。对人类而言,只有在非常时期人们才囤积食物。有些人收藏一些无价值之物,如旧报纸、瓶子、盒子等,往往与其童年时期与饥饿需要相联系的安全感和病理性的害怕有关。

第二节 饮食习惯与健康

饮食习惯是人们长期以来形成的一种偏好。其中包括对饮食材料的偏好,烹调方法的偏好,以及烹调风味及佐料的偏好等等。不同国家和地区的人们因其地理环境、文化背景不同和社会历史原因,饮食的习惯有很大的不同。

一、饮食结构及其影响

(一) 饮食结构

饮食结构指的是饮食中各类营养素的数量及其在食品中所占的比例。人类饮食中的营养素主要有蛋白质、脂肪、碳水化合物、维生素、矿物质(包括微量元素)、水和纤维素七大类。任何一种单一食物都不能提供人体所需的全部营养素。因此,人类的饮食必须由多种食物组成,且各种食物组成比例合适,才能达到饮食平衡和促进健康的目的。

随着经济的发展,食物生产和供给能力的提高,人类饮食结构发生显著变化,主要表现为:谷物食品的摄入量逐年下降,动物性食物消费逐年增加,碳水化合物摄入量逐年减少,脂肪的摄入量逐年增加。这种饮食结构被称之为营养过剩模式。经济发达国家和地区,如美国、西欧各国等早在20世纪30年代到50年代经历营养过剩模式这一过程。自20世纪70年代开始,多数发展中国家和地区进入这一转变过程,许多较大城市已经完成这一转变。这种饮食结构导致人类传染病逐年减少,非传染性慢性病逐年增加,心血管疾病和恶性肿瘤等慢性病成为人类死亡的主要原因。何庆峰等人(2008)通过比较2008年与2002年天津市区县农村居民的饮食结构发现,与2002年比较,2008年水果、豆类及豆制品的摄入量增加,蔬菜、乳类仍较低;油脂摄入减少,但仍过量;蛋白质摄入增加,核黄素、抗坏血酸摄入增加,但仍低于推荐量下限;钙、锌摄入增加,仍处于不足状态;铁、锌来源于动物类的比例较低。

(二) 中西方饮食结构的差异

在中国人的菜肴里,素菜是平常食品。我国的主食以稻米和小麦为主,另外小米、玉米、荞麦、土豆、红薯和各种根块类也占有一席之地。各种面食,如馒头、面条、油条以及各种粥类、饼类和变化万千的小吃类使得人们的餐桌丰富多彩。

西方人秉承着游牧民族、航海民族的文化血统,以渔猎、养殖为主,以采集、种植为辅,荤食较多,吃、穿、用都取之于动物,连西药都是从动物身上取料炼制而成的。比较注意动物蛋白质和脂肪的摄取,饮食结构上,也以动物类菜品居多,主要是牛肉、鸡肉、猪肉、羊肉、奶制品和鱼等。因此肉食在饮食中比例一直很高,到了近代,种植业比重增加,但是肉食在饮食中的比例仍然要比中国人的高。

当今中国人饮食结构的特点可以总结为以下几个方面。

第一,从成分构成上看,主要以米饭、面条等碳水化合物为主,但城乡、民族有别。在饮食构成上城乡有别,城市居民对动物性食物消费过多,豆类食物的消费不足;农村居民的食物消费仍以谷类为主,蔬菜、水果、动物性食物较少。民族也有别,汉族多以米饭、面条为主,少数民族则有不同的饮食结构,藏族的主食是牛羊肉、酥油等。裕固族以奶和茶为主,喜食牛、羊肉。彝族以杂粮面、米为主食。维吾尔族早饭吃馕和各种瓜果酱、甜酱、喝奶茶、油茶等,午饭是各类主食,晚饭多是馕、茶或汤面等。土家族喜食油茶汤,日常主食有米饭、包谷饭、豆饭等,粑粑和团馓为季节性的主食。

第二,食物比例构成上也有变化,表现为谷类食物降低,动物脂肪和油脂摄入量增加。根据北京市健康教育所对本市居民膳食结构的调查,30多年来,北京居民的日常食物中,粮食、薯类及豆类所占的比例明显下降,已经从过去的三分之二下降到现在的三分之一。过去一个成人一顿饭能吃掉半斤粮食,现在一天也吃不到半斤了。但动物脂肪及油脂的摄入量却已经由过去仅占食物总量的 2.8％上升到现在的 23.1％,脂肪的摄入超过了人体的需要。

第三,用盐较多。按世界卫生组织建议,每人每日进食食盐应少于 6 克。由于中国人的饮食方式与西方人差异较大,中餐制作大多要放盐,因此中国人的盐摄入量大大超过上述标准。另外中国人喜吃的腌制品和泡菜中含盐也较多。

(三)饮食结构的影响

饮食结构不良直接造成多种疾病,危及人的健康。身心健康紧密相连,由疾病带来的担忧、惊恐、烦躁甚至人格异常等对心理健康的影响自然不言而喻。根据美国国家健康中心1988 年的统计资料,位居前 10 位的死亡原因中有 5 种与饮食构成有关,即心脏病、癌症、中风、糖尿病和动脉粥样硬化。一般认为,在所有致癌的环境因素中,饮食居于首位。从各个国家对大肠癌病因学研究的结果看,高脂肪、高蛋白饮食是与大肠癌的发病有关的两种重要因素。据此,有人认为吃得越好,越容易得大肠癌。高脂肪、高蛋白、低纤维饮食结构可能诱发大肠癌。马爱勤等(2008)对肥胖人群的营养饮食结构分析,发现肥胖人群的饮食成分主要由酒类、糖类、盐酱调料类和动植物油类构成,而非肥胖人群的饮食成分主要由动植物油类、盐酱调料类、谷类和根茎类构成。表明肥胖与非肥胖人群的饮食模式有所不同,肥胖人群缺少谷类和根茎类,且有喜食甜食和酒类嗜好。

饮食的构成合理可以预防和治疗疾病,中医学早在一千多年以前,就有用动物肝脏预防夜盲症,用海带预防甲状腺肿大,用谷皮、麦麸预防脚气病,用水果和蔬菜预防坏血病等记载。李时珍说:“鸡子黄补阴血,解热毒,治下痢甚验。”说明鸡蛋除营养作用外,还有调节脏腑功能、清热解毒等作用。王钟珍 2006 年对 43 例妊娠糖尿病患者的饮食,按糖尿病饮食结构进行合理安排、标准化管理,并与同期内未作饮食管理的 41 例对照。结果发现观察组较对照组母婴合并症减少,血糖异常率减少,正常分娩率增多。

(四)健康的饮食结构

健康的饮食结构是平衡饮食,它有助于心理健康,延年益寿。中国历来讲究饮食要有利健康、宜于养生。古人在饮食方面提出的“调和五味”、“阴阳相济”、“饮食平衡”等许多论点,实为人类最早的有关饮食平衡的理论。两千年前《黄帝内经·素问》中就有“五谷为养,五果为助,五畜为益,五菜为充”的主张,这既是对中国饮食结构的总结,也是对“饮食平衡”理论的科学概括。

1992 年美国人曾提倡的“金字塔”饮食结构,也是一种平衡饮食结构。塔底由各种谷物、面食、米饭组成,塔的中部是蔬菜和水果,塔上部是肉类、家禽、水产品、蛋类、豆类和奶制品,塔尖是高脂食物。置脂肪和糖于塔尖,提醒人们少摄入这类食物。2005 年发布标示更为明确的“金字塔”,并在塔边绘制一个爬台阶的人,意为健康饮食应结合锻炼身体。但是,“金字塔”发布多年后,美国肥胖率继续攀升。针对这种情况,2011 年美国农业部决定彻底推翻“金字塔”,发布一张健康饮食指南图,名为“我的盘子”,用以替代风行近 20 年却收效不大的“我的金字塔”图。“我的盘子”是一张看似盘子的示意图,显现饮食中应该包含哪类食物以及不同类别食物在饮食中大致应占比例。示意图主体是一张饼状图,分 4 块,左侧两块分别是水果和蔬菜,右侧两块分别是粮食和蛋白质。饼状图右上角圆圈,标注"奶制品"。示意图显示,蔬菜和粮食两个色块最大。

与复杂的"我的金字塔"(下图)相比,"盘子"简单明了,不细分食物种类。如,"金字塔"上"肉和豆类"在"盘子"内统称"蛋白质";"金字塔"上"牛奶"在"盘子"内变为"奶制品"。

图 10-1 "我的盘子"

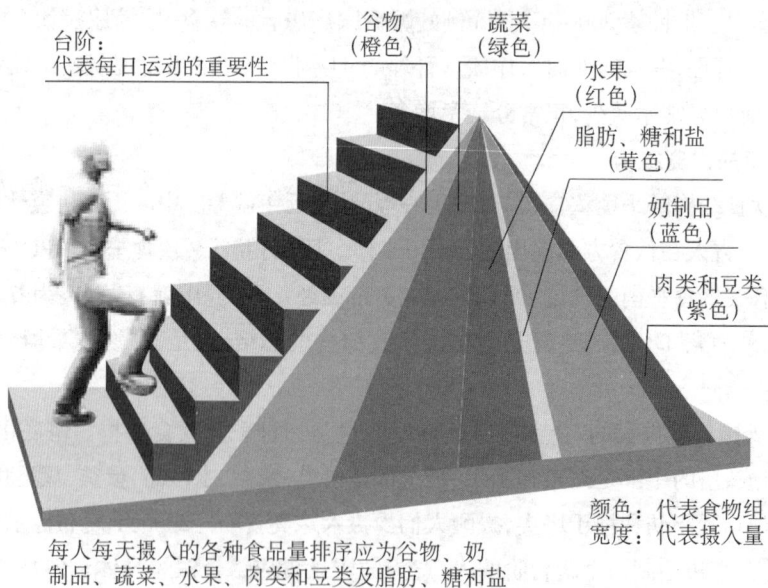

每人每天摄入的各种食品量排序应为谷物、奶制品、蔬菜、水果、肉类和豆类及脂肪、糖和盐

图 10-2 "我的金字塔"

(http://www.aweb.com.cn 2011 年 06 月 11 日 09:22 新华报业网—南京晨报)

饮食结构合理是日本人的长寿因素之一。日本人的平均寿命已雄居世界之冠,据日本厚生省 1998 年 9 月 8 日公布的全国高龄者名单,日本百岁以上老人首次突破万人大关,达到10158 人。日本的冲绳岛有一个世界闻名的长寿村,叫大宜味村。据 1997 年调查,该村的3500 位居民中,65 岁以上者 930 人,占总人口的 26.5％;85 岁以上者 150 人,占总人口的4.2％;90 岁以上者 46 人,占总人口的 1.3％,高龄老人和长寿老人比率之高,堪称世界之最。大宜味村人的平均寿命居日本之首,其中女性平均寿命已高达 86.1 岁。专家分析大宜味村人长寿的原因除了环境优美、气候宜人、爱好运动、人际关系和谐、精神愉悦等因素外,最突出、最重要的一点是饮食结构合理。日本人平日饮食主要为鱼、大豆、蔬菜、芝麻、绿茶之类的天然食物,都是些含低脂肪的食品,且多为低盐高蛋白,日本人平均脂肪摄取量是欧美人士的 1/4。其摄取食物中植物性蛋白和动物性蛋白的比例为 1∶1,而动物性蛋白中肉和鱼的比例也为1∶1,这是最理想的摄取量。

　　值得一提的是,现在越来越盛行的素食,是一种对身心健康有益的饮食结构。国外的素食浪潮一浪高过一浪,中国也在悄然兴起。北京大学成立了素食研究会,素食的学生人数在增加。吉尼斯世界记录大全确认玛莉·路易斯(Marie-Louise Meilleur)为活在世界上的最长寿的人,接近 117 岁的玛莉·路易斯生活在加拿大安大略省北部,一日三餐素食。

二、饮食方式

　　饮食方式主要指个体在饮食规律性、饮食量、进食速度和食物选择等方面的行为。

　　良好的进食方式包括:(1)三餐搭配合理。早吃好,午吃饱,晚餐要吃得少。(2)少食多餐。中医很早以前就提出了少食多餐的养生观点。早在两千年前,《黄帝内经》就主张:"饮食有节","饮食自倍,肠胃乃伤"。我国古代伟大的医药学家、药王孙思邈也曾说过,"先饥而食,先渴而饮,食欲数而少,不欲顿而多",就是关于食不宜过饱,宜少食多餐的阐述。现代医学研究也表明,少食多餐有着一定的科学依据。(3)进食宜缓宜节制。细嚼慢咽有利于消化,反之则会增加胃的负担。推荐每次进餐时间应在 20～30 分钟,每口食物应咀嚼 12～30 次左右再下咽。这种进食方式有助于健脑、减肥、防癌。

　　不宜的进食方式包括:不吃早餐、三餐无规律、暴饮暴食、偏食或挑食、吃零食、进食过快、进食时从事其他活动等。吃过烫的食物及保健食品使用不当也是不良的进食方式。一项对郑州某技术学院医学生营养知识、态度及饮食行为调查表明(陈萍萍,2006),82.8％的学生有每天吃早餐习惯,在 17.2％的不吃早餐者中,首先是因为没时间(59.8％),其次是因为没胃口(37.1％)。符合营养学推荐的合理早餐模式:鸡蛋＋牛奶(豆制品)＋面包(粮谷类)＋水果蔬菜的仅占总人数的 8.0％。

三、饮食偏好

　　饮食偏好是指对食物喜好的倾向性。对食物的偏好与情绪有密切的关系。早在古希腊时代就有糖会导致抑郁的说法。国外有的心理营养学家认为"食物影响心情"(Cheraskin et al,1976, Waston, 1972)。在精神分析治疗中采用"多维生素治疗",并认为糖有致抑郁的作用。

还有研究(Gifft et al, 1976)发现(西方)人们伤心时可能喝牛奶,郁闷的时候吃得多,受挫折时吃高卡路里的食物等。

(一)饮食偏好对情绪的影响

饮食偏好与情绪之间有密切的关系。一方面食物影响人们的情绪状态,另一方面,人们的情绪状态也会影响他们要吃什么东西。美国的心理学家莱曼(B. Lyman)进行了一系列有关食物偏好和情绪之间的实证研究(Lyman, 1982)。

研究一:探讨情绪和喜欢的食物品种的关系。以100名大学本科生为实验对象,要求他们想象在22种不同情绪下的清晰的体验,以及在各种情绪状态下喜欢吃什么和喝什么。结果表明食物偏好与不同情绪有关。有趣的是对甜点的最大喜好是在快乐时,而不是通常所说的在抑郁和沮丧时。同样,对酒的最大偏好不是原来认为的用于减轻愤怒、受挫或沮丧感,而是在爱的情感或情感沟通中,吃饭时喝酒来加强气氛。

研究二:探讨情绪和喜欢的食物的营养价值。结果发现,除酒之外,各种情绪状态下对食物的偏好差异显著,通常在积极情绪状态下更喜欢健康的食物,而在消极情绪下更喜爱垃圾食品(指无大的营养价值,只能填饱肚子的食物,如爆米花)。

研究三:情绪和喜欢的食物质地。研究了在不同情绪下食物的质地和物理特征,如温、冷、未加热、热、脆、软、流质、固体、甜、辣、酸和咸等。列出了在多种不同的情绪下对食物不同特征的喜爱频度。测验表明除了辣和酸外,不同情绪与不同特征之间有显著差异。说明大学生在不同情绪状态下对食物质地的喜爱不同。

研究四:情绪食物偏好与摄入。要求大学生持续记录当他们经历哪种情感时实际上吃的什么,分析与前同,只是膨化类、含糖类食品的范围更大。

莱曼的研究得到一些有趣的结果。首先,只有在兴奋、自信和严肃时对健康食物的偏好才明显多于膨化类、含糖类食品,而在娱乐时明显更喜欢膨化类、含糖类食品。这明显地和14种情绪中对健康食物偏好形成对照,在此的"健康食物"包括那些感觉上是营养的但实际上却可能影响饮食平衡的食品。第二,食物偏好和摄入之间的相关性。22种情绪中只有6种情绪在食物偏好和摄入间有显著差异。它们是愤怒、压抑、罪恶感、嫉妒、自信和严肃,与严肃的相关是负性的。对于惊讶、尴尬、受挫、幸福、快乐情绪而言,食物偏好和实际的摄入量之间没有关系。被试的选择有赖于可能性,多数人谈及选择食物的原因为"我买不起"、"家里没有"或"我不想花时间做"等。这证明是购买力而不是食物偏好影响被试对食物的选择。第三,情绪先于选择。甜食和可能转化为糖的谷类常常在抑郁时吃得最多。含高糖分的膨化类、含糖类食品多在抑郁、娱乐和友善时吃。研究表明,通常在消极情绪中它们更受欢迎。该研究对糖和抑郁之间的因果关系提出了质疑。普遍的观点认为,尽管糖给予暂时的提升(振作),但长远上引起抑郁,并且该个体会因高碳水化合物的摄入而变得抑郁。此研究表明个体在他们吃糖和含糖的食物之前就抑郁了。究竟是吃糖导致抑郁?还是抑郁的人只喜欢吃更多的碳水化合物?或是有某种循环关系,抑郁导致吃碳水化合物,吃碳水化合物又反过来增强抑郁?二者的关系可能十分复杂。

上述研究并不是说每一种可能的情绪都存在一种特定的食物偏好,或所有个体在同样的

健康心理学(第二版)

情绪中偏爱同样的食物。事实上,食物偏好与情绪的关系是变化的,存在个体差异,并且被试的年龄不同、文化背景不同结果也会不同。但研究清楚地显示情绪和食物偏好间有多种复杂关系。总的来说,个体倾向于偏好吃对自己生理和心理最好的食物。莱曼认为,人体中似乎存在某种普遍的"身体智慧"(wisdom of the body),它可能更多来自学习经验,部分来自内在的本质倾向。在消极情绪状态下,因食物难以消化,故最不受欢迎,而在幸福、自信等最有助于消化的积极情绪状态下最受欢迎。全餐在积极情绪下最受欢迎,而垃圾食品则在消极情绪中更受欢迎,因它含有较高的糖分,可以起到暂时提神的作用。根据坎农的研究,个体在愤怒和害怕中吃垃圾食品和健康食物的比例是 2∶1。因在这时需要能量消耗,用这样的食物可以恢复消耗掉的营养。

可见食物对心理健康的作用在于,可以让个体在心理上倾向于用食物减少和终止不受欢迎的情绪,而引发和加深喜爱的情绪。例如,松脆的食物常常在个体愤怒特别是受挫时受青睐,在自信时最不受欢迎;用这种方法来减小挫折,如受挫折时选择苹果是因为想咬东西,选择橘子是因为想撕它的皮。在烦闷时人们尝试多种食物,最多的是点心。由于汤带有在炉边和在家里的气氛,它常常在孤独和伤心时受欢迎。在爱的情感中,人们常常选择有酒的全餐来加深当时的体验,也选择美味的肉和与心情相符的清淡食品。而丰盛的"土豆加牛排"则在自信时选用。

分析食物偏好与情绪联系的原因。从生理上看,不同情绪中不同的生理变化可能对食物偏好有作用,不同情绪以不同的生理方式表现出来。如喉干或胃迟钝,明显会影响食物偏好。情绪表现时还会有许多其他更微弱的感官表现,我们虽然体验到却不容易用客观的测量工具测量(Lyman & Water 1986)。这种微弱的感官体验如果不专门注意它们就注意不到,然而它们可能足以强到在无意识水平上影响食物的偏好。

其实,个体体验到的饥饿有不同的种类,如嘴的饥饿和胃的饥饿。有些人会一直不停的吃东西直到他们碰巧发现了能减少那种特定的饥饿的食物为止。而多数人的体验是感到模糊的饥饿,自己吃了又吃,仍感到不满足。因此,有人认为,如果过重的人在吃之前好好想想,确定自己想吃什么,然后再吃的话,体重问题会减少。这样的话,他们不需要持续小口而快速地吃,而只吃一种他们渴望的食物,摄入的卡路里会比较少。特定的饥饿与特定的情绪之间是否确实存在关系还不得而知,但假设这种关系的存在是合理的。特别是从感觉质量的角度研究食物的生理特点和心理特点间的关系更有意义。

从心理上解释,情绪和食物之间的关系可能来自过去经验,可能是个体经历某种强烈和微弱的情绪时吃了某种食物。如童年时常在晚会上或欢乐的场合吃到甜点,吃快餐食品常常是在与他人一起的友好的气氛中。这种联系使个体印象深刻,以至于这种经历影响了食物的偏好和选择。

另外,个体在不同情绪下对食物的偏好的共同性可能依赖于其背景和文化的共同性,有必要进一步验证这一假设。

(二) 饮食偏好与饮食治疗

既然饮食与人们愉快的和不愉快的记忆、思想、情感、态度都有密切的联系,它是否可以利用食物来引发人们积极的情绪、情感,从而增强人们的健康感呢? 饮食能不能唤起人们愉快的情绪? 从初步的研究看,答案是肯定的。

饮食对人的心理有多种治疗作用。饮食可以唤起情绪、修正情绪、调整心情、增强健康感。

首先,饮食有唤起情绪的作用。在某种特定的情景下吃某种食物会在以后的日子里唤起相应的情绪。例如爆米花总是在友好的情形下吃,而没有在其他的情形下吃,那么,在后来吃爆米花就会使这个人置身于一种友好的气氛中。喜庆的食物会让人有喜庆的心情,而给人以安全感和爱的食物让人感到安全和爱。如果某人总在孤独的时候吃花生、土豆片,那么在别的时候吃这种食物也会唤起同样的情绪。尽管,人们常常在身体不好的时候喝汤,但由于喝汤时总在一种关怀的情景下,因此不管是不是在独处情形下,它都会唤起一种有人关怀的安全感。因此,我们可以通过饮食消除人们的消极情绪,唤起积极的情绪,以达到调整心情的作用。

第二,饮食可以修正情绪。如果我们在吃某种食物时增强、加深、削弱和终止了某种情绪,这种食物在后来就会有增强、加深、削弱和终止这种情绪的作用。选择或提供特定的食物,就能增进愉快的情绪而避免痛苦的记忆。

第三,调整心情和增强总体的健康感。事实上特定的食物并不总是和一种情绪直接联系,食物成了与我们愉快或不愉快的心境或健康感相联系的符号——刺激。

是否吃与愉快情绪相联系的食物会影响现存的情绪? 莱曼(1989)对此进行了初步的研究。他让40名大学生记录在经历22种不同的情绪时所吃的食物,随后询问他们在吃了他们心理上觉得好些的食物之后情绪是否有变化(变弱、变强或不变)。结果表明食物与情绪间的联系增强了现存的情绪。吃了与愉快情绪相联系的食物后,之前有愉快情绪的人97%报告吃后感到更愉快,之前有消极情绪的人64%报告吃后感觉好些。吃了与不愉快联系的食物后,之前有消极情绪的人中60%感觉更糟,38%感觉好些;之前有积极情绪的人有24%感觉更糟。

需要进一步研究的问题还很多。如什么样的食物唤起特定的情绪? 在个体的经验中,哪些食物可以增强或削弱情绪? 什么食物对人的健康感有更普遍的影响等等。

知识窗

情绪不好吃什么?

情绪不佳时——棕色的巧克力　法国科学家发现,巧克力的独特味道、质感和气味的共同作用刺激了人脑的快乐中枢,使人感到心情愉悦。所以他们建议失恋的人或女性经前、疲倦时,可以吃一点巧克力以振奋精神。

紧张焦虑时——白色的牛奶　温热的牛奶向来就有镇静、缓和情绪的作用,尤其在经期的时候特别有效,可以减少紧张、暴躁和焦虑的情绪。低脂或脱脂牛奶是最佳选择。

压力重时——粉色的葡萄柚　葡萄柚不但有浓郁的香味,更可以净化繁杂思绪,也可以提神醒脑。葡萄柚所含的高量维生素C可以维持红血球的浓度,增强身体抵抗力,而且维生素C也可以减轻人的压力。

失眠健忘——绿色的菠菜　菠菜除含有大量铁质外,更有人体所需的叶酸。缺乏叶酸会导致精神疾病,包括抑郁症和早发性痴呆等。研究也发现,那些无法摄取足够叶酸的人,可引起失眠、健忘焦虑等症状。

缺乏自信时——黄色的香蕉　香蕉能帮助人脑产生另一种神经递质,它是一种化学的"信使",能将神经信号送到大脑的神经末梢,促使人的心情变得安宁、快活甚至可以减轻疼痛。它富含的镁能缓解紧张情绪,含有的生物碱可以振奋精神和提高信心。香蕉还是色胺素和维生素 B_6 的超级来源,这些都有利于调节情绪。

心情抑郁时——褐色的全麦面包　全麦面包可以说是一种能吃的抗忧郁剂,它们所含有的微量矿物质如硒,能提高情绪,帮助吸收调节情绪的色氨酸,在吃富含蛋白质的肉类、奶酪等食品之前,先吃几片全麦面包,可以保证色氨酸进入大脑,而不至于被其他氨基酸挤掉。

疲倦头痛时——红色的樱桃　美国密歇根大学的研究发现,樱桃中有一种叫做花青素的物质,可以降低炎症的产生。密歇根大学的科学家们认为,吃 20 粒樱桃比吃阿斯匹林更有效。长期面对电脑工作的人会有头痛、肌肉酸痛等毛病,也可以吃樱桃来改善状况。

(资料来源:中国青年报,2011 年 9 月 25 日)

第三节　饮食文化与心理健康

饮食文化是人们在饮食生活中所体现的物质和精神现象的总和,它有着相当丰富的内涵。不同地区、不同民族的不同饮食文化,均与人们的心理健康有着密不可分的关系。

一、中国饮食文化与心理健康

(一) 中国的饮食文化的健康因素

中国的饮食文化源远流长,历史悠久,独具特色。自古以来,我们的先人就把饮食列入文化艺术的范畴,不仅仅满足于单纯的生理之欲,更要求色、香、味、形、器,甚至环境、礼仪、风俗等等全方位的审美、协调,同时还要求与诗词、歌赋、琴棋书画、音乐舞蹈、戏剧曲艺紧密结合,构成了一个深具东方特色的饮食文化氛围和风气,在中华文化中占有重要的地位。中国饮食文化中不乏对心理健康有利的特征。

1. 平衡膳食

中国烹饪对于健康与养生不仅有自己的理论,而且在烹饪技法和食物构成与配伍等多方面积累了极其丰富、宝贵的经验。比如,炒、汆、蒸、涮和上浆、挂糊、勾芡,以及讲究刀工、火候等独特的烹调方法与技艺,既烹出菜肴的美味,又保护了原料的营养成分少受损失。还有中国菜取料广泛,荤素搭配,主副食搭配,这种结构和饮食习惯,都极有利于健康。中国烹饪的基本特征是"以味为核心,以养为目的",这集中体现了中国烹饪与饮食文化的精髓。

2. 饮食特色的区域性

关爱不同地区人们的不同需要。不同地区不同特色的菜系显示了饮食与人的需要和环境特点协调,相得益彰,有利于身心健康。区域差异和地域类型是通过物产影响饮食的,中国的汉族居住区就有鲁菜、淮扬菜、川菜、粤菜四大菜系。

3. 聚餐制

有利于感情联络,心情愉快,融融乐乐。聚餐制的起源很早,从许多地下文化遗存的发掘中可见,古代炊间和聚食的地方是统一的,炊间在住宅的中央,上有天窗出烟,下有篝火,在火上做炊,就食者围火聚食。美国的约翰·马厄(John Maher)在他的《两地日记》中,曾对中国的饮食作过这样有趣的描述:对于中国人饮食习惯,西方人的第一印象是种种的声音,咂嘴声,打嗝声,吃面条的吸溜声让人想到水槽漏水的淅沥声。在拥挤的餐馆里,人们边吃边兴致勃勃地谈话,给你的感觉是完全沉浸在美食的享受中。但是很多西方人轻易就为中国的饮食习惯所俘虏,发现这是一件轻松而趣味横生的事。

4. 吃是人际关系的润滑剂

吃饭过程中的融洽气氛使人们更容易友好相处。吃可以减少陌生感,拉近人们彼此间的距离。所以,吃被看成彼此熟悉或化解矛盾、增进关系的最好途径。

5. 审美体验

吃让人身心愉悦,成为一种人生享受。中国的饮食文化强调饮食活动是烹饪食艺(创造美)与饮食(审美)二者的有机结合。是人们全方位进行审美实践的过程。

中国古代饮食文化追求的最高境界——"知味"、"饮德食和"。其中"和"有不同的层次:基本层次是饮食的色、香、味、形、声、感的"和",此为生理审美层次;高一层的是美食与美器之"和",此为艺术审美层次;再高一层为美食、美器、美境与养生之"和",此为身心审美层次;最高境界,超脱于饮食活动之外,完全达到一种纯精神的"和",此为一种真正的精神审美境界。

从词源上看饮食文化中的审美因素更是妙趣横生。有表达吃的每一个招式的多姿多彩的文字:啃、嚼、咬、叮、啜、品、嘶、咽、喝、喂、吸、嗜、吞;有富含智慧魅力的寓言:如庖丁解牛、因噎废食、越俎代庖、画饼充饥等等。还有许多"脍炙人口"的成语,如丰衣足食、节衣缩食、饥不择食、废寝忘食、布衣蔬食、灭此朝食等等。

事实上,中国人赋予"吃"许多的文化内容,远远超过了充饥饱腹的内容:下棋——吃掉你一个马;打仗——吃掉敌人一个师;情场失意——吃醋;被人占了便宜——吃亏;感觉意外——吃惊;坐牢——吃罪,斗殴——吃我一刀;学文件——吃透精神;总结教训——吃一堑长一智;社交能力强——吃得开;热点岗位——吃香;不肯就范——不吃那一套。历代的文人墨客爱把吃写进诗词歌赋,宋周紫芝《洞仙歌》"纵留得梨花做寒衣,怎吃他朝来这般风雨"。

6. 节制,适可而止

《论语》、《孟子》、《墨子》、《庄子》等均讨论饮食问题。伟大的思想家孔子就十分重视饮食的礼节与卫生,例如《论语》有"食不言,寝不语"、"食不厌精,脍不厌细"、"鱼馁而肉败不食,色恶不食,臭恶不食,失饪不食,不时不食,割不正不食,不得其酱不食",强调"吃饭不可过饱",饮酒须有节制,不可喝到神志昏乱。儒家充分肯定食欲的客观性:"食色,性也,人之大欲存焉"。(《孟子·告子上》),同时又要求有所节制,要合乎礼:"欲虽不可尽,可以近尽;欲虽不可去,求可节也。"(《荀子》),"养心莫善于寡欲"(《孟子》),"君子食无求饱,居无求安","贤哉,回也! 一箪食,一瓢饮,在陋巷,人不堪其忧,回也不改其乐"(《论语》)。这些论述充分表明儒家的饮食观是节欲合礼观。

（二）中国饮食文化的不健康因素

中国饮食文化中也有一些不利于心理健康的因素。

1. 权贵与地位的象征

饮食被看成社会地位和生活标准的尺度。成为等级差别的标准、财富地位的表现、社会关系的媒介和伦理纲常的载体。古代特权阶层中，上下级之间、同僚之间的赐赏庆贺、交往应酬，普遍以赐食、宴请的形式来达到政治上拉拢和邀宠的目的。饮食的等级差异的最好体现莫过于杜甫的"朱门酒肉臭，路有冻死骨"。至今，饮食中攀比、夸饰炫耀之风仍然盛行。

2. 注重形式，过于摆阔

中国的吃，讲的是酒席。如，古时有"满汉全席"共 108 道菜。平常百姓家请客，一桌至少八大碗、十大碗。常常吃不完，强调"有余、有剩"。请客时，主人只管端来稀珍的、昂贵的，不管客人喜不喜欢，吃不吃得了，只要能表现主人的盛情和良苦用心就成。一顿饭常常吃几个小时之久。特别是吃年饭、吃火锅。造成吃得过多，吃到最后，已不知所食何味。

3. 一醉方休，饮酒过度

劝酒最能体现中国人的盛情。酒喝得越多，表示你越有诚意，所谓"感情深，一口闷；感情浅，舔一舔"，就是这种"生怕别人吃了亏"的劝酒文化的最好体现。能喝不仅是情感深浅的体现，更是生意能否成功、甚至能否晋升的重要条件。

4. 食不厌精，违背环保精神

中国人讲究色泽、口感，讲究做的精细、吃的珍奇。从天上飞的、地上跑的、地下爬的，到洞里钻的、水里游的样样都吃，吃得越珍奇越有面子。(宋)孟元老在《东京梦华录》序中说："集四海之珍奇，皆归市易；会寰区之异味，悉在庖厨"，描述了自古就有的这种现象。

5. 助长了不良的社会风气

请客吃饭成了人际关系的润滑剂，也成了人们解决问题的方法和手段。在我国的饮食文化中形成了一种心照不宣的心理规范，那就是：随便吃，吃不完没什么关系，只要你能掂量出主人满桌的盛情就行。这种心理助长了公款吃喝、大吃大喝、大量浪费的不良社会风气。

二、西方饮食文化与心理健康

借鉴西方饮食文化的精华，有助于弘扬民族文化，克服自身的不足。西方饮食文化中有利于心理健康的因素主要有以下几个方面。

1. 分餐制，讲卫生

在明清时期耶稣会传教士的一些著作里，对西洋饮食文化的特点作过初步的描述：分餐制，"鸡鸭诸禽经烧烤，盛在盘内，置于上，以示敬客。其食法或由主人亲自剖分，或由庖厨分配，每人各有一具空盘，众人不共用一盘，以避不洁净也"；用餐巾"又人各有手巾一条，敷在襟上，以防汤水玷污衣服，也可用之洁手"；餐桌皆铺白布，以示洁净；西式餐具"不用箸筷，只用小勺小刀，以便剖取"。

2. 注重规矩，简朴不浪费

喝汤不发出声音，取食不超出自己的食量，不用公款请客。西方人用餐习惯自助式或套餐形式。即使很多人一起用餐也是"AA 制",即各吃各的一份,吃完后各付各的账。在家里,虽然不存在各付各的账,也是各吃各的所好所需。不论在何处用餐,人们都自觉地按需取量,并认为将食品过多地剩在自己的碗碟里,是一件很失礼很不文明的事,这已成为一种共同遵守的心理规范。

3. 实效性

西方人注重营养结构的合理、营养量的充分摄取,注重这一过程的方便、简单、节约时间和人力,体现了"实效性"的特点。例如,典型的早餐主要是面包、奶酪、果酱、黄油和生蔬菜,方便的话,再加少量熟牛肉、水果、点心;午餐最简单,只用一个小时的时间,匆忙中不可能吃出花样来,牛排是必吃的;晚餐是最从容的,烧牛排、比萨饼、意大利面、空心粉、必有鲜牛奶、水果。以吃饱、好吃为原则,没有给饮食增加人为的附加意义和世俗色彩。西方人在烹饪方法上也是以实效为原则的。这种实效体现在食品的原汁原味上以嫩、鲜、清、淡为标准。烹调时,对火候和时间把握相当严格,既保证食品内有效的营养物质不受破坏,又能保持食品原有的清香和纯正的原味。

第四节　肥胖与肥胖症

随着人们生活水平的提高,人们的饮食习惯发生了很大的改变。现在肥胖已经成为一种社会现象。因此我们有必要对肥胖的相关知识进行一定的了解。

1997 年世界卫生组织(WHO)宣布肥胖为一种疾病,研究认为,肥胖是一种由特定生化因子引起的一系列进食调控和能量代谢紊乱的疾病,与基因、环境、心理等多种因素有关。2007 年 2 月,世界卫生组织发布一项各国肥胖比例的调查报告。调查显示,非洲最胖的国度为埃及,世界排名第 14,人口超重比例为 69.4%,占据欧洲第一把肥胖大国交椅的为希腊,人口超重比例为 68.5%,英国则位列欧洲第二;亚洲第一肥胖国家为科威特,排名世界第八,超重比例占人口的 74.2%,中国排名 148,超重比例为 28.9%。而美国成为全球排名前十的发达国家之一。范伟忠等(2010 年)对沈阳市成人肥胖现状进行调查,结果表明,沈阳市居民肥胖率为 13.7%,高于 2002 年中国平均水平。2002 年中国调查结果与 1992 年比较,肥胖率上升了 97%,肥胖已成为世界面临的一个非常严峻的公共卫生问题。

一、肥胖与肥胖症及其类型

肥胖症是指身体上有过多的脂肪,致使体重超过应有标准的反常现象。医学上,个人体重超出应有体重的 20% 者为体重超常,超过应有体重 50% 者为肥胖症。

根据病因不同,肥胖症可以分为两类,原发性肥胖和继发性肥胖。原发性肥胖又称单纯性肥胖,其发生与遗传、饮食和身体活动水平等有关,肥胖儿童中绝大多数属于单纯性肥胖。继发性肥胖指目前病因明确的肥胖,只占肥胖的很少部分,其病因包括:下丘脑、垂体的炎症,肿瘤及创伤;内分泌疾病,如库欣综合征、甲状腺功能低下、性腺功能减退等,继发性肥胖常伴有体型、智力发育异常或身体畸形。

根据全身脂肪组织分布部位的不同可以将肥胖分为腹型肥胖和周围型肥胖。前者又称向心性肥胖或内脏型肥胖,脂肪主要积聚在腹腔内,内脏脂肪增加,腰围大于臀围,此类肥胖者成年期发生各种并发症的危险性较高,更易患心脑血管疾病、糖尿病等疾病。后者亦称全身匀称性肥胖或皮下脂肪型肥胖,肥胖者体内脂肪基本上呈匀称性分布,青春期发育后臀部脂肪堆积明显多于腹部,臀围大于腰围。

二、肥胖的测量

评价肥胖的指标有 BMI、皮皱比和 WHR。BMI 是指体重与身高的平方之比,计算公式为:$BMI = W(kg)/H(m)^2$。由于各地域人中体型不同,WHO 制定的 BMI 国际肥胖判断标准并不适用于所有地区。比如:本土美国人,BMI 指数超过 25 的时候才算超重,中国运用 BMI 判断的体型标准是:BMI<18.5 为体重过低,BMI 在 18.5~23.9 之间为正常,BMI≥24.0 为超重,BMI≥28 为肥胖。皮皱测量法是另一种评估肥胖的方法。通过测量身体组织的成分确定肥胖的程度。典型的方法是用两脚规测量肱三头肌和肩胛骨下方的皮皱,测得的双层脂肪的厚度,作为肥胖的指标,指数越大,越肥胖。通常肥胖女性的数值为 69 毫米,男性为 45 毫米。第三种方法是测腰臀比(WHR)。测量身体处于自然状态时的腰围和臀围,两者的比值就是 WHR。WHR 肥胖指数女性为大于 0.8,男性为大于 0.95。

三、肥胖的原因及其理论

(一) 生物学解释

为什么有的瘦人吃再多也不胖,而有的人喝凉水也会长肉?科学研究表明,肥胖与基因之间存在着千丝万缕的联系。研究发现,FTO 基因会抑制新陈代谢,降低能量消耗效率,导致肥胖,因此被称为"肥胖基因"。(杨凤娇,2011)

(二) 社会心理学解释

1. 生活习惯

多食会促进肥胖。喜欢吃甜食、油腻食物,不愿吃纤维食物,好吃零食等饮食习惯也容易导致肥胖。运动较少是造成肥胖的另一个主要原因,运动不足使过多摄取的热量转变成脂肪储存,导致肥胖产生。国内学者研究发现,肥胖儿童存在许多易致肥胖的特点,如进食速度快,临睡前进食,看电视时进食以及非饥饿状态下进食,爱喝饮料,爱吃点心,不喜欢上体育课,课间、晚饭后户外活动少等。李伟等(2010)采用随机分层整群抽样调查方法抽取上海市六个区 11~18 岁学生 2107 人(其中男生 1045 人,女生 1062 人),调查上海市部分青少年超重肥胖现状,并分析膳食营养、体力活动及生活习惯等相关因素。结果显示,男生各年龄段超重肥胖检出率均大于女生,低年龄段男女生超重肥胖检出率均大于高年龄段。体力活动与肥胖关系较为密切。王延清等(2011)研究发现,运动可减少中老年人肥胖的发生。高脂饮食的中老年人肥胖发生的危险性是平衡膳食的中老年人的 3.817 倍;受教育程度越高,肥胖的发生率越低。

2. 情绪状态及应激

人们精神紧张时,精神、内分泌等的改变或以饮食作为排解情绪的手段,也容易导致肥胖发生。肥胖者更容易产生情绪性进食行为,学者怀特曾做过这样一个实验,他安排 1 组肥胖学生和 1 组体型正常学生,一起在 4 个学期分别观看悲剧感伤、滑稽有趣、性感刺激、旅游记录 4 部电影(前 3 部有情绪刺激),并于每次观看影片后品尝及评价不同厂牌的饼干,结果肥胖组的学生在观看前 3 组影片后所吃的饼干都比看过第 4 部电影后吃得多;正常体重学生组则在看过 4 部电影后所吃的饼干量相差无几。亦说明肥胖者易受情绪影响而多进食。

3. 人格差异

有学者曾对 490 名实验对象进行肥胖和人格方面的测试,结果发现性格外向者比内向者肥胖症的发生率高 4.6 倍;情绪稳定性低分(有神经质倾向)者比高分(无神经质倾向)者肥胖症的发病率高 6.8 倍,亦即外向者和情绪稳定性差的人更容易肥胖。

4. 认知方式

一项实验发现肥胖者更容易受外部影响而进食。该实验将被试者分为肥胖组和体型正常组,实验时先让志愿者把手表交出来,并在房间里留下一盒饼干,告诉被试他们在实验期间是一个人呆着,饼干可以随便吃。房间里面有一座经过修改的钟,要么是半速走,要么是快一倍。过一阵子后,一部分被试者认为到了午餐时间,另一部分被试者则认为还没有到午餐时间。认为已经过了正常午餐时间的肥胖者比认为还没有到午餐时间的肥胖者吃的饼干多些。体形正常的志愿者吃的饼干是一样多的,不管他们认为到了什么时间。也就是说认知的外部线索影响着这些肥胖者饥饿的感觉,而非实际生理需要。肥胖者对自己实际进食量的认知偏差也是造成其肥胖的原因。

四、肥胖对健康的影响

肥胖达到一定程度后会有倦怠、动则气短、心悸、怕热多汗、活动困难、关节疼痛、下肢水肿以及腹胀便秘、性功能减退等症状,严重者甚至失去生活自理能力。肥胖不仅会对人的躯体健康造成危害,同时还会对心理产生不良影响。

(一) 对机体功能代谢的影响

肥胖者由于体内脂肪大量堆积和体重增加,导致机体功能、代谢障碍,会诱发或加重很多疾病,涉及心血管系统、内分泌系统、消化系统、呼吸系统等,缩短人的寿命。据统计,肥胖并发脑血栓与心力衰竭的发病率比正常体重者高 1 倍,患冠心病者多 2~5 倍,高血压发病率多 2~6 倍;肥胖者脂肪肝的发生率也较高,男性为 60%,女性为 50%。女性肥胖患者甚至会出现闭经不育。此外,肥胖者也易患乳腺癌、卵巢癌、大肠癌及前列腺癌等。肥胖还与许多呼吸系统疾病相关,特别是睡眠呼吸疾病,包括阻塞性睡眠呼吸暂停低通气综合征、肥胖低通气综合征和重叠综合征。(罗金梅、肖毅,2011)

(二) 对心理及社会性的影响

人们常常对肥胖者有歧视和偏见,容易使肥胖者有自卑感和精神压力,影响他们的人际交往和心理健康。周乐山等(2011)研究发现超重和肥胖小学生自尊水平低于正常体重小学生。Gortmaker 等(1981、1993)研究发现,与正常女性相比,肥胖女性的结婚率、收入和文化程度等均较低,贫困程度则比较高。肥胖男性的经济、职业上受影响较少,但与正常体型男性相比,也存在结婚率低的问题。对肥胖儿童和青少年而言,他们由于肥胖的生理压力和社会偏见等,比正常体重的同龄人更容易出现心理问题。Wadden(1993)等发现6岁的儿童对肥胖者往往有懒惰、蠢笨和肮脏的印象,且不愿意和超重的同龄人一起玩。在当今社会,肥胖者还可能遭遇升学、就业等方面的歧视,婚恋上更容易受到挫折。刘浩等(2007)调查研究发现,肥胖学生比体重正常学生发生抑郁的危险性高,但是尚缺少证据支持肥胖和抑郁相关。

肥胖预防和治疗的研究证明,肥胖者体重的减轻有降低血压、减少总的胆固醇,提高高密度脂肪蛋白,降低甘油三酯,提高血糖控制水平等好处(Kanders等,1987)。这种益处的获得并不需要超重者恢复正常体重,事实上他们只需要减少初始体重的10%并能维持,就能给健康带来好处。减肥对其心理的发展也有利。研究者曾经评估过参加肥胖治疗的人的情绪,发现在整个过程中减肥者焦虑、抑郁水平都有所降低。尽管治疗过程也会带来一些负面情绪,但这些负面情绪比治疗前的严重程度要低。

五、肥胖的预防和治疗

(一) 目前我国肥胖症治疗中的误区

1. 不适宜地减肥

目前部分人尤其是年轻女性不了解判断肥胖的科学标准,过分地追求苗条,刻意追求瘦的体形,不适宜地减肥,对身体健康造成了严重的损害。一般来说,青春期女孩子的生殖器官逐渐发育成熟,卵巢开始分泌性激素,月经来潮,由于第二性征的出现,胸部、臀部脂肪增多,体型显得丰满些。这并非病态,而是青春少女的重要特征之一。而且脂肪组织是雌激素的一个重要来源。女性体内保持足够多的脂肪,月经周期才能正常。过度减肥,会造成内分泌紊乱,出现月经紊乱或过早绝经,甚至早衰。健康即是美,不正确的审美标准直接导致对肥胖的错误认识,盲目减肥造成的悲剧一次次为人们敲响警钟。

2. 减肥方法缺乏科学性

肥胖与现代人类的多种疾病有密切关系,因此肥胖的治疗越来越受到重视。一些肥胖者盲从广告宣传自行减肥,或者求助于美容院等非医疗机构。善于捕捉商机的企业也蜂拥而至,自己开发或引进各种减肥产品。减肥概念、技术、产品风靡市场,各种减肥方法被广泛宣传,有人倡导靠医药,有人要求减食,有人主张运动。有的人盲目减肥,减出脂肪肝、贫血、内分泌紊乱,甚至死亡,肥胖治疗市场急需整顿。目前,各种无正规批号的药物不胜枚举。在各种机构内实施着种类繁多的减肥手术,因诊断的不严谨、缺乏对肥胖者身体状况的综合评估及手术方法掌握不当,患者常有严重的不适和不良反应发生。数种药品、非处方产品和各种各样的饮食调节方法被广泛兜售,但多数未被证实,甚至部分不规范的治疗已给患者的身心造成了伤害。

3. 对儿童肥胖症关注不够

目前,我国儿童肥胖症明显增多,尤其在大城市中,学龄儿童超重、肥胖检出率呈现迅猛上升趋势。但仍有不少人(尤其是老年人)认为孩子在发育阶段,胖是发育好的表现,瘦了会影响发育。实际上这些看法是没有道理的。肥胖会影响儿童的身体健康,尤其会对儿童的心理健康产生负面影响。如不采取必要措施,将对儿童的健康和未来发展十分不利。肥胖儿童常感到自卑,出现社会适应能力、社交及学习能力降低,内向、抑郁、焦虑、行为退缩等问题。同时,肥胖症是儿童心血管疾病的单独或集体危险因素,如不积极治疗,儿童肥胖极易维持和发展为成年期肥胖。虽然遗传因素在肥胖发病中起重要作用,但家长营养知识不足是少儿发生肥胖的原因之一,可以说家长的观念及其生活方式对儿童体重起着重要的影响作用。

(二) 肥胖的预防与治疗

要营造一种健康的文化氛围,保持健康的心理、适当的饮食及培养各种良好的生活习惯,尽可能减少肥胖的发生,肥胖防治应坚持有利无伤原则,在专业人员的指导下进行。

1. 正确认识肥胖及其治疗

现有媒介文化中,普遍追求苗条,宣传刻意塑造出来的模特,不利于大众健康。目前医学上采用的最普遍方法是由体重指数(BMI)来定义肥胖,BMI = 体重(公斤)/身高(米)的平方,BMI 为 24 kg/m^2 和 28 kg/m^2 分别是中国人群超重和肥胖的诊断标准。对肥胖症的清楚了解,有助于对与肥胖相关疾病的认识和治疗,并且可以帮助人们树立正确的审美标准。要充分认识到在肥胖症的综合治疗中饮食疗法和运动疗法是治疗肥胖最基本、必不可少的手段。对于肥胖症患者应科学安排每日饮食,控制总热量的摄入,定时定量进餐,多素食,少零食,同时增加体力活动。目前由于科普宣传不够,患者对肥胖常识了解甚少,应通过多种方式让更多的科研工作者参与到媒体宣传中去,以严谨的态度向大众提供有关肥胖的知识。另外,种类繁多的不科学的减肥广告也令人忧虑,有些宣传带有明显的商业气息,其真实性与科学性颇让人怀疑。加强正确舆论导向,严格执行我国医药广告法,按规定进行广告宣传管理,可谓迫在眉睫。

2. 客观看待减肥产品

减肥药品赢利空间较大,药品市场就会鱼龙混杂,各种药品广告大打无任何毒副作用的旗号,对此我们要有充分而清醒的认识。目前的肥胖症药物治疗多集中于抑制食欲或抑制脂类物质的吸收上,但这可能引起人体有益成分的摄入不足、营养状态的恶化。在药物治疗方面,各种减肥药充斥药品市场,但尚无被大众接受的、不良反应少的特效减肥药。正因为如此,国际上一些学者对肥胖的药物治疗纷纷提出质疑。所以肥胖者及肥胖症患者要充分权衡持续肥胖的危险性与药物治疗的危险性,以决定是否进行药物治疗。当前许多不法医生打着偏方、验方的旗号,迎合诸多肥胖者的心理,滥用中草药治疗肥胖,或者虽冠以中药之名,却违规地在其中添加西药成分,如此不仅不能减肥,反而又添新病,甚至导致尿毒症等危及生命的疾病。同时,对一些缺乏临床依据的减肥器械产品,也要注意其应用风险的防范。卫生部门要重视对减肥产品认真把关和清理,使减肥治疗市场得到彻底的净化。

3. 采用合理、有效的减肥方法

(1) 饮食控制

饮食治疗主要通过改变肥胖者饮食的数量和成分,限制能量摄入,通过锻炼耗能,使耗能多于摄入而减肥。当摄入能量小于消耗能量的时候,身体便会动用储存的能量。但过度限制会使新陈代谢比正常速度慢 5% ~ 10%,体内能量消耗减少,体重容易反弹,甚至危害身体。

饮食控制的同时,还要做到营养平衡,充足补充矿物质和维生素。减肥食谱包括新鲜蔬菜和水果、低脂食品、含纤维高的燕麦等。

（2）行为-认知治疗

肥胖问题与认知密切相关,包括对肥胖危害的认知,对肥胖成因的认知等。因此要帮助肥胖症患者理解肥胖存在的问题及危险,如肥胖不仅影响容貌,还会影响身体和精神健康。促使肥胖症患者做出有益的改变,安排制定个性化的节食和运动计划,系统地运用正性强化、负性强化、替代强化、消退惩罚等行为矫正技术对患者进食行为进行管理。如:限制看电视、玩电脑游戏时间,增加户外运动的时间等。

（3）药物和手术治疗

西布曲明、二甲双胍、食欲抑制剂、消化吸收阻滞剂、代谢促进剂等药物疗法是许多肥胖症患者的首选,但迄今还没有一种药物可以达到迅速减轻体重并长期维持减重的效果。因此外科手术仍然在肥胖症的治疗上占有很重要的地位。一项对 148 例个案临床研究的分析表明,与非外科疗法相比外科手术疗法不仅能更有效地控制体重,而且能够改善 BMI＞40Kg/m² 患者的并发症。包括 Bariatric 手术、去脂整形术和胃内水球疗法。随着肥胖问题的日益严重,迫切要求一种显效快、疗效明显,能够维持减重,副作用少的减肥方式。但目前针对肥胖的病因治疗尚未开展。降低体重对肥胖并发症的改善、生活质量的提升及整体死亡率的下降都会产生积极的影响。因此药物治疗是未来的发展方向,而手术治疗是目前最有效的方法(王玉婷等,2007)。但做减肥手术必须到正规的有资质的医院,接受医生的诊断与治疗。

4. 医院设立肥胖症治疗门诊

肥胖症的防治是内科、外科、妇产科等多学科均要面对的问题,而往往又因学科的局限、治疗方面的难度及医疗经济收益等方面的考虑使其受到忽视。许多三级甲等医院也没有专门的肥胖症门诊,甚至有些医生对肥胖症的治疗缺乏相关的知识,对患者长期的配合缺乏信心,许多患者得不到专业的指导与治疗。同时,也有部分医生因对减肥的预期和风险认识不够而引起许多不必要的医疗纠纷。目前的关键是要对肥胖症的治疗有科学的态度,在实施减肥治疗时,要遵循医学伦理原则,尽量降低药物的副作用,减少手术创伤。要明确何种机构可以进行减肥治疗,毕竟只有具有专业资格的人员才可能严格把握其适应征,提供给患者系统、合理的治疗。提倡设立专门的肥胖症门诊,为患者制定长期的减肥计划,帮助患者保持平和的心态,以精湛的医疗技术和科学的方法指导减肥,以崇高的道德修养和人文观念与患者沟通。

5. 预防和控制儿童青少年肥胖的发生

由于儿童青少年身心正处于不稳定的发育阶段,目前减肥药物尚未被批准用于儿童青少年,所以肥胖的治疗应有别于成人。儿童肥胖症的治疗应采用调节饮食、增加体力活动、心理行为矫正等多种综合措施。儿童自控能力差,家庭成员共同努力改变肥胖儿童不良的生活习惯,为其创造出一个良好的治疗环境显得尤为重要。在治疗过程中应遵守这样的原则,即努力使体重接近理想状态,且不对儿童身体健康及生长发育造成影响。同时,社会要提供预防和控制儿童肥胖的环境支持,建议教育、卫生及其他行政部门将预防和控制儿童青少年肥胖纳入社会发展的总体项目中,制定与此相关的政策,使肥胖干预做到抓小、抓早、抓好。

6. 树立预防为主的公共卫生理念，维护身心健康

随着居民生活水平的不断提高，超重、肥胖对居民健康的危害日益突出，肥胖这一公共卫生问题应该引起各级政府部门、科研机构和全社会的关注。虽然对超重和肥胖者的干预是重要的，但是从更有效的预防角度出发，当前的防治肥胖症的策略应向普通人群倾斜，对早期预防给予更多的关注。改变胖是福、胖能长寿的错误观念，了解婴幼儿、青春期、妊娠期、更年期、老年期各年龄阶段容易发胖的知识及预防方法。平衡膳食结构和适当的体育锻炼对肥胖的预防很重要。科学合理的膳食结构、良好的饮食生活习惯、有益的体育活动，是降低人群肥胖发生率、减少慢性疾病发生的重要措施，应该得到提倡和推广。

回顾与总结

饮食与心理健康密切相关。精神分析、社会学习理论等都有关于饮食与行为之间的关系的论述，精神分析认为童年时期的饮食行为决定着他们成年后的心理状态，而社会学习理论则更加强调饥饿内驱力的作用。不同地区有不同的饮食结构，不同地区的人有不同的饮食习惯，因此就出现中餐、西餐、韩国料理和日本寿司等。各具特点的饮食构成不仅使人们形成了不同的身体形态，而且也产生了心理上的差异。不同的人有不同的饮食方式，因此人们总是有特定的饮食偏好，而这些方式和偏好对人的健康有明显的影响。饮食偏好影响到人们的行为方式，影响到人们的情绪，也正是因为这一点，饮食疗法成为心理治疗的重要方法。中国的饮食文化有丰富的内涵，一方面中国的饮食文化有很多健康的因素，如饮食平衡、聚餐制等，另一方面也有很多不利于健康的因素，如豪饮、攀比等。肥胖已成为世界面临的一个非常严峻的公共卫生问题，过于肥胖会严重影响身体健康，采取科学的方法和策略预防肥胖，治疗肥胖症，有益于保持健康的身心。

巩固与练习

1. 简述精神分析理论和社会学习理论对饮食心理的理解。

2. 结合日常生活经验，讨论饮食偏好的心理健康意义。

3. 试从心理健康的角度比较东西方饮食文化的差异。

4. 谈谈你对肥胖及肥胖治疗的看法，怎样才能预防肥胖，保持健康的身心？

参考文献

1. 赖斯. 健康心理学. 胡佩诚等译. 中国轻工业出版社，2000.

2. 陈萍萍等. 郑州某技术学院医学生营养知识、态度及饮食行为调查. 郑州大学学报（医学版）. 2006，(6).

3. 高力翔等. 大学生食物多样性及食物成分偏好对体质健康的影响. 体育学刊. 2007，(8).

4. 陈崇宏、张洪泉. 药理学. 科学出版社，2003.

5. 钱明. 健康心理学. 人民卫生出版社，2007.

6. 陈春明.中国学龄儿童少年超重和肥胖预防与控制指南.人民卫生出版社,2008.

7. 郑晓边.心灵成长:校园生活中的健康心理与辅导.安徽人民出版社,2006.

8. 周平、殷莲华、李永渝.疾病探究.复旦大学出版社,2007.

9. 高兴岗.人类膳食结构的变迁及其影响因素.农产品加工(学刊).2009,(2).

10. 王钟珍.合理饮食在控制妊娠糖尿病中的作用.医学信息.2007,(4).

11. 范伟忠.沈阳市成人肥胖现状调查.中国公共卫生.2011,(7).

12. 杨凤娇.FTO基因:肥胖治疗的新靶标.中国新药与临床杂志.2011,(2).

13. 李伟.上海市部分11～18岁学生超重肥胖现状及其相关因素调查分析.中国运动医学杂志.2010,(6).

14. 王延清.泰安市某医院中老年体检人群超重和肥胖的影响因素.中国慢性病预防与控制.2011,(1).

15. 周乐山.胖及超重小学生的自尊水平及相关因素.中国心理卫生杂志.2011,(5).

16. 罗金梅.肥胖和睡眠呼吸疾病.中国医学科学院学报.2011,(3).

17. 刘浩.上海市中学生肥胖与抑郁的关系.上海医学.2007,(10).

18. 王玉婷.肥胖治疗的现状和进展.中国美容医学.2007,(12).

19. 高昕媛.关于肥胖治疗的反思.中国医学伦理学.2007,(1).

第十一章　休闲与心理健康

　　晓月在一家公司上班,每天朝九晚五的工作很有规律。下班后她没有别的爱好,就喜欢呆在家里看电视,从吃完晚饭到洗漱睡觉前,基本都在电视机前度过。节假日的时候,更是看得昏天黑地,有时自己买碟看电视连续剧,一直看到深夜,累得哈欠连天。每次休完假,都觉得神思恍惚,更加疲倦。有一次,一个同事嘲笑她是个十足的"沙发土豆"(couch potato),她听了很生气,但静下来一想,自己不就是个"沙发土豆"吗? 天天没事就坐在沙发上,拿着遥控器,跟着电视转,什么都不干,算一算,每天花在看电视上的时间竟然有4—5个小时! 晓月开始担心自己真的变成一个没有思想、只剩肥胖的土豆了……

　　看了晓月的故事,请你回忆一下:你在节假日的时候,如果不用学习和工作,你最喜欢做什么? 然后呢? 请写下至少三件事情。

　　20世纪科学技术对人类做出的最重要贡献之一,是将人类从繁重的体力劳动中解放出来,使人有了充裕的休闲时间。现代社会由于生产力的高度发展,人们将由以工作为中心的生活方式过渡到主要以休闲为中心的生活方式,休闲已成为我们这个时代的重要特征之一。休闲是一个国家生产力水平高低的标志,是与每个人的生存都息息相关的领域。休闲质量的高低将直接影响到社会的全面进步,影响到人的全面发展,也影响着人们的心理健康。目前,我国人民每年有115天休息日,这意味着我们有近三分之一的时间是在休闲中度过的。那么,如何健康地度过生命中的三分之一? 这一问题引起了越来越多人的关注。本章从休闲的本质、休闲的意义、休闲方式等方面探讨休闲与心理健康的关系。

第一节　休闲的本质与意义

　　休闲是一种活动,也是一种状态,更是一种生活方式,它的本质在于自由。正是这种自由的特性,使休闲在社会发展和个体发展中发挥着重要作用,也是人们通向心理健康的重要途径之一。

一、对休闲本质的理解

　　什么是休闲(leisure)? 所谓休闲是指个体在完成工作和满足生活要求后,由他自由支配时间的一种状态,它的本质就是自由。休闲不完全等同于闲暇、空闲、消遣、消闲、休息等概念,它具有更丰富的内涵。

刘啸霆（2001）把人类的休闲分为这样几个层次：（1）休息，如睡眠等，这是在劳动的间歇为缓解疲劳而进行的一种自发的休整，目的是为了更好地劳动；（2）闲暇，即空闲，是有了相对自由时间而未能有目的安排休闲活动的闲散状态，如北方农村传统的"猫冬"习俗；（3）有意休闲，即把休闲当作一种有意识有准备的活动，追求一定的休闲质量，其隐含的目的还是为了更好地劳动；（4）追求休闲意蕴，这是有了相对充裕的自由时间，把休闲本身当作直接目标的一种社会行为。比较这四个层次，第一种是有休无闲，是"不得不"；第二种是有闲无休、无所休；第三种虽有休有闲，但是为了别的什么，近乎忙里偷"闲"；只有第四种才是真正的休闲，也是休闲研究的核心议题。

马克思在创立剩余价值理论的过程中，涉及到休闲问题。他在"劳动"、"必要劳动时间"相对应的意义上，提出了"自由时间"（free-time）的概念，认为"自由时间"即"非劳动时间"、"不被生产劳动所吸收的时间"，节约劳动时间等于增加自由时间，自由时间本身就是社会财富。在西方休闲学研究中，通常将 free-time 等同于休闲（leisure），但在概念的外延方面略有不同。究竟什么是休闲时间，在第二节将有论述。在马克思看来，休闲是人的生命活动的组成部分，是社会文明的重要标志，是人类全面发展自我的必要条件，是人类生存状态的追求目标。人类要获得自由，首先必须赢得自由时间。人类有了充裕的自由时间，就等于享有了发挥自己一切爱好、兴趣、才能和力量的广阔空间，在这个自由的天地里，人们可以不再为谋取生活资料而操劳奔波，个人在艺术、科学等方面可以获得充分发展。

马克思的思想深刻地影响了西方学者的休闲观。美国学者凯利（2000）认为，休闲应被理解为一种"成为人"的过程，是一个完成个人与社会发展任务的主要存在空间，是人的一生中一个持久的、重要的发展舞台，休闲是以存在与"成为"为目标的自由——为了自我，也为了社会。美国宾夕法尼亚州立大学休闲学教授杰弗瑞·戈比（2000）说，休闲是从文化环境和物质环境的外在压力下解脱出来的一种相对自由的生活，它使个体能够以自己喜爱的、本能地感到有价值的方式，在内心之爱的驱动下行动，并为信仰提供一个基础。

目前，不同领域对休闲有不同的理解。社会学家把休闲看成一种社会建构以及人的生活方式和生活态度，是发展人的个性的场所。经济学家考察休闲，侧重于休闲与经济的内在关系，根据休闲时间的短长制定新的经济政策和促进不同方面的消费，调整新的产业结构，建立新的市场。哲学家研究休闲，从来都把它与人的本质相联系，休闲之所以重要，是因为它与实现人的自我价值和"心灵的永恒性"密切相关。文化学家则把休闲看成是人在完成社会必要劳动时间后，为不断满足人的多方面需要而处于的一种文化创造、文化欣赏、文化建构的生命状态和行为方式。它是有意义的、非功利性的，它给我们一种文化的底蕴，支撑我们的精神。上述理解尽管各有不同，但都承认休闲是一种自由的状态，休闲的本质在于自由。

二、休闲的社会意义

（一）休闲是社会发展的产物

休闲是经济发展和社会进步的必然产物。社会生产力的提高使人们的劳动时间缩短，有了更多的闲暇时间，同时，社会生产力的提高使人们收入增加，有了休闲的经济基础和物质保障。在人类社会发展的不同时代,休闲有着不同的内容和特点。在以采集、狩猎为主的原始时代,人类谋生的手段及过程非常简单,劳动和休闲很难区分。在以农耕、畜牧为主的时代,由于生产力的提高,劳动和休闲的界线开始明晰,但此时的休闲主要是统治阶级的特权,是一个人身份和地位的象征,而非平民百姓的权利。进入工业社会后,大工业生产为人们获得更多的闲暇时间提供了可能,劳动者才开始真正拥有工作以外的自由闲暇时间,休闲成为越来越多的人所能享受到的权利。伴随着知识经济时代的来临,社会财富的创造不再依赖于所消耗的时间和劳动量,而是依赖于科学技术的进步和更新,各国因此争相调整工时,人们所拥有的闲暇时间进一步增多,休闲成为一种普遍的生活方式。有人预测,随着社会的进一步发展,发达国家将进入"休闲时代",人们将由以工作为中心的生活方式过渡到主要以休闲为中心的生活方式,人们将主要通过休闲而不是通过工作来体现个性和表现自我。可见,休闲的状态和层次,是同人类社会的文明程度成正比的。

(二) 休闲是社会发展的动力

休闲是社会发展的产物,同时也是社会发展的动力。首先,休闲可以推进现代文明的建设。休闲在很大程度上是文明赖以产生的基础,没有闲暇将失去很多文化创新和文明进步的机会。古希腊哲学家把休闲看作是"美好的生活",可以发展人的思想和良知,并把休闲和教育联系起来。现在英语中的"school"一词,就是从希腊语中的"skole"和拉丁语中的"schoja"引伸出来的,两个词的原意都是"闲暇"。正因为如此,古希腊人把休闲看成是科学和哲学诞生的基本条件之一。其次,休闲可以优化产业结构,推动经济增长。它可以使第一产业向第三产业延伸,形成以旅游业、娱乐业、服务业、文化产业为龙头的产业系统。另外,休闲还能推动各种社会制度的完善、教育制度的改革、大众传媒的发展等。

三、休闲对心理健康的意义

伟大的物理学家爱因斯坦在对人的"从业"和"闲暇"现象研究之后,惊人地发现"人的差异在于业余时间"。确实,休闲在个人发展上具有决定性的作用。从心理健康的角度来看,这种意义体现在以下几个方面:

(一) 松弛身心

休闲首先具有补偿作用,能使劳动、工作时间内消耗掉的生理和心理能量得到补偿。体力的补偿通过休息,使身体放松、体力恢复。脑力的补偿则需要较长的周期,需要精神的安宁、心境的变换和情绪的调整,通过各种娱乐消遣活动,把人的注意力从工作和学习转移到其他方面,从而使紧张情绪得到发泄和松弛。

(二) 满足需要

人的需要是多种多样的,而休闲能满足人们的多种需要。首先,它能满足人的生理需要,帮助人们消除生理上的疲劳,恢复体力。其次,它能满足交往需要,与家人一起休闲,可以促进亲子关系和夫妻感情;与朋友一起休闲,可以增进友谊;与同学、同事一起休闲,可以协调人际关系。再次,休闲能满足求知和审美的需要。休闲活动丰富多彩,可以使人获得知识、积累经验,同时很多休闲活动还能使人产生愉悦感,得到美的享受。最后,休闲能满足自我发展的需要。由于种种原因，一个人所从事的工作并不一定符合自己的兴趣，也不能完全按照自己的意愿行事，可能也不能充分表现一个人的能力和才华，有时会让人在工作中看不到自己的价值，无法自我实现。而休闲使人随时可以寻求一个适合自己需要和特点的活动，发挥自己的才能，补偿在工作中被压抑或得不到满足的需求，增进积极的自我形象，产生自我满足感和价值感。

（三）滋养性情

休闲是一种滋养性情的活动，它不仅能调节情绪，而且能使人们的情感变得丰富，心灵变得和谐。良好的情绪情感是良好心理生活的基础，一切心理危机都伴随着情绪和情感的障碍，情绪焦虑、情感淡漠本身也是现代社会常见的心理问题。因此，滋养性情将是提高整个心理生活质量和健康水平的前提和重要组成部分。休闲对性情的滋养首先表现在它对情绪的调节上。由于工作和生活的压力，人们经常会产生一些消极的情绪，如紧张、焦虑、压抑、愤怒等，这些情绪在工作情境中可能很难得到化解，但在休闲中却可以得到宣泄、转移甚至升华。休闲还能丰富人的情感体验，使人产生愉悦、兴奋、成就感、自信、自尊、幸福、宁静、美感等种种积极的情感，这些情感有的在工作中能体验到，有的体验不到。在工作中，人更多的是以理性的形象出现，其感情或多或少会有一些压抑。只有通过休闲，才能真正展示自己被压抑的感情。

（四）完善人格

完整的人格是心理健康的关键所在，但在现代社会，劳动分工日益专门化，使人的发展越来越片面，许多人丧失了人格的自由和内在的完整性，丧失了人格的独特性。现代化的大生产把每一个人都变成了流水线上的齿轮和螺丝钉，变成了灰色的"单面人"。面对不完整的人格，休闲的重要价值是将其整合，使之完善。通过休闲，可以使人们在繁细的现代分工社会中感受到生命的整体性，在功利的环境下体验非功利的愉悦感，在统一的模式下享受到个体的自由和独特。从这个意义上说，休闲是人格发展和自我实现的一种手段。正如有学者指出（马惠娣，2001），休闲能"医治工业生产程序统一化所引起的个性结构的破坏。从一般意义上来讲，它是完成社会必要劳动时间之外的活动，是人的生命状态的一种形式。而对于人之生命意义来说，它是一种精神的态度，是使自己沉浸在'整个创造过程中'的一种机会和能力，它对于人'成为人'有着十分重要的价值，并在人类社会进步的历史中始终扮演着重要的角色。"

四、现代社会休闲观念的变革

改革开放以来，中国社会正经历着历史性的巨变，社会整体结构正从农业的、乡村的、封闭半封闭的传统型社会，向工业的、城镇的、开放的现代型社会转变。在这种全方位的社会转型中，人们对休闲本质的理解和意义的认识都在发生变革。这种变革主要体现在以下方面：

（一）从重视工作的价值到重视休闲的价值

从工作与休闲的关系来看，传统的休闲观认为工作是目的、闲暇是手段，休闲是为了更好地工作。而在现代社会，人们普遍意识到，休闲本身也是目的，是人类生存的一种状态和人类所追求的一种理想。生存、享受和发展是人们生活的三个重要组成部分。其中,得以生存的前提就是要工作和劳动,而想满足享受和求得自我发展则必须拥有闲暇。休闲在作为满足享受、发展自我的必要前提的同时,人们又将其作为追求的目标。工作与休闲的价值都是我们应该追求的。工作是为了拥有更多的闲暇,闲暇是满足生活、发展才能、激发工作热情、创造新的社会财富的有效途径。

(二)从"贵族特权"到"平民享有"

从休闲的主体来看,传统社会的休闲往往是贵族的特权,而现代社会的休闲成为每个人的权利。在生产力低下的传统社会,无论在西方还是在我国历史上,休闲在阶级社会产生后,都属于摆脱了劳动的统治阶级的一种特权。对于广大劳动人民来说,很少有休闲时间,更没有什么休闲意识和休闲文化。劳动人民"日出而作,日落而息",统治阶级甚至认为"小人闲居为不善"。可以想象,平民百姓是没有权利和资格享受休闲的。随着生产力的迅速提高和科技的迅猛发展,使得缩减工作时间成为可能,平民百姓也拥有了越来越多的闲暇时间,现代意义的休闲走进了寻常百姓的生活,成为公民的一项基本权利。《世界人权宣言》(1948年联合国大会)第24条规定:"人人享有合理的劳动时间限制、定期休息和休闲的权利。"休闲权成为一项基本人权。

(三)从松弛身心到全面发展

从休闲的功能上看,传统的休闲只追求恢复体力,局限于生理上的放松和休息。现代休闲则不仅追求消除疲劳和身体放松,更追求精神上的享受和满足。同时也不再是消极地打发时日、消磨时光,而是主动通过休闲进行自我提高、自我完善、自我实现。在现代人的观念中,休闲是使个体通向全面发展的必要途径。

第二节 休闲方式

由于休闲时间、休闲空间和休闲活动的不同,构成了人们休闲方式的差异,这直接影响着休闲生活的质量和人们的身心健康。目前,中国人的休闲方式比传统社会有了明显的进步,但也存在一些问题,存在一些不良的休闲方式。如何避免这些不良方式,养成健康的休闲方式呢? 这是本节要探讨的重要问题。

一、休闲方式的含义

休闲方式是指人们利用闲暇时间,在一定的空间中进行休闲活动的方法及形式。休闲方式的构成,应当以主体拥有休闲时间和空间为基础。没有闲暇时间和活动空间就无所谓休闲方式。此外,休闲方式的构成要素中,还应当包括主体进行的休闲活动。可见,闲暇时间、休闲空间和休闲活动是构成休闲方式的三个要素。

(一)闲暇时间

闲暇时间是指除去必需活动时间之外的剩余时间,是个人的自由时间。美国经济学家凡勃伦在1899年所著的《有闲阶级论》中指出,闲暇时间是除劳动外用于消费产品和自由活动的时间,人们在闲暇时间中进行生活消费、参与社会生活和娱乐休息。马克思提出了"劳动时间"和"自由时间"的概念,所谓自由时间就是"可以自由支配的时间,也就是真正的财富。这种时间不被直接生产劳动所吸收,而是用于娱乐和休息,从而为自由活动和发展开辟广阔天地。时间是发展才能的广阔天地,财富就是可以自由支配的时间。"①正是由于"自由时间"和"劳动时间"是对立的,所以节约劳动时间等于增加自由时间,一个国家真正财富的标志是劳动时间的减少,闲暇时间的增多。自由时间"包括个人受教育的时间、发展智力的时间、履行社会职能的时间、进行社交活动的时间、自由运用体力和智力的时间。"②可见,马克思的"自由时间"是指所有的"非劳动时间",是一种广义的闲暇时间。但是,人们在广义的闲暇时间里,不一定能真正体验到休闲和自在,所以有学者把闲暇时间进一步分为"生活必需的时间"和"按个人意愿休息、娱乐、满足多种需要的自由时间",生活必需时间是指家务劳动的时间、满足个人生理需要的时间以及照顾家属、教育子女的时间等,尽管是非劳动时间,但却不是真正的休闲和自由。只有后一种时间,才是真正的闲暇时间,也是我们在这里探讨的对象。

(二)休闲空间

休闲空间是指人们休闲活动的场所和区域。从场所来看,家庭、学校、影剧院、歌舞厅、体育场、公园、风景区、图书馆、商场等,都是可供人们休闲的地方,其中家庭是主要的休闲场所。对于学生而言,学校是除了家庭之外,最重要的休闲场所。我国自改革开放以来,加强了对休闲场所的建设,使人们对休闲空间的选择更为多样和丰富。从区域来看,一般来说,休闲活动的开展遵循"距离衰减规律",家庭是最基本的休闲空间,其次是社区。另外,随着网络的兴起和发展,网络空间成为人们关注的领域,网络空间是一个和物理空间相对立的虚拟空间,有虚拟的商场、公园、图书馆、社区等,人们可以超越真实时空的限制,网上购物、旅游、逛公园、看戏、听歌、游戏、交友、恋爱、结婚,过着一种完全虚拟的生活。在虚拟空间进行休闲,已经成为一些人尤其是青少年的重要休闲方式,必然对人们的心理产生重要的影响,需要引起我们的极大关注。

(三)休闲活动

休闲活动是指人们休闲时所从事的活动的具体形式及其过程。社会的发展使人们的休闲活动呈现出日益多样的趋势。从功能上来分,休闲活动大致可以分为两种:消遣娱乐型和学习发展型。消遣娱乐型活动基本上没有思想或艺术上的刻意追求,其主要功能是松弛身心,休闲者大多以消遣的态度投入活动,例如聊天、打牌、玩游戏机、看电视电影、阅读消遣书报等。学习发展型活动的主要功能是发展自我,完善自我,休闲者一般有明确的目的,能通过休闲活动增长知识、陶冶情操、完善人格,满足了个人高层次的需求,如学习知识、进修培训、参加社会公益活动、从事艺术创造活动等。从内容上来分,休闲活动可以分为娱乐、体育、交往、审美、求知五大类。当然,要准确地给休闲活动分类是比较困难的,一项休闲活动,可能包含多个内容,也可能具有多种功能。

---

① 马克思恩格斯全集. 第 26 卷,第 3 分册. 人民出版社,1975. 287.
② 马克思恩格斯全集. 第 23 卷,人民出版社,1975. 294.

二、中国人休闲方式的现状及存在的问题

(一) 中国人休闲方式的现状

1. 闲暇时间总量增加

我国从 1995 年开始实施"五天工作制",并于 2000 年开始实施"五一"、"国庆"长假制,2008 年把清明、端午、中秋确定为法定节假日,这样我国法定的节假日全年达到了 115 天,还不包括平时的空闲时间,中国人的闲暇时间占有量进入世界前列。同时,随着中国社会生产力的提高,晚婚晚育和计划生育政策的推行,家务劳动的逐步社会化,使人们的工作时间和家务劳动时间越来越少,而自由支配的时间越来越多。

有一项对上海、武汉、长沙 3 个城市的市民休闲方式的调查发现(安静静,2007),在平时,人们闲暇时间平均每天有 5 小时左右,除去做家务等非自由处置时间,平均每天有 4 小时的休闲时间。另一项对武汉居民休闲时间的调查(金倩、楼嘉军,2006),在平时,多数居民的休闲时间为每天 2—3 个小时,其次是 3—5 个小时,两者总计达到了 71.5%。在周末,武汉居民拥有 4—10 小时闲暇时间的比例最高,达到 44%;其次是 10—15 小时,占 25%。而对上海、天津、哈尔滨等城市的调查(王雅林,2003),市民的闲暇时间平均为平时每天 5 小时、周末每天 7 小时。根据目前已有的调查数据,总体来说,城市居民每天平均的闲暇时间在 4—5 小时左右。节假日的休闲时间就更多、更为集中了。在这里,我们所界定的闲暇时间是指人们在劳动时间之外,除去满足生理需要如吃饭、睡觉等和家务劳动等生活必要时间后,剩余下来的个人可以自由支配的时间。

2. 休闲空间逐步扩大

近些年来,政府加大了对休闲场所和休闲设施的建设,再加上居民收入的增多,家庭汽车拥有量的提高,使人们的休闲空间逐步扩大,逐步走出"单位—家庭"的单一生活模式,向外不断延伸着他们的休闲活动圈。

一项关于深圳居民周末休闲活动空间的研究表明(刘志林、柴彦威,2001),深圳市民周末休闲活动最远延伸至 30 公里的空间范围,不同距离空间带上的休闲活动强度与活动方式都有不同,形成了一个四圈层二集中带的空间结构模式。圈层 I:自家,是深圳市民主要的休闲活动场所,75.2% 的周末休闲活动在自家进行;圈层 II:距家 0—1 公里,基本的社区休闲空间,集中了 2/3 的外出休闲活动;圈层 III:距家 0—5 公里,主要的外出休闲空间,集中了 90% 的外出休闲活动;圈层 IV:距家 0—10 公里,居民的日常休闲空间,集中了 95% 的外出休闲活动。同时,由于深圳市民的休闲活动呈现相对的空间不连续状态,在整个空间上形成两个休闲活动的集中带。第一集中带:距家 0—1 公里,是深圳市民日常休闲活动的强集中休憩体育活动带。第二集中带:距自家 4—5 公里,是深圳市民的弱集中社交性休闲娱乐活动带。

对武汉居民休闲场所的调查表明(金倩、楼嘉军,2006),平时休闲活动场所的选择,60.03% 的选择家庭,位列第一;选择社区活动场所和商场、超市的并列第二,占 7.54%。这表明居民平时主要以家庭为中心开展休闲活动,同时辐射到社区及周边的商业区域。可见,尽管休闲空间逐步扩大,但家庭仍然是绝大部分居民的主要休闲场所。

3. 休闲活动日益丰富

在改革开放以前，人们的休闲活动比较单一，而现在情况有了很大的变化，人们由单一休闲转向了多元休闲，对休闲活动的选择日益丰富和多样化，可以从不同途径满足自己的多种需要。并且，随着社会发展和科技进步，不断涌现出新的休闲形式，如看电视、上歌舞厅、卡拉OK、上网聊天、网络游戏、蹦极攀岩、驾车旅游等都是在不同时期出现的新的休闲活动。

总体来说，平时休闲由于时间较短，人们一般都愿意呆在家里或者在家附近休闲，一般以看电视、逛街购物及其他个人爱好为主；在周末，由于时间相对充足，人们参加社会团体活动、近距离旅游、吧式消费等的比例提高；在节假日，由于时间充裕，人们更倾向于选择旅游度假及一些社会团体活动。

多项调查表明，在城镇居民平时的休闲活动中，"看电视"的参加人数及所花费的时间都位列榜首；在周末和节假日，尽管看电视的比例会减少，但仍然是居民休闲的重要方式。例如，对武汉居民的调查表明（金情、楼嘉军，2006），人们平时最普遍的休闲方式是看电视，占56.11%，其次是逛街、购物、外出就餐等，占 19.10%。这表明以看电视为主的休闲方式构成了市民平时休闲活动的主要内容。在周末，逛街、购物、外出就餐的比例升至 33.17%，成为首位，看电视的比例降至 30.35%，降至第二位。在节假日，选择外出旅游的升至首位，占 51%，看电视为第二位，为 16.5%。

（二）中国人休闲方式存在的问题

通过上述调查的结果，我们也可以发现，中国人的休闲方式还存在不少问题，主要表现在以下几个方面。

1. 消遣娱乐型多，学习发展型少

如前所述，休闲可以分为消遣娱乐型和学习发展型，这两种活动相辅相成，不可或缺。但中国人休闲中消遣娱乐型多，而真正帮助自己发展和提高的休闲活动较少，并且，在消遣娱乐型休闲中，还存在一些不良的休闲方式。比如说，过于沉溺于电视。随着中国电视机拥有量的提高，看电视成为人们最重要的休闲方式，它具有很多积极的意义。但我们不能忽视电视对休闲造成的负面影响。对此，杰弗瑞·戈比指出："当前，中国的电视观众有十亿以上，并且这个数字正在迅速提高，电视会不会成为影响中国人，特别是影响青年人休闲理念和休闲行为的重要因素之一呢？难以否认的是，电视误导了人们对休闲的理解，因为电视依靠图像的戏剧般的移动和动作削弱了人的思考能力，电视中播出的节目总是制造些悬念，把你牢牢地固定在电视机的屏幕前。"[1]正因为电视的强大影响力，对于它在休闲中的消极作用我们应该有足够的警觉。

2. 休闲能力欠缺

由于我们以前对休闲教育和素质教育的忽视，许多人的休闲技能不高。面对那么多的闲暇时间，一下子无所适从，只好把大部分时间用于"看电视"，而看电视是一项对休闲技能要求很低的活动。有的人也不想总是闷在家里把电视遥控器按来按去，想提高休闲质量，玩得更好，但不知从何入手，觉得力不从心。

---

[1] 戈比. 走向休闲社会：中国未来前景的展望. 自然辩证法研究. 2001,(12).

3. 休闲缺乏个性

在休闲中存在"一窝蜂"现象，别人怎么做自己也跟着怎么做，例如，都跑到某个景点旅游，结果造成交通拥挤、酒店紧张，弄得自己也身心疲惫，丧失了休闲的意义。休闲是最具有个性化的活动，很多人却热衷于"千篇一律"。

4. 休闲活动被大众媒体和商业机构所操纵

这既是休闲缺乏个性的一个原因，也是缺乏个性的一种表现。杰弗瑞·戈比曾提出忠告："在休闲活动方面，中国人的休闲生活如何避免被各大跨国公司所支配呢？美国人的大部分闲暇时间是由各大跨国公司支配的，像迪斯尼属下的各主题公园，集电视、体育、娱乐为一体的各企业集团，各种疗养胜地，各快餐连锁店等等，虽然这些大公司倡议的休闲是很重要的方式，但是他们的能量过于强大，他们完全可以控制你的休闲生活，如果中国人放弃了生命所赋予娱乐和休闲的责任和义务，那么休闲的意义就将大打折扣。"[①]

知识窗

休 闲 病

休闲病（Leisure sickness）是由荷兰蒂尔堡大学心理学教授维格霍茨（Ad Vingerhoets）命名的。其症状包括恶心、疲惫、头痛以及重复感染等，周末或假期初期工作压力刚解除的时候，这些症状就会出现。"休闲病"主要是指有些人在平日并不容易得病，而一旦在周末或放长假期的时候，便会浑身是病，而症状范围可以很大，有疲劳、恶心、偏头痛、头痛、肌肉疼痛、感冒等，病症可以维持十年甚至以上。

维格霍茨研究休闲病患者，访问了 2000 名男女，推断大约有 3% 的荷兰人有此病症。该学者发现患者大多于重大人生事件时发病，例如婚姻、生育或转职，而他们大多都有高工作量，完美主义者人格，愿意为职业成就付出的人格，工作责任心过重，这使他难于从工作中恢复过来。

此外，一项研究显示，有 3% 的受访者承认，上班的日子很少生病，但一到了双休日或者长假期便会生病。这些人的主要症状为作呕、疲劳，或肌肉酸痛等症状，部分人相关症状长达十年。而且此类病症在人生的一些重要时刻表现尤为严重，如结婚、初次怀胎、转职等时段。

专家认为"休闲病"主要成因是压力所致，当工作紧张压力大，身体分泌的肾上腺素会增加，则会让人心跳加速、流汗，促进免疫能力，不过，身体同时也会分泌皮质醇，这种激素原本可以为人体提供能量，但皮质醇持续偏高，则会减弱人体抵抗力。另一方面，当工作停下来，压力也会随之降低，肾上腺素很快又会停止分泌，但皮质醇就要过一段时间才停止分泌，这段时间免疫能力就会较弱，较容易染病。

对于已经患上"休闲病"的人来说，适当地降低要求，每天给自己一些时间放松一下，就会减少"休闲病"的发作机会。

---

① 戈比. 走向休闲社会：中国未来前景的展望. 自然辩证法研究. 2001,(12).

三、健康休闲方式的养成

凡是有益于身心健康的,称为健康的休闲方式;而对身心健康不利的,称为不良的休闲方式。健康的休闲方式表现在休闲时间和空间合理、休闲活动文明、多样、具有个性等多个方面;不良的休闲方式则表现为休闲时间安排不当、休闲空间狭小、休闲活动单一或杂乱、危害他人的身心健康或满足自己的低级趣味、缺乏个性等。不良的休闲方式不仅不利于身心的放松和休息,还有可能造成自己的身心疾病。因此,对于个体而言,形成健康的休闲方式非常重要。要养成健康的休闲方式,其核心在于增强休闲的主体意识,增强主体的理性选择能力,把被动休息变成主动休闲。具体策略如下:

(一) 增强休闲的主体意识

休闲的本质是自由,应该使人的主体性得到充分发挥,但有些人却在休闲中丧失了主体性。按照马克思的观点,人的主体性是"自由自觉的活动",它是人作为人而存在的必然性、本质和根本方式,不同于物的规定和动物的活动。主体性作为"自由自觉"的特性,是人的现实存在的多样性、差异性的统一。"千人一面"即意味着主体性的丧失。休闲中主体性的丧失主要表现在休闲没有计划、被动消磨时光、在五光十色的休闲活动中不知如何选择、不了解哪些是适合自己的休闲方式、盲目跟随别人、被大众传媒的信息所控制而不愿自己思考和判断等等。于是,我们陷入了一种悖论:一方面休闲是为了进入自由的状态,为了发展个性,而另一方面,一些人在休闲中却又丧失了个性,丧失了主体的理性选择能力。例如,国庆长假大家一窝蜂地去旅游,每天晚上守着电视毫无目的地看几个小时,打几天几夜麻将,这都不能说是主体意识强的表现。要使休闲更好地发挥发展自我、完善自我的功能,就必须增强主体意识,增强理性选择和判断的能力。

(二) 合理安排休闲时间

首先,要保证充足的闲暇时间。尽管在总体上人们的闲暇时间在增加,并且都意识到休闲的价值,但也有不少人因为主客观原因而缺乏足够的闲暇时间。有的人因为工作太忙而总是占用自己的休息时间,他们总在想,等忙完了这一段就轻松一下,但事情源源不断,永远没有忙完的一天,也就永远没有休息的时候。于是,许多人都慨叹"没有自己的时间"。其实,归根到底,时间还是掌握在自己手上的,只要合理安排,总可以给自己留出一些休闲时间,如晚餐后散步一小时,每周和朋友打一次球等等。最好把休闲时间固定下来,坚持下去。有些人总认为休闲是浪费时间,会影响工作和学习,所以在休闲时有一种负罪感,不愿意给自己太多的闲暇。其实,合理的休闲不仅不会影响工作,反而有利于提高工作效率。许多人的经验证明,休闲是最容易产生灵感的时候,一些学习和工作中的难题往往在休闲时获得了解决。

其次,要制订休闲计划。有人认为既然是休闲,就可以完全随心所欲,无须事先计划,其实不然。休闲的目的是为了松弛身心,滋养性情,发展自我,获得自由,而要达到这一目的,就需要计划。我们现在每年有 115 天的休息日,这是一笔巨大的财富,善于计划的人,能使休闲充实有序,利用这些时间充分放松和自我提高,发挥休闲的最大价值。

再次,要适可而止、张弛有度、交替活动。这其实也是计划性的体现。凡事皆有度,过度则会危害身心健康。例如,有的人双休日通宵达旦泡吧、打牌,有的人整天坐着不动看电视,不仅不能休息,反而让自己更累。在安排休闲活动的时候,注意动静交替、左右脑交替,不要长时间从事同一种类型休闲活动,那样容易疲劳。

(三) 营造休闲的家庭气氛

如前所述,尽管人们的休闲空间逐步扩大,但家庭仍然是人们的主要休闲场所和从事休闲活动的第一空间,因此,营造休闲的家庭气氛非常重要。家庭装修、家庭摆设、家居服饰等都可以尽量休闲化,让人一进家门,就有一种轻松的心态。放儿盆植物,插儿束鲜花,养儿只小鸟,买儿套休闲服,床头和沙发上放几本闲书,都有利于缓解工作压力,转换心态。尽量不要把工作带回家做,宁可在办公室加班。如果家里到处堆满文件、报告的话,压力将像阴影一样笼罩着你的家庭。当然,要营造休闲的家庭气氛,最关键的是要有爱。爱是休闲产生的源泉。越远离爱,我们就越感到累。除了家庭之外,朋友也是非常重要的。很多休闲活动都必须和朋友一起完成,结交一些情趣相投的"闲友"也非常重要。

(四) 选择适合自己特点的文明的休闲活动

休闲方式多种多样,它可以是健康有益的,也可以是有害无益的;可以提高人的素质,使人获得发展,也可以迎合低级的趣味,降低人的素质和社会文明水平。因此,面对各种休闲活动,理性的选择是非常重要的,这也是人的主体性的体现。

首先,要选择文明的休闲方式,在休闲中应该把感情的欲望和理性的追求结合起来,警惕一些低级趣味对自己的诱惑和腐蚀;要遵守法律法规和社会公德,在休闲时不能损害他人利益,不得损害公共财物,不得损害社会风气。例如,有的人深夜喧哗,自己"过瘾"了,却让别人难受。

其次,选择适合自己个性的休闲方式,通过休闲促进自己的个性发展。并不是每种休闲活动都适合自己,在选择的时候要考虑到气质、性格、能力、兴趣、爱好等各方面的因素。有两种选择的方法,一种是顺向选择,一种是逆向选择。所谓顺向选择是选择那些与自己兴趣、个性相一致的休闲活动,例如,性格文静的不妨选择阅读、书画、下棋、收藏等活动,性格活泼的可以选择聚会、聊天、唱歌等活动;喜欢音乐的可以听音乐会、吹拉弹唱,喜欢运动的可以打球、跑步、看体育比赛。所谓逆向选择就是有意选择那些与自己兴趣、个性不一致的休闲活动,以弥补自己个性上的缺点,使之完善。例如,性格孤僻的人不妨主动交往,利用休闲时间组织或参加聚会,到同事、同学家串门聊天;急躁冲动的人可以学学钓鱼、练练书法,培养自己的耐性。对于逆向选择的活动,刚开始时往往需要用理智强迫自己做,但只要持之以恒,就会成为习惯,从而使自己的个性发生一些良好的变化。

再次,选择适合于自己工作的休闲方式。尽管不能说休闲的目的就是为了工作,但如果能通过休闲促进工作,使休闲和工作进入一种良性循环,那也是值得追求的境界。这里也有顺向选择和逆向选择。顺向选择是选择那些与自己工作比较接近的休闲活动,达到休闲与工作的统一,例如,市场销售人员可以在休闲时间逛逛街,以熟悉和了解市场。逆向选择是选择那些与自己工作性质不同的休闲活动,从而起到相互补充和相互调节的作用,例如,一个整天安静坐着的公务员,工作之余不妨参加一些运动或参加热闹的聚会;一个整天东奔西跑的业务员,工作之余不妨安静地听听音乐或看看书。

(五) 提高自身的休闲技能

如前所述,中国人的休闲技能存在欠缺,有了玩的时间,却不会玩。琴棋书画、吹拉弹唱、打球游泳,样样不会,只好看电视。长此以往,休闲反而成了负担和累赘。因此,自己要有目的、有计划地提高休闲技能,选择几项自己感兴趣的活动,认真学习和钻研一下,成为自己的特长。

知识窗

外国人的休闲方式

澳大利亚人:每逢休息日,家长都会带着孩子去海边,先是下海游泳,然后在海滩野炊、玩耍。

德国人:常常在假日进行体育运动或观赏音乐、戏剧演出,或举行集邮、摄影活动,或者到郊外旅游、野餐。还有的在双休日以鸡尾酒吧的方式同亲朋好友相聚,共度愉快周末。

俄罗斯人:特别注重到郊外、到大自然去尽情舒展四肢,"疲劳"一下自己的身体,用身体的疲劳换取身心的愉悦。夏季他们去旅游,秋季他们去采蘑菇,冬季他们去滑雪。

法国人:喜欢在双休日做专题交谈,音乐、舞蹈、电影、天文、地理、科学、技术等等,常常是他们交谈的热门话题。他们无论男女老少都喜欢唱歌,经常在假日开家庭音乐会和专题音乐会,演唱世界名曲或自编的歌曲。

芬兰人:母亲们在休闲日到来之前就忙着做准备,在孩子的卧室里放置一桌子,摆着鲜花,中间放着乳酪、蛋糕等食品。翌日晨,全家来到孩子的屋里唱歌、品尝糕点等。

荷兰人:注重在假日养花种草,他们特别钟爱郁金香。每逢双休日,青年恋人、中年夫妇、老年伴侣常常会自带一支郁金香赠送对方,或双双带着郁金香去看望亲朋好友。

美国人:在假日爱独来独往地行动,队伍再扩大一点,也无非是情侣或夫妻的双人行动,最大的队伍也只是一个家庭的外出旅游。近年来,美国流行起一种叫"周末农民"的休闲新时尚,也就是周末在庭院里栽花种菜,研究家庭园艺技术。全家人一起动手,尽力使家园别具一格。

日本人:不同于美国人,他们大多是团体过假日。十几人、二十几人甚至是三四十个头戴黄色或白色观光帽的男女走在一起,在导游扩音话筒的指挥下,从一个景点走向另一个景点,走到哪里都是一个整体,很少一个人外出单独活动。

英国人:喜欢在假日读书看报和研究学问。他们往往因一个概念或命题争论得面红耳赤,不可开交。然而,不论辩论结果如何,他们总是忙里偷闲,演奏钢琴或双簧管,间或以唱歌跳舞相伴。

(资料来源:宋志萍.外国人的休闲方式.华人时刊.2008,(5).)

第三节 休 闲 教 育

健康的休闲方式来自于有效的自我调控,而自我调控能力与休闲教育密切相关。1965 年在布拉格举行了当代成人教育和闲暇教育的国际会议,标志着闲暇教育已经成为当代引人注目的教育课题。1984 年,世界闲暇与消遣学会在法国巴黎召开"自由时间与闲暇世界研究大会","利用闲暇时间和教育"是会议的中心议题之一。休闲教育已经成为全球性的问题。我国民众和学生的闲暇时间都已接近世界发达国家水平,但我们真正意义上的休闲教育却没有得到足够重视,甚至可以说是非常忽视,这导致了许多人休闲能力不强,休闲意识薄弱,休闲方式不佳,休闲效果不良。

如果一个人没有接受过很好的休闲教育,要他自发形成健康的休闲方式是比较困难的。因此,作为学校和社会,把休闲教育提到议事日程上来已经刻不容缓,这不仅关系到人们的身心健康,而且关系到整个文明的进步与社会的发展。

一、休闲教育的含义

休闲教育是指导人们有价值地利用闲暇时间的教育,是使人明确自己闲暇生活价值观和休闲目的,自主地确立闲暇在生活中的位置,通过闲暇来改善生活质量并贯穿于终身的教育。休闲教育是一个完整的发展过程,在这一过程中,人们逐步理解自我、认识闲暇与自己的生活方式及社会结构的关系,在休闲生活中重新给自己的生命意义定位。

休闲观念和休闲技能都不是先天具有的,而是后天习得的,因此,休闲观念的培养和休闲技能的提高,最根本的还是要依靠学习和教育。休闲教育与人的发展息息相关,它是个体生命成长过程中不可或缺的组成部分,是教导人们实现圆满生活和完美人生的教育。休闲教育的最终目的是要促进人的自由全面发展,实现社会的和谐。

二、休闲教育的内容

休闲教育的内容既有认知上的,也有情感上的,还有道德上的和能力上的。主要内容包括以下几个方面。

(一) 认识休闲的意义

这主要是从认知上进行教育,使人们认识休闲的本质,了解休闲的社会意义和个人意义,看到休闲在人的全面发展中的作用,正确认识休闲与工作、学习的关系,消除"休闲是偷懒,是浪费生命"、"休闲就是休息"等错误观念,树立正确的休闲观和工作观。

长期以来,由于中国的贫穷落后,人们总认为只有工作是好的,人生就是工作、工作、再工作,直到生命的终点为止。休闲被作为工作的对立面看待,所以休闲是不好的,所谓"玩物丧志"就完全贬低了休闲的价值。这种错误的休闲观使人们即使在休闲时都满怀内疚感甚至罪恶感。通过休闲教育,要转变人们的这种观念,认识到休闲对于社会发展和个性发展的重要作用,对于个体心理健康的重要价值,从理论的高度上认识到休闲的意义。

（二）学会休闲的选择

这主要是从认知上提高人们理性选择休闲方式的能力，增强人们休闲中的主体意识，消除休闲选择中的盲目性和被动性，使人们了解休闲方式的含义及多样性，学会针对自身的兴趣、需要、个性和工作特点，选择文明健康的休闲方式。

提高主体意识是休闲选择的前提。虽然休闲方式多种多样，但如果没有强烈的主体意识的话，人们的休闲选择会被动而从众，最终又会流于单一和单调。中国人的休闲方式缺乏个性，容易被大众媒体和商业机构操纵，根源就在于休闲中缺乏主体意识。当休闲质量不好时很多人会抱怨环境，而不会认识到是自己缺乏选择的能力。因此，休闲教育的一个重要内容是要提高人们主动选择的意识和能力，包括选择合适的休闲时间、休闲场所、休闲活动、休闲同伴等等。要实现正确的选择，一个很重要的前提是要了解自我，能针对自己的需要、个性、兴趣、工作等各方面的特点选择适合于自己的休闲方式，并使自我能在休闲中获得发展和完善。从这点来看，休闲教育应该包含自我认识的内容。

（三）体验休闲的乐趣

这主要是从情感上进行陶冶，丰富人们的情感体验。休闲教育不仅要从认知上进行引导，也要从情感上进行熏陶。要让人们在丰富多彩的休闲活动中体验休闲的快乐，感受生命的美好，在休闲中进入自由、热爱的生命状态。

（四）懂得休闲的伦理

这主要是从道德上进行引导。休闲活动虽然是自由的，但它不能脱离社会，它是社会生活的一部分。在休闲活动时也常和别人或社会发生着直接或间接的联系，因此，必须遵守不损害他人利益、不损害公共财物、不损害社会风气的原则。例如，不能因为只顾自己高兴而吵得四邻不安。在休闲教育中，要贯穿休闲伦理的教育，不要片面理解休闲的自由，不要把休闲的自由和社会的规范对立起来。

（五）提高休闲的能力

这主要是从能力上进行培养。大多数休闲活动都需要相应的能力作为基础，如体育运动、琴棋书画、唱歌跳舞都需要一定的基础和技能。事实上，有很多休闲活动如果没有一定的技能就无法享受其中的乐趣，有很多人由于缺乏技能，在休闲中心有余而力不足。而休闲所需的这些能力和技巧必须通过学习才能获得。因此，休闲教育的重要内容之一，是要通过各种学习和训练，提高人们休闲的技能，如开设体育运动的培训指导课程、举办一些文化艺术的创作或鉴赏的讲座等，进一步促进休闲活动的多样化和个性化。

知识窗

以休闲教育为预防措施：应对中国青少年的危险行为

Chen 在一篇文章中认为，中国青少年的休闲情况在诸多方面相差无几。很多中国青少年的休闲时间和机会都增加了，这有利于他们的自主个性得到发展。同时，Chen 还指出，中国青少年的休闲时间与以下三个问题密切相关。首先，父母对其空闲时间的支配，导致青少年的空闲时间变成了提高其学习能力和竞争力的学习时间；其次，青少年自己不会构建有利于身心健康的休闲时间，导致时光虚度；再次，父母对其时间的支配，致使青少年不得不参加更多成年人喜欢的活动，而不是他们自己喜爱的活动。Chen指出，这些问题在很大程度上影响了中国青少年的休闲质量。

　　休闲教育是帮助青少年解决上述问题的行之有效的方法，休闲还可以让青少年学会带有责任心地发现或创造一些有趣味的活动。依据这一理念，研究者还认为，在那些善于进行休闲活动的青少年身上，对社会的不适应行为和不健康等危险行为就体现得较少。例如，"第八次全美对滥用违禁品态度的调查：青少年和父母"得出的结论是，压力、厌烦情绪和金钱是青少年吸毒的三种预示警报。厌烦情绪还始终与其他有问题的行为密切相关，比如辍学、蓄意破坏和肥胖病等问题的比例居高不下。休闲教育除了可以减少危险行为外，还有助于培养青少年的基本技能，提高他们的综合能力，促进他们积极健康地成长。青少年通过积极参与休闲活动来获取知识，加深对自我（身份培养）和对世界的了解。

　　Chen认为，必要的休闲教育可以解决中国青少年面临的很多问题。他还注意到，尽管休闲时间增加了，但青少年不知道如何充分利用这些时间以从中受益。他还进一步指出，这种情况会导致"休闲的单调、失衡、缺乏创意和低效率"，许多青少年依然会沉溺于网络游戏。

　　休闲教育有多种方式，本文只能简略介绍其中的两种。一是休闲式教育方式，是指人们通过参与休闲了解自我和周围世界。这样我们可以"在休闲中"进行学习。这种休闲教育一般是非正式的个人行为，既可在自然环境下、也可在人为营造的环境下展开。二是教育式休闲方式，是指人们通过休闲活动来培养技能（如下棋）、获取知识（如了解公交车路线）和培养态度（如认识到休闲价值，或向往健康休闲并从中受益）。正规教育计划既可以教育青少年如何休闲，也可以传授绘画和音乐等休闲技能。教育式休闲是正规教育计划的一部分，旨在教育青少年如何利用休闲时间完善自己，并使自己成为有责任心的人。这种休闲教育形式很容易进入学校教学大纲，或成为教学大纲的基础，也可成为课外计划的一部分。

　　（资料节选自：（美）琳达·L·凯德维尔. 以休闲教育为预防措施：应对中国青少年的危险行为. 浙江大学学报（人文社会科学版）. 2009(2).)

三、休闲教育的途径

（一）通过学校把休闲教育融入课程体系之中

　　目前，在我国教育规划中，全面完整的休闲教育计划还没有，"课外活动"、"校外教育"也只是作为学校教育和国家课程的自然延伸和补充，缺乏有组织有目标的休闲教育。休闲教育的空白，使得闲暇沦为学习的另一种延伸或纯粹被动的休息与放松。现代学生在闲暇生活方面不得不忍受着剥夺和摧残。学校是休闲教育的主要场所，我们应该充分认识到休闲的社会意义和个人意义，尽快把休闲教育列入国家教育议程和各级各类学校的教育规划之中。

　　关于休闲教育在学校系统的研究主要有两种流派（J·曼蒂，1989）。一是娱乐科目派，重点研究学生的闲暇娱乐，寻求在学校中开展具体和丰富的娱乐科目和各种游戏、体育锻炼、户外旅游等活动,并通过组织音乐、戏剧、舞蹈、绘画等兴趣小组的方式来进行休闲教育。另一派是休闲教育过程派,主张每一位教育者包括各科任课教师、校长、教辅人员等共同来实施闲暇教育,其途径包括娱乐性科目和课余活动,也包括各科教学等,希望建立一套统一的、综合的休闲教育模式。我们认为,后一种模式更能体现学校休闲教育的整体性和系统性。除了全日制学校之外,各类业余学校和成人教育在休闲教育中意义重大,也应大力提倡和发展。

(二)通过家庭把休闲教育融入日常生活之中

家庭是休闲的第一空间,也是进行休闲教育的重要场所,特别对于孩子来说,家庭和学校成为他们接受休闲教育的最重要的途径。但许多家庭却忽视了家庭中的闲暇教育,存在一些误区。第一是闲暇时间的剥夺。家长给孩子报种种学习班,孩子的闲暇时间被无休止的补课、复习和训练所填满。第二是闲暇时间的放任。一些家长认为,闲暇就是休息,对孩子放任自流,许多孩子在假日里百无聊赖,整日守在电视机前,无所事事。第三是闲暇的成人化。让孩子陪父母一起逛街购物、请客吃饭或卡拉OK,参加成人的活动。这些都对孩子的成长非常不利。因此,父母不仅要善于在家庭营造良好的休闲空间和休闲气氛,让自己健康休闲,而且要特别针对孩子制订休闲计划,安排休闲活动,有意识地在日常生活中对孩子进行休闲教育。

(三)通过社区把休闲教育融入各种活动之中

社区是人们进行休闲的基本空间,也是休闲教育的重要途径。我们应充分发挥社区的特有优势,在净化社区生活环境的基础上,开展丰富多彩的休闲活动,提倡文明健康的休闲方式,例如组织社区运动会、家庭演唱会、书画棋类比赛、文明家庭评选、各种职业培训、老年学校等,引导人们树立正确的休闲观念,提高休闲能力。对于一些危害身心健康或干扰他人的休闲活动应予以制止或干涉。

(四)通过组织把休闲教育融入管理制度之中

组织是人们工作的地方,上班时间属于劳动时间而非自由时间,但这并不意味着组织在休闲教育中就没有作用。事实上,一个人所在的组织也能在休闲教育中发挥重要作用。工作和休闲在某种意义上是对立的,但在一个更高的层面二者又可以统一起来。休闲的本质在于一种自由、从容和热爱的心态。如果一个人真心地热爱他的工作,能从工作中体验到极大的快乐,那这种状态不也就是休闲所追求的状态吗?拥有这种状态的人,能在工作中随时随地享受到休闲的乐趣。因此,人生的至高境界是把休闲和工作统一起来。当然,要达到这一境界并非易事,需要组织的艰苦努力,要让员工在工作中不断发现新意和创造乐趣,这就需要一系列的管理制度作为保证。同时,组织还需要有健全的休假制度、疗养制度、各种休闲活动计划,提供良好的休闲场所以及一些休闲技能的培训,充分发挥组织在休闲中的作用。

(五)通过中介机构把休闲教育融入咨询服务之中

应大力发展与休闲有关的中介服务机构,为人们提供休闲教育与咨询。这些机构不仅能为服务对象提供各种各样的休闲信息,而且能培训特定休闲活动所需的技能和鉴赏力,同时,它还能针对服务对象的特点和要求,帮助他们选择和安排个性化的休闲活动。

(六)通过传媒把休闲教育融入各种信息之中

报纸杂志、广播电视、电脑网络等大众传媒在现代社会中的影响力越来越大,它因其传播范围广、受众面大、时效性强而成为实施休闲教育的另一条重要途径。前面所说的调查也证实了这一结果,"看电视"和"阅读书报"已成为人们最主要的休闲方式。因此,传媒应尽可能提供有益的休闲信息和休闲活动,积极引导人们形成正确的休闲观,选择健康的休闲活动。遗憾的是,有些媒体为了吸引大众,迎合了大众的一些低级趣味,强化了一些不良的休闲观念及休闲方式,从而对大众尤其是青少年产生误导。对此,我们应该引起足够的警觉和重视。

回顾与总结

休闲是指个体在完成工作和满足生活要求后,由其自由支配时间的一种状态,它的本质就是自由。它是社会发展的产物,同时也是社会发展的动力。休闲对心理健康的意义主要体现在四个方面:松弛身心、满足需要、滋养性情和完善人格。现代社会休闲观念的变革表现在三个方面:从重视工作的价值到重视休闲的价值;从贵族特权到平民享有;从松弛身心到全面发展。

休闲方式是指人们利用闲暇时间,在一定的空间中进行休闲活动的方法及形式。闲暇时间、休闲空间和休闲活动是构成休闲方式的三个要素。中国人休闲方式的现状表现为:闲暇时间总量增加;休闲空间逐步扩大;休闲活动日益丰富。但中国人的休闲方式也存在以下问题:消遣娱乐型多,学习发展型少;休闲能力欠缺;休闲缺乏个性;休闲活动被大众媒体和商业机构所操纵。

凡是有益于身心健康的,称为健康的休闲方式;而对身心健康不利的,称为不良的休闲方式。如何使个体的休闲方式更为健康? 可以从以下几方面努力:增强休闲的主体意识;合理安排休闲时间;营造休闲的家庭气氛;选择适合自己特点的文明的休闲活动;提高自身的休闲技能。

休闲教育是指导人们有价值地利用闲暇时间的教育,是使人明确自己闲暇生活价值观和休闲目的、自主地确立闲暇在生活中的位置,通过闲暇来改善生活质量并贯穿于终身的教育。休闲教育的内容包括:认识休闲的意义;学会休闲的选择;体验休闲的乐趣;懂得休闲的伦理;提高休闲的能力。休闲教育的途径主要包括学校、家庭、社区、组织、休闲中介服务机构、大众传媒等。

巩固与练习

1. 为什么说休闲的本质是自由?

2. 休闲对心理健康有什么重要意义?

3. 什么是休闲方式? 它有哪些构成要素?

4. 分析中国人休闲方式的现状及存在的问题。

5. 你喜欢的休闲方式有哪些? 分析这些休闲方式是否健康,是否适合自己。

6. 联系自身实际谈谈如何养成健康的休闲方式。

7. 休闲教育有哪些基本途径?

参考文献

1. 安静静.城市居民休闲方式选择的性别差异研究——以上海、武汉、长沙为例.华东师范大学硕士学位论文,2007.

2. 金倩、楼嘉军.武汉市居民休闲方式选择倾向及特征研究.旅游学刊.2006,(1).

3. 马克思.马克思恩格斯全集(第26卷,第3分册).人民出版社,1975.

4. 马克思.马克思恩格斯全集(第23卷).人民出版社,1975.

5. 马惠娣.休闲问题的理论探讨.清华大学学报(哲学社会科学版).2001,(6).

6. 刘志林、柴彦威.深圳市民周末休闲活动的空间结构.经济地理.2001,(4).

7. 刘啸霆.休闲问题的当代意境与学科建设.自然辩证法研究.2001,(5).

8. 刘华山.学校心理辅导.安徽人民出版社,1998.

9. 戈比.走向休闲社会:中国未来前景的展望.自然辩证法研究.2001,(12).

10. 曼蒂.闲暇教育理论与实践.春秋出版社,1989.

11. 戈比.你生命中的休闲.云南人民出版社,2000.

12. 凯德维尔.以休闲教育为预防措施:应对中国青少年的危险行为.浙江大学学报(人文社会科学版).2009,(2).

13. 古德尔、戈比.人类思想史中的休闲.云南人民出版社,2000.

14. 凯利.走向自由.云南人民出版社,2000.

15. 宋志萍.外国人的休闲方式.华人时刊.2008,(5).

16. 王雅林.城市休闲——上海、天津、哈尔滨城市居民时间分配的考察.社会科学文献出版社,2003.

第十二章　睡眠与心理健康

　　睡眠是一个人必要而且十分重要的生理现象,人的一生大约有三分之一的时间是在睡眠中度过的。在网上曾看到一则消息,英国广播公司(BBC)举办了一次别开生面的真人秀游戏节目。这个节目名为《看谁清醒到最后》。10名坐在椅子上不得动弹的参赛者必须在比赛过程中一直保持清醒,如果谁不小心睡着就将立刻淘汰出局。经过7天共168小时痛苦的清醒,19岁的英国女孩克莱尔最终胜出,但是"困到最后"的她也已经是哈欠连天,几乎到了站着都能睡着的程度。可见不让睡觉是件多么难受的事,那就让我们来看看睡眠对于我们到底意味着什么? 怎么睡才是有益于健康的?

　　几千年来,睡眠一直被认为是自然规律中不可或缺的一部分,是自然赋予我们的恩赐。到20世纪后半叶,对睡眠的科学探索发生了革命,人们利用先进的科学技术手段对睡眠进行精确的研究,探讨人类睡眠的规律,发掘睡眠对人们身心健康的意义,以使人们合理地安排自己的生活,排除睡眠障碍,拥有健康和快乐。

第一节　睡眠及其生理学基础

　　睡眠是动物界共有的生理功能,是维持生命的重要生理活动。觉醒与睡眠对人类来讲都是非常必要的。只有在觉醒状态下,人们才可能精神饱满地从事劳动、学习等活动;只有在睡眠状态下,人的精力和体力才可能得到恢复,以保持良好的觉醒状态。可见,睡眠和觉醒是两个相辅相成的生理活动。觉醒可以看作是大脑正常工作的基本条件,而睡眠则是大脑为维持正常机能而产生的自律抑制状态。

一、睡眠的含义

　　最早研究睡眠,被称为现代睡眠研究之父的是纳撒尼尔·克莱特曼(Nathaniel Kleitman)。他是犹太人,1895年出生在俄罗斯,后来到美国学习并取得硕士学位。1925年前后的一段时间,他在芝加哥大学工作,建立了当时世界上一流的睡眠研究实验室。这一时期,克莱特曼和大多数研究睡眠的学者认为睡眠是由于脑与身体其他器官分离而强加于神经系统的一种被动状态。1939年他出版了《睡眠与觉醒》一书,该书成为当时各地睡眠研究者的"圣经"。1953年,在克莱特曼的实验室,一位名叫尤金·阿塞林斯基的年轻博士发现了快速眼动睡眠(REM),引起了睡眠研究的革命,推动了人们研究睡眠的进程(佩雷兹·拉维,

2001)。

多年来人们对睡眠的定义没有一个固定的说法。1996年修订出版的《现代汉语词典》将睡眠定义为:抑制过程在大脑皮层中逐渐扩散并达到大脑皮层下部各中枢的生理现象。

有学者认为,睡眠时由于人体的需要而使感觉活动和运动活动暂时停止,如果给予适当刺激,就能使其即刻醒来。随着脑电技术的发展,人们开始意识到,睡眠是由于脑的功能活动而引起动物生理性活动低下,给予适当刺激可使之完全清醒的状态(郑希付,2008)。总之,睡眠是一种正常的生理现象。

二、睡眠的发生

睡眠的发生有其自身的规律。几百年来,科学家们不断探索,反复研究,形成了种种睡眠学说(倪青,2000)。

(一) 几种睡眠学说

1. 脑贫血学说

认为人经过白天的劳动,到了晚间活动少了,脑内的血流也随之减少而产生"贫血",血流不足,脑细胞活动变慢甚至不活动,就出现了睡眠。

2. 睡眠物质学说

认为人在白天活动时,身体和大脑在新陈代谢过程中会产生一种物质,被称为"疲劳素"或"睡眠素",这种物质的代谢产物使人发生睡眠。有些学者研究认为"睡眠素"肯定存在,并且有人从山羊脑脊液中找到了这种物质,并测定其分子量是350—500,是一种多肽物质。

3. "睡眠中枢"引起睡眠学说

瑞士著名的生理学家黑斯(W. R. Hess)通过对脑外科手术的临床实验认为,在间脑中间块附近存在着一个睡眠中枢,睡眠中枢的神经细胞活动是导致睡眠的原因。每天到一定时间,睡眠中枢会向大脑细胞发出睡眠的指令,使人或动物进入睡眠状态。

4. "神经突触暂停"睡眠学说

认为人在经过一天的紧张活动之后,脑细胞之间的突触产生疲劳而暂时停止活动,神经传递不灵敏,大脑不再接受外界刺激而产生睡眠。

5. 睡眠本能学说

心理学家提出睡眠是人类对黑暗的一种本能的适应性反应,正像动物的蛰伏本能一样,故又称为"蛰伏本能学说"。睡眠使人停止了对外界刺激的所有兴趣,又回归到出生前在母体子宫里那种温暖、黑暗的生活中,每天早晨起来犹如重新降生。

6. "生物钟效应"睡眠学说

这是现代研究时间生物学的科学家提出来的。认为人的一切活动都遵循着一定的节律,体温、血压、心跳、觉醒、睡眠等都是依一定的节律活动的,人体一旦背离正常的生命节律,机体的生理功能就会紊乱,就会产生失眠等疾病。

7. 中医阴阳睡眠学说

中医学认为,人与自然界是相呼应的,睡眠是人体适应自然界阴阳消长平衡的一个过程。

即阳气由动转静为入睡状态,阳气由静转动为清醒状态。

8. "内抑制扩散"睡眠学说

20世纪30年代,俄国生理学家巴甫洛夫认为人类的睡眠现象是由于大脑神经细胞的抑制过程在脑内扩散开来而形成的,当抑制在大脑皮层广泛扩散到皮层下中枢时,就引起了睡眠。

目前科学家还在不断探索睡眠的奥秘。有人认为大脑神经系统脑干的网状结构组织中有一个"激活系统","激活系统"维持大脑的觉醒状态,如果此系统遭到破坏,来自外界的信息就不能被大脑接受,人或动物就进入睡眠状态。由法国和瑞士科学家组成的一个研究小组说,他们已首次证明,大脑前部一个被称为脑侧室前视核(VLPO)的区域主宰着睡眠。他们以老鼠进行的实验显示,VLPO中的三角形细胞受着肾上腺素和血清素等激素的控制。根据他们的理论,VLPO细胞在人体处于黑暗、酒精和温暖的气氛及其他因素中时,就会发挥作用,令人入睡。这种细胞发挥作用时,会阻止大脑的其他区域释放令人"清醒"的激素。而这样又会使更多的VLPO细胞变得活跃,在激素"大战"中占上风,使人进入睡眠状态。VLPO神经元在深度睡眠状态中仍然高度活跃,这种状态被称为"眼球快速运动期",眼球在眼皮下不停转动,显示人正在活跃地做梦。

尽管各种学说不一而足,还需要进一步的验证,但有一点是肯定的,即睡眠是生命的本能,睡眠的机制在于大脑的功能。

(二) 睡眠的时相与阶段

睡眠是必要的生理活动,睡眠的过程有两种不同的状态,即两种时相。其一是脑电波呈现同步化慢波的时相,称为慢波睡眠(slow wave sleep, SWS或NON-REM);其二是脑电波呈现去同步化快波的时相,称为快波睡眠(fast wave sleep, FWS或REM),也称异相睡眠。

1. 慢波睡眠

人们刚刚入睡后的睡眠大都属于慢波睡眠,夜间睡眠大多数时间处在这一时相。成人的慢波睡眠可以分为4个时期或称4个阶段。第一期呈现低振幅的脑电波,表现在刚入睡时打盹浅睡或夜间短暂苏醒又入睡之时;第二期也呈现低振幅的脑电波,是慢波睡眠的主要成分,代表着浅睡的过程;第3期常呈现高振幅的脑电波,为中度至深度睡眠;第4期脑电波也呈现出高振幅波形,代表着深度睡眠状态。

2. 快波睡眠

快波睡眠是睡眠过程中周期性出现的一种激动状态,其脑电图与觉醒时期相似,也称为异相睡眠。由于这种类型的睡眠常伴随着眼球无规则的快速运动,故也被称为快速眼动睡眠(rapid-eye movement, REM)。人的一生中,快波睡眠在全部睡眠中所占的比例随年龄的增加而减少。新生儿快波睡眠占整个睡眠时间的1/2;两岁以内的婴幼儿占1/3;青年和成年人占1/5到1/4,而老人的快波睡眠时间只占整个睡眠的1/20(叶奕乾,1990)。

快波睡眠是正常生活中所必需的,如果一个人一出现快波睡眠就被唤醒,阻断他的快波睡眠,他会出现易激动、烦躁等心理的扰乱,第二天自然睡眠时,快波睡眠会增加以弥补前一天的不足。有人认为(倪青,2001),快波睡眠与幼儿神经系统的成熟有密切关系,并认为快波睡

健康心理学(第二版)

眠期间有利于建立新的突触联系而促进记忆活动。

慢波睡眠与快波睡眠是两个相互转化的睡眠时相。成人的睡眠,开始时先进入慢波睡眠,持续 80—120 分钟左右,转入快波睡眠,持续 20—30 分钟后,又转入慢波睡眠。一个晚上整个睡眠期间,反复转化约 4—5 次。两种睡眠都可以直接进入觉醒状态,越接近睡眠后期,快波睡眠持续的时间越是逐步延长。

睡眠时相各期脑波及躯体变化的特征见表 12－1。

表 12－1　睡眠时相各期脑波及躯体变化特征

状态	脑波形成	躯体其他特征
清醒	α 波出现 8～12 次/秒呈对称和快速的脑波图形	轻松的清醒状态,如在自由联想或不想什么的状态
REM 期睡眠	呈锯齿状波,脑中血流量增多,大脑活动反而增加	眼球快速地来回运动,大肌肉(如手臂、腿部、躯干)呈瘫痪状,小肌肉(如脸部、手指、脚趾)会抽动,心跳加速,阴茎勃起,活跃性的梦出现
NON-REM 期睡眠	第一期:振幅变小,α 波逐渐消失,波形不规则,常呈现短暂的 θ 波(频率 4～6 次/秒)	呼吸较为规则,开始变缓慢,大脑活动减弱
	第二期:θ 波出现更多,有纺锤波出现(频率 13～16 次/秒)呈现 1/2～2 秒,如有 K 波丛:脑波突然大幅度上下呈尖锐状(是对刺激一种反应)	五种感官的功能关闭,记忆功能暂停,心跳速度减慢,血压降低
	第三、四期:出现 δ 波,缓慢的同步形脑波显示脑中的活动相当平静,第四期之所以区别第三期,仍在于 δ 波出现的次数不同,第三期 δ 波形在 30 秒内不超过波形的 50%,若超出 50%,称第四期	深沉的睡眠,感官的功能丧失,肌腱完全松弛,呼吸缓慢,皮肤温度下降,唤之不醒

(资料来源:倪青. 睡眠—人生的三分之一. 中国医药科技出版社,2000.12.)

睡眠时相的变化体现出四个相继的阶段。

第一阶段为入睡期。大约有 10 分钟时间,该阶段的主要特征是身体放松、呼吸变慢、可能还会觉察到周围的动静,有时大脑会自觉不自觉地回想起一些与白天的思维活动有关的画面或想法,但不是有意识的思考,此时很容易受外界刺激影响而惊醒。脑电主要由频率和波幅都较低的生理电波构成。

第二个阶段为浅度睡眠期。此阶段大约持续 20—30 分钟时间,其主要特点是以短节律脑电为主,偶尔爆发频率高、波幅大的脑电,称为"睡眠锭"(即纺锤波)。此阶段人的眼球会慢慢地来回移动,会做模模糊糊的梦,这些梦是零乱的,转瞬即逝的,此时的人比较难以唤醒。

第三个阶段为中度睡眠期。持续时间大约 10—20 分钟,脑电的频率会继续降低,波幅变大,有时还会有"睡眠锭"出现。在这一阶段,人的肌肉完全放松,脉搏、血压和体温进一步下降,通常不易被惊醒。由此进入深度睡眠。

第四个阶段为深度睡眠期,肌肉进一步放松,身体各项功能指标减慢或减弱,脉搏、血压和体温降至整晚的最低点,梦呓、梦游、尿床等现象大多发生在这一阶段,大约持续 20 分钟左右。

从入睡开始,依次经历四个阶段大约需要 60 分钟至 90 分钟时间,随后进入 5—10 分钟的快速眼动睡眠期。此时的快速眼动睡眠的脑电活动与觉醒时相类似,但身体仍处在放松状态,眼球会快速地上下移动,随之转入又一次睡眠周期的循环。故依次经历的四个阶段与快速眼动睡眠合起来构成一个睡眠周期。一个晚上要经历几个周期,最后一次快速眼动睡眠时间长约一个小时,到黎明时分,睡眠者就会从睡眠中醒来。

三、睡眠与梦

梦是睡眠中的一种普遍现象。人的一生中有 1/3 的时间在睡眠,大约有 1/10 的时间是在做梦。如果一个人活了 72 岁,那么有 24 年在睡眠,其中 7 年多时间是在做梦。

早在古代,人们就发现了梦的存在,但却不能客观地解释它,认为梦是灵魂在睡眠时离开人的身体外出游历的过程中所发生的事情,甚至认为人在做梦时如果突然被唤醒,灵魂就回不到身体中来了,人就会死去。精神分析学派的创始人西格蒙德·弗洛伊德(Sigmund Freud)认为梦是欲望的满足,是通向潜意识领域的捷径。精神分析理论把梦分为三部分,即梦的隐意、梦的工作和显梦。日常我们报告的是显梦,而由显梦进一步探讨的有关梦的含义的内容是梦的隐意。梦的隐意有三个主要范畴(查尔斯·布伦纳著,杨华渝等译,2000),第一个范畴指夜间感觉的印象。某些感觉印象如闹铃声、饥渴、伤痛、身体某部位受压等,不断侵扰睡眠者的感觉器官,形成了梦的部分隐意。第二个范畴是指包含了与梦者当时醒觉生活中的活动密切相关的思想和观念,这些思想和观念仍然在梦者心中潜意识地活动着,这些思想和观念也成为梦的隐意的一部分。第三个范畴是包含一个或几个本我的冲动。这种冲动被自我防御排斥于意识之外,在醒觉的生活中得不到满足,而在梦中表现出来。而一个梦的主要部分是被压抑的欲望和冲动。由此精神分析学派将释梦作为心理治疗的重要手段,通过分析显梦去探索它的隐意。

现代生理心理学研究认为,梦是一种正常的生理现象,通过对睡眠脑电图的记录发现,人处在快波睡眠(REM)时往往会报告有梦。据一项实验表明(李新旺,2001),处在 REM 睡眠的 191 例被试者中被唤醒后报告正在做梦的有 152 例,占 80% 左右;处在慢波睡眠(SWS)的 160 例被试者唤醒后报告正在做梦的仅有 11 例,占 7% 左右。因此,做梦被看作是 REM 睡眠的特征之一。REM 睡眠时的梦具有视觉梦幻的特色,知觉性强,内容常包含有怪异知觉经验的故事,梦中所见所闻似乎很真切。SWS 睡眠时的梦概念性强,更多地属于思维型的,往往思想多于景象。

从引发梦的机制来讲,有多种说法。主要有以下几个方面。

其一,身体内部的某些生理变化引起做梦。如睡眠时膀胱充盈梦见寻找厕所,身体某部位隐藏的病变白天显示不出来,晚间该部分的疼痛活跃起来,梦见被重物碰击或被动物咬伤等。

其二是外界刺激的作用。如听到下雨的滴水声,做梦有小河流过等。

其三是大脑皮层旧有痕迹的复活。从近处讲,日有所思,夜有所梦;从远处讲,过去记忆中存留的东西尽管觉醒时几乎忘记了,但在梦中这种残存记忆内容的兴奋点会在大脑皮层复活起来,使人们将很久以前的人或事拉入梦中。

总之,梦是伴随人的睡眠产生的一种正常现象。有人认为梦不仅无害,反而有益,从半睡眠状态进入做梦状态,有利于恢复大脑的功能。做一个黄粱美梦还能起到消除不愉快、调节心理平衡的作用。更有趣的是,一些科学家的发明创造也是在梦中获得成功的。

第二节　睡眠质量与身心健康

为了唤起人们对睡眠重要性的认识,2001 年,国际精神卫生和神经科学基金会主办的全球睡眠和健康计划发起了一项全球性的活动,将每年初春的第一天——3 月 21 日定为"世界睡眠日"。越来越多的人意识到睡眠对于身心健康的意义。如何提高睡眠质量,使人们有一个积极健康的生活状态,不仅是大众关注的话题,也逐渐成为研究者深入探讨的问题。

一、睡眠质量

睡眠质量的好坏有自己的主观感受,也有一些客观指标。目前国内对睡眠质量的测查,大多采用了刘贤臣等于 1996 年翻译成中文版的匹兹堡睡眠质量指数(Pitts burgh Sleep Quality Index, PSQI)(汪向东,1999)。该量表由 18 个条目构成,共 7 个因子,分别是睡眠质量、入睡时间、睡眠时间、睡眠效率、睡眠障碍、催眠药物和日间功能障碍。每个因子按 0—3 等级记分,累积各因子得分即 PSQI 总分,总分范围为 0—21,分数越高,表示睡眠质量越差,一般将 PSQI 总分＞7 评定为睡眠质量差。该量表有较好的信度和效度。

张钦风(2004)采用自编的调查问卷,对山东省各地的常住居民(25—65 岁之间)2908 人进行了调查,发现人群中自感睡眠质量很好的占 60.69％,睡眠质量一般的占 35.9％,睡眠质量很差的占 3.41％。《北京科技报》2010 年 4 月 5 日报道,广东省人民医院精神卫生研究所研究显示,14.3％的健康者是"客观睡眠不足者",即在不限定叫醒时间的前提下,周末的睡眠时间会比工作日时长 20％。此外,19.7％的健康者是"主观睡眠不足者",即自我感觉睡眠不足。20.7％的人是属于主、客观因素同时导致的睡眠不足,只有 45.3％的健康者是"真正睡眠充足者"。

一些研究采用匹兹堡睡眠质量指数问卷,对睡眠质量进行了客观评定,现举例如下。

陆亚文等(2003)以当年深圳 103 万户籍人口为调查底本,于 1996 年 7 月—12 月,采用整群分层随机抽样方法,在对 15 岁以上人口入户进行精神疾病流行学调查的同时,作睡眠质量流行学调查。用 PSQI 测评深圳市民睡眠质量,发现深圳 15 岁以上户籍人口睡眠质量不好的发生率为 10.8％。

陶诗凯对四川广元市 386 名高中生进行调查显示(2011),高中生有 23.3％的人存在不同程度的睡眠质量差问题,睡眠质量好者占 47.9％,睡眠质量一般者 28.8％。高年级学生的睡眠质量普遍差于低年级学生,高年级学生睡眠质量差的主要因素在于考试和升学压力。

杨秋月等(2011)对大学生的睡眠质量进行调查的结果显示,有30.1％的大学生存在睡眠障碍,唐丽媛等(2010)的研究结果显示有失眠迹象的大学生占到27.3％。大学生的睡眠质量有待提高。

二、影响睡眠质量的因素

影响睡眠质量的因素,概括起来主要有以下几个方面。

(一) 睡眠的时间

睡眠没有一个绝对的时间,但有一定的限度。睡眠时间的需求与一个人的年龄、身体状况、性格、性别、劳动强度等因素有关。通常成年人以每天8小时左右为基本的睡眠时间标准,在此基础上睡眠过长或过短,对躯体和心理活动都是有害的。睡眠不足会导致身体过度疲劳、乏力,注意力不能很好地集中,精神萎靡,记忆力下降,情绪变得急躁、焦虑等,影响正常的工作和学习。睡眠时间过长则会出现神情恍惚、昏昏沉沉、反应迟钝、情绪低落、腰酸背痛等情况,也没有一个良好的身心状态。一般来讲,不同年龄所需的睡眠时间大致如下(见表12-2):

表 12-2　不同年龄所需睡眠时间

年　龄	每天所需睡眠时间(小时)	年　龄	每天所需睡眠时间(小时)
新生儿	18—22	7—15 岁	10
1 岁以下婴儿	14—18	15—20 岁	9—10
1—2 岁	13—14	成年人	6—8
2—4 岁	12	老年人	5—6
4—7 岁	11		

(资料来源:倪青.睡眠——人生的三分之一.中国医药科技出版社,2000.16.)

据研究(倪青,2000),人的最佳入睡时间是 21:00—22:00,按生物钟效应分析,22:00—23:00 将出现一次生物"低潮",若 23 时前没有入睡,一过 24 点,就很难入睡。有医学实验表明,早晨 5—6 点是生物的"高潮"顶峰,是精力最旺盛的时刻,人们 21—22 点睡觉,5 点左右起床最合适。

(二) 作息制度

作息制度指一个人一日生活起居的安排。有良好的作息制度,能够提高人的睡眠质量。如早晨按时起床,从容地洗漱完毕,吃过早餐出门上班或上学;有计划地开始一日活动,活动内容是有序、充实、有意义的;中午按时吃饭,饭后在规定的时间内适当地小憩;下午下班或放学,有一个简单的运动或放松的活动;晚上按时睡觉,不因为某一天工作任务重或作业多就无限推迟睡觉时间等等。生活有规律会使身体有张有弛,保持饱满的精神状态和平静的心态,有助于提高睡眠质量。反之,经常熬夜娱乐,睡前 1 小时内吸烟,夜晚喝浓茶、饮酒,睡前看一些情节起伏跌宕,有刺激性的书报或影视片等,会破坏身体的自然生活节律,影响睡眠质量,进而影响白天的精力和状态,产生恶性循环。

（三）睡眠环境

睡眠环境包括自然环境和人为环境。如居住位置是否安静，住房若与闹市区相临，噪音太大，影响睡眠。温度、湿度、卧室的光线等也影响睡眠。睡眠时较适宜的温度在15—21℃左右，光线太强会扰乱人的警觉系统，影响睡眠的质量。此外，家庭住房条件差，人多拥挤也会影响睡眠质量，有的人有"择床"的毛病，换个住处或换张床就睡不好觉，甚至换床的第一天晚上干脆睡不着觉。

知识窗

科学睡眠的要素

舒适的睡眠用具　有一张舒适的床，床的位置最好南北顺向，睡觉最好头北脚南。因为人在睡眠时同样会受到地球磁场的干扰，头北脚南的睡姿使磁力线平稳地穿过人体，能最大限度地减少地球磁场的干扰。床的硬度要适中，枕高以睡者一肩（约10厘米）为宜，夏天要经常翻晒枕头、被褥，防止吸入病菌。

合理的睡眠姿势　由于心脏在人体的左边，人最好向右侧卧以免心脏被压迫。如脑部因血压高而疼痛者，应适当垫高枕头。呼吸系统有病的人，除垫高枕头外，还要经常改换睡姿，以利痰涎排出。睡姿的选择要因人而异，以身体放松、舒适为原则。

适当的睡眠时间　睡眠时间应维持在7—8小时，但不一定强求，视个体差异而定。体弱多病者应适当增加睡眠时间，睡眠质量好的人，一般睡6小时就能完全恢复精力。

符合个人的生物钟　睡眠早晚的安排要符合个体的生物节奏，早睡晚睡，早起晚起，没有统一的标准，因人而异。

安全、宁静的睡眠环境　最适宜的室温在15—24摄氏度之间，尽量避免噪音、强光的干扰，保证房间内电及燃气的安全状态，长期睡眠不好的人，最好避免在发射高频电离电磁辐射源附近居住。

（资料来源：沙维伟．睡眠与健康．人民卫生出版社，2011.8.）

（四）身体状态

身体状态是指身体是否健康、是否生病，是否感到疲劳无力或因长期用药身体不适。一般说来，身体感觉越舒适，越能消除疲劳，使身体的各个器官都得到很好的休息，睡眠质量就高。有病会影响睡眠，如疼痛、咳嗽、尿频、呼吸不畅、食管回流或浑身瘙痒等症状，常会导致失眠。一方面病痛本身使人无法入睡或诱发失眠，另一方面，有时因病服用的药物也影响睡眠，如长期服用肾上腺素片、苯丙胺、类固醇，或过量应用激素类药，都会对睡眠造成不良影响。过度疲劳也会破坏大脑兴奋与抑制的平衡，导致睡眠质量不高。

（五）心理因素

心理因素对睡眠的影响较突出。来自工作、学习、家庭、人际关系等方面的问题会给人们造成心理压力，使人产生不同程度的抑郁、焦虑、恐怖、失望等不良情绪，白天忙于做事，晚上躺在床上这些问题会袭上心头。如果能够进行自我调节，把心胸放开阔些，或转移一下注意力，不被烦心事所困，是可以有个良好的睡眠的。但有的人不能适当地把握自己，睡前总是去想一些事，由此刺激大脑兴奋，加之情绪上的不良反应，干扰了正常的睡眠。从个性上讲，有的人神经类型较弱、比较敏感，对环境的要求高，睡眠时较警觉，也容易影响睡眠。

影响睡眠的因素是因人而异的，有时一点不起眼的小事也会造成对睡眠的干扰，这主要看睡眠者对这些因素的主观感受如何，也与睡眠者困乏的程度有关。一般来说，一个极度缺少睡眠的人突然有机会睡一觉，睡眠的质量一定会很高。

三、睡眠质量对身心健康的意义

（一）良好的睡眠能够消除疲劳、保持体能，适应生活的需要

在清醒状态下，人们不停地为工作和生活忙碌着，身体的各部位、各组织器官消耗了大量能量，如不能及时得到休息和调整，身体各组织的功能就会受损，体能下降，以至出现病变。睡眠是体能得以修复的最佳时机，有利于体内能量的贮存，有利于精力和体力的恢复，降低肌肉的紧张度和各脏器的压力，以维持正常的新陈代谢和生理平衡，保证有良好的身体状态去面对生活。

（二）良好的睡眠能促进某些激素的分泌和脑的发育

研究发现（李新旺，2001），由脑垂体前叶分泌的生长素、催乳素和黄体生成素（在青春期）在睡眠中的分泌量增加。以生长素为例，慢波睡眠时触发生长素释放因子的活动从而引起生长素分泌增加，而清醒时触发生长素释放抑制因子的活动使生长素分泌减少。此外人体各种营养的合成只有在休息和睡眠时才能得以完成。有人认为快波睡眠与脑的生长发育有关，当人从慢波睡眠向快波睡眠转化时，有利于大脑功能的恢复。

（三）良好的睡眠能使人青春常驻，延年益寿

充足的睡眠是健肤美容的保证。德国医生马丁（倪青，2000），曾对80名健康睡眠者和50名失眠者的面容特征做过连续3个月的追踪观察研究，结果发现，健康睡眠者的面色红润，双眼明亮灵活，神采奕奕，而失眠者常常是面色灰暗、目光呆滞、眼圈发黑、精神萎靡。研究还表明，世界上健康长寿的老人，睡眠都很充足且有规律。前苏联百岁以上老人占总人口的比例是世界第一位，20世纪50年代起就曾引起各国医学工作者的关注，并对这一地区进行考察，最终一致认为长寿与睡眠的关系不可低估。前苏联位于地球西北边的高寒地带，由于地球经纬度的关系造成其黑夜相对较长，白天相应较短，为了适应生存环境的需要，当地人每天人均睡眠10—12小时，形成了固定的基础睡眠时间，即使是70岁以上的老人，基础睡眠时间也在每天8—9小时。

（四）良好的睡眠有利于保持积极的情绪状态

充足且高质量的睡眠使体能得到恢复，也使人的精神状态得到调整和放松。情绪与睡眠是相辅相成的关系，情绪不佳会干扰睡眠、降低睡眠质量，反之睡眠不佳也会使人感到烦躁不安，焦虑抑郁。充分的睡眠能够消除身体的疲劳，保持积极的身体状态，通过补充睡眠来缓释心理压力，恢复积极的情感体验，有益于情绪的健康。

（五）良好的睡眠能使人增强记忆，提高认知能力

研究者通过实验证明（倪青，2000），快波睡眠对巩固记忆有积极作用。著名神经病医生本森和费思伯格将志愿参加受试的人分为两组:A组只在晚上背诵了一些材料后让他睡8个小时;B组在清晨背诵相同的材料后,随机投入每天的日常工作,次日对两组人员进行记忆测试表明,A组人比B组记忆效果明显好得多,说明睡眠有助于记忆的条理化,保护了有益的记忆不受外界的影响。有人观察发现,当学习和记忆任务繁重时,快波睡眠就会增加,增加得越多,记忆效果越好。

此外,睡眠是健康的晴雨表,睡不好觉常常是一些疾病发病的症状,它作为一种信号,提醒人们早日去做身体检查。

四、睡眠的保健

睡眠对人的身心健康有益,每个人都希望拥有良好的睡眠,这就要求我们维护自己的睡眠健康。

(一) 了解自己的生物钟

人类机体的很多功能和行为都是呈周期性节律变化的,这种节律变化通常以地球自转一周的时间——24小时为一个周期,称之为生物钟效应。假如把一个人放在一个无任何时间参照指标的屋子里,他的身体在一日之中仍然是以24小时为一个周期发生变化,到了夜晚他就会自然入睡。

但就每个人来讲,其生物钟是有差异的。有的人习惯于早睡早起,被称为"百灵鸟"型睡眠。每到夜幕降临,便睡眼蒙眬,早早就寝,早晨天不亮就起床,精神抖擞地投入学习和工作,到了下午,工作效率就开始下降。有的人习惯于晚睡晚起,被称为"猫头鹰"型睡眠。这种人习惯于熬夜和睡懒觉。晚上夜深人静时,他精力充沛,工作效率高,凌晨两三点才睡觉,第二天早晨大家都起床上班了,他还睡意正浓,勉强起床上班也是浑浑噩噩,影响整个上午的工作和学习效率。

除了这两种典型的、极端的睡眠习惯以外,大多数人属于折中型,即晚上10点左右睡觉,第二天6点左右起床,这是大众化的生物钟现象,故工作和学习时间的安排也以大多数人为依据。

人体生物钟的差异还表现在睡眠时间的长短上。有的人天生是短睡眠者,每天只需睡四五个小时便可以精神百倍地投入工作;有的人则是长睡眠者,每天需要睡够10个小时才会有精力面对第二天的工作,否则就会无精打采,感到乏力、浑沌。故个人要根据自己的实际情况安排睡眠,不要苛求自己跟别人一致。

每个人要对自己的生物钟作一个细致的观察和记录,以便较准确地把握自己的生物钟。看自己在轻松自然的情况下,每天平均睡眠量是多少,睡几个小时第2天的精力最充沛,入睡约需多长时间,睡着后醒来的次数,每天最佳的精神状态在什么时段,持续多少时间,自己是适应早起早睡,还是晚起晚睡,大约几点起床、几点睡觉自己感到较舒适等等,通过审视自己的生物钟,了解了自己的睡眠规律,以更好地保证睡眠的质和量。

(二) 有规律的生活起居

稳定、良好的睡眠是逐渐养成的习惯。如果生活无规律,经常打破这个习惯,就会引起人们不良的生理反应,出现睡眠的紊乱。故保持有规律的生活起居很重要。早晨几点起床、一日三餐何时进行,晚上几点睡觉,睡觉前做点什么等,都应当形成一个基本固定的时间表。这样会使人感到生活的从容、安详,在这种安详、轻松的气氛中拥有好的睡眠。

(三) 合理地设置环境

环境主要指卧室的环境。除保证一个相对安静的住房外,还要注意把房间打扫干净,物品摆放整齐,布置一个适合睡眠的气氛,如幽暗的灯光,舒适的床垫,低垂的窗帘等,尤其是睡前,不要在卧室里放那些新异的东西。

(四) 保持自然、放松的情绪状态

从睡前到入睡是个很短的时间,让自己保持一个自然、放松的状态有利于睡眠质量的提高。睡眠障碍者往往有一种预期焦虑,即在睡觉之前会联想到自己睡眠的不良状态,担心自己今晚又睡不好而感到心烦、焦虑,躺在床上似乎在等待着不良状态的到来,越是睡不着就越心烦,进入一个恶性循环。可以学习一些放松训练的方法,睡前坐或卧在床上做一做,也可以听一些优美的乐曲,但要注意最好不要听节奏感强的摇滚乐以及歌曲。在听音乐时伴随着自己的想象,暗示自己放松。放松训练做得好了,一躺在床上就觉得放松、和谐,自然走进睡眠。

(五) 适当的活动和体育锻炼

如果白天活动少或不参加活动,身体不疲劳,体能尚好,就会缺少对睡眠的需要,也会失眠或睡不好觉。适当地进行运动锻炼或参与家务劳动、公益活动等,使身体在白天得到舒展,旺盛的精力得到释放,自然有利于睡眠。

(六) 单调乏味的刺激有助眠作用

如果每天晚上睡不着,可以试着接触一些单调乏味的刺激,如看枯燥的专业书、听钟表滴嗒滴嗒的声音,心中暗暗计数等。但在做这些事时要自然轻松地做,不要太过于强调自己的任务或过于将注意力集中在所做的事上,否则会越来越睡不着。

第三节　睡眠障碍的诊断与治疗

睡眠障碍是指睡眠不能正常进行而出现的生理性或心因性的问题。1979 年睡眠障碍医疗中心协会(ASDC)颁布了"睡眠障碍分类方案",将睡眠障碍分为四大类:入睡和维持睡眠障碍(DIMS),过度嗜睡障碍(DOES)、睡眠—醒觉程序障碍以及与睡眠、睡眠阶段或部分醒觉相伴发的功能失调。其中入睡和维持睡眠障碍就是人们通常所说的失眠。

一、睡眠障碍的诊断标准

1995 年我国成立了中国精神障碍分类与诊断标准第 3 版工作组,历时 5 年完成了该诊断标准的修订工作,于 2001 年出版了《中国精神障碍分类与诊断标准第 3 版(CCMD－3)》(中国医学会精神科分会,2001),该诊断标准成为目前我国医学、心理学界进行心理诊断与评估的主要依据。现将关于睡眠障碍的部分罗列如下。

《中国精神障碍分类与诊断标准第 3 版(CCMD-3)》(睡眠障碍部分)

51 非器质性睡眠障碍[F51]

指各种心理社会因素引起的非器质性睡眠与觉醒障碍。本节包括失眠症、嗜睡症和某些发作性睡眠异常情况(如睡行症、夜惊、梦魇等)。

51.1 失眠症[F51.0 非器质性失眠症]

是一种以失眠为主的睡眠质量不满意状况,其他症状均继发于失眠,包括难以入睡、睡眠不深、易醒、多梦、早醒、醒后不易再睡、醒后不适感、疲乏,或白天困倦。失眠可引起病人焦虑、抑郁,或恐惧心理,并导致精神活动效率下降,妨碍社会功能。

[症状标准]

1 几乎以失眠为惟一的症状,包括难以入睡、睡眠不深、多梦、早醒,或醒后不易再睡、醒后不适感、疲乏,或白天困倦等;

2 具有失眠和极度关注失眠结果的优势观念。

[严重标准] 对睡眠数量、质量的不满引起明显的苦恼或社会功能受损。

[病程标准] 至少每周发生 3 次,并至少已 1 个月。

[排除标准] 排除躯体疾病或精神障碍症状导致的继发性失眠。

[说明] 如果失眠是某种躯体疾病或精神障碍(如神经衰弱、抑郁症)症状的一个组成部分,不另诊断为失眠症。

51.2 嗜睡症[F51.1 非器质性嗜睡症]

指白天睡眠过多。不是由于睡眠不足、药物、酒精、躯体疾病所致,也不是某种精神障碍(如神经衰弱、抑郁症)症状的一部分。

[症状标准]

1 白天睡眠过多或睡眠发作;

2 不存在睡眠时间不足;

3 不存在从唤醒到完全清醒的时间延长或睡眠中呼吸暂停;

4 无发作性睡病的附加症状(如猝倒症、睡眠瘫痪、入睡前幻觉、醒前幻觉等)。

[严重标准] 病人为此明显感到痛苦或影响社会功能。

[病程标准] 几乎每天发生,并至少已 1 个月。

[排除标准] 不是由于睡眠不足、药物、酒精、躯体疾病所致,也不是某种精神障碍的症状组成部分。

51.3 睡眠—觉醒节律障碍[F51.2 非器质性睡眠—觉醒节律障碍]

指睡眠—觉醒节律与所要求的不符,导致对睡眠质量的持续不满状况,病人对此有忧虑或恐惧心理,并引起精神活动效率下降,妨碍社会功能。本症不是任何一种躯体疾病或精神障碍症状的一部分。如果睡眠—觉醒节律障碍是某种躯体疾病或精神障碍(如抑郁症)症状的一个组成部分,不另诊断为睡眠—觉醒节律障碍。

［症状标准］

1 病人的睡眠—觉醒节律与所要求的(即与病人所在环境的社会要求和大多数人遵循的节律)不符;

2 病人在主要的睡眠时段失眠,而在应该清醒时段出现嗜睡。

［严重标准］ 明显感到苦恼或社会功能受损。

［病程标准］ 几乎每天发生,并至少已1个月。

［排除标准］ 排除躯体疾病或精神障碍(如抑郁症)导致的继发性睡眠—觉醒节律障碍。

51.4 睡行症[F51.3]

指一种在睡眠过程中尚未清醒而起床在室内或户外行走,或做一些简单活动的睡眠和清醒的混合状态。一般不说话,询问也不回答,多能自动回到床上继续睡觉。通常出现在睡眠的前三分之一段的深睡期,不论是即刻苏醒或次晨醒来均不能回忆。见于少年儿童。本症没有痴呆或癔症的证据,可与癫痫并存,但应与癫痫发作鉴别。

［症状标准］

1 反复发作的睡眠中起床行走。发作时,睡行者表情茫然、目光呆滞,对别人的招呼或干涉行为相对缺乏反应,要使病人清醒相当困难。

2 发作后自动回到床上继续睡觉或躺在地上继续睡觉;

3 尽管在发作后的苏醒初期,可有短暂意识和定向障碍,但几分钟后,即可恢复常态,不论是即刻苏醒或次晨醒来均完全遗忘。

［严重标准］ 不明显影响日常生活和社会功能。

［病程标准］ 反复发作的睡眠中起床行走数分钟至半小时。

［排除标准］

1 排除器质性疾病(如痴呆、癫痫等)导致的继发性睡眠—觉醒节律障碍,但可与癫痫并存,应与癫痫性发作鉴别;

2 排除癔症。

［说明］ 睡行症可与夜惊并存,此时应并列诊断。

51.5 夜惊[F51.4]

指一种常见于幼儿的睡眠障碍,主要为睡眠中突然惊叫、哭喊,伴有惊恐表情和动作,以及心率增快、呼吸急促、出汗、瞳孔扩大等自主神经兴奋症状。通常在夜间睡眠后较短时间内发作,每次发作约持续1～10分钟。发作后对发作时的体验完全遗忘。诊断本症应排除热性惊厥和癫痫发作。

［诊断标准］

1 反复发作的在一声惊恐性尖叫后从睡眠中醒来,不能与环境保持适当接触,并伴有强烈的焦虑、躯体运动,及自主神经功能亢进(如心动过速、呼吸急促及出汗等),约持续1～10分钟,通常发生在睡眠初三分之一阶段;

2 对别人试图干涉夜惊发作的活动相对缺乏反应,若干涉几乎总是出现至少几分钟的定向障碍和持续动作;

3 事后遗忘,即使能回忆,也极有限;

4 排除器质性疾病(如痴呆、脑瘤、癫痫等)导致的继发性夜惊发作,也需排除热性惊厥。

[说明] 睡行症可与夜惊并存,此时应并列诊断。

51.6 梦魇[F51.5]

在睡眠中被噩梦突然惊醒,对梦境中的恐怖内容能清晰回忆,并心有余悸。通常在夜间睡眠的后期发作。

[诊断标准]

1 从夜间睡眠或午睡中惊醒,并能清晰和详细地回忆强烈恐惧的梦境,这些梦境通常危及生存、安全或自尊。一般发生于睡眠的后半夜。

2 一旦从恐怖的梦境中惊醒,病人能迅速恢复定向和完全苏醒;

3 病人感到非常痛苦。

……

51.9 其他或待分类非器质性睡眠障碍[F51.8;F51.9]

……

这一诊断标准主要用于医学上对睡眠障碍的诊断。在实际生活中,大多数人有正常的睡眠,也会有失眠发生,失眠是一个令人头痛的身心问题,如达不到睡眠障碍的程度,就只能是一种症状,需要进行自我调节或通过心理治疗来解决。

二、失眠及治疗

失眠是一种常见的睡眠问题,资料表明(毛洪祥等,2006),美国流行病学研究显示,有三分之一的成年人存在睡眠障碍,日本为 21%、加拿大 17.8%、芬兰 11.9%、法国 19%。20%～36%的失眠患者病期超过一年,另对基层医疗机构中 2512 名年龄在 16～64 岁的人的调查发现,66%的人符合 DSM - 3 - R 失眠症的诊断标准,持续时间超过一年,经两年的随访,52%的人存在中度至重度的失眠。其中老年人的失眠现象尤为突出,刘连启等(2002)对山东省 1805 名年龄在(71±5)岁范围的老年人的调查显示,有各种睡眠障碍者为 1006 例,患病率为 55.73%,其中失眠为 28.98%(523 例)。年龄大、文化程度低、丧偶和有躯体疾病的老年人睡眠障碍患病率高。

(一) 失眠的症状及原因

1. 失眠及症状

失眠的主观体验为睡不着觉,主要症状表现为三种形式:

(1) 入睡困难。失眠者躺在床上,身体疲惫不堪,想很快进入梦乡,可思绪却像脱缰的野马任意驰骋,无法控制,有时越是想让自己不去想那些事情,就越是停不下来,于是心浮气躁,焦虑不安,辗转反侧,眼睁睁地看着天亮。

（2）睡眠中途转醒。有的人尚能入睡，但半夜时常醒来，醒来后就难以再回到睡梦中，这种人往往对睡眠的环境要求较高，睡眠的警觉性较高，一点小动静便会使其醒来，再也睡不着了。

（3）早醒。有的人失眠表现为早醒，即清晨天还未亮就醒来睡不着觉了，即使头一天睡得很晚也会早醒，一天睡眠的时数不足。

随着以上三种症状而来的是第二天头昏眼花，身心疲惫，困乏无力，影响正常的学习和工作。这三种症状可以单独出现也可以在一个人身上同时存在。

一般来说，人们在一些时段都会偶然有失眠的体验，但只要不过分地注意失眠的发生，保持自然入睡的状态，睡前放松身心，就能够从中走出来，恢复常态，严格地讲这还不是病态的失眠，属正常现象。如果失眠状态长达一个月以上，才被诊断为真正的失眠。

2. 失眠的原因

（1）客观因素

引起失眠的客观因素有很多。有资料显示(许红,2005)，性别、年龄、职业是引起失眠的因素，失眠者女性多于男性，年龄多在 41～50 岁，其次为 60 岁以上，31～40 岁者随着现代生活节奏的加快，竞争的激烈，各种矛盾日益增多，使他们长期处于一种高度紧张的精神状态，从而导致失眠发生率逐渐升高。职业分布上，退休人员占第一位，第二位的是管理人员，他们中大多数人工作及应酬繁忙，生活无规律，又缺少一定量的体力活动，易导致失眠的发生。此外，环境的改变，如光线、噪音、温度、床的软硬等室内环境的变化，学习、工作上的失意，恋爱受挫，亲人生病或故去，人际关系不协调等都可能引起失眠。这些因素对失眠者的影响可能是突发的，也可能是持续的，如果是突发事件引起失眠，事件过后一段时间较容易恢复正常的睡眠状态。如果有些因素持续地作用于失眠者，负面影响会大一些，以至造成失眠症。

（2）主观因素

客观因素的作用往往与主观上的体验相呼应。同是失恋，有的人很快就能摆脱痛苦，重新开始新生活，有的人则忧心忡忡，很长时间笼罩在过去的阴影之中，食不甘味，寝不安眠。主观上的因素是引起失眠的主要原因，具体有以下三个方面。

第一，强烈的失眠感。失眠感是指失眠者主观上感觉自己失眠，对睡眠产生了不必要的敏感，经常描述自己睡不好觉的症状，过分关注自己的睡眠状况，总担心失眠而导致对睡眠感到紧张甚至焦虑。如总感觉入睡困难，多梦，早晨醒来头痛、疲倦、乏力，影响白天的工作和生活，以至感到一段时间内反应慢、思维迟钝、头脑发昏、健忘等，自认为自己就是一个典型的失眠者。强烈的失眠感对他产生暗示作用，一躺到床上就担心自己今晚又睡不好觉，情绪焦躁不安就真的睡不着觉了，睡不着就又加重了失眠感，这样恶性循环，就会变成一个顽固的失眠者。

有强烈失眠感的人，有的源于继发性获益，即在潜意识里感到失眠会带来一些好处，如亲人的关心和体贴，减轻学习、工作任务，为自己的某种不当行为找理由等。如果是这样，他就会抱着失眠的标签不放，安心地作一个失眠者，虽也求治，但潜意识对治疗是抵触的，故一直保持失眠的症状，虽四处求医，仍不见疗效。

第二,某些性格特点的影响。一般来说,外向性格的人遇事看得开,不易受外界的影响而导致生物钟紊乱。即使遇到困难,有几次失眠,也不会对失眠耿耿于怀,很容易从中走出来。而性格内向的人容易受外界的影响,一点小事往心里去,凡事反复揣量,一旦失眠便对自己的身体及睡眠状况感到担忧,紧张、焦虑,加重失眠感,陷入失眠之中不能自拔。具有神经质症状的人较敏感、谨慎、多疑,有时一两个晚上睡不好觉,就认为对自己的身体造成了巨大的损害。有的人主观上规定自己每天必须睡够8～10小时,如果睡不够,就要在白天补觉,否则就会感觉浑身乏力,头昏脑涨。这种人易产生继发性获益,造成顽固性失眠。

第三,对未来过于关注和担忧。未发生的事总是个谜,人们对此有好奇心很正常,对未来抱有各种幻想也是很正常的。但有的人却沉溺在对未来的遐思之中,每晚躺在床上,任梦幻驰骋,在幻想中寻找慰藉和满足,以至越想越兴奋,难以入睡。这种人往往不能立足现实,生活适应能力较差,与外界交流少,自我中心,总是生活在自己的世界里。有的人是杞人忧天,总担心未来有不测发生,或担心自己将要做的事情会失败,故反复构想事情将会发生的过程和可能出现的各种结果,以及自己怎样面对这些结果,担惊受怕,心情紧张,不能安然入眠。

知识窗

改善睡眠的 10 个技巧

(1) 规定就寝时间并坚持按此时间入睡。

(2) 不要过早上床。

(3) 确定你需要多少小时的睡眠量以获得最佳状态并且感觉得到了足够的休息。

(4) 用一种仪式来表示一天的结束,如把房子的门窗关好,躺在床上随意翻本杂志等。

(5) 保持卧室只是睡觉和性生活的场所。

(6) 常规的性生活也能帮助睡眠。

(7) 睡前避免过多生理和心理刺激。

(8) 酌情安排日间小睡。

(9) 有规律地运动。

(10) 就寝前 1—2 小时洗个热水澡。

(资料来源:约翰逊(Sharon L. Johnson). 心理诊断和治疗手册. 卢宁等译校. 中国轻工业出版社, 2008. 390.)

(二) 失眠的调节和治疗策略

生活中有失眠经历和体验的人不在少数,人们或多或少地会受主客观因素的影响,在某一天、某几天或一段短时间里感到紧张、焦虑、忧郁而影响睡眠。只要注意调节自己,保持平和、自然的心态,失眠的症状便会缓解或消失。

1. 采用认知治疗的策略,使失眠者建立合理的睡眠理念

有的人失眠是不了解睡眠的机理及自己的睡眠状况和变化,对睡眠及做梦有误解或以他人为标准对照自己。因此应从认识入手,掌握睡眠的原理及规律,克服自身认识中一些不合理

的理念,如"做梦就是睡不好觉"、"一天必须睡够8个小时才行"等等。可以采用理性情绪疗法的治疗原理,通过列表或自我辩论的方法,消除睡眠的不合理理念,建立合理的认知体系,客观地认识和评价自己的睡眠状态,保持轻松、自然的入睡状态,顺利地入眠。周念港等(2010)对失眠症患者的干预研究表明,由于能主动调整自己的信念,客观地认知自己的睡眠状况,积极配合治疗,说明研究组的睡眠改善较对照组更明显。

2. 遵循森田疗法的治疗原则,避免不良的自我暗示

"顺其自然,为所当为"是森田疗法的治疗原则,用于失眠的治疗十分有效。所谓"顺其自然"是指睡眠者保持自然平和的睡前状态,不要过分重视睡眠环境、睡眠时间等因素,自己困了就躺在床上,四肢放松,自然入眠,不困就可以去做事情,一切在自然之中,不刻意强求自己去做什么。"为所当为"是指做自己应做的事,别人做什么我也能做什么。如想人在睡前总是要胡思乱想的,每个人都这样,很正常,我睡前也是浮想联翩,这没什么不好,想就想吧。不要违逆自己的意愿强迫自己不去想,命令自己赶快睡觉。越是那样,越会引起大脑的兴奋,反而睡不好觉。大脑呈放松自然的状态,不良的心理暗示就少了,即使有也可以依靠顺其自然的原则接受它,如"睡不着就睡不着吧,大不了明早晚起一些。"这样反而更放松,更易入睡。同时,为所当为还体现在将自己的注意力放在要做的事情上,别人忙于学习、工作,我也要与别人一样忙起来,这样不仅能减少自己关于睡眠的不良想法,减缓焦虑,还能够体现自我的价值,增强成就感,以积极的心态面对生活。

3. 实施行为疗法,有效改善失眠者的睡眠状况

实施行为疗法的重点是从改变行为入手,采取一些措施,使失眠者的睡眠状况有所改善,以增强其克服失眠的自信心,引起对自己睡眠状况的反思而产生合理的关于自己睡眠状况的认知,逐渐克服失眠。

运动有助于睡眠,可采用运动训练的方法,每天安排在睡前的1—1.5小时做运动,不要做剧烈运动,做一些放松肌肉和身体的活动,一次时间不要太长,半小时左右为宜,运动时能体验到轻松、愉快的感觉,运动后身体微微出汗,稍感疲惫,洗漱之后,会觉得轻松,有助睡眠。

放松训练是行为治疗的方法之一。睡眠者上床后,身体平躺放松,做深呼吸,即先深吸一口气,屏息3—5秒钟,再慢慢呼出来,吸气与呼气的速度尽可能慢些。还可以在深呼吸时想象一些放松的情景,如一片绿色的森林;广袤无际的草原;蓝天上悠悠飘动着白云;小溪在山间静静地流淌等,也可想象"放松"、"安静"等有积极暗示作用的文字,或是回忆一个曾让你感到轻松愉快的场景,最好是简单的自然风光,想象与呼吸配合体会放松。还可以采用渐进的肌肉放松训练法,如躺在床上,从头开始,吸气时让面部的肌肉先绷紧,呼气时放松,然后是肩、腹、腿直到脚部的肌肉先紧后松。每天睡前训练5—10分钟,形成习惯后,一想到"放松",就自然放松了,这样也有助于睡眠。

在心理咨询中,还可以采用一些具体的带有强制性的手段,如让患者记睡眠日记,记录并评估每一天的睡眠状况,使其看到自己的睡眠其实不像想象的那么差,接受现实,减少消极的心理暗示。还可以帮其限定睡眠时间,如过去晚上10点上床睡觉,现在改在晚上12点,减少

躺在床上焦虑、睡不着觉的时间,早上一旦醒来就起床做事,这样虽然睡觉的时间短了,但为睡不着觉而担心、焦虑的时间也少了,反而比较放松,睡眠的质量也会相应提高,再逐渐调整睡眠时间到正常的范围内。

4. 适当地调节环境,做助眠的准备

在可能的情况下,尽量让卧室少受强光、噪音的影响,如果是集体宿舍,可以共同定个协议,保持一致的熄灯睡觉时间,躺在床上不要继续谈那些有趣的话题。床垫、床单、被褥、睡衣等卧具要干净、舒适。还可以做些助眠的准备,如睡前洗个热水浴,用热水泡泡脚,做做按摩,听听轻音乐等,这些都有利于放松,能起到助眠作用。

5. 食疗和药疗

我国传统医学注重以食疗改变身体的不良状况。民间常用的助眠食品主要有:红糖、大枣、核桃仁、杏仁、桂圆、莲子、蜂蜜、豆制品等。中医里也有些药膳是帮助改善睡眠的。如人参粥:人参 15 克,粳米 200 克,冰糖适量,熬成稠粥。枸杞莲子汤:枸杞子 30 克,莲子 400 克,红糖适量,煮汤。柏子仁粥:柏子仁 15 克,粳米 150 克,糖适量煮粥等(倪青,2000)。采用药膳食疗法应去看中医,让中医做诊断,根据诊断情况调整膳食。

药疗包括中药和西药的治疗。药物治疗要到正规的医院,由医生开具处方拿药,不能随意买药吃,尤其是西药。药疗对失眠的改善见效较快,但会或多或少地产生副作用,尤其是西药。值得注意的是,药物治疗失眠时,容易产生药物依赖,失眠者吃了药就可以入睡,不吃就睡不着,为此只好长期依靠药物维持睡眠。有的人一开始每天吃一片安眠药,随着对药物的适应,慢慢地吃一片已经不起作用了,便逐渐增加药量,造成严重的药物依赖和因吃药产生的副作用,干扰了体内各系统活动的正常运行,影响身体健康。

回顾与总结

睡眠是人和动物共有的生理功能,是维持生命的重要保证,人的一生约有三分之一的时间是在睡眠中度过的。睡眠有其生理机制和规律,梦是睡眠中正常的心理现象。睡眠的时间、作息制度及人的身体状况、睡眠的环境及心理因素都将对睡眠的质量产生影响,睡眠的保健显得尤其重要。每个人都应当了解自己的生物钟,保持有规律的生活秩序,合理地设置环境,做些适当的运动,以保证有良好的睡眠。失眠是一种常见的睡眠失调现象,大多数人都有过失眠的经历和体验,但并不感到痛苦。少数人则会产生强烈的失眠感,由于性格因素的影响,或对未来过于担忧不能及时调节自己,造成失眠症。对失眠和失眠症,可以采取一些有效的策略加以调整和治疗,即以心理调节和治疗为主,食疗和药疗为辅,帮助失眠者认识失眠的原因,端正睡眠的态度,采取有效的方法,摆脱失眠的痛苦,保持健康的身心。

巩固与练习

1. 如何理解睡眠的机理?

2. 影响睡眠质量的因素有哪些?

3. 睡眠对人的身心健康有什么意义?

4. 如何做好睡眠的保健?

5. 简述调节和治疗失眠的策略。

参考文献

1. 拉维. 睡眠之谜——一个魔幻的世界. 张烈雄等译. 上海科学技术出版社,2001.

2. 郑希付、宫火良. 心理咨询原理与方法. 人民教育出版社,2008.

3. 倪青. 睡眠——人生的三分之一. 中国医学科学出版社,2000.

4. 叶奕乾. 心理学. 中国广播电视大学出版社,1990,169 页.

5. 布伦纳. 精神分析入门. 杨华渝等译. 北京出版社,2000,164.

6. 汪向东等. 心理卫生评定量表手册(增订版). 中国心理卫生杂志社,1999.

7. 张钦凤、高艳霞、薛雅卓、吴多文、程琮. 山东省青壮年睡眠状况的流行病学调查. 中国临床康复. 2004,(18).

8. 陆亚文、程志让、李英霞、高欢、唐卓如、赵月富. 深圳市民睡眠质量流行学调查. 中国民康医学杂志. 2003,(10).

9. 谭娜. 中国人的睡觉问题. 北京科技报. 2010 年 4 月 5 日.

10. 陶诗凯. 高中生睡眠质量及其相关因素分析. 医学信息. 2011,(5).

11. 杨秋月、王锋、胡丹丹、夏红芳、章进、张淑、朱长才. 大学生睡眠质量及其影响因素调查研究. 公共卫生与预防医学 2011,(3).

12. 唐丽媛、李亚斐. 昆明市某高校 957 名学生失眠症情况调查评估. 昆明医学院学报. 2010,(5).

13. 李新旺. 生理心理学. 科学出版社,2001,190,198.

14. 约翰逊. 心理诊断和治疗手册. 卢宁等译校. 中国轻工业出版社,2008.390.

15. 中华医学会精神科学会. 中国精神障碍分类与诊断标准第 3 版(CCMD—3). 山东科学技术出版社,2001,66.

16. 毛洪祥、王国强、杨碧秀. 失眠症的临床研究进展. 国际精神病学杂志. 2006,(1).

17. 刘连启、刘贤臣、刘兆玺、马登岱、赵贵芳、王庚鑫、杨晓东. 山东省城市老年人睡眠障碍患病率的现况调查. 中国精神科杂志. 2002,(3).

18. 许红. 失眠症 1018 例相关因素调查分析. 辽宁中医杂志. 2005,(2).

19. 周念港、赵艳霞、刘诏薄. 睡眠个人信念和态度量表在失眠症患者健康教育中的应用. 重庆医学. 2010,(13).

第十三章　运动与心理健康

　　小李原本就读于一所普通中学,学习成绩一般,性格也比较内向,看上去总是心事重重的。自从参加了暑期篮球夏令营后,对篮球产生了浓厚的兴趣,课余时间经常与同学一起活跃在篮球场上。父母发现打篮球不仅没有耽误他的学习,而且使他发生了可喜的变化,学习成绩有了很大进步,有了较强的时间观念,人也变得开朗、活泼了,更重要的是做事情有了自信心。一年以后他考入重点高中。上高中后,他每天仍然坚持进行 2 小时的篮球训练,学习成绩不断提高,个子长高了,人也越来越精神了。

　　篮球运动为什么能让小李产生这样的变化呢? 很显然,体育运动不但增强了小李的身体素质,对他的心理也产生了很大影响。这说明运动不只是健身,还能健心。

第一节　运动与身体健康

　　1995 年 6 月国务院颁布实施《全民健身计划纲要》,确定了以全国人民为实施对象,系统地加强全民健身工作的对策和措施。这表明,健身已不仅仅局限于个体,已经成为全社会所关注的问题。特别是当今生活压力增加,运动减少,一些疾病呈上升趋势。世界卫生组织(WHO)驻华代表贝汉卫博士说,中国人口 23％体重超重,7％肥胖,成年人中高血压发病率 10 年来增加了约 33％,糖尿病发病率估计到 2030 年将翻一番,也就是达到 4200 万人。体力活动的减少是导致中国人体重增加的一个因素。由此可见,运动对身体健康是非常重要的。

一、运动概述

(一) 运动的含义

　　运动的含义较为宽泛,可以从哲学、物理学、体育等方面进行定义,本章主要从体育运动方面探讨运动与健康的关系。

　　从广义上来说,体育运动是一种以身体练习为基本手段,以增强体质、丰富社会文化生活、促进人的全面发展为目的的有意识、有组织的社会活动。狭义上则是指发展身体,讲授锻炼身体的知识、技能,培育和塑造人体的过程,也称体育教育。

(二) 运动的分类

　　黄叔怀(1991)根据参加人群的体质状况、健康水平的梯度及人体运动特征,将运动划分为竞技运动、健身运动和医疗运动三类。

1. 竞技运动

竞技运动是一种专一性的运动项目,旨在全面发展身体的前提下,进行艰苦的训练,从而最大限度发挥运动效能。竞技运动主要包括各种田径运动、水上运动、球类运动等,且各类项目都有严格的竞赛规则,参与者一般是经过专业训练的运动员。

2. 健身运动

健身运动也称保健运动。健身者可依据自己的身体素质及兴趣爱好选择合适的运动项目及运动方式,从而达到强身健体的目的。

3. 医疗运动

医疗运动也称康复运动,一般适用于生长发育不良者,或伤、病患者的恢复期。主要是采用与治疗和康复要求相适应的被动运动、助动运动和主动运动方式,按照运动处方的要求,从事定时、定量的活动。

二、体育运动对身体健康的意义

身体健康指生理意义上的健康,即身体及其各部分的状态良好。主要有三项指标:肌肉具有工作所需的力量和弹性;肺有足够的容积吸收氧气,以支持心脏和肌肉;心脏功能强,能适应工作和锻炼的要求。一般而言,身体健康主要表现在:身体没有病,无需治疗;身体发育正常;食欲良好,夜间睡眠好;体态脸色好,有精神;能很好地进行日常活动,疲劳感消除快等。

(一) 体育运动可以改善身体机能

1. 体育运动提高心肺功能

运动对心肺功能极大的促进作用表现在运动促进了体内代谢水平的大幅度提高,从而大幅度地提高了体内的血液循环以及血液携氧量。规律的有氧运动和肌肉力量锻炼可以增强心肺功能,预防心血管疾病(高充、刘越泽,2010)。长期从事耐力锻炼的人,呼吸肌和胸廓得到良好地发展,胸围明显加大,而且呼吸加深,安静时呼吸频率降低(张海潮,2001)。

2. 体育运动提高消化能力

经常从事体育锻炼,对消化机能有良好的作用。体育锻炼会增强体内营养物质的消耗,这就需要更多能量来补充,长此以往使整个机体的代谢增强。另外体育锻炼对消化器官的机能有良好的作用,它能使胃肠的蠕动加强,消化液的分泌增多,改善肝脏、胰腺的功能,因而使消化和吸收的能力提高,为人的健康和长寿提供良好的物质保证。

3. 体育运动延缓骨密度的下降

运动可以促进骨的新陈代谢,改善局部血液循环,使骨在形态和结构上发生良好的改变,如骨密质增厚,骨小梁排列更加整齐,骨骼粗壮和坚固,并能增强其抗压、抗折、抗弯、抗扭转等方面的性能。体育运动可以延缓随年龄增加而发生的骨密度下降,对维持一定量的骨密度起十分重要的作用。但其作用机制尚不十分清楚,目前较为普遍的看法是通过运动直接加大对骨负荷及使肌肉发达间接加大对骨负荷作用,因而增加对骨的机械应力,而机械应力可以增加成骨细胞的活性,有利于骨质的生成。何成奇等人(2001)报道,体育运动可以延缓随着年龄增长而发生的骨密度下降,对维持骨量起十分重要的作用。此外,经常参加体育活动可以改善、增强食欲,有利于钙的吸收,通过调节前列腺素、维生素 D 的代谢而影响骨生成(叶鸣,金其贯,2002)。

(二) 体育运动有益于提高神经系统的功能

经常进行体育锻炼的人,神经系统的兴奋性和灵活性会提高,从而对外界刺激的反应更准确、迅速,使体内各器官的活动更协调(钱建龙,2006)。而且运动是神经系统受损患者康复训练中的重要组成部分,例如对帕金森症的治疗除药物治疗外,医生也同时让患者进行身体活动,如锻炼面部肌肉、进行四肢伸展运动、平衡运动的锻炼等。

1. 经常参加体育锻炼可以提高神经系统的反应能力,使身体运动更协调

运动是在神经系统的控制下进行的,长期体育锻炼可以改善和提高中枢神经系统的工作能力,使中枢神经及大脑皮层的兴奋性增强,抑制加深,使得兴奋和抑制更加集中,从而改善神经系统的均衡性和灵活性,提高大脑分析和综合的能力,增强机体适应变化能力和工作能力。如经常从事体育锻炼的人和运动员灵活性高、反应速度快、反应时间短、耳聪目明、精力充沛,这正是神经系统功能提高的表现。另外,体育锻炼可以改善和提高中枢神经系统对身体内部各器官、组织的调节能力,使各器官、组织的活动更加灵活、协调,机体的工作能力得到提高。

2. 经常参加体育锻炼能有效地消除脑细胞的疲劳,提高学习和工作效率

神经系统是由神经细胞所构成,其活动是依靠神经细胞的兴奋、抑制过程不断相互转化、相互平衡来实现的。在一定的强度下,经过一段时间,随着细胞本身的能量消耗和长时间处于兴奋状态,神经系统产生疲劳,如出现头昏脑涨、看书效率降低等现象。体育锻炼使得血液循环加快,在单位时间内流经脑细胞的血液增多,脑细胞获得更多的氧气,新陈代谢加快,有助于消除疲劳,使大脑更清醒、更灵活,学习和工作效率提高。

(三) 体育运动可以延缓衰老

人的衰老进程是由基因决定的,2009 年诺贝尔医学或生理学奖表明,端粒是控制机体衰老的染色体结构。其主要作用是维持染色体 DNA 的稳定性,防止染色体被核酸酶降解和下游基因的丢失(Martinez & Blasco, 2010)。衰老时人体各项机能下降,而且对疾病的易感性增强。各种研究表明,运动可以在一定程度上抗衡遗传基因缺陷的作用(曲绵域、于长隆,2003)。德国研究人员发现,长跑运动员的端粒比一般健康成年人的长。英国伦敦圣托马斯医院的研究人员测量了 2401 对双胞胎 DNA 端粒长度。结果发现,闲时不运动的人的端粒比积极运动的人的端粒要短(Seppa, 2008)。

三、如何健康地进行体育运动

(一) 选择合理的运动方式

1. 有氧代谢运动是现代健身方式的首选

按能量代谢过程是否必须有氧气的参与,可将运动分为有氧代谢运动和无氧代谢运动。

有氧代谢运动是指以增强人体吸入、输送与使用氧气能力为目的的耐久性运动。有氧运动具有强度低、有节奏、持续时间长的特点,在整个运动过程中,人体吸入的氧气大体与需求相等,即达到了平衡。有氧运动主要包括步行、慢跑、长距离的游泳、滑冰、跳健身操及打太极拳

等项目。

有氧代谢运动能增加血液总量,增强运输氧的能力;能使呼吸加深加快,提高肺活量,增强肺的功能;能改善心脏功能,减少和预防心血管疾病的发生;可减少体内多余的脂肪,降低血脂,预防与肥胖有关的疾病;可改善骨骼的血液循环,增加骨骼的物质代谢,防止骨质疏松;可提高血液中内啡肽的含量,改善心理状态,增加应付生活中各种压力的能力(何润培,2010)。

无氧代谢运动是指肌肉在没有持续的氧气补给的情况下进行的运动。它的主要特点是强度高、时间短、氧气摄取量非常低且疲劳感消除慢。典型的无氧代谢运动是 100 米、200 米赛跑,以及各种高强度短时间的项目。无氧运动会使体内产生过多的乳酸,产生肌肉酸痛的感觉。一般来说,经常作少量的无氧运动没有坏处,但经常作大量的无氧运动,如果身体机能不好的话,会给心脏带来压力,出现脑供血不足的现象。

2. 科学选择适合自己的有氧运动项目

理想的有氧代谢运动必须符合以下三个标准:全面大肌肉群的活动,能把锻炼者的心率提高到一定范围并保持 20 分钟以上;简单易行,有兴趣,能让锻炼者在较长一段时间最好是终生从事的运动项目;受条件限制较少,能在绝大多数场合和气候条件下进行(何润培,2010)。有氧运动方式有慢跑、跳绳、太极拳、快步走、健身操、划船、游泳、自行车、爬山、气功、各种球类活动以及各式有氧舞蹈等。健身跑活动被人们视为有氧代谢运动之王。健身跑是指以健身为目的,经常进行的一种在有效心率区(120—140 次/min)中进行的一种慢跑,是最有利于心肺功能提高的有氧代谢运动(黄志豪,2009)。每个人都要根据自己的年龄、身体状况选择适合自己的有氧运动项目,有针对性地进行体育锻炼。

另外,还有一些目前比较流行的健身方式,也可以在一定程度上达到锻炼的目的。

(1)手跑。手跑是美国健身专家近来设计的一种以"手"为中心进行的健身运动。其活动形式比较灵活,健身者可以躺在床上、垫子、草地或者沙滩上进行,活动手指、腕部及手臂。比较适合腿脚不方便或有残疾的老年人,而且有助于防治肩周炎、关节炎等疾病。

(2)瑜伽。瑜伽起源于印度,是一种追求身心和谐统一的运动方式。经过不断发展,衍生出很多派别,如智瑜伽、业瑜伽、哈他瑜伽等。其功用主要有:提高平衡力和柔韧力、缓解压力、美体塑型、改善注意力等。

(3)踏板操。踏板操即在踏板上随音乐有节奏地进行健美操的动作和步伐,是一种有氧健身运动。具有安全性好、娱乐性强、形式变化多以及强度可控性等特点。可塑造体形、提高协调能力、增强心血管和心肺功能,全面提升运动水平。

(4)搏击操。搏击操是一种有氧操,它把拳击、泰拳、跆拳道、散打、太极的基本动作混合在一起,遵循健美操的编排方法,并配合强有力的音乐节拍进行的一种身体锻炼。它的特点是科学、安全、有效,简单易学,集娱乐性、挑战性于一体。

(5)普拉提。普拉提(Pilates)是由德国的约瑟夫·普拉提 1926 年创立并推广的一种静力性的健身运动,吸取了东西方文化及相关的生理心理研究成果。而且,随着社会的发展,普拉提融入了瑜伽、太极拳和芭蕾形体的一些理念及内容。其运动原则是运用自身体重、多次数、小重量和冥想,主要是针对肌肉形态、关节等外在的训练,而且简单易学,动作平缓。可针对具体身体部位进行锻炼,不受活动地点的限制。

前面所提到的运动一般需要抽出专门的时间进行锻炼,其实只要选择合适的健身方式,健身也可以随时随地进行。比如说在打字时可进行腿脚部位的锻炼,踮脚跟、低抬腿等;在上楼时,如果有时间不妨走楼梯,可有意识舒展双臂;在工作休息间隙,做一些伸展运动,舒缓长时间伏案工作带来的颈椎压力。其他的还有叩齿运动、捶打手心、活动脚腕等都可以在做其他事情的同时进行。

(二) 运动前的准备及运动后的恢复

1. 运动前的医学检查

许多专业机构、医生和运动专家都建议,在从事运动计划之前要先做健康检查,特别是超过40岁的人或是活动力较差的,要做剧烈运动前必先咨询医生,进行健康检查,了解自己的身体状况,选择适合自身的运动方式,以免造成意外。

徐先生是一家公司的财务经理,平时工作繁忙,没有时间参加运动。一次休假时他和几位朋友踢球,才踢了两小时左右便感到胸口闷痛、难受。后经医生检查发现,这场球把他的隐性心脏病"引"了出来。据有关资料显示,运动性猝死者近90%有心脏病。因此,在进行高强度运动前进行医学检查是很有必要的。常规体检项目有心电图、运动平板试验、动脉硬化检测等。

2. 运动前的热身

每次运动应分为三个阶段:热身、运动及结束。无论你做什么运动,在正式活动之前安排10至20分钟的热身是必要的。热身可以提高体温及神经系统的兴奋性,在生理和心理上做好运动准备。有的人会选择一些伸展运动作为热身活动,但据英国《每日电讯报》2008年11月4日报道称,有科学家研究发现运动之前做伸展运动热身不利于健康。美国一所大学研究人员同样发现,人们在运动之前伸展四肢的热身活动在很大程度上会削弱肌肉的力量和能量。而且,他们还发现轻松慢跑是最理想的热身方式。因为慢跑在提高体温的同时也能放松肌肉。

小赵因为工作忙,平时很少进行健身活动。有一天,他在没有热身的情况下跳高,结果扭伤右膝。两年后,他和朋友玩毽球,右膝再次扭伤,事后他觉得走久了膝关节酸痛,甚至发出"啪啪"的声音,核磁共振检查发现他是陈旧性膝关节前十字韧带断裂,并带有严重的半月板损伤。由此可见体育锻炼之前的热身运动是很有必要的,以免出现意外。

3. 运动后的恢复

当结束运动后,留10至20分钟使体温降低。运动的时间越长,强度越大,结束的时间应越长。按摩、推拿、揉捏、按压及扣打、局部抖动等都是有效的放松方式。可以选择运动结束后20分钟或当晚睡前进行,以消除疲劳,避免出现肌肉酸痛的现象。如果运动后不充分地结束,肌肉也许会充血,或有毒物质存在于血液中以致产生疼痛和不适,如痉挛等。

四、不合理运动对健康的负面影响

并不是只要进行运动就可以增进身体健康,有时候不恰当的运动也会对身体产生危害。

(一)"奥林匹克综合征"

奥林匹克的精神是更快、更高、更强。因此有的人以为运动就是要追求速度、力量、高强度、强调竞争性等,于是就不顾自己的身体状况,拼命地运动,完全以一个运动员的标准锻炼自己,这就是"奥林匹克综合征"。它的危害是:超过了正常人的运动负荷,使身体严重不适,使人感到浑身疲倦无力、食欲不振,同时会因为超过了运动负荷而出现血压骤升、抽筋等现象,有时甚至会产生昏厥、休克等极为严重的后果,更谈不上是运动健身了。因此运动也是有一定限度的,一旦超过了这个限度,对人可能有害无益。

(二)"锻炼迷瘾"

有的人对运动产生了极为严重的心理生理依赖,不管身体状况如何,不管时间允许与否,一旦不进行运动,就像失去了什么东西一样而感到失魂落魄,这就是"锻炼迷瘾"。这种人即使是身患重病无法运动时,也会采取一切可能的措施去运动,一旦受到阻碍,就会出现烦躁、郁闷、无所适从、沮丧消沉、睡眠质量不高和焦虑不安等症状,好像运动就是生活的全部,比其他任何事情都重要。

柳女士的丈夫长期坚持跑步,每天5000米,即使是生病期间也从不间断,如果哪天没有去锻炼,就会烦躁郁闷、焦虑不安。经专家诊断认为这就是典型的运动成瘾。锻炼成瘾不只是单纯的心理问题,也可能有一定的生理基础。

当然锻炼成瘾也是能克服的。可以从以下几个方面着手:运动形式要多样化,避免过分依赖某一形式的运动;所选择的项目最好要有一定的技巧和难度;参与集体的、具有竞争性的项目;培养其他兴趣爱好。

进行运动时,一定要避免以上两种情况的发生,使运动成为强身健体的一部分,这样才能使运动达到锻炼的效果,而不是起反作用。

五、运动处方及运动性损伤的急救

(一)运动处方

随着社会的发展与进步,人们的健康意识不断增强,体育正逐渐成为人们日常生活的一部分。为了方便群众的体育健身运动,各国学者对群众性体育运动展开了广泛的研究,提出了"运动处方"这一概念,并在各体育发达国家获得迅速发展和广泛应用,逐步形成一门新的学科。

1. 运动处方的概念

我国体育词典(1991)中对运动处方的解释为:针对人的健康状况或某种疾病,来确定体育锻炼的项目内容、强度、负荷、次数、时间和锻炼的注意事项。

北京体育大学王瑞元(2003)指出,运动处方是指针对个人的身体状况而制订的一种科学的、定量化的周期性锻炼计划,即根据对体育锻炼者的测试数据,按其健康状况、体力情况及运动目的,以处方的形式制订适当的运动的类型、强度、时间及频率,使体育锻炼者进行有计划的周期性运动的指导性方案。

1969年世界卫生组织(WHO)开始使用运动处方术语,从而在国际上得到认可。世界卫生组织将运动处方概括为：康复医师或体疗师对从事体育锻炼者或病人,根据医学检查资料(包括运动试验及体力测验),按其健康、体力以及心血管功能状况,结合生活环境条件和运动爱好等个体特点,用处方的形式规定适当的运动种类、时间及频率,并指出运动中的注意事项,以便有计划地经常性锻炼,达到健身或治病的目的(王艳荣,2007)。运动处方是指导人们有目的、有计划和科学锻炼的一种方法。

2. 运动处方的作用

运动处方与普通的体育锻炼和治疗方法不同,具有很强的针对性、目的性、选择性、控制性,在生理、心理及康复治疗方面有很大的作用。

(1) 运动处方的生理作用

运动处方是以中等强度的有氧代谢为主的耐力运动,可增强心血管系统的输氧能力,调节肌肉摄氧及组织利用氧的能力;增强呼吸系统的通气量;增强运动系统的肌肉机能、促进骨骼的生长;改善消化系统的机能,提高营养吸收、利用能力;提高神经系统的兴奋或抑制能力,改善神经—体液的调节功能;增强人体由于伤病造成肢体功能丧失时的代偿功能。这些都已经得到相关研究的证实。

张伟、吕玉军的研究(2011)发现,高校体育选项课中实施运动处方教学,对增进大学生的身心健康效果显著。实验组学生在体重、体脂率、肺活量及身体素质方面优于对照组学生,这说明运动处方教学在提升学生身体形态和心肺功能方面有显著的效果,能促进学生身体素质的提高。王艳荣(2007)对苏州大学的164名大学生施以七种不同的运动处方(篮球、足球、排球、散打、体育舞蹈、健美操、踏板操),在经过8周的锻炼后证实,无论大学生从事何种专项运动处方进行锻炼身体,只要坚持每周至少三次,无论在心血管和肺功能方面,还是身体素质及体质体形和心理素质方面都会有很好的收获。

(2) 运动处方的心理作用

运动可以帮助人们合理地宣泄情感,维持良好的情绪,保持心态的平衡。运动处方使人们的运动更加科学有效,对心理健康的促进作用得到大量研究的证实。

李薇、陈宝玲(2000)对实施健身运动处方的大学生进行心理健康状况调查,结果表明,健身运动处方对参与者的心理产生积极影响,对人际关系、焦虑等方面的调节和改善有一定作用。在对大学生的心理研究中发现,实施运动处方教学后,实验组学生在SCL-90量表中各因子得分均有下降,特别表现在人际关系,焦虑、偏执因子方面,其下降比较显著(张伟、吕玉军,2011)。运动处方也有利于大学生获得积极的情绪体验,提升幸福感指数,降低心理疲劳,促进心理健康水平的提高(由文华等,2010)。在林友标等人(2009)的研究中发现运动处方促进了老年女性的心理健康,参加锻炼的老年人在SCL-90中抑郁因子得分低于没有锻炼的老年人。也有研究发现不同运动强度对心理的作用程度也是不一样的,通常认为中等强度的身体运动有益于改善患者的焦虑状态(胡磊等,2010)。

(3) 运动处方对康复治疗的作用

随着技术的发展,运动处方在康复治疗方面也取得了重大成就。李荣源等人(2011)的研究发现,量化运动处方可显著改善2型糖尿病患者的血糖、血脂和体质指标,对糖尿病的治疗有较好疗效。

3. 运动处方的种类

目前根据运动处方的应用范围将其分为三大类：

（1）预防健身运动处方

预防性运动处方主要以强身健体、预防疾病为目的，如全民健身运动处方。

（2）竞技训练运动处方

运动员根据运动处方进行科学训练，用以提高身体素质和竞技水平。

（3）临床治疗运动处方

治疗性运动处方主要用于对疾病或某些运动损伤的康复治疗。用于病人和残疾者，以治疗疾病、提高康复医疗效果。例如抗衰老的运动处方；冠心病运动处方；高血压病运动处方；减肥运动处方；癌症运动处方；慢性关节炎运动处方等。

4. 运动处方的制定

（1）了解个人资料

制定运动处方前，要全面了解锻炼者的个人情况，这是制定运动处方的基础和重要依据。主要了解锻炼者的年龄、性别、体力情况、生活习惯、运动习惯和经历、健康状况以及有无慢性病和既往病史，同时还应了解运动条件，锻炼的目的和场地、设备条件等。

（2）医学检查和体力检查

医学检查的目的在于评定其目前的健康状况，有无慢性疾病以及参加运动的禁忌。医学检查的内容很多，主要有：血压、胸透、心电图、血液和尿液检查，需要时还可做体格检查、呼吸功能检查以及体脂含量的测定等。

体力检查是制定运动处方的基本依据之一。目的是检查其体能情况，找出其有效运动的上限和下限。通过测定脉搏、血压、最大摄氧量等生理指标来评定受试者的生理机能和体力状况。

（3）制定运动处方

在全面收集资料的基础上，可按其实际情况制定出一个初步的运动处方——锻炼计划，要求受试者按此计划进行锻炼，一般要求坚持3—6个月的锻炼，在锻炼过程中可对计划进行适当的调整。锻炼一阶段后，可再做体力检查，以便修订或确认一个比较稳定的运动处方，供受试者进行长期的锻炼。

5. 注意事项

需要注意的是，在制定运动处方时要有针对性地提出运动禁忌，实施监测，以确保安全。比如说患有心肌炎、心内膜炎的心脏病病人在运动中出现胸闷、头晕、无力等情况时应停止运动。一些难度较大的运动项目要遵循循序渐进的原则，逐步加大运动量，不可一蹴而就，以免拉伤肌肉，出现损伤。

只有针对个人的身体机能状况，科学系统地制定健身运动处方，并用科学的方法指导健身锻炼，才能达到科学健身的目的。

（二）常见运动性损伤的急救

1. 出血

出血一般有动脉出血、静脉出血、毛细血管出血和内、外出血等。一般当一次出血量达到总血量的10％时对身体没有什么危害；达到总血量的20％时可出现急性贫血症状，如头晕、口渴、面色苍白等；达到30％时将危及生命。特别是动脉出血时要在送往医院治疗前采取紧急止血措施。常用的止血方法有：创口手压止血法，适用于小创伤；加压包扎止血法，适用于小动脉、静脉、毛细血管出血；指压动脉止血法，适用于动脉出血；止血带止血法，适用于较大血管出血，加压包扎作用不大时。

2. 休克

休克症状主要有四肢冰冷、面色苍白、血压低、脉搏细弱、尿量减少，严重者可出现昏迷甚至死亡。急救时要使患者平卧或脚高头低仰卧，注意保暖及呼吸顺畅。对于昏迷者应使其头偏置，必要时进行人工呼吸，然后送往医疗机构救治。

3. 骨折

对于骨折伤者应在移动伤者前，将其骨折部位用夹板、绷带固定，尽量减少移动，以免造成二次受伤。

知识窗

户外运动健身七大注意事项

1. 注意选择恰当的时间：人体健身的最佳时间一般为清晨5—8时或下午3—9时，健身时要注意不能在大量饮水或进食后立即进行，要在进食后休息一个小时左右再进行；

2. 注意选择合适的运动项目：根据自己的身体情况和喜好确定经常活动的方式。一般来说，老年人以慢跑、散步、舞剑、医疗体操等为宜；中年人以长跑、爬山、打球为佳；少年儿童则以跑步、跳绳、打羽毛球、做广播操为好；

3. 注意锻炼前的准备活动：运动前，必须先活动腰部与四肢关节，比如：搓搓手、脸、耳等暴露在外的部位，以促进局部血液循环，防止、避免扭伤；

4. 注意运动强度：一般运动产生的疲劳感应在锻炼后1小时恢复正常为合理，反之即为超量运动，应及时调整运动量；

5. 注意加强健康监护：在健身中避免脚、膝盖等部位受伤，如果不幸受伤，应停止健身，及时到医院就诊，进行医疗处理。心、肝、肾等脏器有严重疾患者，须经医生同意后，才能进行锻炼，且只适宜进行时间较短、强度较小的运动；

6. 健身后要进行适当的放松：健身后紧张的肌肉骤然放松，会使代谢废物积存在肌肉内，产生肌肉酸痛。健身后要进行放松肌肉的运动，如轻轻抖动双腿，慢慢摇晃整个身体等；

7. 健身后要进行适度的营养补充：一般大强度的健身运动后，机体会排出大量的汗液，会产生强烈的进食和饮水的需要。剧烈运动后若大量饮水，可能引发水中毒，进食不当可能引起肠胃不适等。因此，健身后一定要等到生理状态平稳后，再进食或饮水。

第二节　运动与心理健康

作为一种健康的生活方式,运动受到越来越多的重视。体育锻炼作为一种心理治疗和心理健康的手段在国内外已成为常用方法,已有研究表明,体育锻炼是保持或促进心理健康,消除心理疾病的一个有效途径(王刚,2006)。只要引导得当,运动将能对人的心理健康和心理发展产生积极深远的影响。

一、运动对心理健康的积极影响

(一) 改善情绪

情绪是影响心理健康的主要因素之一。在当今这个价值观多元化的社会,由压力带来的各种负面情绪大肆扑来,即便是处在象牙塔里的大学生也常会因为诸多考试、相互间的竞争及对未来的不确定而紧张不安、焦虑,这可以通过体育锻炼得到相应的改善。适度的活动可以转移个体不舒服的意识、调节情绪和行为。研究发现,坚持每周 2—4 次的运动锻炼,持续 8—10 周以上,可产生长期情绪效益,主要表现在它与心理自我良好感觉相关,对焦虑、抑郁等消极情绪有治疗作用(白光斌等,2011)。麦格曼(McInman)等人(1993 年)曾做过一项实验,他们对体育锻炼后的被试进行了及时有效的测量。得到的结果是那些被试们的焦虑、抑郁、紧张的心理紊乱水平显著下降,精力和愉悦度却显著提高。还有一些研究发现,较高强度的运动可使人减少情绪上的负担,通过运动行为的替代作用,可以减弱或消除情绪方面的障碍,这如同人们在愤怒时摔东西迁怒、宣泄一样(张敏杰、乌云格日勒,2005)。

运动可以有效地降低抑郁。徐波等人(2002)的研究发现,经过 3 个月的体育锻炼,抑郁和焦虑超临界值的研究生人数明显减少,说明在排除研究生心理健康障碍方面体育锻炼是一条行之有效的途径。朱淦芳等人(2004)从 1000 名大学生中选出 384 名焦虑和抑郁因子分较高的学生进行实验研究,参加有组织的体育锻炼,每周 3 次、每次 1 小时左右的中等强度或中等强度以上的运动量更有利于改善大学生的焦虑和抑郁倾向,其调节作用显著。

在当今这个节奏快、效率高、竞争强的时代,人们心理上难免会产生一定程度的紧张、焦虑和不安,在繁忙的生活中抽出一定的时间坚持运动,可以使紧张、焦虑和不安的情绪状态得到缓减。

(二) 提高智力水平

体育运动能使大脑的组织结构和机能得到改善,增加大脑供氧量,对大脑工作效率的提高、思维能力和创造力的培养等都有着良好的影响。

体育运动可以提高大脑的工作效率。有人对连续学习时每 100 毫升血液中,葡萄糖浓度变化做过研究,其结果是:连续学习 30 分钟,血糖浓度为 120 毫克,这时大脑反应速度快,思维敏捷,记忆力最强;连续学习 90 分钟,血糖浓度为 80 毫克,此时大脑的反应速度有所减慢;连续学习 120 分钟;血糖浓度下降为 60 毫克,大脑反应迟钝,思维力差,记忆力降低。因此,连续学习的最佳时间是 60 分钟左右,然后休息 10 分钟,做些适量活动,加强血液循环和气体交换,这样一方面能增加大脑的营养和氧气的供应,另一方面神经细胞也可得到休息(周鸿雁、郭玉凤,2010)。

体育运动可以培养观察力、想象力和思维能力。体育运动是一种积极主动的过程,需要集中注意力去观察动作的姿势、方位,体会其要领,从而使身体各方面相互协调。在这个过程中,神经系统处于兴奋和抑制交替状态下,均衡性、灵活性都可以得到改善和提高。敏捷、准确的观察力正是在运动和游戏的环境中通过对比、想象、模仿、推理等方式训练出来的;体育运动中的各项竞赛和游戏,可以培养参加者的想象力,充分发挥自身的创造力,从而取得好成绩。人的思维能力表现为思维的高速度、灵活性和独特性,这些能力在激烈的体育运动中可以得到最大限度地增强。

(三) 增强自我效能感,提高意志力

自我效能是对能力的知觉,相信自己拥有个人技能和工作能力,使我们能够在特定的情境中正确而成功地行动,它是一种对个人能力及技巧的自我图式。运动能明显地提高自我效能感,相反,自我效能的缺乏也许正是开始运动锻炼的主要绊脚石。自我效能较高的人,并不需要外部的刺激来保持他们的兴趣和参与水平,自我效能水平低的人则容易放弃运动。运动(特别是耐力运动)可以锻炼人的意志,增加人的心理坚韧性(苏舟,2009)。体育运动一般都具有艰苦、疲劳、激烈、紧张、挑战性以及竞争强的特点,因而需要很强的意志力和耐力。众所周知,马拉松运动的过程中,就需要参与者有吃苦耐劳、坚忍不拔、不畏困难的意志力。

(四) 促进人际关系的发展

人际关系是影响一个人心理是否健康的重要因素之一。随着社会经济的发展以及生活节奏的加快,许多生活在大城市的人,尤其是住在高楼的老年人,越来越缺乏适当的社会联系,人与人之间的关系趋向冷漠,而体育运动通常是在一定空间的社会环境中进行的,人与人之间发生着交往和联系。在互动过程中一定程度上能够克服孤僻、羞怯、逞强、肤浅等性格缺点,并不断调整自己,使人际关系更协调,心理适应能力得到提高,扩大社会交往(梁天昱,2005)。因此体育运动成为一个增进人与人接触的最好形式。通过参加体育运动,使个体社会交往的需要得到满足,丰富和发展了人们的生活方式,同时体育运动还有利于个体忘却工作、生活所带来的烦恼,从而消除精神压力和孤独感。

(五) 促进人格的全面发展

体育锻炼能使人学会竞争,学会表现自己的才能与实力。体育锻炼也能使人学会合作、相互配合,使很多人凝聚成一个整体,为了共同的目标去努力。体育锻炼能发展人的多方面的能力,如身体运动协调能力、思维能力,磨练人的意志,使人变得坚强刚毅、开朗乐观。体育运动使人懂得与他人相处,在锻炼中学会控制自己的需要和动机,学会延缓需要的满足,共同分享成功的喜悦,从而使自己的人格更加成熟。

知识窗

剧烈运动之后五不宜

1. 不宜立即休息

剧烈运动时,人的心跳加速,肌肉毛细血管扩张,血液流动加快,同时肌肉有节律性地收

缩会挤压小静脉，促使血液很快流回心脏。此时，如立即停下来休息，肌肉的节律性收缩也会停止，原先流进肌肉的大量血液就不能通过肌肉收缩流回心脏，造成血压降低，出现脑部暂时性缺血，导致心慌气短、头晕眼花、面色苍白等症状，甚至会休克昏倒。

2. 不宜马上洗浴

剧烈运动后人体为保持体温的恒定，皮肤表面血管扩张，汗毛孔张大，排汗增多，以方便散热。此时，如洗冷水浴会因突然的冷刺激使血管立即收缩，血液循环阻力加大，同时机体抵抗力降低，人就容易生病。如洗热水澡，则会继续增加皮肤内的血液流量，血液过多地流进肌肉和皮肤中，导致心脏和大脑供血不足，轻者头昏眼花，重者虚脱休克，还容易诱发其他慢性疾病。

3. 不宜暴饮止渴

剧烈运动后口渴时，有的人就暴饮凉开水或其他饮料，这会加重胃肠负担，使胃液稀释。这样做既会降低胃液的杀菌作用，又妨碍对食物的消化。而喝水速度太快也会使血容量增加过快，突然加重心脏的负担，引起体内钾、钠等电解质发生一时性紊乱，甚至出现心力衰竭、胸闷、腹胀等。

4. 不宜大量吃糖

有的人剧烈运动后，觉得吃些甜食或喝些糖水很舒服，就以为这样能有效补充营养。其实运动后过多地吃甜食会使体内的维生素B1大量消耗，人就会感到倦怠、食欲不振等。剧烈运动后最好多吃一些含维生素B1的食品，如蔬菜、肝、蛋等。

5. 不宜饮酒解乏

剧烈运动后，人体代谢处于高水平状态，此时若喝酒，酒精会更快地被吸收进入血液，对肝、胃等器官的危害就会比平时更大。运动后喝啤酒也不好，它会使血液中的尿酸增加，诱发关节病变。

二、运动产生心理效益的机制

（一）心理学机制

1. 分散注意力假说（Distraction hypothesis）

分散注意力假说的基本前提是身体活动和身体锻炼给人们提供了一个机会，使他们能够分散对自己忧虑和挫折的注意力，从不愉快的刺激或痛苦的身体抱怨中解放出来，如慢跑、游泳等运动能使参加者进入联想状态，在单调重复性的技术中，通过冥想、思考等思维活动可能促进思维的反省和脑力的恢复。这种对注意力的有效集中或转移可以达到调节情绪的目的，从而有利于锻炼者的心理健康。Bahrke（1978）等研究表明，冥想或安静地休息与身体锻炼一样，都可以降低人的焦虑水平。但North（1990）的研究显示，长期的身体锻炼在减少消极情绪方面比放松练习或其他能分散注意力同时令人感到愉快的活动更有效。

2. 自我效能理论（Self-efficacy theory）

自我效能是指一个人对自己是否有能力去完成某种任务并达到预期效果所持有的信念，

它包含许多元素,可以是认知的、社会的和身体活动的。自我效能最初由班杜拉提出,他认为,人们完成了一项自己认为较为困难的任务后,会感到自我效能提高。研究表明,人们对运动能力的自信心与完成这一行为的现实能力有着密切的关系,与经常锻炼者相比,非锻炼者对于完成同样工作的能力具有较小的自信心。对于有体育锻炼习惯的人来说,可改善心境,增加对影响心理健康事件的处理能力。因此,身体锻炼可诱发积极的思维和情感,对抑郁、焦虑和困惑等消极情绪具有抵抗作用。

3. 任务掌握假说(Mastery Hypothesis)

任务掌握假说可能与胜任感理论(Perceived competence theory)相似,表明机体在对具有挑战性事物的掌握中,欲追求成功和成为强者。当机体成功地完成某项任务后,就会产生"我能行"的自信心、积极的情感和再次尝试的欲望,而不成功的结果导致消极的情绪体验和低自信心。研究表明,身体锻炼可以使机体获得独立感和成功感。有些人的抑郁产生于他们对自己身体失去控制,由于运动参加者在运动过程中获得自信,并能有效控制他们的身体运动技能,他们就会带着这种控制和成功的感觉进入他们的日常生活。当运动参加者成为自己的支持者时,就会改善他们的心理健康。

(二) 生理学机制

1. 胺假说 (Amine hypothesis)

运动时机体内单胺类物质的变化可能是运动改善心理健康的生理机制。研究表明,运动可以加强脑内单胺类神经突触的传递。脑内第一胺、去甲肾上腺素、多巴胺和血清基可以影响机体的觉醒和注意力,同时也与抑郁和睡眠失调有关。有研究表明,机体抑郁时可能由于产生、传递、重吸收或代谢缺陷而损害了胺类突触的传递。抑郁病人在运动后,胺的代谢产物在尿中排泄增多。单胺假说尽管在解释运动抗抑郁效应中过分单纯化,但它仍是可靠的,需要更多的人类研究来证实。

2. 内啡肽假说 (Endorphin hypothesis)

内啡肽假说也是一个用来说明身体运动影响心理健康的流行假说。内啡肽是由脑垂体、下丘脑等分泌和释放的一种强大的吗啡类激素,具有与吗啡类似的极强的镇痛作用,并出现欣快感。适当运动能够增加脑血流量,促进体内内啡肽的释放。内啡肽引起的欣快感可降低抑郁、焦虑、困惑以及其他消极情绪的程度。人体在进行长时间运动时(60分钟以上),体内的内啡肽能保持较高水平。在激烈的比赛中,许多受了重伤的运动员仍然能坚持比赛并得到好成绩,可能与内啡肽的镇痛作用有关。有氧运动作为提高心理健康的方法之一,其原因是有氧运动可以引起内啡肽的释放,从而缓解精神疾患的某些症状,是最好的生理镇静剂。许多坚持锻炼者能经常保持饱满的精神状态和生活信心,都与内啡肽效应有关。这种效应还能影响到性格,能使人们对精神紧张和来自各方面有害刺激的忍受力加强。然而,有许多研究发现,长时间的运动可以促进内啡肽的分泌,但是它与情绪状态的改变没有明确的关系。

3. 心血管功能假说(Cardiova scularfitness hypothesis)

心血管功能假说认为心境状态的改善与心血管功能的提高相关。体育运动可以增强心血管功能而影响情绪。长期运动对血压、脉搏、脑血流量、肌肉放松产生良好的作用,可能以某种方式改变焦虑、沮丧等心情。身体锻炼通过加强心血管系统的功能,加强血管的收缩性和渗透性。健康的血液循环可以使体温恒定,有助于保持神经纤维的正常传导性,从而有利于心理健康。然而,并非所有的研究都支持这个假说。元分析研究发现,长期锻炼的初始心理效应产生于前几周,那时,锻炼者还没有体验到明显的心血管功能的提高。

(三)社会学机制

体育运动是来源于生活而高于生活的一种特殊活动。在比赛场上人和人之间的交往中,用语言和文字进行的交往少,用身体的动作、表情、眼神等非语言的交往多。这是因为表情或身体活动同言语一样具有传达意思的作用。比赛中常常可以看到通过拥抱、拍拍肩膀或握手等身体的接触来表达友好、喜爱之情。这种特殊的交往形式使人与人之间交往时不会因为感情深浅、身份高低、年龄长幼、长相俊丑、种族不同而存有戒心。这种运动中形成的全新的人与人之间的关系随运动时间、次数的增加而不断得到强化,并在以后的生活中成为经验,进而在后续生活交往中对原有的心理过程又有很好的调节作用。因此,社会交互作用假说的基本前提是身体锻炼中与朋友、同事等进行的社会交往是令人愉快的,它具有改善心理健康的作用。

回顾与总结

生活节奏的加快,运动的减少,导致了很多疾病的产生。运动不仅可以改善身体健康,还可以促进心理健康。运动对身体健康的影响主要表现在身体机能的提高,神经系统的改善。不同种类、不同方式的运动有不同的作用,适合不同的人群,应选择合理的运动方式。同时,为了更有效地运动,在运动前要做科学检查,做好运动前的准备和运动后的恢复工作。有康复治疗需要的人应根据医师制定的运动处方进行锻炼。运动也有负面影响,如"奥林匹克综合征"、"锻炼迷瘾"等。而且,运动中也会出现各种损伤,这就需要我们掌握一定的急救知识。

运动与人的心理健康关系也十分密切。运动可以改善情绪、提高智力水平、缓解抑郁、促进人际关系的发展,但也会给运动能力差的人带来消极影响。关于运动为什么能影响人的心理,目前主要从心理学、生理学、社会学方面进行探讨,仍需要进一步的研究。

巩固与练习

1. 简述运动的含义及分类。

2. 结合自己的体会,谈谈运动对健康的意义。

3. 有氧运动对身体健康的影响有哪些?

4. 运动前后需要注意些什么?

5. 不合理运动有哪些负面影响?

6. 简述运动处方的作用及种类。

7. 简述运动产生心理效益的可能机制。

8. 阅读下面案例,结合运动损伤的知识,谈谈自己的看法。

林女士很喜欢打羽毛球,每周至少要打一次。有一次跳起接球之后,因为用力太猛,林女士崴了脚,脚跟部一直隐隐作痛,很多天都没有好转。但是,她没有看医生,也没有停止打球。每次和朋友到球场上,依然满场驰骋,频频杀球。几个月之后,有一次穿着高跟鞋逛街,忽然脚下一疼倒在地上,送到医院检查,发现是脚跟腱断裂。医生说,林女士的脚部长期疼痛不愈,其实是患了慢性跟腱炎,而起因就是崴脚。更糟糕的是,她患了慢性跟腱炎自己并不知道,也不去治疗,导致跟腱部位越来越弱,最后甚至断裂。

参考文献

1. 黄叔怀.试论体育运动的分类.体育科学.1991,11(6).

2. 高充、刘越泽.运动与生理功能的提高及心理的调节.山西医科大学学报.2010,41(10).

3. 张海潮.运动对内脏器官的影响.山西师范大学体育学院学报.2001,16(2).

4. 何成奇、熊素芳、易文远等.骨质疏松症的运动疗法.现代康复.2001,5(8).

5. 叶鸣、金其贯.运动与骨密度的研究进展.西安体育学院学报.2002,19(4).

6. 钱建龙.体育运动与身心健康.武汉大学出版社,2006.

7. Martinez. P,Blasco. M. A. (2010):*Role of shelterin in cancer and aging*. Aging Cell.

8. 曲绵域、于长隆.实用运动医学.北京大学医学出版社,2003.

9. Seppa. N. (2008):*Live long and perspire:Exercise may slow aging at chromosomal level*. SciNews.

10. 何润培.如何科学选择适合自己锻炼的有氧运动项目.体育世界·学术.2010,(1).

11. 黄志豪.健身跑是大学生强身健体的最佳运动方式.贵阳学院学报(自然科学版).2009,4(2).

12.《体育词典》编委会编.体育词典.上海辞书出版社,1991.

13. 王瑞元.运动生理学.人民体育出版社,2003.

14. 王艳荣.不同健身运动处方对大学生身心健康影响的实验研究.苏州大学,2007.

15. 张伟、吕玉军.关于运动处方教学与大学生身心健康的研究.体育科技.2011,(1).

16. 李薇、陈宝玲.大学生健身运动处方的心理效果研究.体育学刊.2000,(4).

17. 由文华、何胜、崔秀云等.应用运动处方提高大学生身心健康水平的实验研究.福建体育科技.2010,29(3).

18. 林友标、章舜娇、叶展红等.运动处方干预对老年女性身心健康的影响.中国老年学杂志.2009,29(3).

19. 胡磊、胡柏平、宋伟等.不同"剂量反应"运动处方对大学生焦虑的影响.科技信息.2010,(30).

20. 李荣源、薛桂月、陈青云等.量化运动处方对2型糖尿病患者康复治疗的临床研究.中国体育科技.2011,47(3).

21. 王刚.体育活动与大学生的心理健康教育.中国临床康复.2006,10(24).

22. 白光斌、高鹏飞、张超.体育运动对心理健康的干预与影响机制研究.西安文理学院学报:自然科学版.2011,14(1).

23. 张敏杰、乌云格日勒.体育运动的心理健康效应.前沿.2005,(11).

24. 徐波、季浏、胡章萍等.体育锻炼缓解研究生抑郁和焦虑的研究.广州体育学院学报.2002,(22).

25. 朱淦芳、魏纯镭.体育运动对改善大学生焦虑和抑郁的相关研究.福建体育科技.2004,(23).

26. 周鸿雁、郭玉凤.体育运动对智力发展影响的研究.内江科技.2010,(4).

27. 苏舟.体育运动与心理健康的干预与影响机制的研究.中国西部科技.2009,8(36).

28. 梁天昱.浅谈运动与健康.南宁师范高等专科学校学报.2005,22(4).

29. Adame D. D, Johnson T. C, Cole S. P, et al. Physical fitness in relation to amount of physical exercise, body image, and locus of control among college men and women. *Perceptual and Motor Skills*. 1990.

30. North T. C, Mccullagh P, Tran Z . V. Effect of exercise on depression. *Exercise and Sport Sciences Reviews*. 1990.

第十四章　压力与心理健康

2011 年 5 月 30 日,中国新闻网分享了一组网上热传的图画"人生压力图"。人生压力图用 10 幅漫画生动形象地展示了在现代社会各个年龄段普通人所面临的种种压力。发帖的网友称,人们一出生,就面临着奶粉安全问题;上了学,又要面对做不完的作业和沉重的升学压力;工作以后更被事业、买房、养家糊口等一座座大山压得透不过气来;到老了还得面临子女啃老、丧葬费用高昂等压力,着实是"从出生压到入土"。"被压垮的一代又一代! 我们都是压二代!"

生活中人们时刻面临着各种压力,尤其是现代社会竞争激烈,各种冲突不断,紧张和挫折在所难免。如何正确地面对压力、挫折的影响,选择适合自己的生活目标,是现代心理健康观的重要内容。

第一节　压力概述

一、压力的含义和种类

(一) 压力的含义

压力(stress),又称应激,综合多种观点,可以把压力定义为:个人在面对具有威胁性的情境时,引起的生理和心理上的反应模式,它是个体的生理心理反应和刺激情境之间的交互作用。压力是一种复杂的身心历程,包括三大部分(朱敬先,2002):

第一,任何情境或刺激具有伤害或威胁个人的潜在因素,就是压力来源。例如:考试、失业、与同学发生冲突等。

第二,当事人对情境或刺激进行认知评估,如果认为情境或刺激对于个人确实有威胁时,此时即构成压力,但如果认为是种解脱或者乐趣而不是威胁时,则不构成压力。压力的大小取决于刺激和反应之间的交互作用。也就是说,同一个事件对不同的人,其应激性可能不同,就是同一个事件对同一个人而言,在不同的时间、地点,因个人的身体条件和心理状态的变化,其应激性也会不同。

第三,引起焦虑反应。所谓焦虑反应是指当事人意识到自己生理上的健康、身体的安全、学业的成败、自尊的维护等正处于危险的状况或受到威胁时所做的反应。个体在应激中既有生理的唤醒,又有心理的反应。

总之,压力产生的身心历程是:压力的来源—威胁的知觉—焦虑的反应。

（二）压力的种类

1. 正压力与负压力

根据压力的性质和主观反应不同,把压力分为正压力和负压力。这主要是薛利(Hans Selye)的观点,他认为正压力(eustress)是一种积极愉快的满意的体验。如参加婚礼庆典、参加大型的体育活动、参加戏剧节目演出等。而负压力(distress)是有破坏性或不愉快的体验,是一种愤怒、恐惧担忧和激愤状态,是消极的、痛苦的,想要避免的。其实压力是"正"还是"负",这里有个度的问题,即使是正压力,其强度超过一定限度,也会变成负压力。

2. 大压力与小压力

从压力的规模划分,可分为大压力和小压力。大压力主要指灾难性的应激,相对而言,小压力是指令人激恼的、使人有挫折感的、令人烦恼的要求。它具有持久性,不如灾难性应激强烈,是由日常生活小事件引起的应激,如不断被打扰、没有足够的闲暇时间、最匆忙的时候鞋带却断了等。研究表明,小压力与疾病的关系大于生活变迁与疾病的关系。也就是说生活中小压力的堆积,对人的心理危害比大事件(如离婚或丧偶)更大。

类似的观点也有把压力分为巨砾压力和细砾压力。前者指灾难性事件引起的压力,如爱人丧去或天灾人祸等;后者指日常生活事件引起的压力,如约会迟到、找不到钥匙等。

3. 家庭压力、工作压力和环境压力

按压力涉及的范围,可分为家庭压力、工作压力、环境压力。家庭压力指破坏或改变家庭体系的压力,主要涉及家庭变迁、分居与离婚、单亲家庭、家庭暴力、妻子受虐待、对儿童的性骚扰等;工作压力包括超负荷工作、倒班工作、工作中的决策和责任、工作变动、工作单调、疲劳和特殊情景的工作(如电厂)等;环境压力包括各种自然灾害、噪音、空气污染、过度拥挤等。

（三）压力的来源

压力可以来源于多方面,既有生理的,又有心理的;既有环境的、又有社会的;既有物质的,又有精神的。许多研究者认为,生活事件是压力的主要来源。精神科医师何姆斯(Holmes)与雷(Rahe)两人在1967年编制了一份"社会再适应量表",研究了不同的生活事件造成的压力大小。方法是让5000名被试写下他们认为是应激的最大的事件,据此建立一个包含43个项目的量表。所写的问题都是需要一定的社会性适应和社会再调节才能有效应对的问题,有正向的、负向的,常发生的、不常发生的问题等。之后,再让394名被试根据其个人经历评价43个生活事件的应激水平。他们假定结婚的应激水平是500,各被试根据其余的事件与结婚相比,应激值的多少给予相应的评分。最后,把这些值从大到小排列,并把最大应激值定为100,其余的按其相对位置调整,调整后的应激值称为生活变化单元(LUC)(如表14-1)。使用这个量表可以测出个体的应激值。方法是:在表中圈出近六个月来你经历过的事情,再把各事件相对应的应激值相加。根据何姆斯与雷的研究,当LUC分值低于150时,大多数被试报告他们在后来几年中健康状况良好,当LUC值超过300时,70%的被试报告他们在后来几年中有疾病。于是他们把LUC总分为150作为出现生活危机的最低下限。更明确地说,LUC值在150—199之间,为轻度生活危机,200—299之间为中度生活危机,超过300为高度生活危机。何姆斯与雷进一步验证了他们的假设,他们在不同的研究中发现:生活变化的增多与心脏病、

骨折、糖尿病、肺结核、怀孕、白血病有关;大学一年级新生生活变化的增多,使他们的学习成绩普遍下降(胡佩诚,2000)。

表 14 - 1 生活事件应激值排序表

排序	生活事件	应激值(LUC)	排序	生活事件	应激值(LUC)
1	配偶死亡	100	23	子女离家	29
2	离婚	73	24	与儿媳妇或女婿相处困难	29
3	夫妻分居	65	25	杰出的个人成就	28
4	判刑入狱	63	26	妻子开始或停止工作	26
5	家中亲人死亡	63	27	开始或结束学业	26
6	个人不适和身体疾病	53	28	生活环境的变化	25
7	结婚	50	29	生活习惯的改变	24
8	被解雇	47	30	与老板相处困难	23
9	复婚	45	31	工作时间或环境改变	20
10	退休	45	32	家居环境改变	20
11	家人患病	44	33	学习环境改变	20
12	怀孕	40	34	娱乐方式改变	19
13	性生活困难	39	35	宗教活动改变	19
14	家中新添人口	39	36	社会活动改变	18
15	生意上的变化	39	37	贷款或抵押少于 1 万美元	17
16	经济状况改变	39	38	睡眠习惯改变	16
17	亲密朋友去世	38	39	家人聚会时人数减少	15
18	工作改变	37	40	饮食习惯改变	13
19	和配偶争吵上的变化	36	41	休假	13
20	抵押超过 1 万美元	35	42	圣诞节	12
21	取消贷款或抵押权被收回	31	43	轻微触犯法律	11
22	工作职责改变	30			

(资料来源:赖斯.健康心理学.胡佩诚等译.中国轻工业出版社,2000.)

魏义梅、张剑(2008)调查了吉林省长春市四所高校 900 名大学生,结果表明,生活事件对抑郁有直接的影响,即大学生面临的生活事件越多,抑郁程度越高。

陈红敏等人(2009)选取 468 名北京市高校大学生为被试,调查并探讨大学生负性生活事件与心理健康的关系。结果表明,除了负性生活事件的丧失因子与 SCL - 90 中的强迫症状和人际关系敏感因子不存在显著相关外,负性生活事件的其他因子与心理健康各维度都显著相关,说明负性生活事件给大学生带来的负性感受越多,心理健康症状分数越高,心理健康状况越不好。生活事件各因子中,学习压力、人际关系对大学生心理健康的影响分列第一和第二位。

二、压力对身心健康的影响

适度的压力不会危害健康,反而对健康有利。但如果压力过大、时间过长,就会有害于身心健康。压力能直接引起个体生理上的改变,尤其是心血管系统、内分泌系统以及神经免疫系统可以发生明显的改变,与心身疾病的发生、发展有着密切的关系。

(一)压力影响生理功能

压力对生理功能的影响主要体现为消化性溃疡、免疫系统功能降低等。1956 年应激研究大师汉斯·薛利(Hans Selye)在实验室中观察了动物,他把动物放在一些有压力源的条件下,诸如让它们学习一项困难任务。这些动物会有生理应激反应的征兆,甚至可能会导致急性的创伤性胃溃疡,并可能引发死亡。

后来的许多研究者都支持了薛利的结论,其中布莱利的一个研究就是经典的猴子实验,研究表明压力下猴子会得溃疡。实验对象是八只猴子,两两为一对。实验任务是学习如何按压杠杆以避免被电击惩罚。每一对猴子都面临不同的实验情景。当猴子首次接受电击时,一对猴子中第一个作出反应的猴子就成为执行猴,而另一个则成为伙伴猴。执行任务的那只猴子可以通过自己的回避反应来避免受到惩罚,同时也可以防止同自己一组的另一只猴子伙伴受到电击;而作为伙伴的猴子却作不出任何防止电击的反应,伙伴猴的安全与舒适完全依赖于执行猴的机灵程度和决策过程。实验的结果是:执行猴发展成溃疡并死亡,而四只伙伴猴却安然无恙。进一步的研究表明,执行猴是在假期而不是在工作期间出现胃溃疡的。实验者希望证明是任务要求和责任感而产生压力,从而导致的死亡。但不少研究者对此提出异议,认为该实验存在很大的问题。执行猴和伙伴猴的区分不是随机的,第一个作出反应的猴子也许是更情绪化、更富反应性的,猴子自身存在的体质和气质上的差异成为自变量混入了其中,故实验结果出现的原因还可能是猴子本身的差异造成的。后继的研究得到的结论更多的与布莱利的结果相反。如,有无助感的动物通常比控制组的更容易患溃疡。即遇到压力情景时,如果有可以利用的工具来对付威胁情景,比什么也做不了会感到更舒服些。

应激状态下引起免疫系统功能下降。免疫系统的基本功能是帮助有机体抵抗疾病。它产生两类细胞来实施其免疫功能:T细胞和B细胞。T细胞提供细胞免疫,主要攻击细菌感染和一些病毒感染,也攻击癌症细胞、真菌和移植器官的细胞。B细胞来源于骨髓,它们负责抗体的结构及中和外来因素。应激对免疫系统的影响主要在于改变其工作方式,它通过抑制一些抵抗疾病的细胞的活性来降低有机体对疾病的抵抗力。如对动物的研究表明,应激会抑制T细胞循环。需要强调的是,应激物与免疫系统之间是相互影响的关系,应激物对免疫系统的影响依赖于它的性质、持续时间和发生频率。

除此之外,应激对有机体的腺体分泌、心血管系统等都有影响。

(二) 压力影响人格

压力对个体的人格有重要的影响。一方面,压力可能直接导致人们形成不良的人格特征或类型,如因癌症压力而形成癌症敏感型人格;另一方面,也可能在应对压力的过程中形成不良的人格,即长期使用某种方式应对压力而形成不良的人格。如以赶时间、过分紧张、匆忙来应对生活或工作压力而形成A型人格,长期使用酗酒来排解压力的人会形成酒精中毒型人格等。当然,人格特征一经形成又反过来影响人们对压力的应对。以下介绍几种因压力影响而形成的不良人格。

1. A型人格

A型人格者最明显的特点是快的内部生物钟,赶时间、剧烈行为和多重任务症。他们不安于现状,竞争意识强;敌视、富有攻击性,喜欢支配别人;工作麻利、快速完成任务,没有耐心。多重任务症是指在同一时间内从事多种活动的倾向,其典型特征是在最少的时间内安排尽可能多的任务。A 型人格最为有害的成分是敌视和愤怒等消极情感。当他们面临压力时,这种特点表现得更加明显。很难区分是压力导致了 A 型人格,还是 A 型人格决定了他们特有的应对方式。两者之间应该是交互作用。

2. 抑郁型人格

抑郁型人格者具有以下特点:弥散性的情绪混乱,无助和无望感交织,思维迟钝,无价值感,严重情况下出现思维混乱,甚至产生自杀、受迫害、患癌症等严重疾病的幻觉。抑郁与压力、健康的关系主要表现在:一些生理疾病(冠心病、哮喘、溃疡等)和抑郁有关;由疾病导致的紧张也会诱发抑郁症;抑郁是个人对危机以及个人危机应对失败的一个主要反应,应激水平越高的个体越容易产生自杀和自我迫害的行为的念头。

3. 癌症敏感型人格

癌症敏感型人格在情绪上的特点表现为:具有较高的焦虑水平,易怒、抑郁、敌视,否定一切,压抑自己的情绪。没有人认为心理社会压力可以直接导致癌症,而认为是先天因素和人格特质的结合导致癌症。只是认为在心理社会压力下,抗病基因的作用可能会下降。事实上,癌症发病率增高的几种原因都与压力或应激有直接的关系:一是突发应激激活肾上腺素从而导致免疫功能下降,进而导致癌症发病率提高;二是对癌症的诊断以及治疗的结果增加了应激的水平,更加剧烈的心理冲突、愤怒、敌视、悲观和抑郁会导致癌症的产生;三是无助感可以提高癌症的发病率。

4. 酒精中毒型人格

饮酒常常被人们用来作为缓解压力的一种应对方式。但过多地饮酒即嗜酒对身心健康极其有害。嗜酒者更容易得病,死亡率更高。中度饮酒者患乳腺癌的可能性比一般人高$50\%\sim100\%$。而且,过度嗜酒会形成酒精中毒型人格。这种人的人格发展是不完善的,他们在认知上表现为注意力难以集中,判断力降低,不能加工更多的信息;情感上表现为慢性压抑,容易出现恐惧感,难以控制自己的冲动,一旦发生冲突,他们更容易出现强烈的敌对行为和攻击行为。这会导致他们工作效率下降,人际关系差,心理社会技能差等问题。

知识窗

压力预警系统

随着社会的不断发展,人们需要面对的工作和生活压力日益增加。与此同时,城市化的进程使人们彼此之间的联系越来越少,交往范围逐渐缩小,限制了宣泄和释放压力的途径。这些状况都对人们的心理健康构成了一定的威胁。因此,及时测查和监控自身压力情况及心理危机发生的可能性,并根据情况进行合理的调适就变得十分的必要。

压力预警系统是对心理问题的发生及严重程度给予及时的提示、警告和指导建议,尽可能减少由心理问题造成的严重后果。在参考大量临床数据和分析结果的基础上,将心理问题的严重程度划分为四个级别,分别以红、橙、黄、绿四种颜色对其进行标示。红色表示情况非常严重,需要进行及时必要的干预措施;绿色表示目前尚无心理问题倾向。除了颜色预警之外,针对每个人具体情况的不同,系统还会为每个人生成一份全面预警报告,详细阐述具体心理问题的表现形式,并针对不同问题给予相应的指导性建议,以帮助受测者成功化解面对的危机。

第二节　压力的评估与管理

随着社会经济的飞速发展、生活节奏的加快,竞争激烈使得心理健康问题日益凸显。心理学研究表明,工作绩效和压力呈倒 U 型曲线关系。适度的压力能够提高工作效率,高负荷的压力极有可能导致"压力危机"。科学地认知自我压力是压力管理的前提。

一、压力评估

(一) 认知评估

有些压力来源我们能清楚地意识到,例如火灾、车祸、失恋等,在这些情境中,认知评估扮演着相当重要的角色。认知评估是压力来源与个体反应间的中间变量。压力评估分为两个阶段(Lazarus, 1981):第一个阶段先评估压力来源的严重性,第二个阶段再评估个体可以利用的资源和采取的行动策略。

(二) 压力的生理反应

压力的生理反应可以分为两种:一是遭遇突发状况下所发生的反应;二是长期处在压力下所产生的反应。

1. 突发状况的反应

20 世纪 20 年代,美国哈佛大学的生理学家坎农用科学的方法来研究身体对压力的反应,他发现当人们处于危险状况时,神经与腺体就会进行一系列的活动,使个体产生充分的能力来准备对抗或逃跑,坎农称这个压力反应为"反击或逃跑"反应。当个体遇到突如其来的威胁性情境时,生理上会自动发生一种类似"总动员"的反应现象,使个体立即进入应变状态,以维护生命安全。应急反应有两种可能的途径:反击对方或者逃离现场。不幸的是现代生活中的许多压力状况都无法从生理反应得到解决,一些不合宜的生理反应,如心跳加快等,长期出现反而会造成身体上的伤害。

2. 长期压力下的反应

加拿大学者薛利(Hans Selye)指出,长期性高度压力会使身体产生一种非特定性的适应性生理反应,薛利称这种行为模式为"一般适应症状"。他认为这个症状包括三个阶段:警觉反应阶段、抗拒阶段和耗竭阶段(Selye, 1980)。在警觉阶段,个体会关注刺激,压力来了,我们会警觉,要调动自身的能量,生理会产生各种改变,使受威胁的个体迅速恢复正常。不论其压力来源是生理性的(如睡眠不足、生病)或心理性的(如失恋),不同的个体都会产生相同的症状,如头疼、发烧、疲乏、没有胃口等。

如果个体持续生活在压力环境中,抗拒阶段就会出现,即使困扰个体的刺激继续出现,第一阶段出现的症状却消失了,生理反应渐趋正常。虽然个体对于原先的刺激抵抗力增加,但对其他压力来源的抵抗却降低了,陷入"祸不单行"的困境。在应对的过程中,体力、精力会慢慢消耗,到了一定程度,可能把问题解决了,压力也就排除了。但是有的时候,压力持续的时间很长,能量不断地消耗,当伤害性的压力来源持续过久,可能个体就没有办法抵抗下去,进入第三个阶段"耗竭阶段",个体无法适应这些压力,第一阶段的症状重新出现,如果压力来源再继续,个体可能就会死亡。

薛利指出,长久而持续的压力反应本身会导致生病。美国医学上认定 7 种与心理压力有关的心身疾病是:甲状腺功能亢进、支气管哮喘、风湿性关节炎、神经性皮肤炎、胃溃疡、溃疡性结肠炎以及不明原因的高血压。

(三) 压力的心理反应

1. 压力的认知反应

良性刺激可以使有机体保持适度的觉醒状态,注意力集中,增强认知功能。当个体认为一个压力来源有威胁时,智力的功能会受到影响。一般而言,压力愈大,认知方面的功能及弹性思考就会愈差。在压力状况下,个体的知觉范围缩小,注意力分散,人际交往能力下降,人的记忆也会受到影响,思维比较固执、刻板。

2. 压力的情绪反应

压力可以引起广泛的情绪反应,主要表现为焦虑、恐惧、愤怒、悲伤、抑郁等,其他的情绪反应还包括兴奋、尴尬,甚至情感的淡漠(朱熊兆、唐秋萍、姚树桥,2006)。焦虑是心理应激条件下最普遍的一种情绪反应,是在预期将要发生危险或不良后果的事件时的一种情绪体验。适度的焦虑可以提高个体的警觉水平,有利于环境的适应和应对,是一种保护性的反应。但过度的焦虑会降低机体的免疫力,有害于身心健康。恐惧常出现在个体遭遇到特定的危险或生命受到威胁的情境中,过度或持久的恐惧会引起严重的心身障碍。愤怒是与挫折和威胁有关的情绪状态,是由于目标受阻、自尊心受到打击时,为了排除障碍或恢复自尊而出现的情绪反应。生活中的重大变动(如失去亲人)都会造成抑郁。

陈虹霖(2006)的研究认为,大学生在应激压力下,情绪反应是最强的,其次是行为反应和生理反应,认知反应最低。应激压力下的情绪反应一般具有消极的特性,对大学生身心健康有重大影响(陈立民,2006)。

3. 压力的行为反应

为了适应环境的需要,伴随压力产生心理反应的同时,机体在行为上也会发生改变。行为反应的表现主要取决于压力的性质和持续时间,搏斗和逃跑是两种主要的行为反应,目的都是为了摆脱情绪应激。敌对和攻击是另一常见的应激反应,敌对是内心有攻击的欲望,表现出来的是不友好、谩骂或羞辱别人。对一般人而言,攻击行为常是挫折导致的,攻击对象可以是人或物,可以针对别人也可以针对自己,甚至杀人或自杀。

不同的个体在面对不同程度的压力时,常会呈现不同形式的特殊行为。轻度压力可以使个体更警觉,精力比较集中,表现更好,因此轻度压力会导致正向的行为适应。中度压力会使人注意力减弱,耐心降低,烦躁提高,对于需要身体各部分协调的复杂行为(如演奏乐器、演讲等)影响较大。中度压力同时也会产生重复、刻板的动作,对环境的反应力减弱。高度压力会抑制行为,甚至导致个体完全不能行动,有时也会造成攻击行为。

二、压力管理

压力管理也称压力应对,是指一个人自觉或不自觉地在压力形成过程中和压力形成之后这两个环节上与压力对抗。一般情况下,大多数人都能选择自己所特有的方式应对压力。只有当压力程度过强或持续时间较长时,才需要专业人员的参与。

(一) 压力管理的误区

第一个误区是过于忧虑,承受了过多不必要的压力。据心理学家研究推测,造成压力的事件中,有40%永远不会发生,比如世界末日;有30%的担忧是过去所做决定的结果,是无法改变的;有12%是别人因为感到自卑而做出的批判;10%的担忧与健康有关,越是担心就越严重;只有8%是合理的。

第二个误区是认为那些没有产生冲击性负面影响的细小压力不会对自己造成伤害。事实上,如果长期处于持续性压力笼罩下,即便这些压力比较细微,时间长了也会对人造成伤害。

第三个误区是所有压力都必须消除掉。这种误解表现在两个方面,首先正如前面所说,并非所有的压力都可以消除,能消除的只是其中的一部分。其次,并不是所有的压力都是坏的。压力是把双刃剑,有消极的一面也有积极的一面。适度的压力可以让我们对周围的环境更加警觉,可以帮助我们加深对自我的认识,帮助我们设立更现实的目标,使我们增强自信心和成就感。

(二) 应对方式

应对方式(coping style)是个体以特定方式处理或应对压力事件的一种一般倾向。个体在压力情境下的应对方式存在个别差异。人们面对压力做出的反应主要有三种,即控制式、支持式、回避式。

1. 控制式应对方式

一种以问题为中心的应对方式,指积极主动地针对不同压力做出反应,如进行有效的时间管理等,是最优的压力应对方式。这种应对方式主要通过改变人的行为或改善周围环境,进而调整自己的情绪状态与个人、环境的关系。

2. 支持式应对方式

一般利用个人或社会的资源支持来对压力做出反应,如寻求压力的释放或进行压力的宣泄等。支持式的应对行为主要有:借助兴趣及消遣,比如运动、画画、散步、旅行、健身等;向理解自己的亲人(朋友)倾诉等。这种应对方式的不足之处是过于依赖环境和资源,一旦支持的资源发生匮乏就会导致压力适应紊乱。

3. 回避式应对方式

这种应对方式消极地忽略或回避压力,甚至否认压力的存在,当压力慢慢累积超过一定界限后,就会造成个人的突然崩溃。回避式应对是一种以情绪为中心的应对,它并不改变人与环境的客观关系,而是调节由压力引起的情感上的不适。它最基本的策略就是转移注意的焦点,避免思考引起压力的原因。当个体认为自己对所处环境不能做任何事时,情绪为中心的应对将占主要位置。常见的回避式应对行为主要有:不去考虑它;不相信那是真的;把问题先放一段时间再说;认为有些事情并不是那么重要,不需要太认真;避开麻烦;不再强求自己;想想有人状况还不如自己,心里舒服一些;顺其自然,平心静气等。

在应对压力时主要采用控制式应对方式,适度采用支持式应对方式,尽量少用或不用回避式应对方式(伍新春、张军,2009)。

(三) 压力管理的策略

压力管理的技术很多,主要包括健康的行为策略、时间管理技术、专门的心理咨询与治疗、危机干预以及必要的药物治疗等方面。

1. 控制压力源

现代人追求健康的生活方式,可是越来越重的压力却让人们远离健康的轨道。压力好比大提琴上的弦,没有一定的压力,不能弹奏出美妙的乐曲,但压力过大,琴弦就会绷得过紧,最终会绷断。当遇到压力时,首先要找到压力源,尽可能地减少、消除或控制压力源,从根源上有效应付压力。

压力源有生物性的,如疾病、噪声、气温变化等;也有精神性的,如错误的认知、多疑、嫉妒、怨恨等;还有来自社会环境的,如人际关系变化、家庭冲突等,让自己感到压力最大的往往是最亲近的人和环境。面对压力,我们要把引发压力的主要原因找出来,有助于我们制定缓解压力的计划。

2. 自我改变

在美国,有这样一群人,他们自称为"彩虹一族"。他们能在工作、生活中寻找最佳平衡点,每天生活都如彩虹般健康。他们工作、生活两不误,会有意识为自己减压,注意均衡营养,主动抵制不健康食品。坚持锻炼,确保睡眠充足,坚持定期体检。不要做金钱的奴隶,要快乐地享受生活。这是一种积极、健康的生活观、人生观和生活方式。人生百味,需要慢慢体会和回味。通过消耗健康和未来的生命代价,来换来金钱和地位,就如同只获取彩虹中的一种颜色,是不足取的。

彩虹,是色彩平衡的结果。在工作和生活,健康和压力,快速发展的社会和个人内心之间,平衡才得以发展。彩虹的7种颜色,象征着拥有全面的生活,而不仅仅是生活的一部分——工作。现代社会,压力普遍存在,我们要积极地改变自我,寻求工作和生活的平衡点,积极乐观地直面压力,有意识地给自己减压。像彩虹族那样,每天都如彩虹般健康、美丽。

知识窗

彩虹七色释义

红:提高工作效率,尽量避免加班,注意工作和生活平衡,动静适宜;"彩虹族"会合理安排工作时间,避免加班。周末会好好放松一下身心。

橙:排除困扰,保证睡眠;"彩虹族"的睡眠之道在于保证睡眠时间和睡眠质量。每晚零点到凌晨 3 点是睡眠最佳时间。因此,最好在零点前睡觉并保证 8 小时以上睡眠时间。同时,睡前听些轻音乐或喝杯牛奶也有助于提高睡眠质量。

黄:绿色进食,主动抵制快餐等不健康食品。"彩虹族"深知"身体是革命的本钱",会主动抵制快餐等;周末也不会让自己成为"沙发土豆",看电视时水果代替了薯片,绿茶代替了碳酸饮料。

绿:懂得自我引导和排解,减轻心理压力;"彩虹族"积极应对各种压力,努力尝试解压方法。

蓝:更多的氧气,更亲近自然,坚持合理锻炼,以帮助人体维护免疫力和抗病能力,调节内分泌系统。

靛:注重营养均衡,多素少荤,摄取有机食品;"彩虹族"会根据 4+1 营养金字塔来搭配日常膳食。每日摄取 400—500 克谷物,300—400 克蔬菜水果,200—300 克奶类,100—200克动物性食品,同时摄入适量油脂。但因饮食习惯、生活方式等原因,仅通过日常饮食很难获取充足营养素,所以"彩虹族"会根据需要坚持每天服用维生素矿物质补充剂,在补充营养素的同时更能有效抵抗慢性疾病。

紫:传达健康理念,关爱身边人的健康。"彩虹族"会帮助身边人树立科学的健康理念,从而远离慢性疾病,享受健康生活。

真正的"彩虹族"工作休闲两不误:从不把工作带回家;每年都会找时间出去走走;锻炼不是负担,不给锻炼设定目标,任何机会都可以锻炼,哪怕是爬楼梯;知足才能常乐,不追求过高的生活条件,而是享受当下的生活。

3. 培养良好的生活习惯

(1) 健康的饮食

压力一般对个体有唤醒的作用,在应对压力的过程中,恰当的饮食摄入能提高个体应对压力的能力。不恰当的饮食习惯或者饮食摄入不当可以增加应激反应,使个体易激怒、多动、焦虑,加重对机体的损害。如过量吃糖会消耗维生素和矿物质,而维生素和矿物质是保证身体各系统特别是神经系统正常工作的要素。咖啡、可乐、巧克力及其他含有咖啡因的食物会潜在地增加压力的敏感性。饮食过多或过少都不利于健康,饮食过度会增加体重,增加机体的负担;饮食过少,不能及时补充能量的消耗,不能有效应对压力。

(2) 足够的休息和睡眠

合理的休息和睡眠能帮助应激者消除疲劳,缓解焦虑,有足够的精力解决面临的问题。因此,在压力管理中,要训练个体形成良好的、有规律的生活习惯。

(3) 适度的运动锻炼

适当的运动锻炼能增强个体的心肺功能,增加血液循环,提高机体的抵抗能力。另外,运动锻炼也能减轻紧张、促进肌肉放松,从而缓解压力反应,提高个体应对压力的能力。但要根据个体的情况,选择合适的运动项目,以便达到缓解压力的目的,同时也避免运动损伤。

4. 改变思维方式

每个人在长期的社会生活中，由于生活环境、教育经历、人格特点的不同，都会形成一种固定的思维方式。在很多情况下，换一种积极的思维方式去思考问题，就有可能缓解或者消除压力。人的进步取决于思维模式的不断改善，爱迪生说："改变了思维方式，就改变了生活。"

在对成功人士的研究中，常发现他们大多拥有健康的思维模式。美国著名心理学家和心理治疗师阿奇博尔德·D·哈特(Archibald D. Hart)经过几十年的临床研究发现，人的思想决定了他是否会面临健康或疾病、成功或失败、昌盛或衰微，也影响寿命的长短、过得快乐还是忧伤。而且，健康的思维习惯不是由先天遗传所决定的，而是通过长期坚持良好的思想习惯逐渐养成的。哈特在他的著作《优质思考的十个习惯》(2005)中，详尽论述了养成健康思维习惯对现代人的积极意义，这些健康的思维习惯包括：欣赏别人的优点、允许自己失败、保持良心清醒、按本相接纳自己、不与现实脱节等。

改变思维方式有助于减压。当你面对压力时，方法多种多样，根本原则就是：要么改变处境，要么改变你对处境的反应，要么改变你看待处境的方式。

5. 身心放松

世界上有一种燕子，学名叫岩燕，外号称为无足鸟，它们终其一生就是为了围绕地球，一圈又一圈，宿命地飞翔，这种鸟的一生只能够一直飞翔，飞累了就睡在风中，一辈子只会落地一次，那就是死亡来临的时刻。其实，无足鸟并非无足，也不是一直在飞翔。据了解，岩燕一般居住在峭壁之上，由于人们只看到它们无休无止地在空中飞翔，而看不到它们的栖息地，才有了无足鸟的别名和一段段美丽传说。

现代社会的节奏与压力，导致人们如同无足鸟一般疲于奔命，当我们长期处于压力状态时，总会表现出各种各样的身心症状。放松训练可以帮助我们在一定程度上缓解压力。

(1) 冥想放松

冥想是一种有效的减压方法。选择一个安静的地方，避免外界干扰，把全部注意力都集中在一个词、声音、符号、图像或自己的呼吸上，目的是产生深层状态的松弛及宁静。多数压力专家推荐一天至少做10至20分钟松弛练习。假如你想使压力减少更多，目标定在30分钟至1小时。

本森放松技巧是由本森博士开发的一种冥想技术，简便易行，可因人而异(伍新春，2009)。本森放松技巧可以降低血压及过度的紧张感。

步骤1：如果可能的话，找一个安静的地方，调暗灯光的强度，并确定你不会被打扰。

步骤2：找一个舒服的位置躺下来，或安静地坐着。

步骤3：闭上眼睛。

步骤4：放松肌肉，从脸部开始，向下逐步放松，直到脚趾。

步骤5：注意你的呼吸。让空气自然从鼻子吸入，然后由嘴里呼出。注意你的胃是如何随着气息的吸入和呼出而或升或降的。当你呼吸的时候，不要让你的肩膀向上耸起。

步骤6：每当你呼气时，在你的头脑里说出一个数字，如1。

步骤7：继续5～20分钟。

步骤8：自己决定什么时候结束。

冥想放松过程中不用过于注重技术,更多的是去体验放松的感觉,经常练习就会收到效果。冥想放松有很多技巧,可以从音像制品店购买一些放松训练的光盘,多做练习。

(2)运动减压

动静协调、张弛有度的适当运动有利于消除疲劳,激发活力,调节大脑功能,可以起到锻炼身体、消除压力、激发活力、唤醒大脑的作用。适用的运动方式有游泳、有氧慢跑、跳绳、跳操、散步、打乒乓球等。每天安排半小时左右运动,即可轻松减压。

(3)音乐减压

音乐家冼星海曾经说过这样一段话:"音乐,是人生最大的快乐;音乐,是生活中的一股清泉;音乐,是陶冶性情的熔炉。"确实如此,千百年来,音乐以其深刻的蕴含及妙不可言的旋律,汇成了一条永远流淌不息,闪闪发光的音乐长河,使众人为之倾倒和沉醉。科学家认为,当人处在优美悦耳的音乐环境之中,可以改善神经系统、心血管系统、内分泌系统和消化系统的功能,促使人体分泌一种有利于身体健康的活性物质,可以调节体内血管的流量和神经传导。另一方面,音乐声波的频率和声压会引起心理上的反应。一段好的音乐,可以提高大脑皮层的兴奋性,改善人们的情绪,激发情感,触动心灵,同时有助于消除心理、社会因素所造成的紧张、焦虑、忧郁、恐怖等不良心理状态,提高应激能力。人们把这种用音乐来增进健康、治疗疾病的治疗方法称为"音乐疗法"。

音乐疗法广泛用于压力管理和健康维护等方面。人们可以根据自己的情况选择不同的音乐,不同的音乐疗效不同。另外,也可以通过卡拉 OK、演唱会等形式自娱自乐,效果也很好。

(4)按摩减压

按摩提供深层松弛,当身体肌肉放松,过度压力的心也放松。指压按摩疗法是一种普通类型按摩,可以通过自我按摩减压缓解压力。

① 头皮抚慰:将拇指放在耳朵后面,其余手指放在头顶,轻轻地前后划圈,活动头皮 15～20 秒。

② 轻松眼睛:闭上眼睛,将无名指直接放在眉毛下,靠近鼻梁。慢慢加压 5～10 秒,然后轻轻松开。重复 2～3 次。

③ 鼻窦减压:将指尖放在鼻梁上,慢慢滑动手指下到鼻子,穿过颧骨顶端,移到眼睛外侧。

④ 肩膀减压:伸出一个手臂,斜放在身体前部,触摸反方向肩膀。对肩胛上的肌肉加压,划圆圈。在另一边重复。

(四)时间管理

斯蒂芬·科维(Setphen Covey)在其代表作《高效能人士的 7 个习惯》(2008)中提出了有效时间管理的理论方法。(详见本书第八章)他强调要围绕事情的轻重缓急来安排自己的时间和精力。有效管理时间的关键就在于将更多的时间用于那些重要但不紧急的工作上,只有做好这方面的工作,才能消除紧急也重要的工作带来的压力,并且可以防止危机和问题的出现,从而降低压力水平。习惯于拖延的人,一定要等到最后一秒钟才着手工作或者学习,这样会使自己一直处于忧虑之中,影响身心健康。制定一个切实可行、具有弹性的工作安排表,提高做事的条理性和计划性对缓解压力是十分有益的。

（五）社会支持

在压力状态下大多数人难免紧张和焦虑,常常思维混乱,不能有效应对压力,这时往往期望得到他人的帮助。社会支持就是利用一切可利用的资源,得到他人的支持和帮助,以减少应激反应。杜克(Duck,1992)把社会支持分为三类:情感支持、能力支持和网络组织支持。社会支持对健康具有保护性作用,可以降低心身疾病的发生和促进疾病的康复。社会支持的一个重要来源就是家庭支持,其次为朋友和同事。社会支持系统就是与你分担困难、分享快乐的人,他们由亲人、朋友、同事等构成,也有的人把自己喜欢的自然风景、物品列入其中。社会支持系统注重心灵的相互支撑,好的支持系统是:支持、陪伴、无所求。

第三节　压力与挫折

在人生道路上,挫折与压力如影随形。随着压力的增大,挫折在所难免,面对挫折无形中又加大了压力,如此反复。大学生处于身心发展的成熟期,但由于社会生活经验尚浅,面对挫折和压力常常不知所措。尤其是现代社会激烈的竞争、快速的生活节奏和频繁的挑战,更是增加了遭遇挫折的频率。能否在挫折面前不被打垮,承受挫折的打击,进而战胜挫折,这是心理健康的重要内容之一。

一、挫折的含义

车文博(2001)认为"挫折是个体在从事有目的的活动过程中,因客观或主观的原因而受到阻碍或干扰,致使其动机不能实现、需要不能满足时的情绪体验。"

挫折在心理学上有两种含义。其一,指对个体动机性行为造成障碍或干扰的外在刺激情境。在此情境中,对个体行为发生障碍作用者,可能是人,可能是物,可能是社会环境或自然环境。其二,指个体在挫折情境下所产生的烦恼、困惑、焦虑、愤怒等各种负面情绪所交织而成的心理感受。这种复杂的心理感受,可用挫折感表示。两种含义合在一起看,前者是刺激,后者是反应。心理学家们所要研究的,也就是在挫折情境之下,分析个体因情境对其行为阻碍作用而产生的挫折感。

挫折具有普遍性和双重性,几乎所有的人都要经历挫折,挫折的消极性和积极性是相对的,也是可以转化的。挫折的转化是指当人们遇到挫折时,以积极的态度向挫折学习,将挫折变为动力,以顽强的毅力继续奋斗,或重新调整目标,从而使需要或动机获得新的满足的心理过程和实践过程,即减少挫折的消极因素,寻找挫折积极的一面,促使挫折产生的消极因素向积极方面转化。

> **知识窗**
>
> ### 大海里的船没有不带伤的
>
> 一艘船,伤痕累累,外壳凹凸不平,船体微微变形,却被人当作宝贝买来停泊在国家船舶博物馆里供人们参观,而前来参观的人竟高达上千万。这里有什么秘密?原来人们见物生

情,从中悟出了人生的道理。

英国劳埃德保险公司曾从拍卖市场买下一艘船,这艘船 1894 年下水,在大西洋上曾138 次遭遇冰山,116 次触礁,13 次起火,207 次被风暴扭断桅杆,然而它从没有沉没过。

劳埃德保险公司基于它不可思议的经历及在保费方面带来的可观收益,最后决定把它从荷兰买回来捐给国家。现在这艘船就停泊在英国萨伦港的国家船舶博物馆里。

不过,使这艘船名扬天下的却是一名来此观光的律师。当时,他刚打输了一场官司,委托人也于不久前自杀了。尽管这不是他的第一次失败辩护,也不是他遇到的第一例自杀事件,然而,每当遇到这样的事情,他总有一种负罪感。他不知该怎样安慰这些在生意场上遭受了不幸的人。

当他在萨伦船舶博物馆看到这艘船时,忽然有一种想法,为什么不让他们来参观参观这艘船呢? 于是,他就把这艘船的历史抄下来和这艘船的照片一起挂在他的律师事务所里,每当商界的委托人请他辩护,无论输赢,他都建议他们去看看这艘船。它使我们知道:在大海上航行的船没有不带伤的。

二、挫折对心理健康的影响

面对挫折,引起的反应可能有两种,一类是情绪性反应,指个体在遭受挫折时伴随紧张、烦恼、焦虑等情绪反应,表现为强烈的内心体验和特定的行为反应,包括攻击、冷漠、退化、固执、幻想等。另一类是理智性反应,指个体遭受挫折后能审时度势,采取积极进取的态度,勇于克服各种困难,排除阻碍,毫不动摇地向既定目标前进。理智性反应一方面表现为坚持目标,继续努力;另一方面表现为个体能实事求是地、科学地分析挫折,适时地调整目标、改换目标或降低目标以实现最终目的。

在什么情况下引起情绪性反应,又在什么情况下引起消极反应呢? 这与挫折本身的性质和人们对挫折的认知有关。如果挫折大而严重,是致命性的打击,容易引起消极反应;更重要的是人的合理理念和理性思考,把挫折看成是生活对自己的考验,看成是通向成功的必经之路,就会以理智性的反应对待挫折。

在挫折情境中人们会出现下列心理表现:(1)情绪困扰。在挫折面前惊惶失措,心理脆弱,过分焦虑,陷入长时间不良情绪的困扰而不能自拔;(2)不理智的对抗行为。有的人在挫折中会产生消极对抗、暴力侵犯行为,过分地发泄自己的不满情绪;(3)个性的变化。长时间的挫折可能会使个体产生持续的紧张状态和挫折反应,并逐渐固定下来,形成相应的习惯和个性特点,如缺乏主动性、冷漠、粗暴、好攻击等。(4)诱发偏常心理。有人经历大的挫折或连续打击后,会产生神经衰弱、强迫症、恐怖症、疑病症、抑郁神经症等心理失常现象,严重的出现心理障碍,诱发精神分裂症和情感神经病。

三、青少年的挫折教育

影响挫折承受力的因素主要有生理条件、生活经历、挫折频率、期望水平、心理准备、挫折认知、思想基础、个性特征、防卫机制、社会支持等。青少年对挫折的心理准备不足甚至毫无准备，其挫折特点是持续性的少、暂时性的多、实质性的少、想象性的多、多为动机冲突、个人条件与理想相悖、能力与期望矛盾等，具有实施挫折教育的可塑性。

车文博等人（2006）对 13 所高校 2007 名大学本科生进行心理压力调查，结果表明，大学生心理压力源排前五位的依次为学习任务、学校环境、职业选择、人际交往和情绪失调。其中心理压力程度中等的占 49.3％，程度较重的临界人群占 8.4％，压力程度很重的占 0.3％。

（一）树立对挫折的理性认知

遇到挫折时出现的一些不良行为表现主要源于错误的认知。大学生对挫折的错误认识主要表现在三个方面：一是认为挫折不应发生在自己身上，二是以某方面的挫折来否定整个自我，三是把某一次挫折的后果想得非常可怕（蒋俊梅，2005）。正确认识挫折，是进行挫折教育的第一步。

对挫折的认识是挫折情境的重要组成部分，通过认知中介作用，可以增强挫折的承受力，从而战胜挫折。首先，我们应认识到挫折是普遍存在的，它是生活的一个必要的组成部分，关键在于如何认识它。因此，对挫折要有充分的思想准备。其次，应认识到挫折有两重性。一方面挫折带给我们打击，另一方面，挫折能磨炼人的性格和意志，增强人的创造性和智慧，使人对生活的体验更深刻，对人生的认识更成熟。故挫折并非都是坏事。挫折是令人不快的，但不快的程度及其转化情况却是自己可以控制的，我们应使挫折成为自己成长的摇篮。

（二）增强挫折的承受力

挫折承受力指个体适应挫折、抵抗和应对挫折的能力。它包括耐挫力和排挫力。耐挫力即挫折耐受力，指个体遭受挫折时经得起挫折的打击和压力，保持心理和行为正常的能力。排挫力即挫折排解力，指个体遭遇挫折后，对挫折进行直接的调整和转变，积极改善挫折情境，解脱挫折状态的能力。二者有区别，耐挫力是一种消极被动的适应，即忍受、接受、顺应，其典型特征是忍辱负重；排挫力强调积极主动的适应，即调整、改善、克服，以拼搏进取。前者是对挫折的负荷能力，后者为对挫折情境的改造能力；前者是接受现实，减轻挫折情绪反应强度，后者是改变现状，夺取事情本身的成功。

（三）运用心理策略应对挫折

在挫折发生后的不同阶段和根据不同性质的挫折可采用不同的心理策略。在挫折之初，可适当运用一些心理防卫策略，减少伤害。随之，用积极的方法直接面对挫折，战胜挫折。如不行，则采用迂回战术，间接战胜挫折。

1. 减缓挫折影响之策

在挫折初期，适当运用合理化、投射等心理防御机制，可暂时减缓挫折带来的消极心理影响，保护自尊。所谓合理化解释，指当人们遭受挫折时，给自己杜撰一些有利的理由来解释，有时，这些理由并不是主要原因甚至是不正确、不客观和不符合逻辑的，但个人以此来安慰自己、说服自己，以避免心理上的苦恼，减少挫折造成的不良情绪。最常见的如"酸葡萄效应"和"甜柠檬效应"。

2. 积极战胜挫折之策

面对挫折，战胜挫折的积极的心理策略如下：

① 增强努力。如果自己追求的目标是现实的,就应鼓足勇气,加倍努力,克服重重困难,直致达到目标。

② 改变行为。当采取某种行为达不到目标时,可以通过别的途径和方法来达到目标,所谓"条条大路通罗马"。

③ 调整目标。如果反复实践、再三尝试,目标仍达不到,就需要考虑是否目标太高,不现实。可以调整目标,降低要求。

④ 获取多方面支持。应多征求有经验的人和专家的意见,获得来自父母、老师、朋友、同事、社会力量等多方面的支持。

3. 间接战胜挫折之策

运用补偿、升华等积极的心理防御策略则能间接地战胜挫折。

补偿作用。一个人因生理上和心理上有缺陷而遭受挫折时,试图用种种方法弥补这些缺陷,减轻心理上的不适感,称为补偿作用。补偿有两种,一种是"失之东隅,收之桑榆",即在这方面不行,通过另一方面的成绩来安慰自己。如某生个子太矮,相貌不好看,不吸引人,就通过优异的学习成绩获得别人的尊敬和仰慕。另一种补偿可称为"反败为胜",越是自己不行的越要通过努力,变成自己的强项。例如古希腊的演说家德谟西尼斯小时候因患口吃,说话困难,却通过口含小石头,每天对着大海苦练演讲的方法,最终成为世界著名的大演说家。

升华是指某些欲望或行为不能实现或不能为理智所接受,转而使之导向符合社会规范的方向,使其具有建设性,既有利于个人又有利于社会。例如,歌德在遭受失恋的挫折后,转而将自己的满腔热情投入文学创作,写下了不朽名著《少年维特之烦恼》,就是一种升华。

回顾与总结

压力影响健康。根据不同的分类标准,压力分正压力和负压力,也可以分为大压力和小压力,一般的分类为工作压力、家庭压力和环境压力。压力的来源是多方面的,压力首先影响人们的生理功能,很多研究都表明,压力状态下,动物的生理功能有明显变化;压力还影响人的人格特征的形成,A型人格、抑郁型人格、癌症敏感型和酒精中毒型人格都与压力有关。应对方式是管理压力的重要手段,应对存在很显著的个别差异,我们强调健康、乐观的应付方式对人的积极作用。

挫折包括情景、认识和行为三个方面,挫折情况下,人们出现情绪困扰、不理智的对抗行为、个性变化和偏常心理。挫折调节适应的方法主要有认知调节,增加挫折承受力,以及心理策略的使用,如减缓挫折影响、积极战胜挫折、间接战胜挫折等。

巩固与练习

1. 简述压力的含义和种类。

2. 结合日常生活谈谈你处理压力的方式,并讨论其有效性。

3. 如何对压力进行评估和管理？

4. 人在挫折下的心理反应是什么？如何战胜挫折？

参考文献

1. "人生压力图"受热捧　网友自称"压二代".中国新闻网,2011年5月30日.

2. 朱敬先.健康心理学.心理卫生教育科学出版社,2002.

3. 赖斯.健康心理学.胡佩诚等译.中国轻工业出版社,2000.

4. Holmes，T. H.，& Rahe, R. H.（1967）：*The Social Readjustment Rating Scale*，Journal of Psychosomatic Research.

5. 魏义梅、张剑.大学生生活事件、认知情绪调节与抑郁的关系.中国临床心理学杂志,2008,(6).

6. 陈红敏、赵雷、刘立新.大学生负性生活事件与心理健康关系探讨.中国青年研究,2009,(7).

7. 朱熊兆、唐秋萍、姚树桥.健康心理学.南开大学出版社,2006.

8. 陈虹霖.大学生压力、心理健康与应对策略的相关性研究——上海大学生群体经验性研究.思想理论教育.2006,(4).

9. 陈立民.压力应对的能力储备与评估——大学生应激情绪反应的认知根源.甘肃科技纵横,2006,(6).

10. 伍新春、张军.教师职业倦怠预防.中国轻工业出版社,2009.

11. 哈特.优质思考的十个习惯.林慧卿译.中国轻工业出版社,2005.

12. 柯维.高效能人士的7个习惯.王亦兵译.中国青年出版社,2008.

13. 车文博.心理咨询大百科全书.浙江科技出版社,2001.

14. 张林,车文博,黎兵,张旭东.中国13所大学本科生心理压力现状的流行病学调查.中华流行病学杂志,2006,27(5).

15. 蒋俊梅.大学生挫折教育的途径和方法.商丘师范学院学报.2005,2(6).

16. 奥格登.健康心理学.严建雯、陈传锋、金一波等译.人民邮电出版社,2007.

17. 赖斯.压力与健康.石林,古丽娜,梁竹苑,王谦译.中国轻工业出版社,2000.

第十五章　性行为与心理健康

　　"如果性的要求只是为轻率地满足一下短暂的快乐和乐趣,这就是说,他要面临巨大的危险,就像一朵鲜花,乍看上去非常诱人,但却暗含着毒素。"(苏霍姆林斯基《论爱情》)。这是对性行为可能危害公众生命健康、危及社会稳定的警示。现在,艾滋病在中国的流行分布已经转入了广泛流行期。维护性健康,预防艾滋病,成为本世纪世界范围内的重要研究课题。

第一节　性行为与性传播疾病

　　在生物学意义上,性是生物雌雄个体的差异及他们的生殖活动,人们往往把性看成是生物的本能。我国古籍中有"食色性也"和"饮食男女,人之大欲存焉"的说法,认为饮食和性是人类生而有之的本性。但性对于人类来讲,又不是单纯的生物性行为,还受到许多相关社会文化和心理因素的影响。

一、性行为特征

　　性行为指的是在满足性欲和获得性快感时出现的动作和活动。包括性交、手淫、接吻、拥抱和接受各种外部性刺激形成的性行为。最狭义的性行为专指性交。更广的概念则泛指和性活动有关的行为,包括准备性、象征性及与性有联系的行为,如恋爱、结婚、阅读色情书刊等。性行为的功能是繁殖后代、维护健康和获得愉悦。

　　人类性行为特征的关键在于它的社会性。作为生物本能,动物也具有这种完全自然的属性。但是人不同于动物。性,是生物本能,但人类的性绝不是单纯的生理上的冲动,它涉及心理、社会的各方面因素,性行为本身是人类的爱与生活的源泉。性生活不止是生理上的性行为,还有安慰、相互照料的精神方面的属性。具体有以下八大特征。

　　(1) 重要性。人类进化使发情期消失,人类性行为形成了人类自身的再生产,对社会提供大量劳动力是有进步意义的。但当社会对生殖失去控制,不能有计划地控制人口,就会带来灾难,人口过剩是当今社会一个严重的问题。

　　(2) 普遍性。在现实社会生活中,每个人都离不开性,每个人都是性行为的产物。在正常情况下,每个成年人都会有性要求。

　　(3) 持续性。大量实验证明,人自婴幼儿时期就萌发了性意识,此后在人一生中的各个阶段,都具有其生理和心理上的特点。进入青春期是性意识迅猛发展的阶段,待结婚以后旺盛的性欲得以宣泄,继之而趋于成熟。此后性意识和性行为可持续多年,几乎是一生。在正常情况下，人活到七八十岁还有性意识，甚至有些人还有性要求和目的性行为。应特别注意老年人性的需求，"老则无性"的观点是错误的。

（4）冲动性。性行为一般都是在性欲冲动下所表现的行为，冲动性是它的特征之一。性行为的冲动性表现为对性爱对象的强烈亲近欲望和行为驱力。这种强烈的亲近欲望不同于血统爱、敬爱、抚爱和友爱那么平衡、持续，而往往是强劲、失去平衡或短暂的，这种难以遏制的行为驱使冲动性带有非理性色彩。性爱的冲动性表现在它的感情点燃速度快、强力大、爆发力强和控制性差上。

（5）隐曲性。性爱具有不可以在任何场合、情景下充分表达，又不让人知、不让人见的特点。甚至关于性行为的用语也以隐喻的方式表达，使人类的性爱关系变得含蓄而富有诗意。

（6）排他性。排他性是性爱的最大特点。所谓排他性，即指人们抗拒其他人对自己性爱对象予以任何亲近的心理倾向。排他性的形成，一是生物本能，二是社会影响，后者是决定的因素。

（7）严肃性。人类性行为要符合社会道德和法律，这就是人类性行为的严肃性特征。纵欲主义、寻欢作乐、无节制的性冲动造成道德的败坏，是对性的严肃性的挑战。性行为的商品化，诸如卖淫、嫖娼、买卖婚姻等，不但破坏了这种严肃性，也败坏了社会风气。控制人口数量，提高人口质量，实行计划生育和优生优育，都要求性行为应该是严肃的。

（8）责任性。人类的性活动具有很明确的社会责任性。性行为个体不仅要为对方负责，而且要对作为性行为结果的新生命负责。

二、性取向

性取向"，又称"性偏好"或"性指向"、"性倾向"，是用来描述一个人性渴望、幻想和感觉的对象，通常是另一个人。性取向的分类有：异性恋、同性恋、双性恋。性取向能用连续谱来表示，位于两端的是异性恋和同性恋，居于中间的是双性恋。美国性学研究著名学者金赛曾把成人的性恋模式分为 7 级，各种模式在人群中的分布比例为：单一的异性恋者 35％；主导异性恋偶尔同性恋 35％；主导异性恋几次同性恋 20％；异性恋同性恋两者相等 2％；主导同性恋几次异性恋 2％；主导同性恋偶尔异性恋 2％；单一的同性恋者 4％。

有许多理论试图对性取向差异作出解释。精神分析理论认为，一个依恋的母亲与地处遥远的父亲相结合，其儿子容易形成男性同性恋倾向。社会学理论假设，同性恋的产生是由于个体与异性伙伴关系不良，或者经常与同性伙伴为伍而被人扣上同性恋的帽子，从而建立其自我实现预言。学习理论则认为，由于童年期消极的异性交往遭遇，或者积极的同性交往体验，致使后来产生同性恋行为。然而，诸如此类的性取向解释并未获得令人信服的证据支持。

三、性行为模式

（一）婚前性行为

婚前性行为是一个较为广泛的概念。就是男女双方在还没有登记结婚的情况下发生的性行为。自 1960 年代以来，婚前性行为的流行率呈逐渐上升的趋势。

婚前性行为产生的个体因素有如下几种：(1)恋爱中双方过于亲昵无法抑制性的冲动；(2)恋爱期间一方唯恐另一方变心有意造成性关系的事实，以便达到与另一方结婚的目的；(3)青少年出于好奇心和性体验的冲动；(4)要求结婚但不符合法定条件，先同居而后登记结婚。

婚前性行为产生的主要社会原因有如下几种：(1)人性的解放，婚姻观念的改变，避孕用品的发展，使社会对婚前性行为宽容多了，青年男女对于性关系发生的担心和顾虑大大减少；(2)大众文化传播媒介过多渲染情爱，对青少年的性刺激大为增强；(3)性成熟期提前，性欲望的实现与婚龄到来之间有一个较长的等待期，使性生活提前成为可能；(4)社会的都市化以及家庭在青少年进入社会的过程中的重要性下降了；(5)性价值、性道德教育远远跟不上社会发展的需要，社会对性行为的监督弱化了。

知识窗

婚前性行为的危害

1. 破坏了传统道德，使婚姻家庭关系的基石受到影响。婚前性行为的发起者绝大多数是男性而直接的受害者却是女性。

2. 影响了人际关系。在性行为上的松弛往往造成对婚姻采取轻率态度，一些婚姻关系被"露水夫妻"所代替，即使结婚以后也会隐藏危机。

3. 造成女方心理上的压力，女方常感受到各种压力和指责，产生自卑心理。

4. 给生育带来问题。有人因为多次流产造成终身不育，即使今后生育也易于发生产科并发症。一些因为婚前性行为造成非婚生子女受到社会歧视，也给社会带来沉重的包袱。

5. 不能协调性关系。许多事实证明，婚前同居者并未在家庭生活中显示出优越性。婚前同居往往只有性关系而没有经济和其他方面的关系，因此这种关系并不稳定，同时也会出现另一个极端的变化。原来恋爱双方相互平等，自由选择的关系被婚前性关系所破坏，男方认为女方再也离不开自己故对其态度随便，任意支配。相反女方则因委身于对方，害怕或担心男方变心，故对其一再迁就容忍，即使男方有较大缺点也不得不将就成婚，有些人更是因怀孕而完婚，并非出于两人的真正爱情，婚后难免不发生悲剧。

6. 婚前性行为不经过身体检查，很容易传染疾病，殃及双方及下一代的健康。

7. 婚前性行为不受法律保护，给有些坏人以恋爱为名而行玩弄女性之实以可乘之机。

随着性观念的日益开放，高校学生的婚前性行为日益增多，未婚先孕现象及不安全流产比例不断上升，给学生的身心健康和学业带来影响。郭静、张爽(2010)对1126名高校学生进行匿名问卷调查。结果显示调查对象中82.76％可以接受非婚性行为，13.36％发生过婚前性行为，发生第1次性行为的平均年龄为19.25岁；有性行为的学生中，16.67％的男生曾使性伴侣发生意外妊娠，6.06％的女生发生过意外妊娠；仅有58.78％每次性行为均采取避孕措施，21.85％能准确选出所列的紧急避孕方法。

避免婚前性行为可以有以下几个方面的考虑。第一，树立健康的人生观和爱情观。不同的爱情观会产生不同的恋爱行为,正确的爱情观要求个体在处理爱情问题时,摆正爱情的位置,把握爱的真谛,做到崇高心灵与健康躯体的和谐统一。第二,端正恋爱动机。深刻认识爱的本质,爱情是激情与理性的完美结合,不是为了消除寂寞、满足虚荣心与生理需要,更不是为了寻找刺激,否则,动机不纯、先天不足的爱情,必然要给今后的个人生活留下不良的记忆。第三,担负起爱的责任。把握好行为分寸,爱自始至终都是一种有意识的社会行为,它更多意味着责任,是为自己所爱之人的成长与幸福付出的积极主动的努力,游戏爱情、放纵爱情是没有能力更没有资格去谈论爱情的。培养爱的责任就是要培养无私的品格与奉献精神,对自己负责,对对方负责,对社会负责,真正做到爱情与道德的统一。

(二)婚后性行为

婚后夫妇的婚姻满意程度与他们对性关系的满意度高度相关。目前大多数调查和普遍看法是,教育程度、职业类别和宗教信仰对夫妻性生活频率无显著影响。我国一项对6210名城市居民和1392名农村居民的调查显示(大洋网-信息时报,2008年1月14日),城市夫妻每月性交次数为4.66次,农村夫妻为每月5.43次。在这方面国人与国外相差无几。通常25~30岁的夫妻每周过2~3次性生活,随着年龄的增长,性生活的次数倾向于减少。导致这种现象的原因,既有生理因素,也有社会因素。许多夫妇把性欲减退现象归因于工作和抚育孩子带来的疲惫,以及对例行公事式的性生活的熟悉。总之,婚姻中的性表达更直接、更充分。已婚夫妇的性生活更加频繁、更加多样化,并更能获得满足。

(三)婚外性行为

婚外性行为是指已婚者在婚姻之外与他人(已婚或未婚)发生两性关系。婚外性行为可以是公开的,也可以是隐秘的。公开的婚外性行为又有各种形式,有的是夫妻一方,也有的是夫妻双方都存在的婚外性行为。美国的一项调查显示(钱明,2007),75%~87%的人认为婚外情是错误的,但奇怪的是,从未有过婚外情的人却是少数。此调查还表明,50%~70%的已婚人士会发生外遇。

在回答婚外性行为的原因时,最常见的回答是,丈夫(妻子)不能理解我。因此,人们会很自然地把不幸的婚姻和婚外性行为联系起来。有人认为,婚姻不能满足个人所有的需要,男女之间可能由于共同的兴趣和友谊而发生婚外性行为;人到中年可能会由于潜在的对自己性魅力的担心而去证实自己的性吸引力,导致婚外性行为的发生;婚姻中关系的不平衡,一方可能觉得在婚姻中付出大于回报,而导致婚外性行为的发生。

男女两性在婚外性行为上的差别有缩小的倾向。近来的调查显示(钱明,2007),在青年后期和二十出头便结婚的夫妇中,女性比男性更容易有外遇,而从总体看,男性比女性更容易有婚外关系。性关系不忠的动机存在着性别差异。男性的动机与性欲有关,女性的动机则与感情有关。当男性具有婚外性活动时,不一定意味着他们对自己的婚姻关系不悦;而当女性具有婚外性活动时,就可能意味着她们对自己的婚姻关系感到不满意了。

婚外性行为的直接受害者就是参与婚外性行为的双方,而间接受害者是他们的配偶和子女。无论男性还是女性,在他们有婚外性行为之后,都会有一定程度的犯罪感,认为对不起丈夫或妻子以及子女,又担心事情败露,整日忧心忡忡,处于短暂的快乐和长久的恐惧之中。

四、不安全的性行为及其后果

不安全性行为是一个笼统的概念,包括卖淫嫖娼、无金钱交易的非婚性行为,夫妻中一方已感染艾滋病病毒(HIV),或性病情况下发生的无保护性夫妻性行为也属于此类。性交方式、性伴的数量、性伴的地区分布、性伴中有无静脉吸毒者或双性恋者或妓女、嫖客、性行为的频率以及避孕套的使用等,都对 HIV 和性传播疾病有着显著的影响。

(一) 性伴的数量

是决定 HIV 和性传播疾病感染的一个很重要的因素。如果性伴中没有任何人感染 HIV 和性传播疾病,即使有很多的性伴,也不会有感染 HIV 和性传播疾病的危险。但是,性伴数量越多,性伴中有 HIV 和性传播疾病的可能性也就越大,感染 HIV 和性传播疾病的危险性越高。

(二) 性伴的安全性

性伴数量少,并不意味着感染 HIV 和性传播疾病的机会就一定小。性伴中有静脉吸毒者或双性恋者或妓女或嫖客,感染的可能性就很大。

(三) 性行为方式

当两人发生性行为时,一方以主动性行为为主,另一方则以被动性行为为主。比如,男女在发生生殖器—生殖器性交或生殖器—肛门性交或生殖器—口腔性交时,一般来说,男方充当主动性行为,女方充当被动性行为。通常,感染了 HIV 和性传播疾病的主动性行为者,容易将病毒传给未感染 HIV 的被动性行为者。在所有的性行为中,被动的生殖器—肛门性交是最危险的。由于这种性行为很容易造成肠黏膜破损,特别容易发生感染。

(四) 避孕套的使用

尽管避孕套不能完全消除因性行为而感染 HIV 和性传播疾病的危险,但是,每次性生活都使用避孕套或经常使用避孕套,确实可以大大地降低感染的机会。有研究表明在非洲妓女中,经常使用避孕套的妓女,其 HIV 的感染率比偶尔使用或不使用的妓女低 40%～60%。泰国妓院实施 100%避孕套政策,有效地控制了妓女和嫖客中的性病和 HIV 感染。

(五) 性病

引起生殖器部位溃疡的性病(梅毒)大大增加了 HIV 感染的机会。如果一个无性病的 HIV 抗体阴性者,与一位 HIV 感染者发生性关系,一次性生活引起 HIV 感染的概率大约为 0.5%。如果一个 HIV 抗体阴性的性病患者与一位 HIV 感染者发生性关系,那么,一次性生活引起 HIV 感染的概率可以增加到 43%。

五、选择安全性行为

安全的性行为是控制 HIV 经性途径传播的最有效方法。改变性行为方式,减少不安全性行为的发生,就能有效的控制 HIV 经性途径的传播流行,行为干预活动可以从以下几方面进行。

(一) 减少性伴数

对有些人来说,保持彼此忠贞的单一性关系可能很困难,因此可以通过减少性伴的数量来减少感染 HIV 的机会。

（二）减少与危险性伴发生性行为

性伴的安全性，决定着性行为者感染 HIV 或性病的危险性。有些场所提供性服务，与那里的人发生性行为，感染 HIV 和性病的机会就比较高，因此，要减少同这些场所的人发生性行为。此外，我国吸毒者感染 HIV 比较高，同吸毒者发生性行为也是非常危险的。

（三）同性恋人群的预防

同性恋是性病、艾滋病的高危人群，活动高度隐秘，易把艾滋病病毒传播给普通人群。男性同性恋艾滋病感染率在中国艾滋病高危人群中居第二位，仅次于吸毒。男性同性恋者存在着多性伴侣、避孕套使用率低等现象，使艾滋病感染率可能上升，并加速向一般人群扩散。据报道（搜狐网新闻频道，2004 年 12 月 1 日），中国超过 50％的男性同性恋者拥有多个男性性伴侣，最多者达 100 个以上。然而，他们的预防意识薄弱，48％的男性同性恋者认为自己没有染上艾滋病的危险，32％认为染上艾滋病的危险性很低。因此，应正视同性恋人群的客观存在，加大向这一人群普及艾滋病预防知识的力度，推广避孕套的使用。

（四）其他预防方法

如果夫妻双方中有一方已经感染 HIV，夫妻性生活也必须每次全程使用避孕套。性病的存在也增大了感染艾滋病的几率，如果怀疑有性病，一定要及时、规范地接受性病治疗，这也是控制 HIV 传播流行的有效手段。

总之，寻找有效技术阻止 HIV 的高风险行为是预防艾滋病重要的举措。有研究者设计出认知—行为技巧训练来阻止不安全性行为。这些计划通常包括介绍安全和不安全的性行为、决断性训练（使人们能够对不安全的性说不）以及对行为改变的强化。这些计划对同性恋男子和性行为活跃的青少年产生了很好的效果。

六、性传播疾病

性传播疾病（sexually transmitted diseases，STD）是指通过性接触可以传染的一组传染病，在我国，人们简称为性病。其概念不同于经典性病，包含的病种 20 余种。所谓通过"性传播"，不一定就指生殖器性交而言。性传播是一种传播方式，可以有直接传播方式，也可以是间接传播方式，还存在着由父母亲传给胎儿或新生儿的方式。世界卫生组织 1975 年常任理事国会议确定，将各种通过性行为或类似性行为传播的疾病，统称为性传播疾病。据不完全统计，目前通过性行为可传播的病原体达 30 多种，最常见有梅毒、淋病、软下疳和性病淋巴肉芽肿。世界每天有 100 万人感染性病，每年产生淋病病人 6200 万，梅毒病人 1200 万人，其他性传播病原体感染病人 1.5 亿，发展中国家是性病重灾区。

（一）淋病

淋病是由淋球菌引起的泌尿生殖系统的化脓性感染，在一定条件下，淋球菌也可以感染眼、咽、直肠、盆腔，个别出现全身性感染。潜伏期一般 2～10 天，平均 3～5 天。男性常见的是尿道炎，有尿频、尿痛、尿道口红肿发痒、脓性分泌物流出等症状。女性常见的是宫颈炎，表现为阴道分泌物（白带）增多、发黄。但也有很多感染者没有任何自觉症状。在各种性病中，淋病发病率最高,最易治愈的也是淋病,但往往由于滥用抗生素、治疗不当或不彻底而增加了治愈的难度。

(二)梅毒

是由于梅毒螺旋体引起的一种慢性、系统性的传播疾病。在梅毒的传播过程中,通过性行为感染者占95%。人体受染后,螺旋体很快播散全身,几乎可侵犯全身各种组织和器官,临床表现多种多样,且时隐时现,病程较长,早期侵犯皮肤及黏液,晚期除侵犯皮肤、黏液外,还可侵犯心血管系统及中枢神经系统,危害性大。另一方面,梅毒又可多年无症状呈潜伏状态。

(三)软下疳

是一种呈短链状的嗜血杆菌引起的性传播疾病。过去它的发病率仅次于梅毒、淋病,现在由于抗生素的普遍应用,已成为一种少见病。本病的特征是生殖器部位的溃疡和附近的淋巴结肿大,局部疼痛明显。软下疳主要是通过性交传播。男女之比为10∶1。一般不洁性交2~6天的潜伏期后发病。

(四)生殖器疱疹

发生于生殖器部位的单纯疱疹,是病毒性传染性疾病。它与发生于口角外的单纯疱疹不同,绝大多数通过性交传染。据相关报道,国外性活跃的青年患生殖器疱疹的很多,发病率甚至高于梅毒、淋病。本病目前在我国沿海地区的发病率呈上升趋势,人群感染80%~90%,10%无症状。女性患病居多。

(五)尖锐湿疣

又称性病疣,是由于人类乳头瘤病毒引起,90%以上为性行为传播。主要见于性行为发生过早、机体免疫力低下患者。初起时为细小淡红色丘疹,逐渐增多,增大,呈乳突、结节、鸡冠、菜花样赘生物,表面潮湿、柔软、易出血,有时分泌物较多,有臭味,可有瘙痒或疼痛感。男性主要在阴茎、龟头、冠状沟、尿道口等处,女性主要在大小阴唇、会阴、阴道口、阴道内、宫颈等处。此病在我国的发病率也迅速上升,成为仅次于淋病的第二位高发性病。

尽管对大部分性传播疾病已有可靠的治疗方法,但许多患者羞于就医或不能坚持治疗,所以药物并未能收到预期效果。最可靠的办法是以严肃的态度对待性生活,夫妇间的正常生活则能把这种危险减小到最低限度。

第二节 艾滋病与性健康

一、艾滋病与艾滋病病毒

艾滋病(AIDS)又称获得性免疫缺陷综合征(acquired immunodeficiency syndrome, AIDS),意指个体感染艾滋病毒后所处的后期阶段,是由人免疫缺陷病毒(HIV)引起的一种慢性传染病。国际医学界至今尚无防治艾滋病的有效药物和疗法。因此,艾滋病也被称为"超级癌症"和"世纪杀手",是当前对人类最具威胁的疾病之一。

艾滋病发源于非洲,1979年在海地青年中发现传播,后由移民带入美国。1981年6月5

日，美国亚特兰大市疾病控制中心首次在《发病率和死亡率周刊》上简要地介绍了他们发现的5 例艾滋病病人的病史，1982 年正式将此病命名为"艾滋病"。以后不久，艾滋病迅速蔓延至各大洲。截至 2004 年底，全球累计有 6900 万人感染，近 3000 万人死亡。2004 年全球估计尚存活的 HIV/AIDS 患者 3940 万，其中 220 万为 15 岁以下儿童。

1985 年 6 月，由上海入境的一名美籍青年男性游客因艾滋病住院，治疗无效，死于我国境内，这就是我国的首个艾滋病例。近年，我国艾滋病的感染人数每年以 $30\%\sim40\%$ 的速度递增。

艾滋病病毒又称人类免疫缺陷病毒(human immunodeficiency virus，HIV)，早在 1983 年就已经作为艾滋病的病原体而得到分离和认定。目前全世界所有国家都已发现这种病毒。根据遗传学和血清学的特征，HIV 可分为 HIV-Ⅰ 和 HIV-Ⅱ。HIV-Ⅰ(艾滋病毒Ⅰ)较为常见，在全球广泛流行，也是引起我国 AIDS 流行的主要病原体。HIV-Ⅱ(艾滋病毒Ⅱ)主要发现与西部非洲、安哥拉和莫桑比克。两类病毒都是通过性交、围产期和非肠道性感染的，不过，艾滋病毒Ⅰ的性交传播率是艾滋病毒Ⅱ的 6—8 倍。艾滋病毒Ⅰ的围产期传播率是 25%—35%，而艾滋病毒Ⅱ的围产期传播率只有 4%。在感染艾滋病毒Ⅱ的人群中，从症状的发生到艾滋病的出现，相对于感染艾滋病毒Ⅰ来说，要经历一个缓慢的过程。

知识窗

中国艾滋病形势与应对

艾滋病病毒感染估计

截至 2009 年底，估计现有 74 万(56 万～92 万)成人与儿童感染艾滋病病毒，4.8 万(4.1万～5.5 万)为 2009 年新增感染。其中，估计 10.5 万(9.7 万～11.2 万)为艾滋病病例，2.6万(2.2 万～3 万)在 2009 年死于艾滋病相关原因。

估计现存的 74 万艾滋病病毒感染者中，44.3% 经异性传播感染，14.7% 经同性传播，32.2% 经注射吸毒，7.8% 通过商业捐献和输入受到感染的血液和血制品，1% 经由母婴传播。

12.3%(或 9.1 万)艾滋病病毒感染者经由艾滋病病毒感染者及其常规伴侣间的性接触传播。这一数字在 2007 年的艾滋病病毒感染估计中为 10.4%(7.3 万)，在 2005 年的艾滋病病毒感染估计中为 6.4%(4.16 万)。

在 2009 年新增的 4.8 万例感染中，42.2% 经异性接触传播，32.5% 经同性接触，24.3% 经注射吸毒，1.0% 经母婴传播。

估计 2009 年底，19 万艾滋病病毒感染者需要抗逆转录病毒治疗。

艾滋病病毒感染报告

截至到 2010 年 8 月，累计报告艾滋病病毒感染者总数为 361599 人，包括艾滋病病人127203 例和死亡报告 65104 例。

在报告案例中，同性传播和异性传播表现出多年逐渐增长的趋势。同性传播的比例从2006 年的 2.5% 增加到 2007 年的 3.4%。2008 年达到 5.9%，2009 年为 8.6%。异性传播从 2006 年的 30.6％增加到 2007 年的 38.9％。2008 达到 40.3％,2009 年达到47.1％。从 2010 年 1 月到 8 月升至 53.8％。母婴传播在 1.3％到 1.5％之间波动。

累计的艾滋病病毒感染者中 30.1％为女性。

抗逆转录病毒治疗

截至 2010 年 8 月底,成人抗逆转录病毒治疗项目正在我国 31 个省的 1806 个县市进行,75477 人正在接受治疗。接受抗逆转录病毒治疗的成人艾滋病病毒感染者累计人数为 95631 名。

截至 2010 年 8 月底,儿童抗逆转录病毒治疗项目正在 27 个省的 306 个县市进行,1680 人正在接受治疗。接受抗逆转录病毒治疗的 15 岁以下感染者累计人数为 2009 名。

截至 2010 年 8 月底,3927 名成人艾滋病病毒感染者和 128 名儿童艾滋病病毒感染者正在接受二线抗逆转录病毒治疗。

在免费抗逆转录病毒治疗项目从 2003 年开始的省份,抗药性高的超过 30％,例如河南省为 30.3％,安徽省为 26.6％,湖北省为 19.2％。估计中国将有多达 8000 至 1 万病人需要二线药物。

污名化与歧视

一般人群中存在对艾滋病病毒感染者的高度污名化。2008 年,一份由居住在中国 6 个城市的 6000 人参加的调查揭示:

41.3％不情愿或强烈反对与艾滋病病毒感染者在同一地点工作。

64.9％不情愿或强烈反对与艾滋病病毒感染者在同一房间居住。

47.8％不情愿或强烈反对与艾滋病病毒感染者在同一地点进食。

63.6％不情愿或强烈反对接受艾滋病病毒感染者的服务,例如理发。

艾滋病病毒感染者遭受了严重的污名化与歧视。2009 年,中国污名目录组织的一份超过 2000 名艾滋病病毒感染者参与的调查显示,全部受访者中的 32％说他们感染艾滋病病毒的状态在未经他们允许的情况下被揭露给其他人。41.7％报告面临严重的艾滋病病毒相关歧视。全部受访者中超过 76％说他们的家人经历过因他们感染艾滋病病毒的状态造成的歧视。近 14.8％说他们自从被确诊为艾滋病病毒感染者以来,曾因其艾滋病病毒感染状况被拒绝聘用或失去工作机会。有子女的受访者中 9.1％说他们未被感染艾滋病病毒的子女被迫因其父母感染艾滋病病毒的状态而离开学校。怀孕的女性艾滋病病毒感染者常被推荐中止妊娠。有伴侣的女性艾滋病病毒感染者中 11.9％自从被确诊为艾滋病病毒感染者以来,曾在医务人员的压力迫使下结束妊娠。相当大比例的医务人员(26.0％)、政府官员(35.0％)和教师(36.0％)得知某人感染艾滋病病毒的状态后态度转变为"歧视的"或"严重歧视的"。

(资料来源:http://www. unaids. org. cn/cn/index/,2011－10－3 联合国艾滋病规划署 UNAIDS)

二、感染艾滋病病毒后，人体会产生哪些症状

艾滋病病毒进入人体后，潜伏期长短、病程进展速度个体间差异很大。艾滋病由感染到死亡，一般为2～10年，甚至长达10年或更长的潜伏期以后才发病。艾滋病病毒严重破坏人体免疫功能，一旦艾滋病病毒侵害了人体，即造成T4淋巴细胞的破坏，使机体丧失了抵抗疾病的能力，抵抗能力的极度下降使病人容易重复感染多种疾病。感染HIV到发展为AIDS通常要经过三个时期：(1)急性感染期，又称"窗口期"(window period)。感染者可发生咽痛、发热、全身疼痛、腹泻、消瘦、淋巴结肿大、皮肤丘疹等症状。被HIV感染者的体内产生足以可检测到的抗体，需要2周至12周时间，平均6～10周。HIV的核酸检测技术可以使"窗口期"缩短到1周之内。(2)无症状潜伏期。可持续数月至15年以上，平均5～10年，在此期间患者称为"HIV携带者"。(3)症状期。此期可出现发热、腹泻、体重减轻、全身淋巴结肿大等症状，由于严重免疫缺陷，最终导致多种病原体包括临床少见的细菌、病毒、真菌、原虫、寄生虫等感染，或继发肿瘤而死亡。

三、感染艾滋病病毒的途径

HIV感染者虽然外表和正常人一样，但他们的血液、精液、阴道分泌物、皮肤黏膜或炎症溃疡的渗出液里含有大量的艾滋病病毒，具有很强的传染性。病人的乳汁也含有病毒，有传染性。唾液、泪水、汗液和尿液中也能发现病毒，但含病毒很少，传染性不大。

（一）性传播

性接触是艾滋病最主要的传播方式。艾滋病可通过性交方式（包括口腔、阴道和肛门的性交）在同性之间、异性之间传播。性伴侣越多，感染艾滋病的危险越大。男性感染者将艾滋病传给女性的危险明显高于女性传给男性的危险。

其一，同性间的性接触传染。男性成人艾滋病病人中同性恋者比例较大。在美国、欧洲等地，同性恋已经成为传播艾滋病的最主要方式，感染了HIV男子的精液中存在着大量病毒。另外，男性肛门直肠和女性阴道的解剖组织结构不同，阴道为复层鳞状上皮，而直肠黏膜是柱状上皮，其抵抗力较女性阴道脆弱，弹性也低于阴道。因此，肛交极易使薄而脆弱的肛门黏膜表面受损形成创面。另外，男性同性恋者并非单一性伙伴，加大了艾滋病病毒的传播机会。

其二，异性间的性接触传染。男对女的传染是两性之间主要的传染途径。曾认为受感染的妇女通过性交将HIV传染给男性的危险性较小，这几年发现通过异性传播成为一些发展中国家的主要传播方式。

（二）血液传播

共用注射器静脉注射毒品、输入被HIV污染的血液及血液制品、使用被HIV污染且未经严格消毒的注射器和针头、移植被HIV污染的组织和器官以及与患者和感染者共用剃须刀和牙刷等都有可能感染艾滋病病毒。经共用注射器静脉吸毒是我国主要的传播方式。

（三）母婴传播

已感染的母亲在怀孕、分娩和哺乳期间有可能将病毒传染给婴儿或胎儿。如不采取药物

治疗预防措施,大约 1/3 感染了艾滋病病毒的孕妇会通过妊娠、分娩和哺乳把艾滋病传给婴幼儿,大部分感染 HIV 的婴幼儿会在三岁前死亡。因此,怀疑自己有问题的孕妇要做好艾滋病病毒的抗体检查和咨询,接受医务人员的指导和治疗。

(四) 其他途径

在人工授精过程中,接受了感染 HIV 的精液,也可能造成感染艾滋病的机会。如果皮肤破损,通过接触也可能被感染 HIV。

四、艾滋病的预防

与其他疾病不同,行为因素在艾滋病病毒感染的发生中起着重要的作用。个人改变自己的危险行为,则能够防止感染;群体改变危险行为,则可以预防控制艾滋病病毒在人群中的传播流行。首先,艾滋病病毒的传播途径非常明确。其次,艾滋病病毒在体外环境下很脆弱,很容易被杀死,艾滋病病毒不会通过空气、食物、水等一般性日常生活接触传播。另外,艾滋病病毒不能在蚊虫体内生存,也不能通过蚊虫叮咬传播。因此,艾滋病的传播主要与人类的行为有关,完全可以通过规范人们的社会行为而被阻断,是能够预防的。

目前尚不能治愈艾滋病,但通过控制传播途径,可有效预防感染艾滋病。

(一) 预防血液传播

远离毒品,抵制毒品,避免注射吸毒共用注射器引起的传播;对于暂时无法戒毒的人,可以采取美沙酮替代治疗和清洁针具交换的方法;避免接受被污染的血液或血液制品、组织及器官,预防发生需要输血的事故,减少不必要或不适当的输血;只接受经过艾滋病病毒检测的血液、血制品和组织;使用清洁医疗器具,不与他人共用针头或注射器及其他可能引起破损的工具如剃须刀、牙刷等。

(二) 预防母婴传播

感染艾滋病病毒的妇女应避免怀孕,一旦怀孕,在医生指导下终止妊娠;对选择继续妊娠者应采取抗病毒药物干预和剖宫产等措施阻断传播,产后进行人工喂养,避免对新生儿进行母乳喂养。

(三) 预防性接触传播

遵守道德,洁身自好,进行安全的性行为,正确使用安全套,患了性病及早到正规医院检查、治疗。

(四) 其他途径传播的预防

国外关于紧急性艾滋病感染病例,主要发生在艾滋病高危人群,特别是从事艾滋病护理工作的医生和护士。曾经发生过护士因为疏忽,被受到感染的医疗器具刺伤的事件。一般的处理措施分 3 个阶段:(1)最紧急的处理方法。在病毒开始感染以前,尽快把创口附近的血挤出来,然后流水冲洗。(2)外用药物局部消毒处理。一般使用消毒水或酒精,艾滋病病毒非常脆弱,很容易被杀死。(3)药物预防。从时间上讲,越早越好,24 小时以后,预防药物基本上无效。

国际上治疗艾滋病的药物有 3 类:(1)核苷类逆转录酶抑制剂;(2)非核苷类逆转录酶抑制

剂;(3)蛋白酶抑制剂。其中最主流的传统药物是 AZT(中文名:立妥威,通用名:Zidovudine、ZDV,注册名:Retrovir),属于核苷类逆转录酶抑制剂。逆转录酶是艾滋病毒 HIV-Ⅰ开始复制时的所必需的物质,抑制住逆转录酶,就可以阻止 HIV-Ⅰ的复制,完全控制病毒的感染。据临床试验,AZT 也具有一定的艾滋病预防的功能,当发生艾滋病毒感染后,2 个小时内使用 AZT,有 80%以上(另一种说法是 95%)的希望能预防艾滋病。否则,拖的时间越长,预防的机会就越小。

回顾与总结

　　性行为是人类生而有之的本性。本章从性行为特征、性取向、性行为模式、性传播疾病、不安全的性行为及其后果、选择安全性行为进行了阐述。概述了人类免疫缺陷病毒(HIV)感染和艾滋病(AIDS)的起源及其在全球传播,系统介绍了艾滋病传播途径、发病机制、临床表现。告诉人们不需要谈艾色变,因为一般的生活接触不会传播艾滋病,艾滋病是能够预防的,艾滋病病毒主要存在于人体的血液、精液、阴道分泌液、乳汁和伤口渗出液中,预防艾滋病也需要在这些方面加以注意,采取相应的措施,维护自己的性健康。

巩固与练习

　　1. 性行为及其特征是怎样的?

　　2. 艾滋病有哪些传播途径?

　　3. 通过各种渠道收集最近国内外有关艾滋病流行的资料,并作出简要分析,与同学交流。

　　4. 性传播疾病及其预防办法有哪些?

参考文献

　　1. 王跃生. 当代中国家庭结构变动分析. 中国社会科学. 2006,(1).

　　2. 郭玥. 艾滋病的传播途径. 中国社区医师. 2010,(47).

　　3. 张可. 艾滋病临床诊断和治疗. 人民卫生出版社,2007.

　　4. 黄红. 预防艾滋病——青少年健康教育手册. 上海大学出版社,2004.

　　5. 张胜康、王曙光、邹勤. 不同文化人群艾滋病问题的社会学研究. 四川大学出版社,2008.

　　6. 吴均林. 艾滋病相关心理问题及干预策略. 人民卫生出版社,2010.

　　7. 郭静、张爽. 北京市大学生婚前性行为及避孕知识需求调查. 中国公共卫生. 2011,(7).

第十六章　心理健康的自我调节

　　小陈，大一新生，家庭经济条件较好，外在表现：紧张、自卑、情绪低落、眼神迟疑。小陈在上大学之前没有过集体生活的经验，一切都是父母料理，学习成绩好，父母老师喜欢。可进入大学后这些优势都不复存在，进入大学生活两个多月觉得自己处处不如人，不能与他人进行良好的交往，感到孤独寂寞，为此心情抑郁，情绪低落。如果你是小陈，你会怎么办？

　　俗话说，人生不如意事十之八九。每个人在生活、工作中或多或少都会遇到一些不愉快的事，"一帆风顺"、"万事如意"只是一种美好的愿望。随着现代化社会的发展，心理问题会更加突出。面对这样的现实，就要求人们具有心理健康自我调节的知识和能力，以维护心理健康和高质量的生活。

第一节　心理健康自我调节概述

一、自我调节的概念与特征

　　自我调节(Self-regulation)，也称为自我调整，是指个人系统地引导自己的思维、情感和行为，使之指向目标实现的一种过程(江伟、黄希庭等，2008)。自我调节是一种使个体随着时间和环境的变化而引导自己的目标定向的内部处理机制，调节意味着个体能精细地、自动地使用特定的机制和支持性的元技能调整自己的思想、情感、行为和注意力；当规律性的活动或目标方向受到阻碍和影响(如挑战、相关性的行为模式失败等)，自我调节的机制就启动。自我调节是个人的内在强化过程，强调个体如何处理冲突、调节冲动，使自身达到或建立起一种良好的稳定状态。

　　自我调节有两个层面，一是观念上的，二是躯体上的。自我调节有以下几个方面的特征：

　　第一，自我调节体现在心理的各个方面。就个体心理的内容看，存在着自我调节。如个体追求什么样的成功，与同伴的关系以及做什么样的人等心理活动的内容中存在着自我调节。另外，心理过程的不同方面存在自我调节，如记忆、情绪、意志过程、性格等活动中有自我调节。

　　第二，自我调节可以是有意识的，也可以是无意识的过程。一般来说，人作为存在物，有自我保护的本能，这个自我保护的过程实际上也是自我调节的过程，这个本能的过程往往是无意识的，如疲劳时人要休息或机能活动水平下降。同时，自我调节也可以是有意识的，如个体感到压力，主动地自我寻找放松的机会和方法，就是有意识的过程。

　　第三，自我调节过程是众多心理因素参与的过程。自我调节有认知因素参与，即个体是以对自己行为的表现、目标和环境的认知为依据进行调节的。自我调节也涉及到心理—行为的众多因素,涉及到人的回避行为,涉及动机和情绪等方面的心理因素(Cicchetti, Tucker, 1994)。

第四,自我调节具有文化属性。不同文化的心理调节的性质、方式、方法是有差异的。例如,由于中西方文化性质的差异,西方文化中的宗教性是突出的,而中国文化中没有一个至高无上的上帝。这样西方人的心理调节中的宗教成分就比较突出,如他们可以在祷告和宗教体验中进行自我调节。而中国人的心理调节则更多地与儒家的信念有关,如人们常常用"天将降大任于斯人也"来鼓励自己面对困境。

在生活中,"心理调节"这个概念,往往等同于心理健康的自我调节。其实,严格来说,自我调节要比心理健康的自我调节范围大。自我调节不仅包括心理健康的调节,还包括其他方面心理的自我调节。自我调节的关键是重获一种自我控制,在自控的感觉下心灵才会飞翔。真正的自我调节是一种情绪的平衡。根据自我调节的定义,心理健康的自我调节是个体为了维护心理健康的目标而自我调整心态、认知、情感,维持或达到心理健康的过程。本章以此为讨论的概念。

二、自我调节与健康的关系

Tangney 和 Baumeister(2003)的研究表明,自我调节与人们的生理和心理健康指数有着非常密切的关系。例如,自我调节能力强的人会报告更少的无规律饮食和酒精滥用症状、更高的自尊、更多的安全型依恋、甚至更高的平均成绩。Engels 等人(2001)在对荷兰青少年的研究中发现,高水平的自我调节与更少的犯罪相联系,而且和父母的关系更乐观。乐观、相信自己的能力、保持耐性与主观幸福感和良好的健康有关。

良好的自我调节与人们的心理健康有着密切的联系,特别是在目标的实现中。Michael 等人(2003)的研究表明,如果一个人的目标最后被证明是无法达到的,而且他不可能进行其他有意义的活动,那么这个人会遭受高水平的心理压力。Carver 等人(1996)的研究表明,当连续受制于目标而又没有实现目标时,人们会感到忧郁。良好的自我调节能够使人们设立合适的目标,对所处的情境有清醒的认识,并在实现目标的过程中采取正确的措施、做出正确的决策来达到目标(Baumeister, 2005),从而减少由错误的目标设置或不可能实现的目标带来的忧郁等消极情感。

在人际交往领域,自我调节和健康的关系也很密切。许多研究表明(Baumeister, 2005),被社会团体接受或排斥对人们会有很大的影响作用,为了获得社会认可所带来的回报,人们通常会忍受自我调节所需要的代价和牺牲。在自我调节中,情感调节起着特殊的作用。对情感调节的研究发现(Michael, 2003),进行愉悦的、奖赏的活动更有利于消极情感状态的修复;中等程度的锻炼和愉悦的心情呈正相关,而且是调节气愤、消沉、疲劳和紧张最有效的方法;具有幽默感的人能更好地应对压力和疾病,能更快地从疾病中康复;自我意识的积极情感对于克服长期压力的有害作用是非常有效的。

黄希庭(2006)认为,幸福进取者的自我调节机制能使他们接受自己无法改变的现实,并具有重要的适应能力,幸福进取者自我中的自立、自信、自尊、自强特征,会使人以正面的乐观态度来对待威胁、丧失或挑战,有助于维护心理健康。而严重缺乏自立、自信、自尊、自强的人自我调节机制有严重障碍,他们悲观失望,看不清自己当前所处情境的真实情况。当他们把不断的放弃归因于自我,导致对自己不满时,会感到抑郁和挫败感。

此外,自我调节对于压力的应对、控制吸烟和酗酒、减少犯罪、成瘾的戒除以及情绪的调整等都有一定的作用。自我调节和生活中许多方面的成功是相联系的。

三、心理健康自我调节的主要领域

由于心理调节是人的心理活动和行为的基本方式,心理健康自我调节有不同的分类。按照对象,可以分为具体心理问题的自我调节,如矛盾心理、嫉妒心理、人际障碍等不良心理问题的自我调节;特殊情境下的自我心理调节,如发表演讲时心理紧张的自我心理调节。心理调节技能或能力按照心理调节所用的方法,可以分为"问题为中心"(problem-focused)和"情绪为中心"(emotion-focused)的自我调节等。

黄希庭等人(2008)认为自我调节行为认知取向的研究主要包括自我调节的类型、自我调节的过程、自我调节的结构和对自我调节的解释。在目前的心理学研究中,心理调节主要体现在以下两个领域。

(一) 心境的自我调节

心境是个体稳定的心理状态。心境被认为是人类行为的一个核心,是日常生活的基础。心境与个体心理的各个方面存在着联系。因此,心境研究在过去20年持续受到重视。心境的自我调节指个体调整不良的心境状态,达到良好心境状态的过程。Thayer (1989)提出了心境的两维理论。这个理论认为,心境是与个体意识唤醒相关的整体的中心状态。它通过能量与疲劳,紧张与平静表现出来。个体在这两个维度上移动,从而实现心境的最好状态(Thayer, Newman, McClain, 1994)。调节不良心境的常用方法是放松、压力管理、认知改变和运动锻炼等。

(二) 情绪调节

情绪调节是个体管理和改变自己或他人情绪的过程,在这个过程中,通过一定的策略和机制,使情绪在生理活动、主观体验、表情行为等方面发生一定的变化。情绪调节的目标有两个:防止消极的情绪和维持积极的情绪,减少压力水平和不适应行为。

情绪调节可以分为两个大的方面,一是情绪性质的调节,如压抑产生的时候,进行自我调节而改变这样的状态,从而使消极的情绪转变为积极的情绪;二是情绪动力特征的调节,如改变情绪的强度、范围和持续性等。

情绪调节还表现在情绪认知的调节,如对导致情绪产生的事件的认知再建构;情绪相关行为的调节,主要是调整情绪行为,如计划、问题解决等;再是引发情绪的情境的调节,即对情绪情境的控制(Eisenberg, Fabes & Losoya, 1997)。

四、心理健康自我调节的过程

班杜拉认为,自我调节过程包括自我观察(自我监控)、自我评价(自我判断)和自我反应

(自我激励)三个阶段。比较有影响的是 Carver 等人提出的作为监督过程的测验—操作—测验—退出(TOTE)模型。在第一个"测验"阶段,人们对当前状态和最后的理想状态进行比较;"操作"阶段,采取措施使当前状态向目标状态靠拢;第二个"测验"阶段,对新的当前状态与目标状态进行比较;"退出"阶段,当目标达到时,操作即停止。在 TOTE 模型的研究中,"操作"阶段比其他阶段受到的关注要少些(Baumeister,2003)。

从操作过程看,有意识的心理调节有以下的程序。

(一)对心理问题的意识

这就是说,个体要或多或少地意识到自己遇到的问题,如此,才会产生调节的反应。在很多情况下,个体对自己的问题是不清楚的,不知道自己处于不良的心理状态,往往只是感到自己的工作效率下降,心情不好,不舒服等。这样就不能产生有意识和有效的自我调节。

(二)分析心理问题产生的原因

即分析心理不适的原因。这是心理调节的一个基础,因为只有找到原因,才能进一步反应。

(三)有改变的意向或计划

即针对心理问题寻找自我改变的方法。这包括个体经验性的方法,以及心理学理论性的方法。前者是自我的反应,后者是在心理学家指导下的努力,是更系统的计划。

(四)实施计划

即在有了意向和计划制定后,实施计划,进行改变。

(五)反馈和结果评价

对计划实施的效果进行自我评价,看存在的问题是什么,有什么地方没有达到计划所预计的目标。

(六)改进和再实施

修改计划,然后按照新的计划,进一步实施。

就心理问题的自我调节过程看,大部分心理问题不是一次就能够消除的。由于心理的复杂性,心理问题消除后,在类似的情况下也会再出现。因此,心理调节要坚持,有持久性。

第二节 应对与心理健康自我调节

在谈到心理健康自我调节时,常常见到"应对"一词。应对过程涉及到不同程度的心理调节。个体面对压力,产生了紧张感,为了消除这样的感受,个体产生了各种各样的应对行为。只不过,应对具有无意识性,而自我调节多了意识性。实际上,应对过程也就是心理健康的自我调节过程。无论应对方式有多少种类型,都与个人的自我调节机制有关。心理学中,应对研究也是针对心理健康而言的。所以,我们讨论心理健康的自我调节,不能不讨论应对。

一、应对研究的发展状况

应对是个体努力对抗压力的一种手段。简单地说,应对是指个体处于应激环境或遭受应

第十六章 心理健康的自我调节

273

激事件时,为平衡自身精神状态所作出的认知或行为上的努力(Lazarus,1993)。

应对的研究发展过程是一个从"防御"到"应对"的过程。应对是一种自觉处理压力的过程,不包含潜意识的防御机制。但是应对与防御同属于人类心理适应的方式,它们是紧密联系的,很难分开的,防御(defense)这个词最早出现在弗洛伊德的理论中。他把防御一词理解为:自我对抗不愉快的主意和观念,而诸如压抑、回避则被理解为防御方式。弗洛伊德提出了10种自我防御机制,他的女儿安娜·弗洛伊德在其《自我与防御机制》一书中,对弗洛伊德提出的防御机制做了补充和系统化的工作。主要的自我防御机制有:压抑、否认、移置、认同、升华、投射、合理化、反向、固着、退化。

表 16-1　主要的自我防御机制

防御机制	含　义
否认	为保护自我拒绝承认不愉快的现实。
移置	将敌意等强烈的情感从最初唤起情绪的目标转移到较少危险的另一目标。
幻想	用想象的方式满足受挫的欲望(白日梦是一种最常见的形式)。
认同	个体潜意识地向别人模仿的过程。
投射	把自己内心不被允许的态度、行为和欲望推给别人或其他事物。
合理化	用一种自我能接受、自我能宽恕的理由来代替自己行为的真实动机或理由。
反向作用	为了掩藏某种欲念而采取与此欲念相反的行为。
固着	行为方式发展的停滞和反应方式的刻板化。
退化	个人遇到挫折时以显得较为幼稚的行为来应付现实的困境。
压抑	将痛苦或危险的想法排除在意识之外,使之不被觉知,这是最基本的防御机制。
升华	将本能的冲动或欲望转移到为社会许可的目标或对象上去。

自我防御机制是伪造或曲解现实的,并且是无意识的,人总是不知不觉地运用它们。防御机制本身不是病理的,相反,它们在维持正常心理健康状态上起着重要的作用。从它的作用和性质来看,可分为积极的防御机制和消极的防御机制两种。升华是一种最积极的富有建设性的防御机制,可以把社会所不能接受的性本能转向更高级的、有社会价值的对象或目标上去。幽默也是一种积极的防御机制,当一个人遇到挫折时,常可以用幽默来化解困境,维持自己的心理平衡。当我们遇到困惑之时,不妨仔细想一下问题产生的原因,看看自己是否使用了恰当的心理防御机制,这样将有助于提高自己的心理调节能力。

二、应对方式的类型

应对方式(coping style),是人们应付内外环境要求及其有关情绪困扰而采用的方法、手段或策略(张月娟,2005)。

从应对方式与心理健康的关系看,成熟的应对方式(如解决问题、求助)可以有效地削弱应激的作用,提高心理健康水平,而不成熟的应对方式(如自责、退避)作用正相反。个体良好的心理状态可能为选择有效的应对方式提供一个良好的心理背景,而心理健康状况差的人会妨碍成熟应对方式的选择与使用(李茹、张志群、王育强,2004)。

在应对的具体方式上,Lazarus 和 Folkman 总结了8种主要方式(Lazarus,1993)。

(1)面对型,即直面引起压力的问题;(2)隔离型,不再想或忘记它;(3)自我控制型,把压力事件控制住;(4)寻找社会支持,寻找朋友或他人帮助自己;(5)接受责任,自己感到自己应当对压力事件负责;(6)逃避—回避型,回避导致问题产生的人或事情;(7)计划问题解决型,改变一些事情,使事情出现转机;(8)积极再评价型,对情境进行积极的认识评价。

Parkinson & Totterdell(1999)利用开放式问卷,整理出人们应对压力事件的方式有162种。他们认为,可以从认知、行为、离开和投入几个维度来对应对方式进行归类。人的应对反应可以归为"问题为中心"(problem-focused)、"情绪为中心"(emotion-focused)。问题为中心的应对是指应对的努力直接指向解决和管理引起痛苦的问题本身,包括收集信息、计划、克服冲突、做出决定等方式。以任务为目标和工具性是其基本性质。情绪为中心的应对则是改变自我与环境的关系,或环境没有发生实际变化而个体感受到的与环境的关系意义发生变化,即个体通过情绪性调节消除压力反应。不过,Lazarus认为,这二者实际上是不能完全分开的,问题为中心的应对中有情绪应对,情绪为中心的应对中也有问题应对(Lazarus,2000)。

按照后果,应对方式可分为3类:(1)积极应对。以进取、主动、活跃、向外为特征;(2)消极应对。以回避、被动、抑制、向内为特征;(3)综合应对。同时或先后采用以上两种方法(丁凤琴,2007)。

刘凤娥(2002)对976名大学生的应对方式进行调查,结果表明当代大学生在应对压力时,主要以问题解决、忍耐、转移、求助等积极的应对方式为主,相对较少采用压抑、逃避、幻想等消极的应对方式。

黄希庭(2006)对490名大学生的测试结果表明,大学生使用8种应对方式的次序依次为:问题解决(2.20),升华(2.47),合理化(2.64),求助(2.89),压抑(3.20),推卸责任(3.64),发泄(3.75),逃避(4.07),这8个因素可以归入情绪取向、任务取向和回避取向三大类之中。

景怀斌(2006)关于"儒家式应对思想及其对心理健康的影响"的研究结果显示,儒家式应对问卷项目与体现心理健康水平的抑郁症自评量表、焦虑症自评量表、主观幸福感量表均有确切相关关系,越具有内在乐观性,抑郁、焦虑越低,生活满意度越高。由此可见,在应对过程中,儒家式应对方式,可以在一定程度上减轻人们的压力。

三、影响应对方式的因素

(一) 人格特质

人格是构成一个人的思想、情感及行为的特有的统合模式,是应对资源中最为稳定的心理资源。在对A型人格与应对的研究中,陈红等人(2002)发现:A型人格的中学生更倾向于使用情绪指向的应对方式。在大五人格与应对的研究中,李文道等人(2000)的研究发现,尽责性、随和性较强的学生,更多地采用主动型应对方式;外倾性和开放性个体往往使用回避型应对方式;神经质性个体往往采用回避、否认、幻想等方式来应对。在自尊与应对的研究中发现,高自尊者更多地使用问题指向的应对方式;低自尊者更多地使用情感指向的应对方式。在对乐观、悲观与应对的研究中发现乐观者倾向于使用积极的问题指向应对策略,悲观者更倾向于采用自我放纵、寻求更多的社会支持以及消极回避等应对方式。此外,研究者还发现(尹小琳、陈旭,2006),自我效能感越高的个体,越倾向于以积极的态度应对突发事件,他们更积极地采用积极的应对方式,其应对也更为有效。

(二) 认知评价

认知评价是指个体从自己的角度对遇到的生活事件的性质、程度和可能的危害情况做出的估计。对事件的认知评价直接影响个体的应对活动和身心反应(薛朝霞、梁执群、卢莉,2005)。如果个体认为事件具有较大的可控性,则更多地采取面对、主动和针对问题的应对策略;反之则采取回避和针对情绪的应对方式。另外,将事件对自己的影响评判过高的人,更多采用被动消极的应对方式或情绪取向的应对;相反,能客观评价事件的个体往往更多采用积极主动的应对方式或问题取向的应对。

(三) 情绪状态

情绪是人对客观事物的态度体验和行为反应。钱铭怡等人(2003)在《关于羞耻感易感性差异及对羞耻的应付》的研究中提到,情绪与应对选择关系密切,正性情绪可以拓展思维,使个体在应急条件下有更多可以利用的社会、身体、智力资源;而负性情绪则往往固化思维,缩小行为选择的范围。

(四) 年龄和性别

年龄和性别等因素也会对个体的应对方式产生影响。大学生在不断学习的过程中随着年级和年龄的增高,其认知结构和人生经验也在不断发展和完善,压力应对时所采取的方式也逐渐趋于成熟。张林等(2005)对大学一到四年级学生应对方式的研究发现,年级越高,采用的应对方式越成熟、越有效。在压力的应对方式上,大一学生以寻求帮助、压抑、幻想和调整情绪方式为主,大二、大三学生以自我防御方式和总结经验为主,大四学生则较多采用心理调节机制的方式。

王成德等人(2010)调查发现,近三分之二的大学生会选择"转移"、"顺其自然"等积极的方式应对,男女无显著差异,有21.09%的大学生会选择诸如"哭"、"倾诉"、"写信或日记"等中性的应对方式,男女生差异较大。

(五) 文化因素

大学生的应对方式亦受文化、种族等因素的影响,中国大学生在面临困难时和美国大学生相比更易逃避和否认问题,也更易于放弃努力;而美国大学生更趋于接受现实,并针对问题寻求他人的帮助从而进行主动应付,但也更易产生紧张情绪并转向其他活动寻求心理解脱(刘丽,张日,2003)。

知识窗

从"苏东坡突围"谈受挫后的心理自我调节

宋神宗在熙宁年间(1068～1077)重用王安石变法,变法失利后,又在元丰年间(1078～1085)从事改制。北宋神宗年间苏轼因为反对新法,并在自己的诗文中表露了对新政的不满,为御史所弹劾,中央御史台(又称乌台)派人把他逮捕,从湖州押送汴京,下狱审问达5个多月。随后,苏轼被贬为黄州团练副使。

对于 21 岁就高中进士、且已是当时文坛中心人物的苏轼来说,这无疑是一次沉重的打击。但为了适应新的环境,苏轼做了一些心理上的自我调节。

1. 压抑。将过失、痛苦经验等抑制到潜意识中,使自我避免痛苦。这是一种最基本的防卫方法。出狱之后,苏轼强迫自己痛定后不再思痛。并在诗中写道:"此灾何必深追咎",还言道:"百日归期恰如春,余年乐事最闲身。"

2. 转移。通过体力等大量支出来转移注意力,使精神暂时从痛苦状态中解脱出来。苏轼到黄州后为生计问题大费脑子,随后亲自开垦黄州东门外的东坡,这不仅解决了他的温饱问题,忙碌的耕种还使得苏轼无暇多想陈年痛事。

3. 回归。走进大自然,领略自然风光是调节人们心理的重要方法之一。人是自然的一份子,回归自然,可以让人体会到心旷神怡的愉悦感。苏轼到黄州后,"扁舟草履,放浪山水间,与樵渔杂处,往往为醉人所推骂"。他把自己的思想倾注于大自然之中,以享受大自然的美来抵御精神上的伤痛。

4. 咨询。在遇到困难时,人们可以找自己信任的人或者专业人士寻求帮助和指导。之后,老庄哲学中的达生达观、否定功名富贵,佛家禅宗里的从己心中找见佛性、解脱烦恼等观念,成为了苏轼的精神支柱,帮助他从痛苦中竭力自拔。

5. 冥想。人们的思考会产生不同的效果,可能会使对事情的观点有所改变,所以,冥想的过程可使记忆净化为对身心无害的记忆,从而摆脱精神束缚。苏轼受禅宗影响,每隔一两天就上黄州安国寺默坐思索。

6. 倾诉。选择合适的方法,把自己的痛苦、忧虑、悲伤等心情诉说出来。可以宣泄情绪,感到如释重负。苏轼在黄州过着闭塞的生活,无人可诉,自然对笔墨倾诉,在激扬或沉静的文字中享受一吐为快的轻松。

（资料来源:来斓、王庆生、黄南燕. 从"苏东坡突围"谈受挫后的心理自我调节. Health Medicine Research and Practice. 2007,（1）.）

第三节　心理健康自我调节的原则及策略

一、心理健康自我调节的特点

人的心理活动与生理功能之间有着十分密切的联系。在我国最早的一部医学著作《内经》中就有所阐述:怒伤肝,喜伤心,思伤脾,恐伤肾。自我调节对于压力的应对、控制吸烟和酗酒、减少犯罪、成瘾的戒除以及情绪的调整等都有一定的作用,因此掌握心理健康自我调节的方法是必需的。

自我调节要有策略性,注意方式方法,有策略的自我调节具有以下三个特点。

其一,有策略的自我调节是有效的自我调节,那些没有效果的自我调节虽然也是应对压力的方式,但效果差,甚至危害自己,就不能说是有策略的方法。例如,以吸毒来消除沮丧、挫折就不是有策略的自我调节。有策略的自我调节能够及时消除压力,使个体处于良好的状态。

一般来说,自我调节可以分为两类,积极性与消极性的自我调节。积极的自我调节方式表现为,能尽快地将不愉快忘掉,向好的方面想,能较快将消极因素转化为积极因素等。而消极的自我调节则表现为,迁怒于别人,遇到烦恼的事情绪和态度就变得沉闷起来,抽闷烟或喝闷酒等等。

其二,有策略的自我调节要根据情况来确定应对方式。应当说,各种心理调节的方法在不同情境下各有效用。但是,一个情境下有用的策略在另一情境下未必有效;某人使用的方法有效,其他人使用,则未必有效。

其三,有策略的自我调节具有发展性,而不只是暂时地消除了压力。在自我调节中,有些方法可以使个体暂时地消除压力,如发泄可以消除苦闷,或者吸毒使吸毒的人忘记痛苦,但是不能根本消除压力,反而以个体的发展为代价。因此,有策略的调节,应当是发展性的调节。

自我调节是人们为了达到所期望的目标,对自身的心理和行为施加控制的过程(Byrnes,1998),对一个人的社会发展、生活适应、社会性功能等的发展有重要的影响。对于个体来说,有些自我调节是合适的,有些是不合适的。生活中,人们常说,一些自我调节是对的,一些自我调节是错的。其实,不能用对或错来判断,而应当用适应或不适应来看。不过,无论如何,自我心理调节有一个更关键或更重要的问题,这就是心理调节的策略问题和能力问题。

二、自我心理调节的原则

一般来说,心理健康自我调节所处理的问题往往是一般性的心理问题,也就是说,心理自我调节重在平时。体现在平时的心理调节,要遵循以下的原则。

(一)随时原则

心理问题出现以后,随时解决自己的问题,不要有等待,那种认为要用集中的时间,等某个时期来处理心理问题的看法,是不合适的。实际上,心理问题一旦严重化,要消除它,所用的时间和精力要大得多。所以,要随时处理心理问题。

自我心理调节能力本身就体现在能不能随时解决自己的问题。如果能够及时地处理遇到的问题,就可以说个体的自我心理调节能力比较高或强。

(二)随地原则

即在心理问题出现的场合解决自己的问题。例如,在大众面前发表演说,会心理紧张,这是正常的,但是一旦紧张得不能基本地表达自己的意思,就属于心理问题了。出现这样的问题,有些人往往回避它,想在其他场合练习好后再来表现自己。其实,这是不符合心理规律的,要在问题出现的时候解决它,才能最有效地消除它。

(三)顺应自然原则

肖东(2001)在《自我心理调节——智者的选择》一文中提出心理健康自我调节要达到:"上得去下得来","进得去出得来","忘得掉找得回"。也就是说:一个人要顺应自然规律,上得去下得来;有所追求,但不奢求;求其所能,舍其所不能;喜怒有常,哀乐有节;在生活中学会忘记。

心理调节的原则说明,只要在日常生活中有意识地进行自我调节,就能够培养良好的自我心理调节能力。

三、自我心理调节能力的培养

自我心理调节大致有三种思路：一是具体心理问题的自我调节，如出现矛盾心理、嫉妒心理、人际障碍等不良心理问题的自我调节；二是在特殊情境下的自我心理调节，如发表演讲时心理紧张情境下的自我心理调节；三是将心理调节作为心理技能或能力来看。古人语：授人以鱼，不如授之以渔。因此，心理调节的根本方向应是自我心理保健能力。

心理调节能力是可以培养的。刘丹、黄玥乔(2011)对大学生心理状况及自我调节能力的调查分析表明，超过三分之二的大学生可以通过自我调节来达到解除压力的目的。这就证明，绝大部分大学生的心态是积极的，大学生有进行自我调节的基本能力。并且，随着年级增长，学生的心理调节能力也呈上升趋势。

培养自我调节能力，需要以一定的理论为基础。关于自我心理调节的能力，相信不同的心理学家有不同的看法。这里介绍自我心理保健的 3M 理论(景怀斌，1998)。

3M 是英语 Master，Medium 和 Maneuver 的简写。Master 是主人的意思，这里引申为个体要做自己的主人，了解自己的价值观和生活准则，具备心理健康理念，有自我把握的意识和能力——包括自我观察意识，自我观察的方法、内容的知识，心理问题的自我判断能力；Medium 是中介的意思，这里引申为对心理意义进行调整、转换，从而达到心理内容和环境信息性质上的兼容，消除心理冲突的过程；Maneuver(演练)在英语里有策略控制的含义，这里引申为心理—生理调整、行为控制等的策略性的自我控制方法。

3M 理论认为，心理产生问题或出现波动甚至异常是不奇怪的。这是因为，心理系统是动态的开放系统，如同生理疾病一样，会随时产生心理问题或心理异常。那种认为心理应当恒定正常，一旦有变化或异常就大惊失色的看法是不符合心理规律的。这启示，心理健康的维护重在平时的维护。

3M 理论认为，心理的自我调节，需要"理"和"器"的结合。所谓"理"，就是实现环境消息、心理内容与心理意义的协调，这主要体现在自我认识的中介转换，消除心理冲突；所谓"器"，就是具体的各种各样的自我控制的操作方法。

在自我心理保健的过程上，3M 理论主张 2W + SpA + 3M。2W 指"是什么(What)"和"为什么(Why)"，即在出现心理问题的时候，要分析出现的心理问题具体是什么？为什么会出现这些问题？这些问题是由哪些原因造成的？

Sp 是 Self Potentiality 的简写。这有两层含义：其一，自我是心理问题消除的根本，是解决自己心理问题的根本环节。心理问题的解决不同于生理疾病，要通过自我心理而发生作用的，尽管专家可以对我们进行帮助，但真正、最后解决自己的心理问题要靠自我。其二，要有解决自己心理问题的信心，人的心理有自我恢复的潜在能力，要相信自己有解决自己问题的潜在能力。

A 是 Action，行动的意思。认识到问题就应该积极采取行动，只有行动才能解决问题。在3M 中，行动有两层含义：一是强制隔离，即在产生心理问题时，强迫自己离开出现问题的情境，转换到一个新环境。二是要立即行动，解决问题。

概括来讲,3M理论认为,心理健康的实现依赖于正确的心理健康理念、有效的自我观察程序、"想得开"的方法、有效的心身控制技术。

四、自我调节的策略

(一) 建立合理的认知

认知是人的心理活动的决定因素,建立合理的认知是自我调节的关键。所谓认知一般是指认识活动或认识过程,包括信念和信念体系、思维和想象。具体来说,"认知"是指一个人对一件事或某对象的认知和看法,对自己的看法,对人的看法,对环境的认识和对事物的见解等等。由于文化、知识水平及周围环境背景的差异,人们对问题往往有不同的理解和认知。不合理的认知导致了不良的情绪和行为。可以通过归因训练和逆向心理调节法改变不合理的认知。

1. 归因训练

所谓归因,是对自己或他人行为的特征及意图进行推断的过程。换言之,归因就是对自己或他人的外在行为表现的因果关系做出解释和推论的过程。归因训练是通过一定的训练或程序,使个体掌握某种归因技能,形成比较积极的归因风格。一个人之所以乐观,主要是因为学会了把消极事件、消极体验以及个体面临的挫折或失败归因于外在的、暂时的、特定的因素。如,当和同伴发生冲突后,乐观的人会认为他当时正在气头上(外在的、不稳定的、特定的,与自我无关),悲观的人则会推测,自己就是不善于与别人搞好关系(内在的、稳定的、普遍性的,与自我有关)。合理的归因有助于正确认识他人和事件。

2. 逆向心理调节法

逆向思维是指人们为达到一定目标,从相反的角度来思考问题,从中获得启发的思维方法,它是把司空见惯的似乎已成定论的事物或观点反过来进行思考的一种思维方式。逆向心理调节法就是运用逆向思维来进行心理调节的方法,这种方法解决问题时注重从事物的另一面着手,颇有反弹琵琶的味道。当我们因处于困境而情绪低落时,倘若我们能够从相反的方向思考问题,从中寻找益处并记住它,就能使自己的心理和情绪发生良性变化,看到事物的另一面,从而得出不同的结论。在生活中,逆向心理调节法常表现为换位思考的形式,它是使人战胜沮丧、收获快乐的有力武器。

有这样一个小故事:有一个妇人脸上总是充满了喜悦和笑容,常常一开口就先说:"感谢上帝! 赞美上帝!"有一次,她不小心割破了手指,她包扎好受伤的手来到办公室。大家心想,这下可不能感谢上帝了吧! 没想到这位妇人仍笑着说:"赞美上帝,还好手指没有被割断!"

(二) 加强自我修养

每个人都有自己的追求目标,目标的实现过程就是一个自我调节的过程。自我的各个成分影响着人们从事什么样的活动,成长为什么样的人。加强自我修养,特别是培养自立、自信、自尊、自强等人格特征,对于人们应对压力、实现目标都具有重要的意义。

黄希庭(2003)的一项调查研究表明,我国当代大学生对心理健康的要求很高,他们渴望能以辩证的态度对待世界、他人、自己,过去、现在和未来,顺境与逆境,自立、自信、自尊、自强,成为幸福进取者。幸福进取者有一个好的自我调节机制,明显表现在努力与放弃、乐观与悲观两个应对维度上的良好自我调节。面对压力,幸福进取者由于具有自立、自信、自尊、自强等人格特征,会以正面的乐观心态坚持努力,设法寻求有效的方法来应对逆境,通过逆境的考验和磨练最终达成理想目标,成就事业。正面的乐观心态与问题取向应对及正面的认知重构呈正相关,特别是当认识到压力情境可控时更是如此,人们会主动地想方设法克服困难,针对问题有计划地加以解决,而不是逃避压力源;当认识到压力情境不可控时,则倾向于接受现实情境。

(三) 保持乐观稳定的情绪

自我调节的一个重要方面就是对情绪的调节。良好的情绪调节能促进身心健康,不良的调节或情绪失调会破坏身心健康。大学生可以学习一些简单的心理调节方法,积极开展自我调节,克服学习、生活中出现的各种不良情绪和行为。

1. 控制愤怒

愤怒对人的身心健康有很大的杀伤力。学会制怒就是要学会控制发怒的状态,做自己情绪的主人。当你遇到发怒的情境时,可以通过下面三个步骤来控制愤怒的情绪:第一步是先在口腔里绕舌头十圈,让自己的情绪"冷却"下来;第二步是进行三思:一思发怒有没有道理,二思发怒之后的后果,三思有没有其他的替代方式。一般情况下,你这样做了,就可以变得冷静而情绪稳定,因而可以制怒。如果愤怒情绪还得不到有效的控制,就可以进行第三步:选择合理的方式发泄自己愤怒的情绪。

2. 幽默多笑

幽默是不良情绪的消毒剂和润滑剂,学会幽默可以减少不良情绪。要想学会幽默,首先要有变通的智慧,其次要有宽阔的胸怀。清朝乾隆年间,一次权臣和珅与纪晓岚在花园饮酒,突然有只狗从旁边跑过。和珅故意问:"是狼(侍郎)是狗?"当时纪晓岚官居侍郎,和珅官居尚书。纪晓岚随口答道:"垂尾是狼,上竖(尚书)是狗!"这就是豁达之人的幽默,不动怒,不置气,于只言片语中为自己赢得尊重,也让对方有口难辩却也不致太过尴尬。如果纪晓岚不是幽默对之而是针锋相对,其结果可想而知,他也不会成为一代大才子了。

在生活中不但要学会幽默,还应当重视"笑"的价值,笑一笑,十年少,要多笑少愁。另外,笑还有较好的生理作用,笑的时候可以增加吸氧量,按摩心脏,松弛肌肉,促进面部肌肉放松,增加脑部供血量,降低基础代谢率等。

3. 代偿转移

就是当需求受阻或者遭到挫折时,用满足另一种需求来代偿转移。如一门课没考好可争取在另一门课上取得好的成绩;这一次没考好,可以转移到下一次的考试上。也可以通过分散注意力、改变环境来转移情绪的指向。如和同学吵架,事后换个环境去下棋、踢球等,都可以起到消气平心的作用。

4. 积极的自我暗示

利用潜意识中的自我暗示是心理治疗常用的方法,暗示有积极暗示和消极暗示两种,我们要学会并坚持心理上积极的自我暗示,选择一个积极的心态介入生活,这是一种获得心灵平衡的极好方法。如在发怒时,提醒自己"不要发怒",在忧愁时劝说自己"烦恼就会过去"等。诸如此类,对抑制不良情绪都会大有益处。也可以利用照镜子技术进行积极的自我暗示。在照镜子时,对着镜子里面的我说好话、吉利的话、期望的话,进行自我良性暗示和鼓励,一般都会有较好的效果。

"白云想象法"是美国爱荷华大学发现并推广的调节情绪的一种方法。具体有以下几个步骤。

（1）想象自己仰躺在夏日的草原上,凝视着广阔的蓝天,这时你是轻松的、快乐的,天空很明亮、很美丽。

（2）独自一人躺着,轻松地、愉快地望着天空,这时,发现水平线上出现了一朵小小的白云,它以蓝天为背景,在天空中自由地漂浮。

（3）这时,想象着小白云慢慢向你移来,放松自己,反复地想象着小白云还在慢慢地向自己移来。

（4）慢慢地欣赏着小白云向自己移来,终于,小白云停在自己头上了。这时可轻松地仔细欣赏美丽的小白云了。

（5）想象着自己沉醉于小白云中,自己也成了一朵小白云了,并且能自由分散,和小白云融合成一个整体。

一般情况下,当人们情绪不稳定时,做一到几次"白云想象法"就可使自己的心情平静下来。另外,合理宣泄不愉快的情绪,通过升华把受挫折的不良情绪引向崇高的境界,放松身心等都是调节情绪的方法。

（四）充分利用社会资源

个体的自我调节系统是围绕着人们营造和维持自己所希望的生活环境而组织起来的。每个人都生活在与他人交往的社会环境之中,交往的数量与质量,影响着他的身心健康及社会适应与否。一个人,如果有较为和谐的人际关系,包括家庭、夫妻、亲戚、朋友关系,就能得到较多的社会成员的理解、支持,在遇到挫折或者失败时,自我走出困境的可能性就大,自我调节的能力就强。大学生要认识到社会支持的重要价值,具有主动寻求支持的意识,还要学会建立自己的社会支持网络系统,这一网络包括亲人、朋友、同学、师长和心理咨询师等专家和组织机构。充分利用社会资源,从多个角度获得多方位的支持与协助,有助于个体的身心健康。

（五）保持自然的生活规律和积极的生活状态

合理的睡眠。睡眠是一切精力的源泉,人的一生有三分之一的时间是在睡眠中度过的,好的睡眠是对人体的定期修复,也是对人体的不断"充电",对恢复体力、增加智力、保证健康都十分重要。好的睡眠习惯还必须遵循生物钟的运行规律,不要轻易改变睡眠、起床的固定时间。另外,一定要重视午睡,午饭后人们往往感到困倦乏力,昏昏欲睡,此时,若能小憩片刻,即能消除疲劳,恢复体力,使人轻松舒适。午睡时间不必过长,有时哪怕短短五分钟也有此效应。正如朱自清所说,酣眠固不可少,小睡也是别有风味的。

平衡的饮食。如果把合理睡眠看作对人体的"充电",那么合理饮食则可看作给自己"加油"了。日常饮食中应多食有助于抵御心理压力的食物,注意钙质、蛋白质、维生素 C 的补充,如鸡蛋、牛奶、大豆、芝麻、鱼、虾,维生素 C 含量多的草莓或猕猴桃等水果。

开展休闲体育。休闲体育是以娱乐身心、发展自我为主要目的的体育活动,是基于对生命意义和快乐的尊重与追求,通过各种形式进行的身心锻炼活动,其目的是追求和满足身体与精神的高品质需求,是追求自我、实现自我的一种生活方式(罗奇,2010)。休闲体育强调的是回归自然,身心放松,强调活动的乐趣。休闲体育不仅能增强学生的健康,更能使人们高度紧张的神经系统得以放松,在调节情绪和心理方面具有不可替代的作用。

此外,调节的方法还有运动调节法、自我催眠法、色彩心理调节等多种方法。个体需要根据自己的特点选择合适的调节方法。自我心理调节的方法要简单、容易掌握,便于在家里或日常活动中随时进行。

自我调节的关键是重获一种自我控制。在进行自我调节时,要注重自己的身心感受,及时调整自我调节的策略,同时还要积极行动,由外到内调节自己的状态。

知识窗

让快乐成为习惯

快乐是人们情绪调控和建设的重点。只要你学会从今天做起,把自己每一天的生活都安排好,你就会发现快乐其实很简单。

1. 不要试图在一天内解决所有的人生问题。让自己心平气和地将困难分解,为完成它订出计划,一天前进一小步,逐步成功。

2. 让自己的身体和心灵保持在活跃的状态。让自己充满欢乐,不要躲在床上,或是用酒精与药物来麻醉自己或刺激自己,要知道,自怜和孤独只会让你的情况变得更糟。

3. 试着不要拖延事情,养成今日事今日毕的好习惯。你要尽可能地将手头的工作完成,并且每天做完一件你至今未做完的事。

4. 对别人谦恭有礼,不要总是用挑剔的眼光看人。投之以桃,报之以李,别人也就会以同样的态度对待你。

5. 不要老是批评或责备别人,总是以正确者自居。因为你必须明白,有时需要改变的并不是他人,而是你自己。

6. 穿着优美整洁,以得体的仪表亮相人前。外表的优雅,不仅会给精神上带来愉悦,更会增强你的自信心。

7. 试着去帮助别人。不要认为自己的问题都没有解决,根本没时间和精力去顾及他人。其实帮助别人会使你忘却自己的痛苦,而且实际上也帮助了你自己。因为这是对自己的一种挑战。

8. 鼓起勇气去面对各种现实。也许你有过许多失败的经历,但不要害怕,勇敢地面对这一切,要去念那本最难念的经。只有这样,你才能"修成正果"。

9. 每天抽空做一些自己喜欢、可以令自己减压的事情。比如上网、听音乐、找朋友聊天、到户外散步、看电影等。这样你的心情就会放松,睡眠也会更好。

10. 为自己的明天构想一件美好的事情。憧憬和希望是一剂治疗心理疾病的良药,只有充满信心地迎接明天,才能使你的今天更充实。

(资料来源:钱诗金.幸福密码:快乐决定幸福.中国经济出版社,2006.)

现代社会的发展使得心理健康问题日益增多。尤其是在校大学生,对社会心理的"晴雨表"十分敏感,而且大学生作为社会的一个特殊群体也面临着许多特殊的问题:学习问题、就业问题、人际问题、感情问题等等。应对这些问题,除发展心理科学,为社会提供更好的服务外,在个体层次,提高心理健康的自我调节水平是一个重要方向。自我调节是个人系统地引导自己的思维、情感和行为,使之指向目标实现的一种过程。自我调节不仅包括心理健康的调节,还包括其他方面心理的自我调节。心理健康的自我调节与应对密切联系,不同的应对方式对心理健康会产生不同的影响。自我调节能力是可以培养的,自我调节有策略性,要注意方式方法。

巩固与练习

1. 什么是心理健康自我调节? 有哪些特点?

2. 什么是应对? 应对与心理健康自我调节的关系如何?

3. 如何理解心理健康自我调节的过程和方式?

4. 结合自己的体会谈谈如何进行心理健康的自我调节。

5. 案例分析:小李,女,大二学生,乖巧听话,学习成绩较好,家境一般但过着很幸福的生活。三年前母亲的突然离世给小李带来了很大的打击,也给她带来了深深的痛苦,使得她学习成绩下降,也没能考上理想的大学。现在她常感到自己很孤独无助,没有真心朋友,自己也不愿主动与人交往,与同寝室同学关系紧张,晚上失眠,食欲不佳,记忆力下降,对什么都提不起兴趣,对前途感到茫然,觉得生活没有意义,不如死了好,可这样又觉得对不起父亲。

如果你是小李你会怎么做才能改变这种状况?

参考文献

1. 江伟、黄希庭、陈本友、赵婷婷. 自我调节研究进展. 西南大学学报(社会科学版). 2008,34(2).

2. Cicchetti, D. & Tucker, D. Development and self-regulatory structures of the mind. *Development and Psychopathology*. 1994.

3. Baumeister, R. F., & Vohs, K. D. Self-regulation and the executive function of the self. In M. R. Leary & J. P. Tangney (Eds), *Handbook of self and identity*. New York: Guilford press. 2003.

4. Engels, R., Finkenauer, C., Den Exter Blokand, E., & Baumeister, R. F. Parental influences on self-control and juvenile delinquency. *Unpublished manuscript*, Utrecht University, Netherlands. 2001.

5. Carsten Wrosch, Michael F. Scheier, Gregory E. Miller, Richard Schulz, & Charles S. Carver. Adaptive self-regulation of unattainable goals: goal disengagement, goal

reengagement，and subjective well-being. *Personality and Social Personality Bulletin*. 2003.

    6. Carver，C. S. Goal engagement and the human experience. In R. S. Wyer Jr.（Ed.），*Advances in Social Cognition*. Mahwah，NJ：Erlbaum. 1996.

    7. Roy F. Baumeister，C. Nathan DeWall，Natalie J. Ciarocco，& Jean M. Twenge. Social exclusion impairs self-regulation. *Journal of Personality and Social Psychology*. 2005.

    8. 黄希庭.压力、应对与幸福进取者.西南师范大学学报(人文社会科学版)2006,32(3).

    9. Thayer，R.，Newman，R.，McClain，T. Self-regulation of mood：Strategies for Changing a Bad mood，raising energy，and reducing tension. *Journal of personality and social psychology*. 1994.

    10. Eisenberg，N.，Fabes，R. A.，& Losoya，S. Emotional responding：regulation，social correlates，and socialization. In P. Salovey，& D. J. Sluyter，*Emotional development and emotional intelligence：educational implications*. New York：Basic Books. 1997.

    11. Lazarus，R. S. Coping theory and research：past，present，and future. *Pychosomatic Medicine*. 1997.

    12. 张月娟.生活事件、负性自动思维及应对方式影响大学生抑郁的路径分析.心理发展与教育.2005,(1).

    13. 李茹、张志群、王育强.军校医学生生活事件、应对方式与心理健康的相关分析.中国临床心理学.2004,12(2).

    14. Parkinson，B. & Totterdell，P. Classifying Affect-regulation strategies. *Cognition and emotion*. 1999.

    15. Lazarus，R.，Toward better research on stress and coping. *American psychologist*. 2000.

    16. 丁凤琴.国内大学生应对方式研究进展.中国学校卫生.2007,(11).

    17. 刘凤娥.大学生应对方式问卷的初步编制.西南师范大学,2002.

    18. 黄希庭.压力、应对与幸福进取者.西南师范大学学报(人文社会科学版).2006,32(3).

    19. 景怀斌.儒家式应对思想及其对心理健康的影响.心理学报.2006,(1).

    20. 陈红、黄希庭、郭成.中学生人格特质与应对方式的相关研究.心理科学.2002,(5).

    21. 李文道、钮丽丽、邹泓.中学生压力生活事件、人格特点对压力应对的影响.心理发展与教育.2000,(4).

    22. 尹小琳、陈旭.应对研究中人格取向的沿革与走向探析.河南大学学报.2006,46(4).

    23. 薛朝霞、梁执群、卢莉.大学生应对方式研究.护理研究.2005,(8).

    24. 钱铭怡、刘嘉、张哲宇.关于羞耻感易感性差异及对羞耻的应付.中国心理卫生杂志.2003,(1).

    25. 张林、车文博.大学生心理压力应对方式特点的研究.心理科学.2005,28(1).

    26. 王成德、康金艳、段晓娟.大学生心理压力状况及应对策略.甘肃联合大学学报(社会科学版).2010,26(2).

27. 刘丽、张日.青少年应激及其应对研究综述.心理发展与教育.2003,(2).

28. 来燗、王庆生、黄南燕.从"苏东坡突围"谈受挫后的心理自我调节.Health Medicine Research and Practice. 2007,(1).

29. Byrnes. J. *The nature and development of decision maker：A self-regulation model.* Hillsdale,NJ：Erlbaum. 1998.

30. 肖东.自我心理学——智者的选择.科学养生.2001,(11).

31. 刘丹,黄玥乔.大学生心理状况及自我调节能力的调查分析.黑龙江生态工程职业学院学报.2011,24(1).

32. 景怀斌.自我心理保健若干问题研究.广东社会科学.1998,(4).

33. 车丽萍.自信心及其培养.新华出版社,2003.

34. 罗奇.休闲体育对大学生心理健康调节作用的探析.商品与质量.2010,(9).

35. 钱诗金.幸福密码:快乐决定幸福.中国经济出版社,2006.

后　　记

　　2003 年 5 月由华东师大出版社出版的《健康心理学》一书,是著名心理学家黄希庭教授主持的应用心理学系列教材的一本,书的构想以及一些具体方面,曾得到黄教授的指导。该书出版以来历经 9 次印刷,得到了同行的认可,多所大学的心理学专业选该书为《健康心理学》必修课的教材,并广泛地应用到社会实践领域,对大众树立新的健康理念,提高自身的心理健康水平,起到了推波助澜的作用。

　　时过 10 年,健康心理学有了突飞猛进的发展,新的研究成果层出不穷,使我们感到书中的资料需要更新,大学课堂教学实践中反馈的信息也使我们看到了原书的不足。故此,应出版社的邀请,我们修订再版了《健康心理学》。

　　修订的《健康心理学》在体系上与原书基本一致,内容上作了进一步的改动,突出了以下特点:第一,尽可能查阅国内外的新资料,将最新的科研成果呈现在书中;第二,提高该书的实用性,如增加了知识窗、巩固与练习等板块,使该书更适应大学教材的要求;第三,增加了一些与大众生活直接相关的、被社会所关注的问题的探讨,如关于网络文化、艾滋病的预防等。

　　由于参与本书写作的原作者有些没有联系上,有些因工作太忙无法参加书的修订,故本书重新组织了作者队伍。三位老作者为大学教授,长期从事该领域的教学科研工作,增加的两位年轻作者,都是本科院校心理学专业健康心理学及其相关课程的专业教师,保证了该书修订的专业性、客观性。该书的具体分工如下:第一章由郑希付(博士、教授)编写,第三章、第九章和第十二章由王瑶(教授)编写,第四章、第八章和第十一章由刘学兰(博士、教授)编写,第二章、第七章、第十三章、第十四章、第十六章由李燕(讲师)编写,第五章、第六章、第十章、第十五章由孙步宽(讲师)编写。最后由郑希付、王瑶负责全书的统稿,经过多次与各位作者沟通,反复推敲、修改,完成了全书的修订工作。同时特别感谢未参与本书修订工作的原书作者景怀斌、符明秋、陈红、陈文汉、叶苗、张照,在他们参与编写原书的理论基础上,才有了这一次的修订再版。

　　党的二十大报告指出,要重视心理健康和精神卫生,推进健康中国建设。希望本书能为此贡献出一份力量。由于经验和水平的限制,该书依然会存在不少问题和缺点,真诚希望读者多提宝贵意见,以便我们进一步改进提高。

郑希付

2023 年 7 月 20 日于华南师范大学